暨南大學圖書館藏珍貴古籍圖録

◎史小軍　羅志歡　主編

國家圖書館出版社

圖書在版編目（CIP）數據

暨南大學圖書館藏珍貴古籍圖録 / 史小軍，羅志歡主編．-- 北京：國家圖書館出版社，2018.9

ISBN 978-7-5013-6469-5

Ⅰ.①暨… Ⅱ.①史… ②羅… Ⅲ.①院校圖書館—古籍—圖書館目録—廣州 Ⅳ.① Z838

中國版本圖書館 CIP 數據核字（2018）第 153763 號

書　　名　暨南大學圖書館藏珍貴古籍圖録

著　　者　史小軍　羅志歡　主編

責任編輯　程魯潔

封面設計　翁涌

出　　版　國家圖書館出版社（100034 北京市西城區文津街 7 號）

（原書目文獻出版社　北京圖書館出版社）

發　　行　（010）66114536 66126153 66151313 66175620

E-mail　66121706（傳真） 66126156（門市部）

Website　nlcpress@nlc.cn（郵購）

www.nlcpress.com →投稿中心

經　　銷　新華書店

印　　裝　北京金康利印刷有限公司

版　　次　2018 年 9 月第 1 版　2018 年 9 月第 1 次印刷

開　　本　889 × 1194（毫米）　1/16

印　　張　15.5

書　　號　ISBN 978-7-5013-6469-5

定　　價　380.00 圓

《暨南大學圖書館藏珍貴古籍圖録》

編委會

主編：史小軍　羅志歡

編委：史小軍　羅志歡　莫　俊　許艷青　張　敏

趙曉玲　沈曉梅　李　賓　周　琪

暨南大學是我國第一所由國家創辦的華僑高等學府，是目前全國高校中海外生最多的大學，是國家“211工程”重點綜合性大學，直屬國務院僑務辦公室（今并入中共中央統一戰綫工作部）領導。“暨南”二字出自《尚書·禹貢》篇：“東漸于海，西被于流沙，朔、南暨聲教，訖于四海。”意即面向南洋，將中華文化遠播到五洲四海。

暨南大學肇始於1906年清政府在南京創立的暨南學堂。1911年武昌起義爆發，清朝覆滅，學堂因而停辦。1918年春在原址復校，改稱國立暨南學校。1923年遷至上海，1927年改爲國立暨南大學。1942年總校遷址福建建陽，1946年遷回上海。1949年8月合并於復旦、交通等大學。1958年暨南大學在廣州重建，1970年春被撤銷，部分系分別合并到華南師範大學、中山大學等校。1978年暨南大學在廣州復辦至今。

暨南大學圖書館創立於1918年10月6日，其歷史源於暨南學堂和國立暨南學校的閲書報室，雖隨學校幾遭劫難，文獻散佚，但所存仍可觀。現藏古籍主要是1958年暨南大學在廣州重建時由原來的廣東師範學院等學校調撥和章太炎、朱傑勤、黄蔭普等名家藏書組成。館藏珍品包括：章太炎藏書凡4000餘册，書中章太炎手批爲國内罕見；明清善本凡470餘部，約9000册。被《中國古籍善本書目》收録163部，入選國家級和省級《珍貴古籍名録》共163部。

2008年9月，暨南大學圖書館古籍普查工作正式啓動。2009年6月，通過國家古籍保護中心的考察和評估，暨南大學圖書館被評定爲“全國古籍重點保護單位”。館藏9部善本先後入選第二批至第五批《國家珍貴古籍名録》，由國務院授權文化部頒發證書。2011年10月，暨南大學圖書館被評爲“廣東省古籍重點保護單位”，館藏163部善本入選第一批和第二批《廣東省珍貴古籍名録》，由廣東省文化廳授權廣東省古籍保護中心頒發證書。

本書收録的145部古籍，大部分爲入選國家級和省級《珍貴古籍名録》中的精品。2018年10月6日爲暨南大學圖書館創立100周年紀念日，謹以此書向百年館慶獻禮！

編者

2018年7月

一、收録範圍：暨南大學圖書館藏1912年之前所寫、刻、鈔、印各類古籍珍貴版本。其中明代版本59部，清代版本86部，合計145部。

二、編排順序：先將全書分爲卷上明代版本、卷下清代版本兩部分，再按經、史、子、集四部分編排，各部下大致以版本先後排序。

三、著録規則：一遵國家古籍保護中心《中華古籍總目編目規則》（2009年10月）。

四、著録款目：序號、題名卷數、著者、版本、開本、版框、版式、鈐印、跋文、題款、册數、國家名録號、廣東省名録號（第一批爲四位數，第二批爲三位數），缺項則不録。

卷上　明代版本

卷下　清代版本

卷上　明代版本

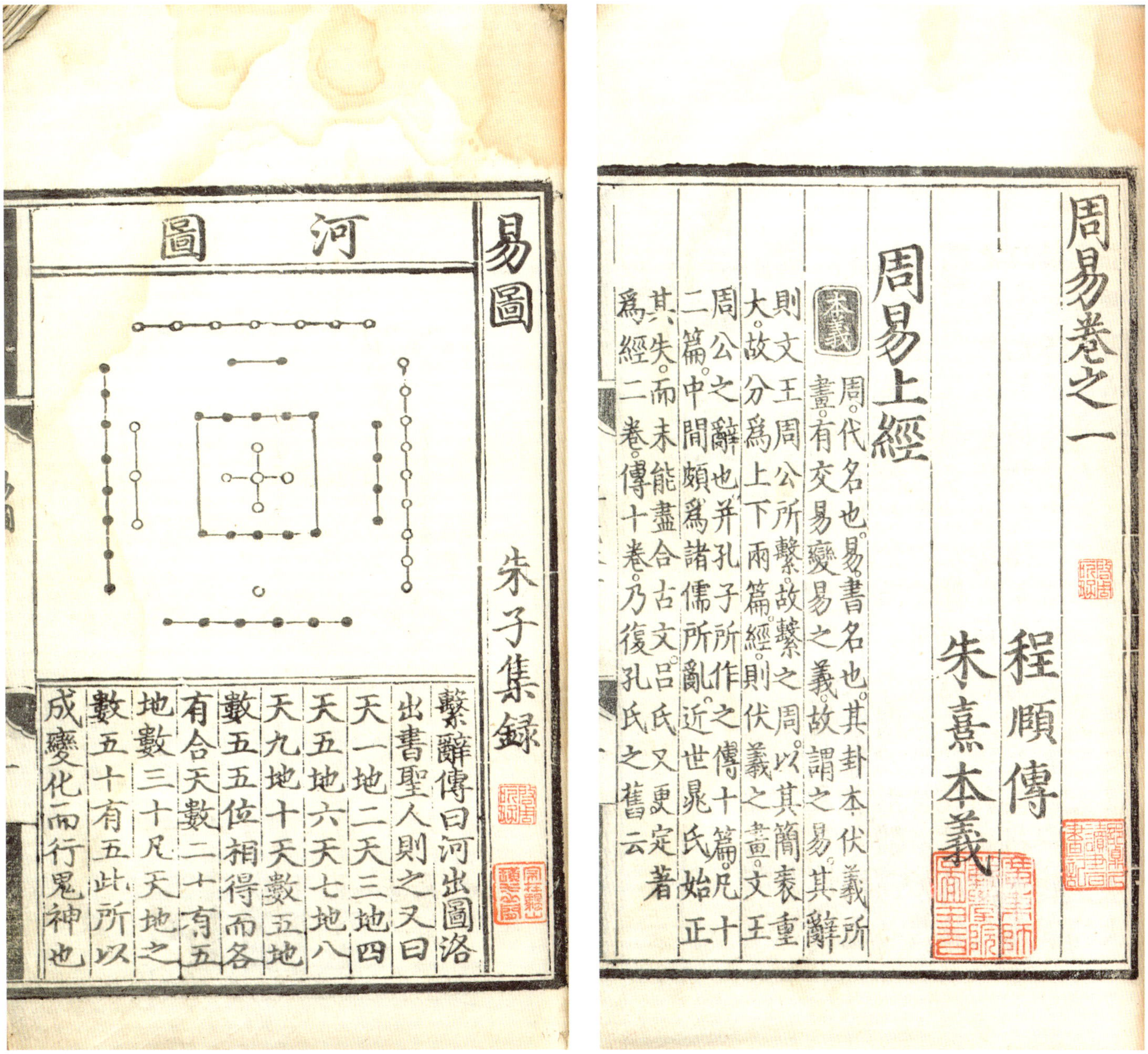
周易卷之一
程頤傳
朱熹本義
周易上經
本義 周。代名也。易。書名也。其卦本伏羲所畫。有交易變易之義。故謂之易。其辭則文王周公所繫。故繫之周。以其簡袠重大。故分爲上下兩篇。經則伏羲之畫。文王周公之辭也。并孔子所作之傳十篇。凡十二篇。中間頗爲諸儒所亂。近世晁氏始正其失。而未能盡合古文。吕氏又更定着爲經二卷。傳十卷。乃復孔氏之舊云

易圖
河圖
朱子集録
繫辭傳曰河出圖洛出書聖人則之又曰天一地二天三地四天五地六天七地八天九地十天數五地數五五位相得而各有合天數二十有五地數三十凡天地之數五十有五此所以成變化而行鬼神也

001. 周易十卷 （宋）程頤傳 （宋）朱熹本義 明正統十二年（1447）司禮監刻五經本

開本高31厘米，寬18.6厘米。版框高23.1厘米，寬16.5厘米。八行十四字，小字雙行十九字，黑口，雙順黑魚尾，四周雙邊。鈐有“邵貞久讀書畫記”“啓周所好”“家在騶山璜水之間”等印。五册。廣東省名録號0001

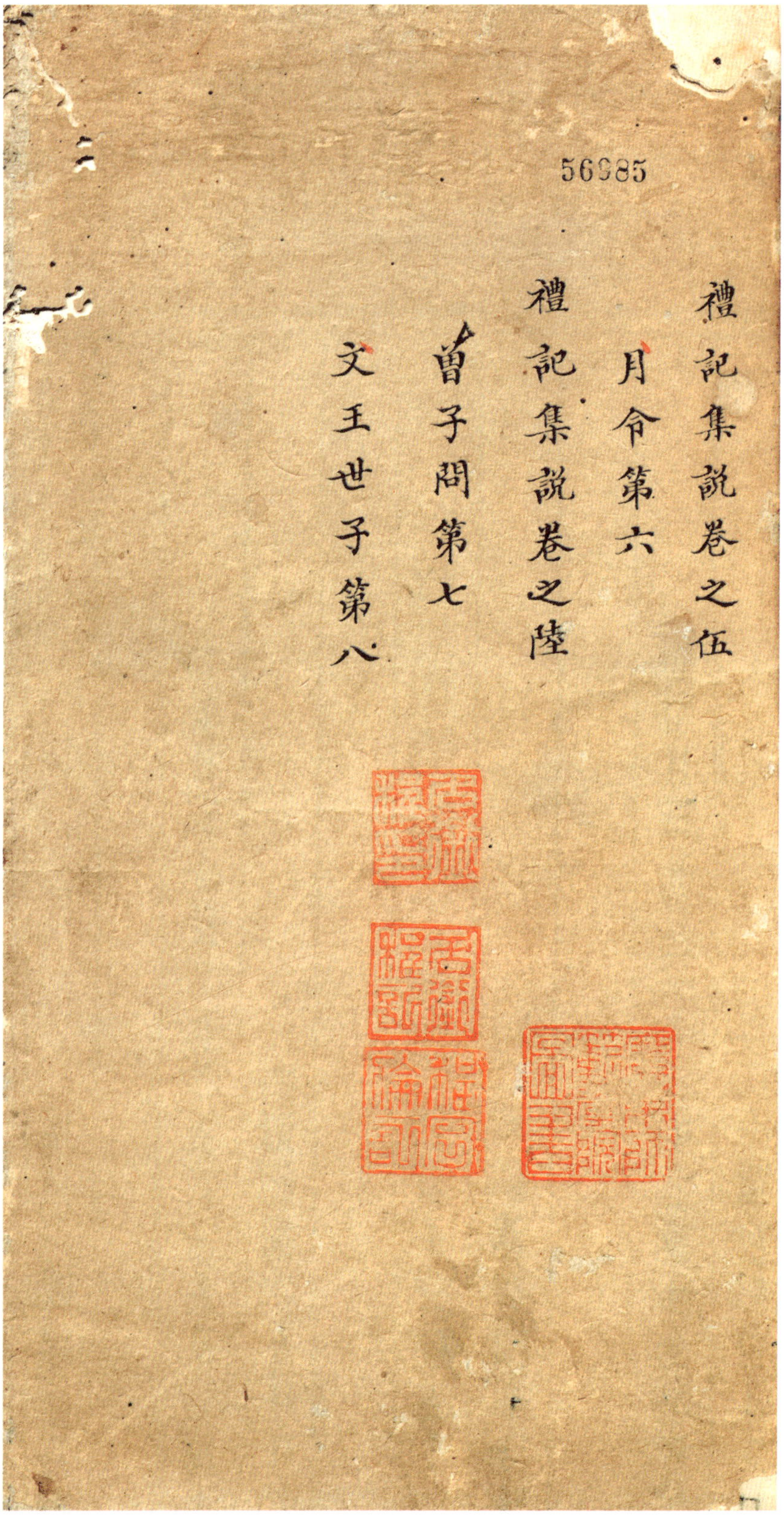

002. 禮記集說十六卷（元）陳澔撰 明正統十二年（1447）司禮監刻本

開本高30.5厘米，寬18厘米。版框高22.7厘米，寬16.3厘米。八行十四字，小字雙行十九字，黑口，雙順黑魚尾，四周雙邊。鈐有“章侯”“程德漢印”“程名衔記”“程同倫記”“程名衔印”等印。八册。國家名録號00476 廣東省名録號0062

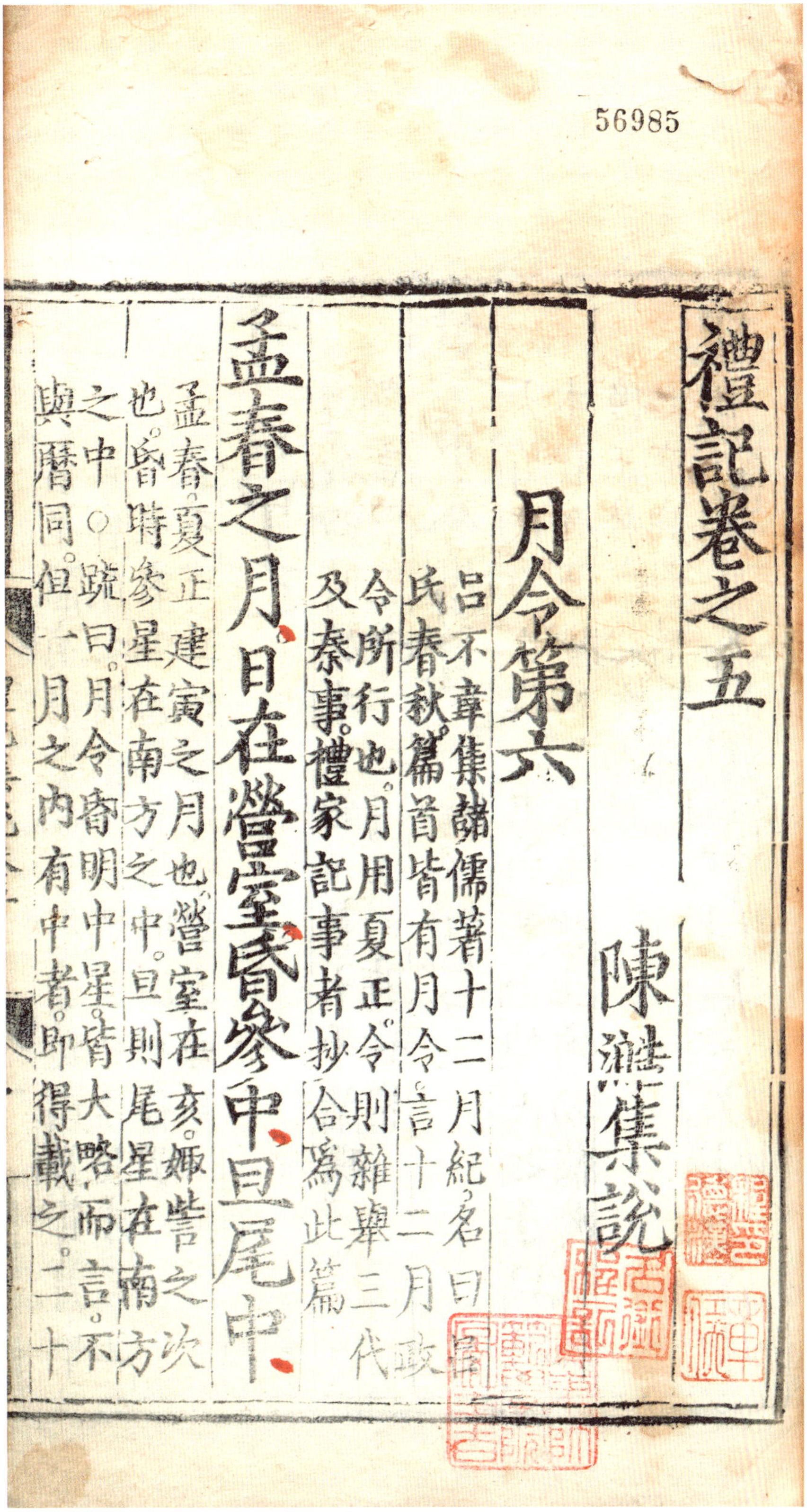

禮記卷之五

陳澔集説

月令第六

呂不韋集諸儒著十二月紀。名曰呂氏春秋。篇首皆有月令。言十二月政令所行也。月用夏正。令則雜舉三代及秦事。禮家記事者抄合爲此篇

孟春之月。日在營室。昏參中。旦尾中。

孟春。夏正建寅之月也。營室在亥。娵訾之次也。昏時參星在南方之中。旦則尾星在南方之中。○疏曰。月令昏明中星。皆大略而言。不與曆同。但一月之内有中者。即得載之。二十

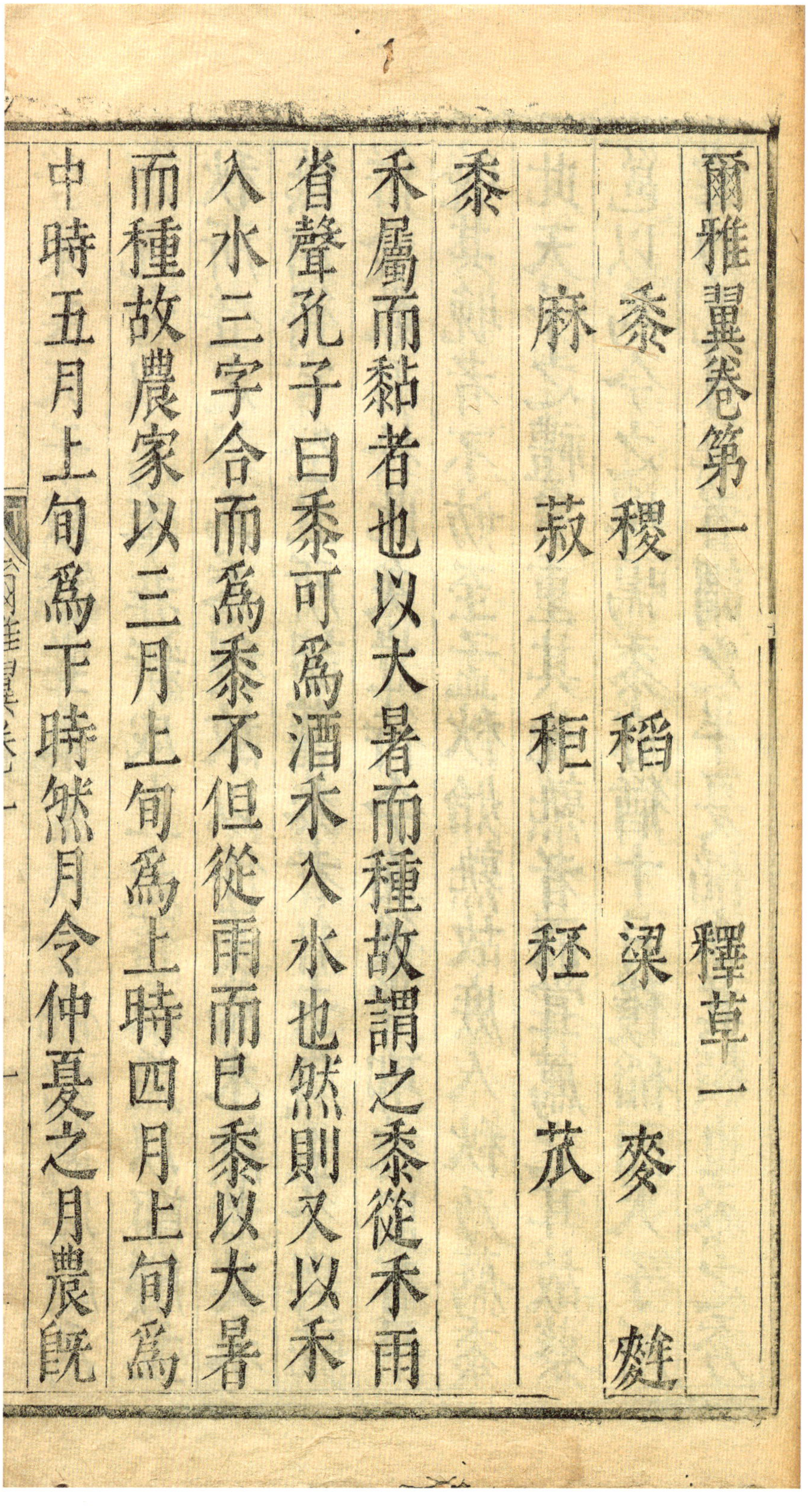

爾雅翼卷第一　　釋草一
黍　稷　稻　粱　麥　麰
麻　菽　秬　秠　苽
黍
禾屬而黏者也以大暑而種故謂之黍從禾雨省聲孔子曰黍可爲酒禾入水也然則又以禾入水三字合而爲黍不但從雨而已黍以大暑而種故農家以三月上旬爲上時四月上旬爲中時五月上旬爲下時然月令仲夏之月農旣

003. 爾雅翼三十二卷 （宋）羅願撰 （元）洪焱祖音釋 明萬曆三十三年（1605）羅文瑞刻天啓至崇禎羅朗遞修重訂本

開本高27.6厘米，寬17.3厘米。版框高23.8厘米，寬14.9厘米。九行十八字，小字雙行同，白口，單黑魚尾，四周雙邊。六册。廣東省名録號067

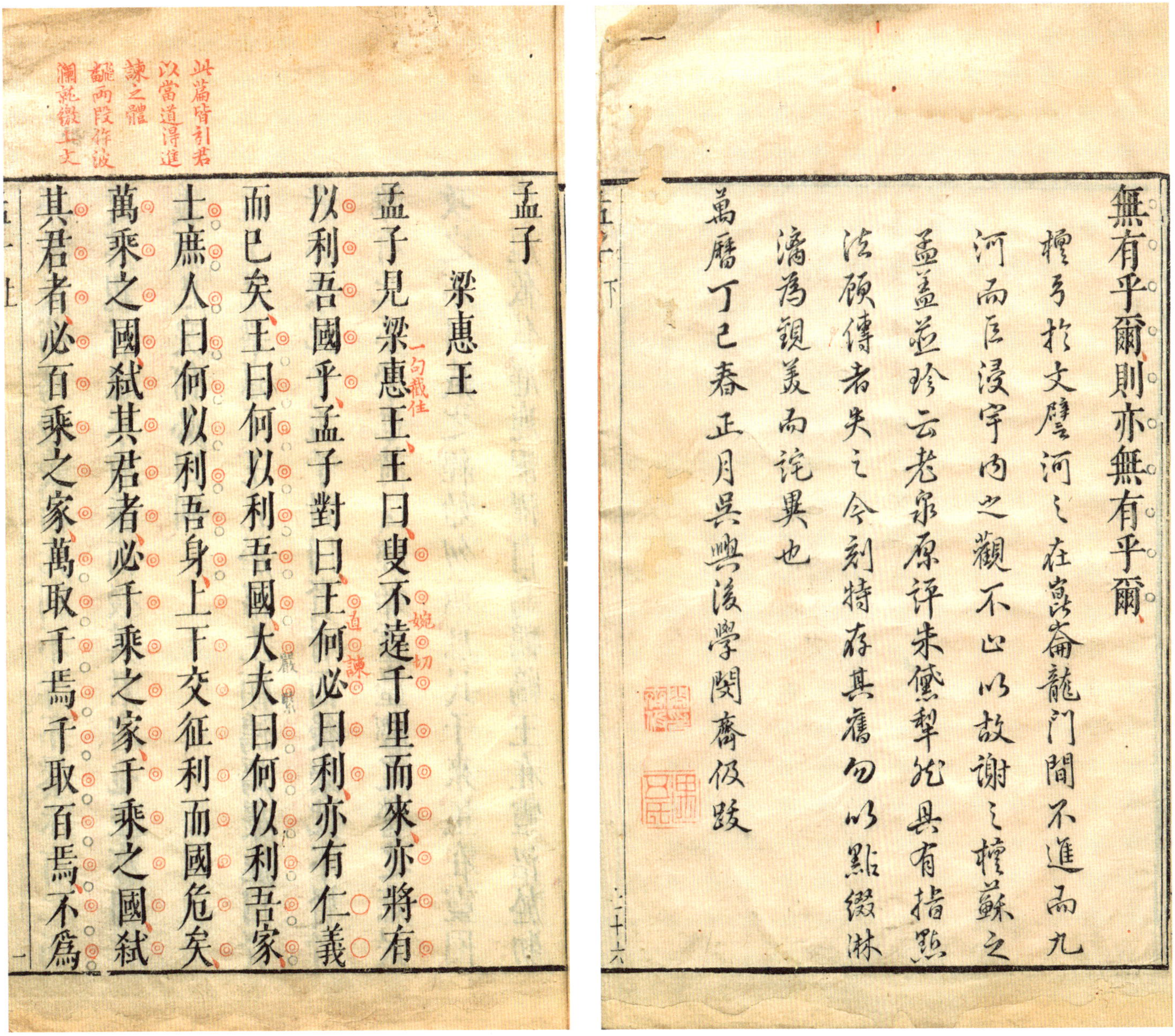
無有乎爾則亦無有乎爾
檀弓於文譬河之在崑崙龍門間不進而九
河而匠浸宇内之觀不必以故謝之檀蘇之
孟蓋並珍云老泉原評朱黛犁然具有指點
法頗傳者失之今刻特存其舊句以點綴淋
漓為覩義而詭異也
萬曆丁巳春正月吳興後學閔齊伋跋
孟子
梁惠王
孟子見梁惠王王曰叟不遠千里而來亦將有
以利吾國乎孟子對曰王何必曰利亦有仁義
而已矣王曰何以利吾國大夫曰何以利吾家
士庶人曰何以利吾身上下交征利而國危矣
萬乘之國弒其君者必千乘之家千乘之國弒
其君者必百乘之家萬取千焉千取百焉不為

004. 孟子二卷 （宋）蘇洵批點 明萬曆閔齊伋刻三色套印《三經評注》本

開本高27厘米，寬17.2厘米。版框高20.8厘米，寬15.5厘米。八行十八字，白口，左右雙邊。鈐有“遇五氏”“閔齊伋印”等印。二册。廣東省名録號0111

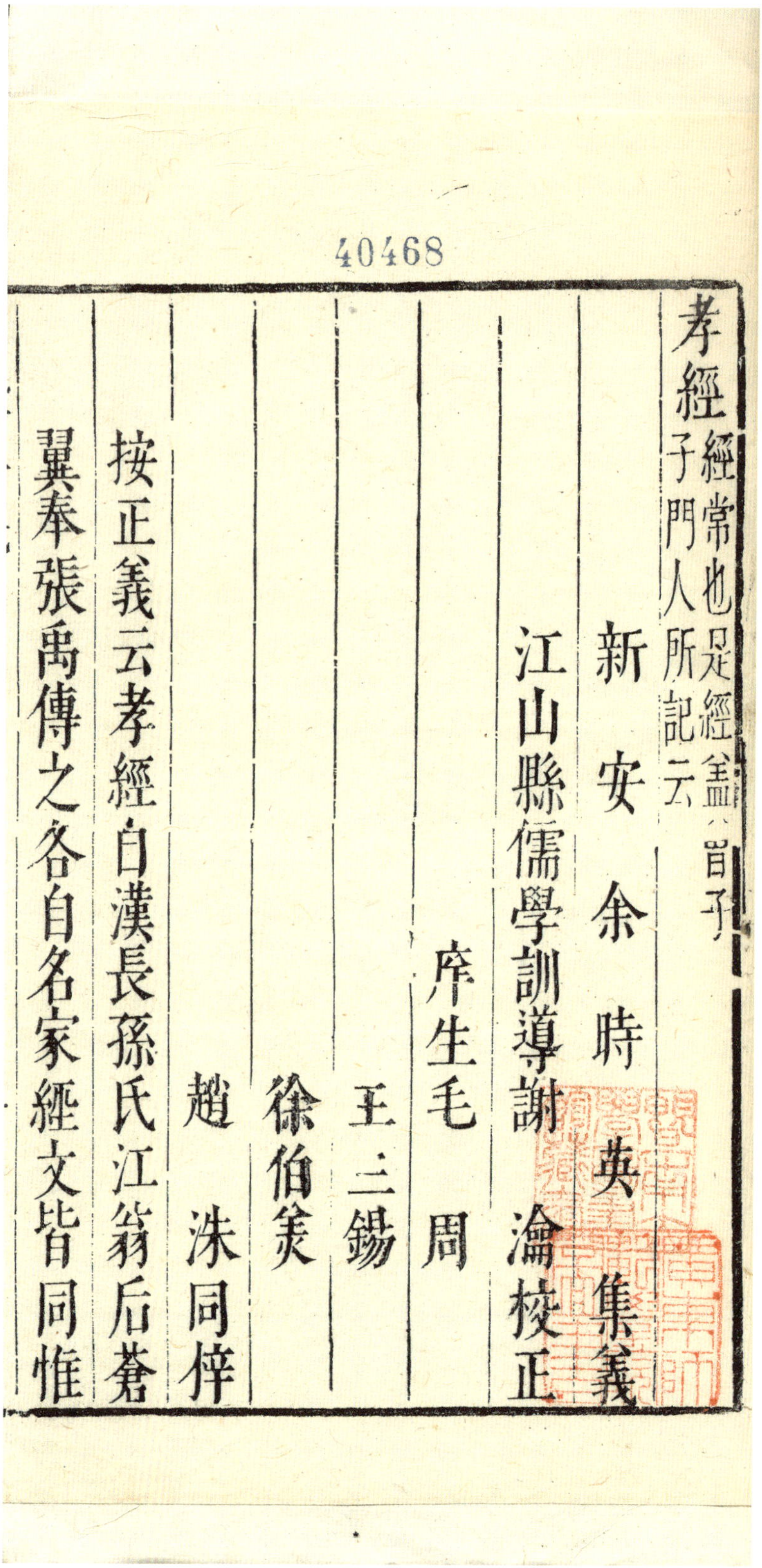
40468
孝經經常也是經盖曾子門人所記云
新安余時英集義
江山縣儒學訓導謝淪校正
庠生毛周
王三錫
徐伯美
趙洙同梓
按正義云孝經自漢長孫氏江翁后蒼
翼奉張禹傳之各自名家經文皆同惟

005. 孝經集義一卷（明）余時英撰 **孝經刊誤一卷**（宋）朱熹撰 明天啓四年（1624）余紹禄等刻本

開本高27.5厘米，寬16.3厘米。版框高19.7厘米，寬13.5厘米。九行十七字，小字雙行同，白口，四周單邊。二册。廣東省名録號051

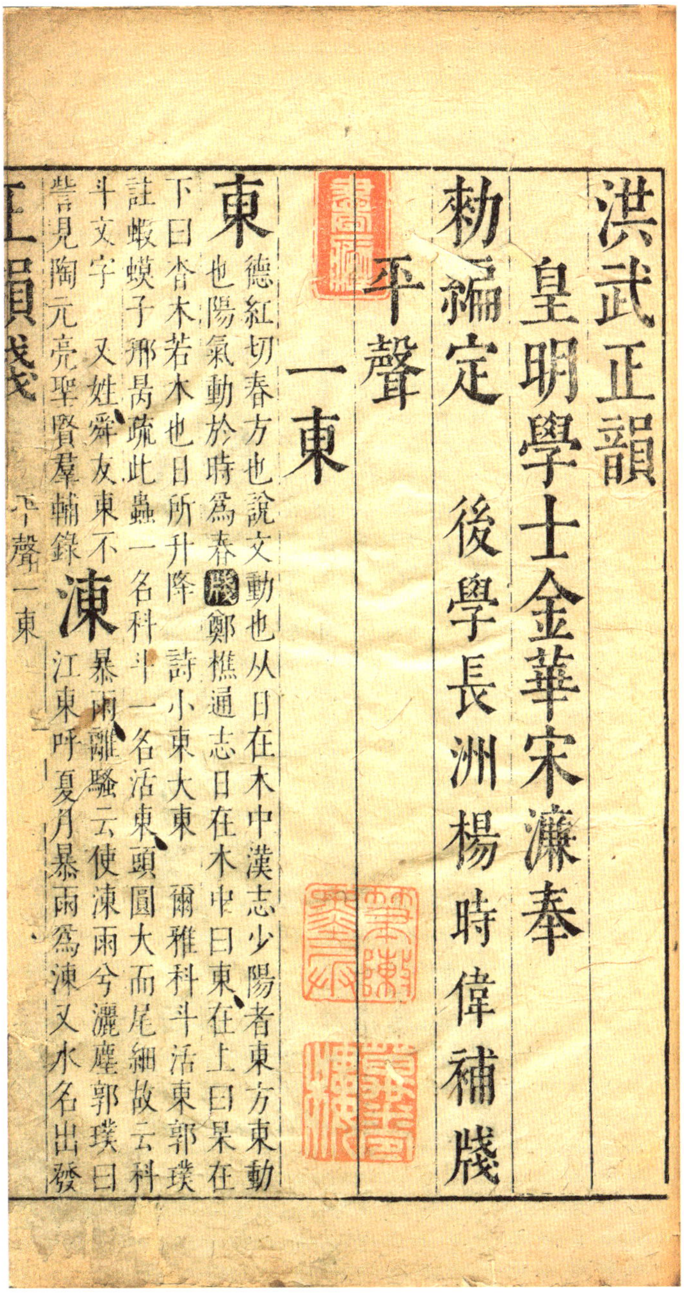

正韻牋　平聲一東

洪武正韻
皇明學士金華宋濂奉
勑編定　後學長洲楊時偉補牋
平聲
一東
東 德紅切春方也說文動也从日在木中漢志少陽者東方東動也陽氣動於時爲春【牋】鄭樵通志日在木中曰東在上曰杲在下曰杳木若木也日所升降　詩小東大東　爾雅科斗活東郭璞註蝦蟆子邪禺疏此蟲一名科斗一名活東頭圓大而尾細故云科斗文字　又姓舜友東不訾見陶元亮聖賢羣輔錄
凍 暴雨離騷云使凍雨兮灑塵郭璞曰江東呼夏月暴雨爲凍又水名出發

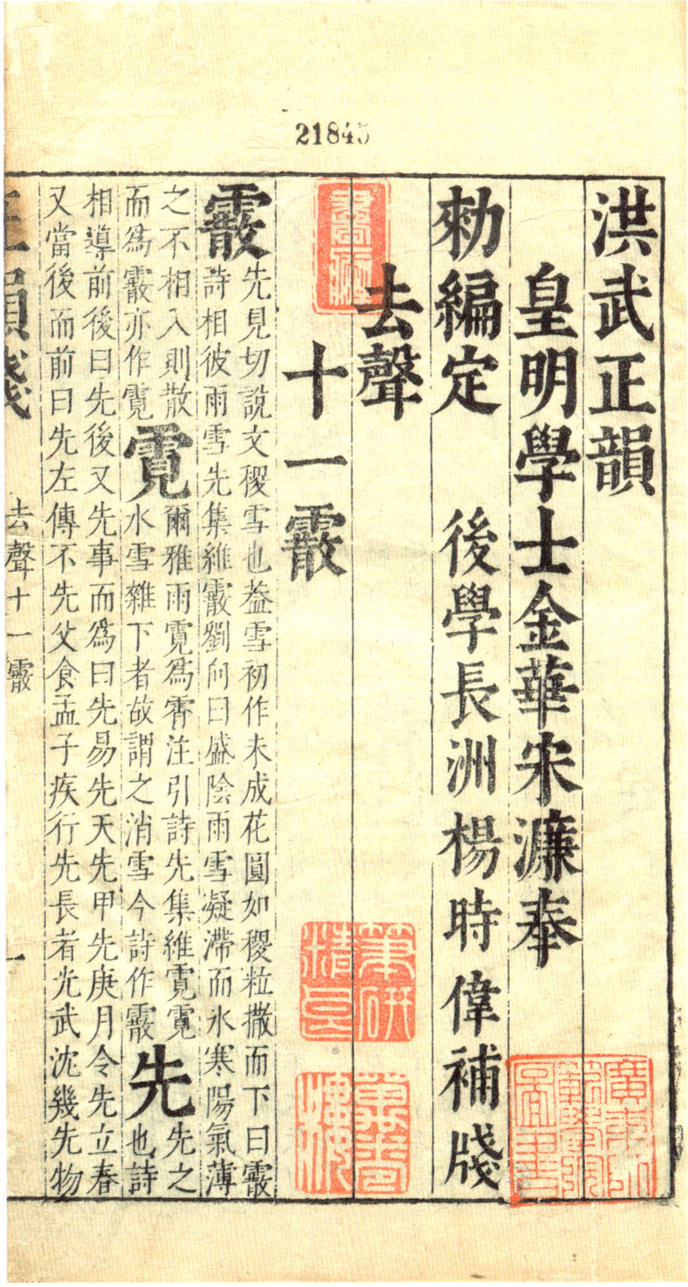

21845

正韻牋　去聲十一霰

洪武正韻
皇明學士金華宋濂奉
勑編定　後學長洲楊時偉補牋
去聲
十一霰
霰 先見切說文稷雪也盎雪初作未成花圓如稷粒撒而下曰霰詩相彼雨雪先集維霰劉向曰盛陰雨雪凝滯而氷寒陽氣薄之不相入則散而爲霰亦作霓
霓 爾雅雨霓爲霄注引詩先集維霓霓水雪雜下者故謂之消雪今詩作霰
先 先之也詩相導前後曰先後又先事而爲曰先易先天先甲先庚月令先立春又當後而前曰先左傳不先父食孟子疾行先長者光武沈幾先物

006. 洪武正韻十卷（明）宋濂等撰（明）楊時偉補箋 明崇禎四年（1631）申用楙刻本

開本高26.5厘米，寬16.6厘米。版框高21.4厘米，寬14.3厘米。八行十三字，小字雙行二十六字，白口，四周單邊。鈐有“萬卷樓”“筆陣墨兵”“書癖”“筆研精良”等印。十册。廣東省名録號095

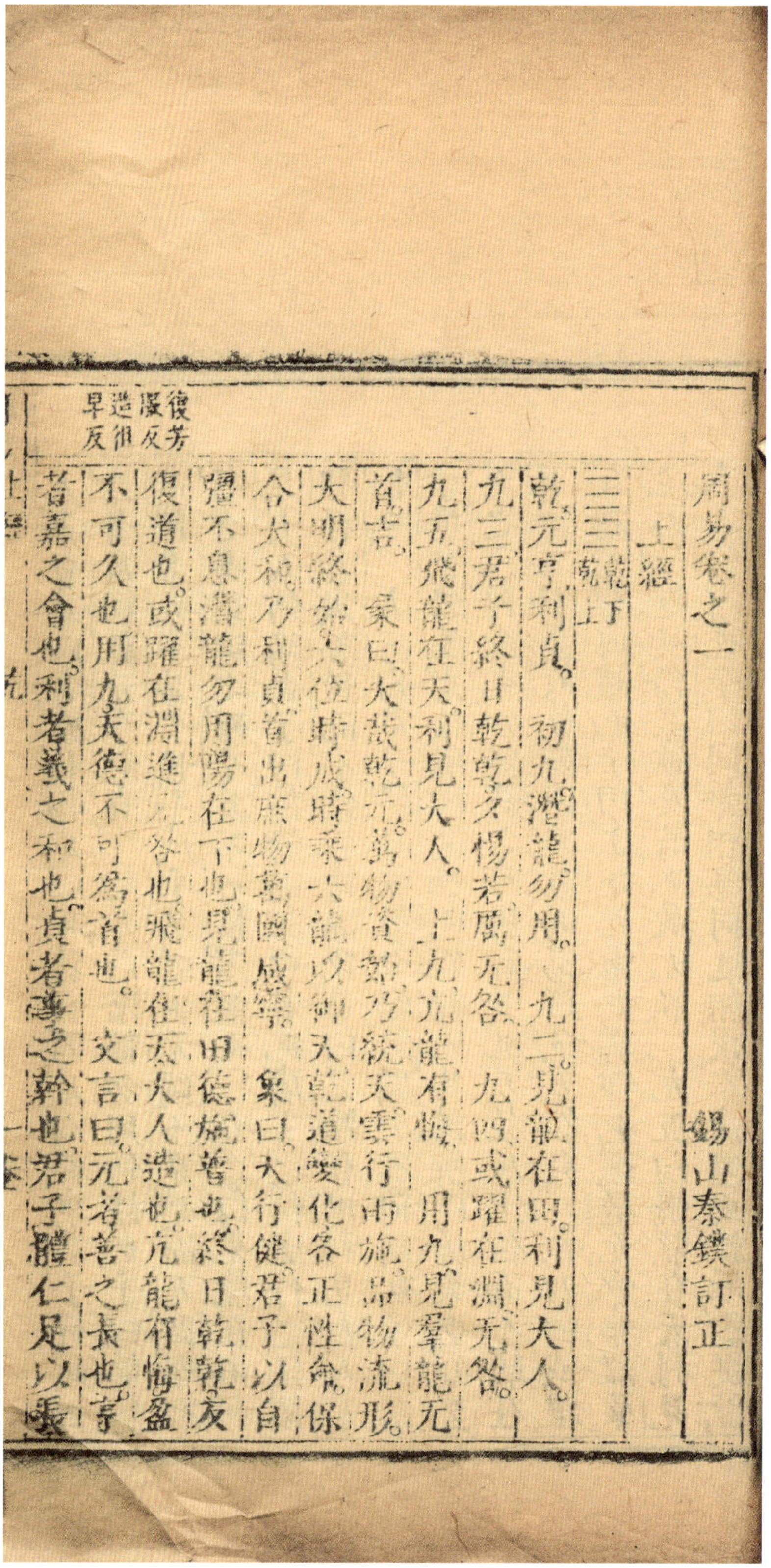
周易卷之一
錫山秦鏷訂正
上經
☰☰乾下乾上
乾元亨利貞。初九潛龍勿用。九二見龍在田利見大人。
九三君子終日乾乾夕惕若厲无咎。九四或躍在淵无咎。
九五飛龍在天利見大人。上九亢龍有悔。用九見羣龍无
首吉。彖曰大哉乾元萬物資始乃統天雲行雨施品物流形
大明終始六位時成時乘六龍以御天乾道變化各正性命保
合大和乃利貞首出庶物萬國咸寧。象曰天行健君子以自
彊不息潛龍勿用陽在下也見龍在田德施普也終日乾乾反
復道也或躍在淵進无咎也飛龍在天大人造也亢龍有悔盈
不可久也用九天德不可爲首也。文言曰元者善之長也亨
者嘉之會也利者義之和也貞者事之幹也君子體仁足以長
復芳服反
造徂早反

007. 九經五十一卷附録四卷 （明）秦鏷訂正　明崇禎十三年（1640）錫山秦鏷求古齋刻本

開本高21.3厘米，寬11.6厘米。版框高14.8厘米，寬10.5厘米。十三行二十四字，小字雙行同，白口，四周雙邊。鈐有“餘杭章氏藏書”等印。十册。廣東省名録號001

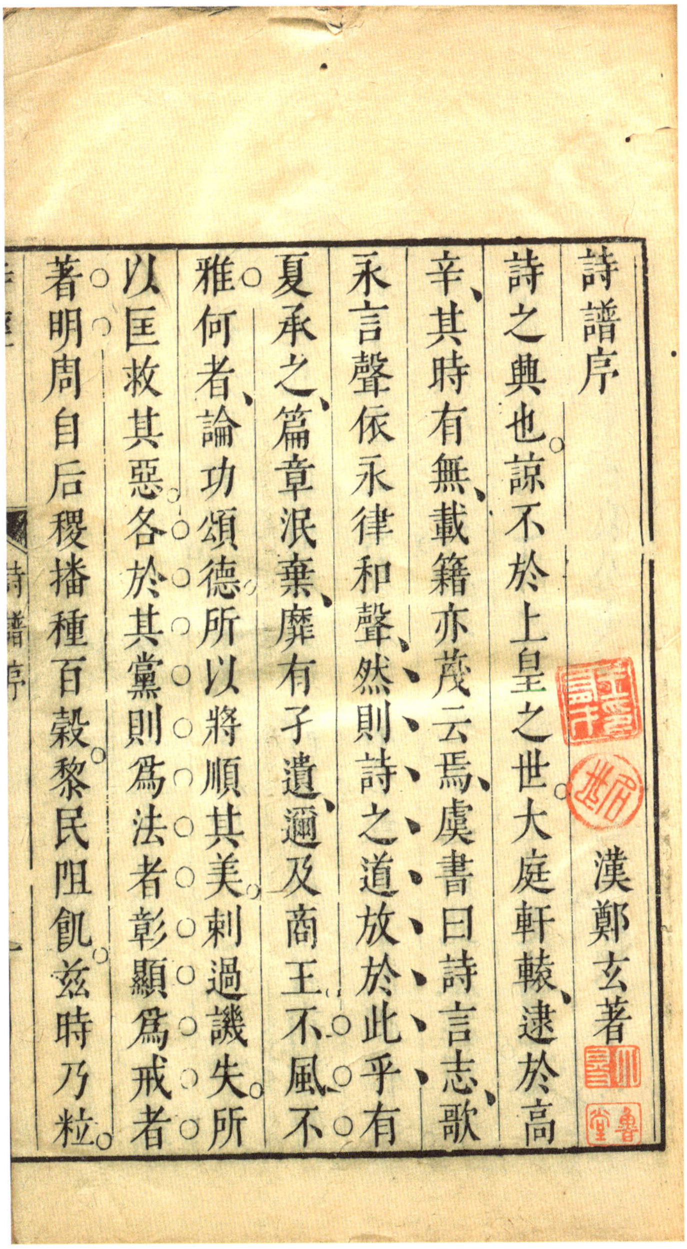
詩譜序　漢鄭玄著
詩之興也諒不於上皇之世大庭軒轅逮於高
辛其時有無載籍亦蔑云焉虞書曰詩言志歌
永言聲依永律和聲然則詩之道放於此乎有
夏承之篇章泯棄靡有孑遺邇及商王不風不
雅何者論功頌德所以將順其美刺過譏失所
以匡救其惡各於其黨則爲法者彰顯爲戒者
著明周自后稷播種百穀黎民阻飢茲時乃粒

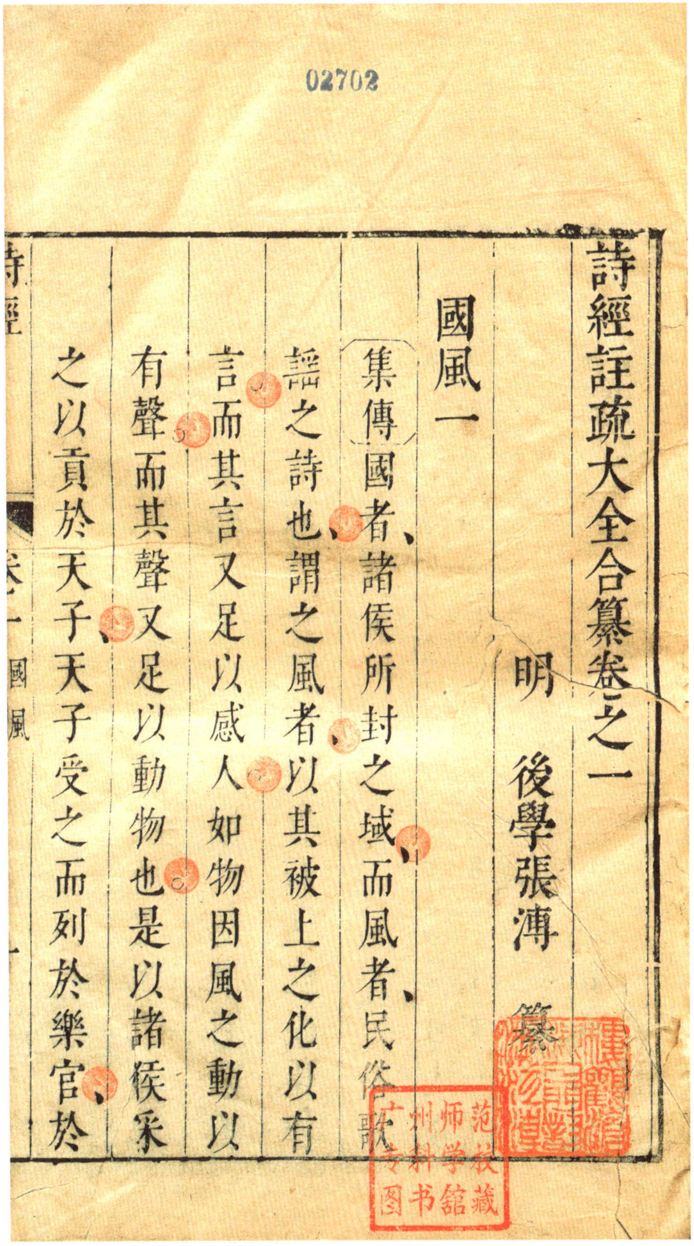
詩經註疏大全合纂卷之一
明　後學張溥　纂
國風一
集傳國者諸侯所封之域而風者民俗歌
謠之詩也謂之風者以其被上之化以有
言而其言又足以感人如物因風之動以
有聲而其聲又足以動物也是以諸侯采
之以貢於天子天子受之而列於樂官於

008. 詩經註疏大全合纂三十四卷圖二卷綱領一卷　（明）張溥撰　明崇禎刻本

開本高27.2厘米，寬16.9厘米。版框高20.1厘米，寬14.8厘米。八行十八字，小字雙行同，白口，單黑魚尾，左右雙邊。鈐有“樓觀滄海日門對浙江潮”“名世”“魯堂”“四得”“王有才印”等印。二十册。廣東省名録號021

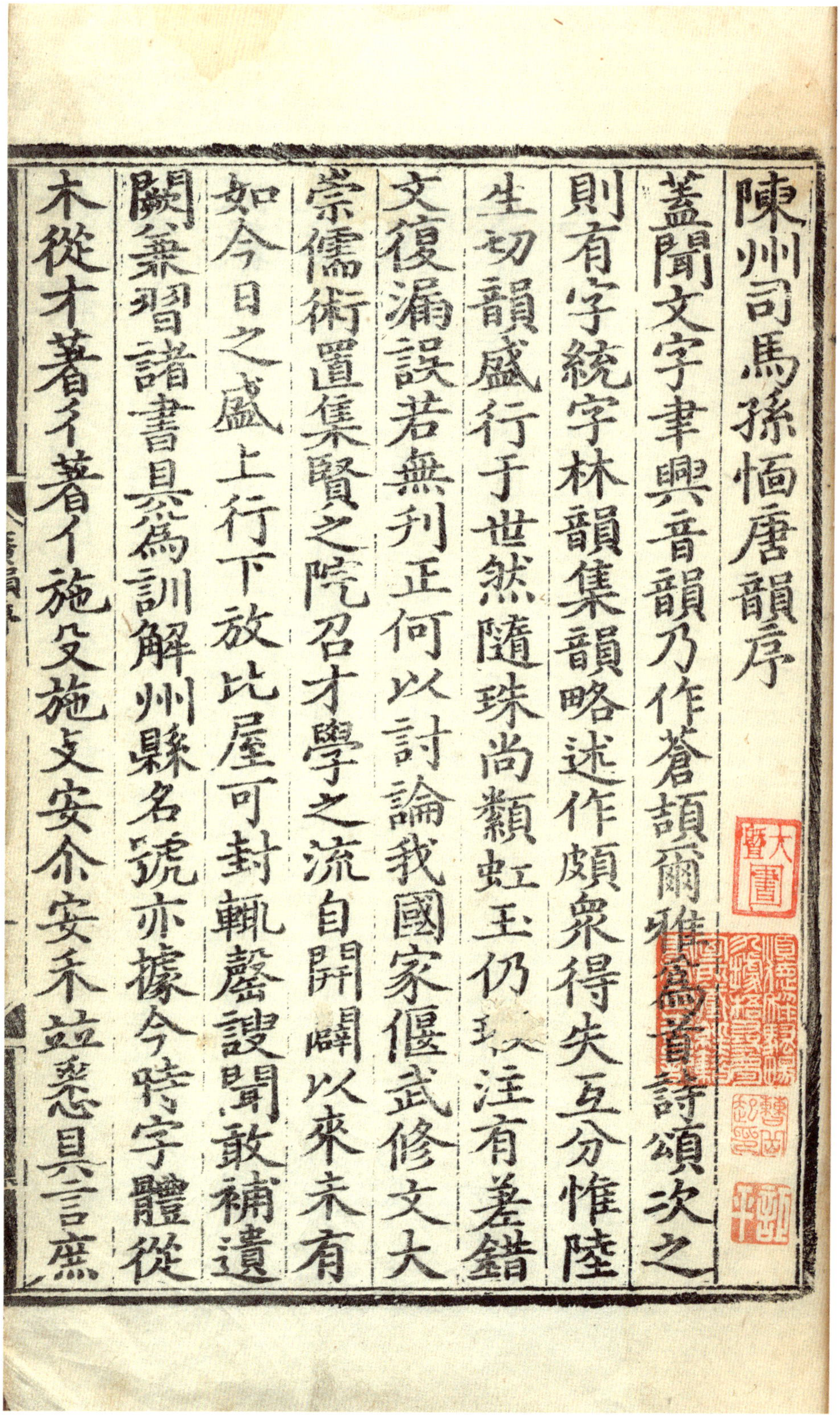
陳州司馬孫愐唐韻序
蓋聞文字聿興音韻乃作蒼頡爾雅爲首詩頌次之
則有字統字林韻集韻略述作頗衆得失互分惟陸
生切韻盛行于世然隨珠尚纇虹玉仍瑕注有差錯
文復漏誤若無刋正何以討論我國家偃武修文大
崇儒術置集賢之院召才學之流自開闢以來未有
如今日之盛上行下放比屋可封輒罄謏聞敢補遺
闕兼習諸書具爲訓解州縣名號亦據今時字體從
木從才著彳著亻施殳施攴安尒安禾並悉具言庶

009. 廣韻五卷 （宋）陳彭年等撰 明刻本

開本高33.5厘米，寬20.2厘米。版框高24.5厘米，寬18厘米。九行十七字，小字雙行三十四字，黑口，雙對黑魚尾，四周雙邊。鈐有“詎平”“曹岳起印”“順德黎氏據梧尋夢室所藏”“順德黎騷暘九據梧尋夢室所藏經籍書畫之印記”等印。五册。廣東省名録號087

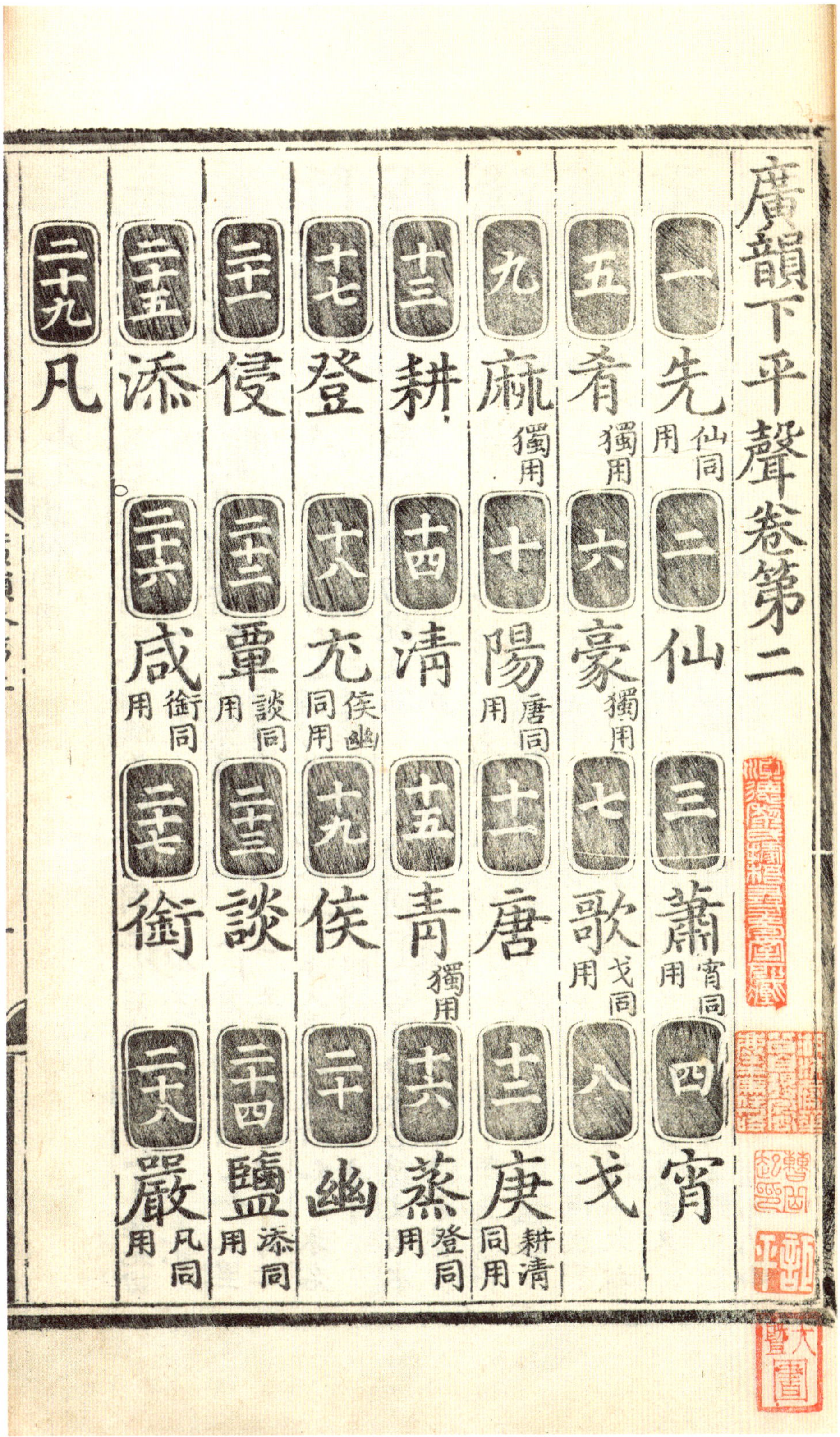

廣韻下平聲卷第二

一先 仙同用
二仙
三蕭 宵同用
四宵
五肴 獨用
六豪 獨用
七歌 戈同用
八戈
九麻 獨用
十陽 唐同用
十一唐
十二庚 耕清同用
十三耕
十四清
十五青 獨用
十六蒸 登同用
十七登
十八尤 侯幽同用
十九侯
二十幽
二十一侵
二十二覃 談同用
二十三談
二十四鹽 添同用
二十五添
二十六咸 銜同用
二十七銜
二十八嚴 凡同用
二十九凡

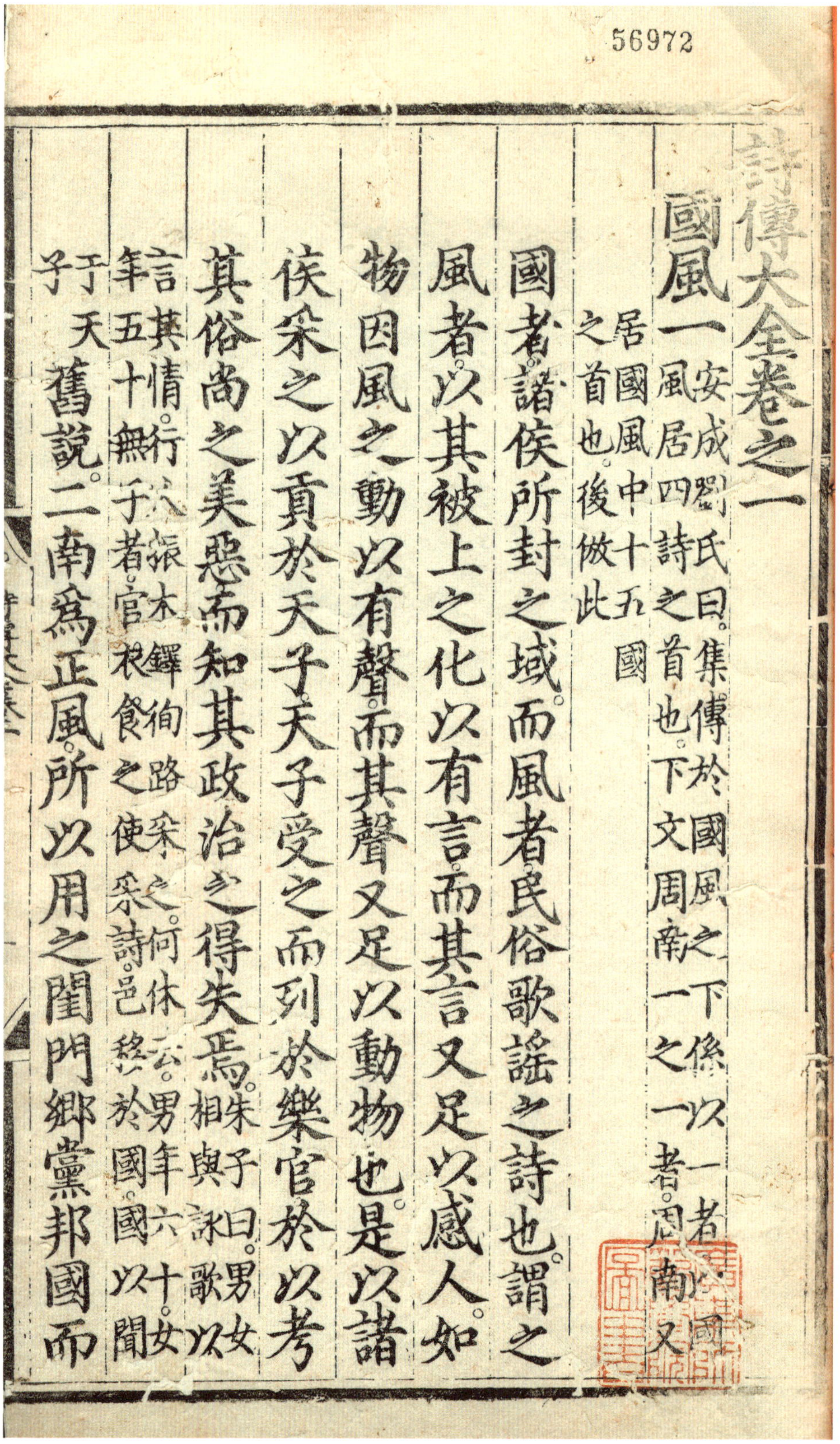
56972

詩傳大全卷之一

國風一安成劉氏曰。集傳於國風之下係以一者。國風居四詩之首也。下文周南一之一者。周南又居國風中十五國之首也。後倣此

國者。諸侯所封之域。而風者。民俗歌謠之詩也。謂之風者。以其被上之化以有言。而其言又足以感人。如物因風之動以有聲。而其聲又足以動物也。是以諸侯采之以貢於天子。天子受之而列於樂官。於以考其俗尚之美惡。而知其政治之得失焉。朱子曰。男女相與詠歌。以言其情。行人振木鐸徇路。采之。何休云。男年六十。女年五十無子者。官衣食之。使采詩。邑移於國。國以聞于天子

舊說。二南爲正風。所以用之閨門鄉黨邦國而

010. 詩傳大全二十卷綱領一卷圖一卷（明）胡廣等輯　**詩傳序一卷**（宋）朱熹撰　明刻本

開本高32.2厘米，寬19厘米。版框高26.8厘米，寬17.8厘米。十行二十二字，小字雙行同，黑口，雙對黑魚尾，四周雙邊。十二册。廣東省名録號020

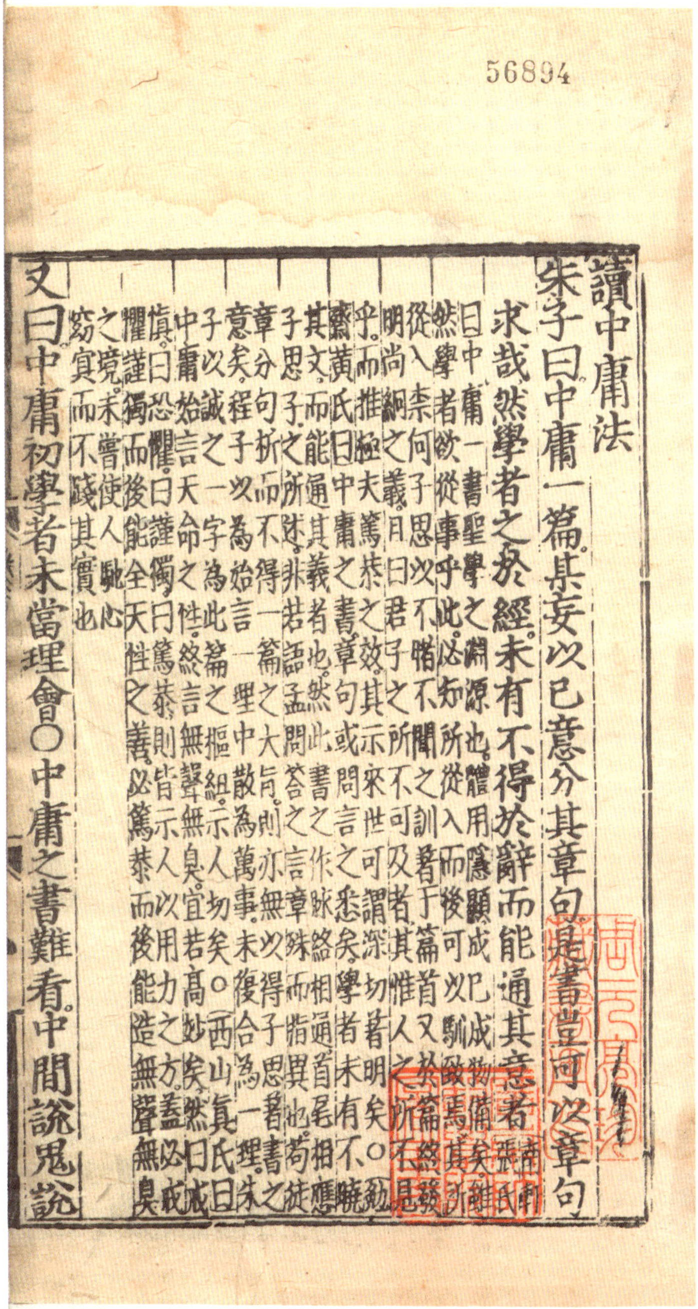

56894

讀中庸法

朱子曰中庸一篇某妄以己意分其章句是書豈可以章句

求哉然學者之於經未有不得於辭而能通其意者

曰中庸一書聖學之淵源也體用隱顯成己成物備矣

然學者欲從事乎此必知所從入而後可以馳騖焉其[illegible]

從入奈何子思以不睹不聞之訓著于篇首又於篇終

明尚絅之義曰君子之所不可及者其惟人之所不見

乎而推極夫篤恭之效其示來世可謂深切著明矣○勉

齋黃氏曰中庸之書章句或問言之悉矣學者未有不曉

其文而能通其義者也然此書之作脉絡相通首尾相應

子思子之所述非若語孟問荅之言章殊而指異也苟徒

章分句析而不得一篇之大旨則亦無以得子思著書之

意矣程子以為始言一理中散為萬事末復合為一理朱

子以誠之一字為此篇之樞紐示人切矣○西山真氏曰

中庸始言天命之性終言無聲無臭宜若高妙矣然曰戒

慎曰恐懼曰謹獨曰篤恭則皆示人以用力之方蓋必戒

懼謹獨而後能全天性之善必篤恭而後能造無聲無臭

之境未嘗使人馳心

窈冥而不踐其實也

又曰中庸初學者未當理會○中庸之書難看中間說鬼說

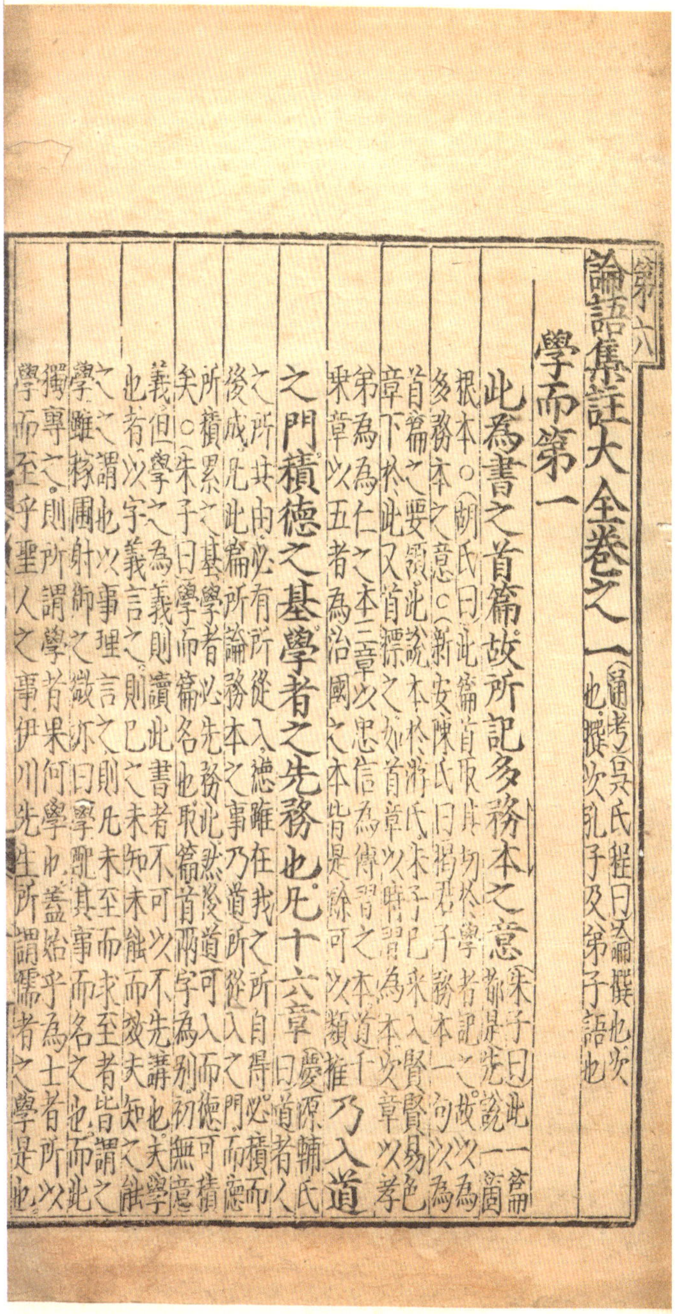

論語集註大全卷之一

（通考）吳氏程曰論撰也次

也撰次孔子及弟子語也

學而第一

此為書之首篇故所記多務本之意（朱子曰此一篇

是先說一箇

根本○（胡氏曰此篇首取其切於學者記之故以為

多務本之意○（新安陳氏曰揭君子務本一句以為

首篇之要領此說本於游氏朱子已采入賢賢易色

章下於此又首標之如首章以時習為本次章以孝

弟為仁之本三章以忠信為傳習之本道千

乘章以五者為治國之本皆是餘可以類推

乃入道

之門積德之基學者之先務也凡十六章（慶源輔氏

曰道者人

之所共由必有所從入德雖在我之所自得必積而

後成凡此篇所論務本之事乃道所從入之門而德

所積累之基學者必先務此然後道可入而德可積

矣○（朱子曰學而篇名也取篇首兩字為別初無意

義但學之為義則讀此書者不可以不先講也夫學

也者以字義言之則己之未知未能而效夫知之能

之之謂也以事理言之則凡未至而求至者皆謂之

學雖稼圃射御之微亦曰學配其事而名之也而此

獨專之則所謂學者果何學也蓋始乎為士者所以

學而至乎聖人之事伊川先生所謂儒者之學是也

011. 四書集註大全 （明）胡廣等輯 明刻本

開本高26厘米，寬16.6厘米。版框高19.8厘米，寬13.2厘米。十二行二十三字，小字雙行同，黑口，雙順黑魚尾，四周雙邊。鈐有“周元亮珍藏書畫印”等印。十八册。廣東省名録號056

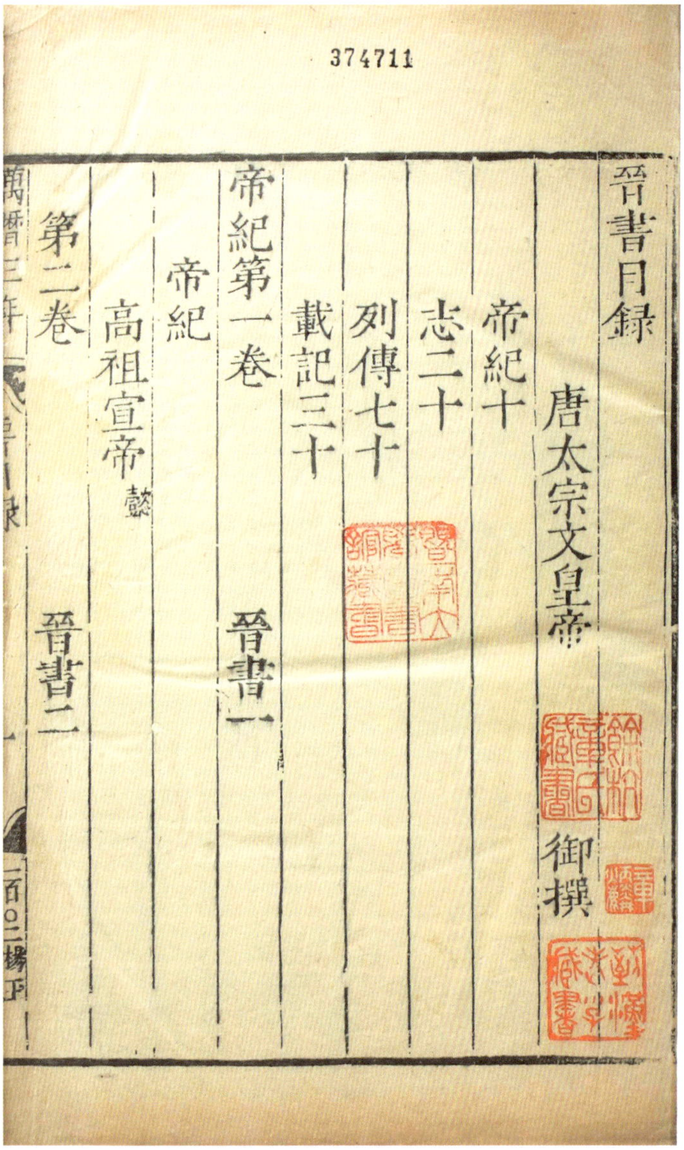
374711
晉書目録
唐太宗文皇帝 御撰
帝紀十
志二十
列傳七十
載記三十
帝紀第一卷 晉書一
帝紀
高祖宣帝 懿
第二卷 晉書二
萬曆三年

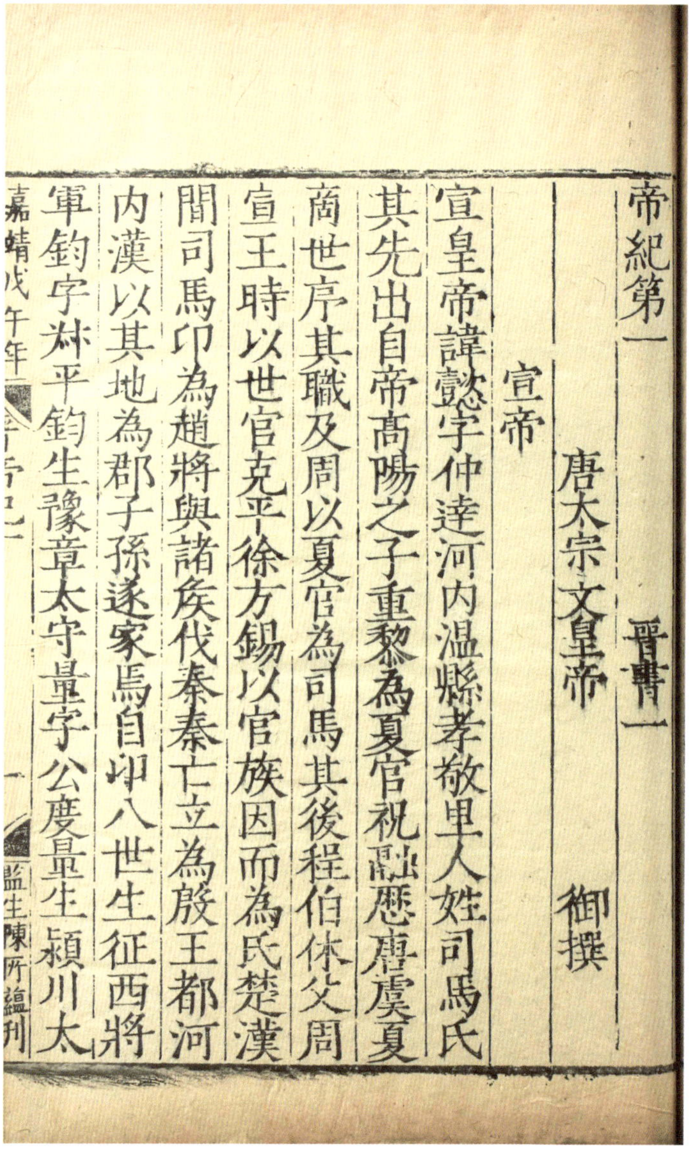
帝紀第一 晉書一
唐太宗文皇帝 御撰
宣帝
宣皇帝諱懿字仲達河内温縣孝敬里人姓司馬氏
其先出自帝高陽之子重黎為夏官祝融歷唐虞夏
商世序其職及周以夏官為司馬其後程伯休父周
宣王時以世官克平徐方錫以官族因而為氏楚漢
間司馬卬為趙將與諸侯伐秦秦亡立為殷王都河
内漢以其地為郡子孫遂家焉自卬八世生征西將
軍鈞字叔平鈞生豫章太守量字公度量生潁川太
嘉靖戊午年
監生陳所藴刊

012. 晉書一百三十卷 （唐）房玄齡等撰 **音義三卷** （唐）何超撰 元刻明正德十年（1515）司禮監、嘉靖萬曆南京國子監遞修本

開本高28.4厘米，寬19厘米。版框高22.1厘米，寬17.2厘米。十行二十字，黑口，雙對黑魚尾，左右雙邊。鈐有“菿漢老子藏書”“章炳麟”“餘杭章氏藏書”等印。六十四册。國家名録號00187 廣東省名録號0234

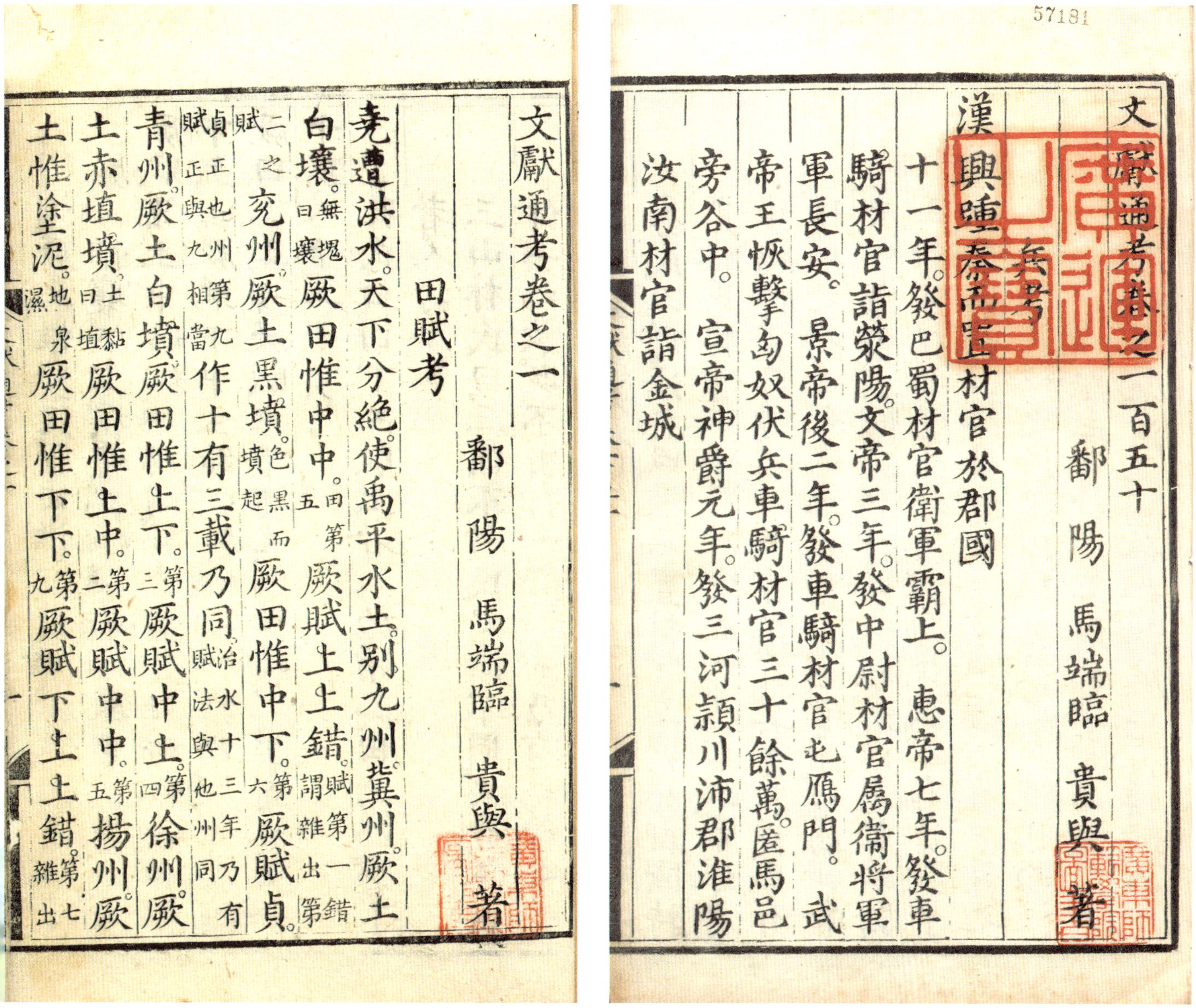
文獻通考卷之一百五十
鄱陽馬端臨貴與著
兵考二
漢興踵秦置材官於郡國
十一年。發巴蜀材官衛軍霸上。惠帝七年。發車
騎材官詣滎陽。文帝三年。發中尉材官屬衛將軍
軍長安。景帝後二年。發車騎材官屯鴈門。武
帝王恢擊匈奴伏兵車騎材官三十餘萬。匿馬邑
旁谷中。宣帝神爵元年。發三河潁川沛郡淮陽
汝南材官詣金城

文獻通考卷之一
鄱陽馬端臨貴與著
田賦考
堯遭洪水。天下分絶。使禹平水土。別九州。冀州。厥土
白壤。無塊曰壤 厥田惟中中。田第五 厥賦上上錯。賦第一錯謂雜出第二之賦
兗州厥土黑墳。色黑而墳起 厥田惟中下。第六 厥賦貞。貞正也州第九賦正與九州相當 作十有三載乃同。治水十三年乃有賦法與他州同
青州厥土白墳。厥田惟上下。第三 厥賦中上。第四 徐州厥
土赤埴墳。土黏曰埴 厥田惟上中。第二 厥賦中中。第五 揚州厥
土惟塗泥。地泉濕 厥田惟下下。第九 厥賦下上上錯。第七雜出

013. 文獻通考三百四十八卷 （元）馬端臨撰 明嘉靖三年（1524）司禮監刻本

開本高33厘米，寬20厘米。版框高25.5厘米，寬17.5厘米。十行二十字，小字雙行同，黑口，雙對黑魚尾。鈐有“廣運之寶”印。一百册。廣東省名録號370

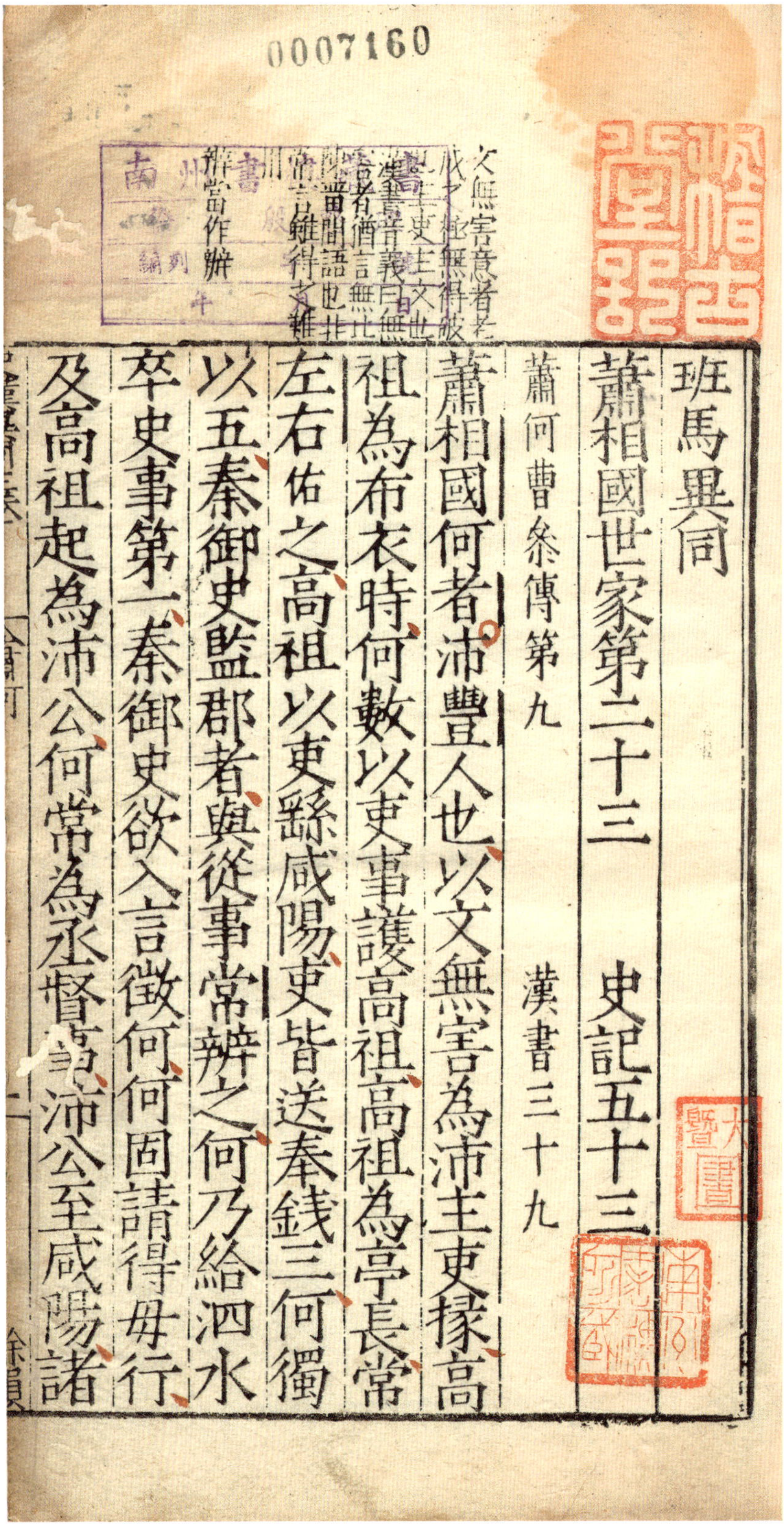
班馬異同
蕭相國世家第二十三　史記五十三
蕭何曹參傳第九　漢書三十九
蕭相國何者沛豐人也以文無害為沛主吏掾高
祖為布衣時何數以吏事護高祖高祖為亭長常
左右佑之高祖以吏繇咸陽吏皆送奉錢三何獨
以五奉御史監郡者與從事常辨之何乃給泗水
卒史事第一秦御史欲入言徵何何固請得毋行
及高祖起為沛公何常為丞督事沛公至咸陽諸

014. 班馬異同三十五卷　(宋)倪思撰　(宋)劉會孟評　明嘉靖十六年(1537)李元陽刻本(卷二十一至二十二抄配)

開本高25.2厘米，寬15.2厘米。版框高17.2厘米，寬12.8厘米。九行十九字，白口，單白魚尾，左右雙邊。徐湯殷跋。鈐有“稽古堂記”“南州書樓所藏”“南州後人”“徐湯殷”“信符”等印。十二册。廣東省名録號117

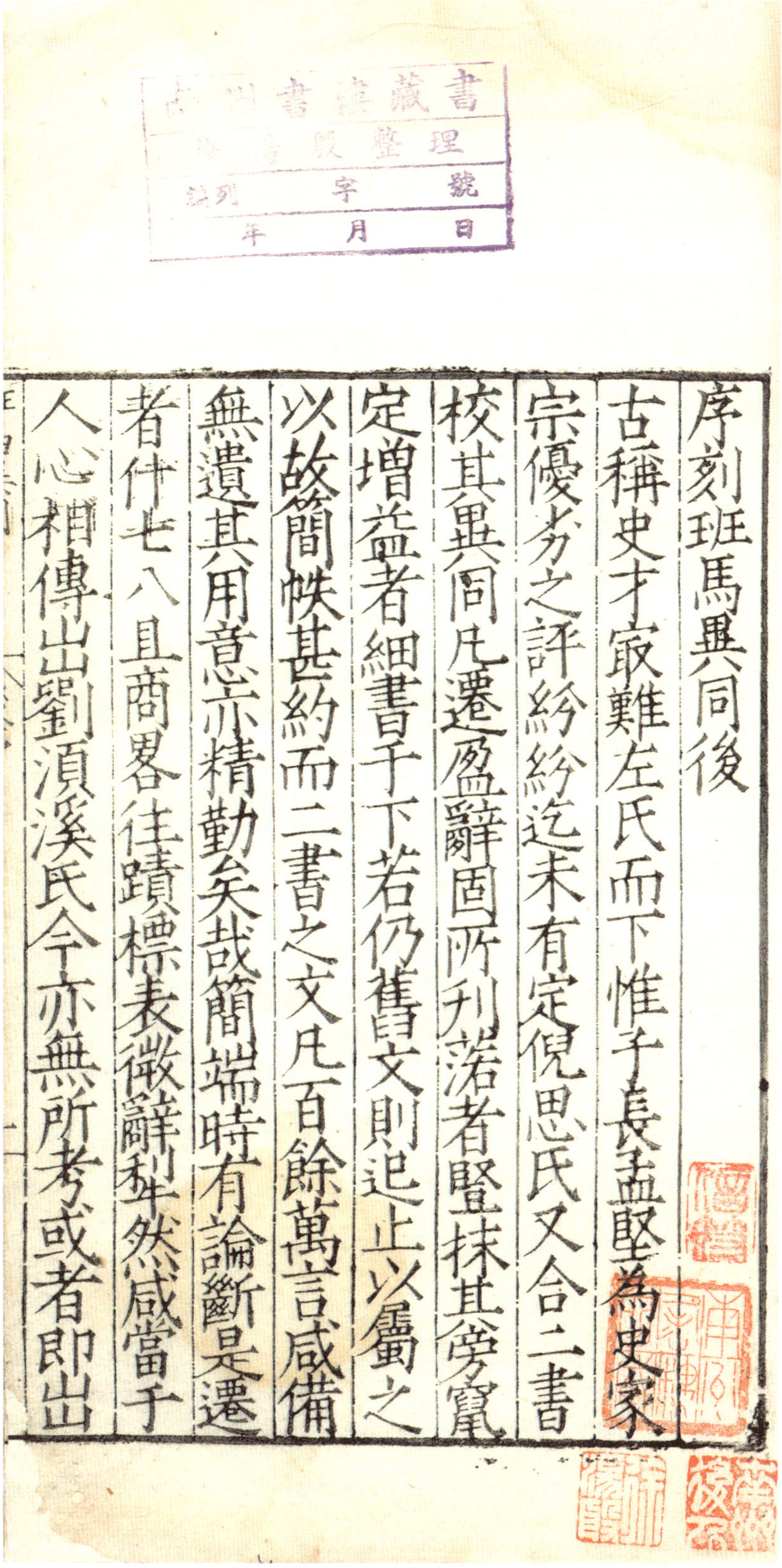
序刻班馬異同後
古稱史才冣難左氏而下惟子長孟堅為史家
宗優劣之評紛紛迄未有定倪思氏又合二書
校其異同凡遷盈辭固所刊落者暨抹其旁竄
定增益者細書于下若仍舊文則乙止以屬之
以故簡帙甚約而二書之文凡百餘萬言咸備
無遺其用意亦精勤矣哉簡端時有論斷是遷
者什七八且商畧往蹟標表微辭犁然咸當于
人心相傳出劉須溪氏今亦無所考或者即出

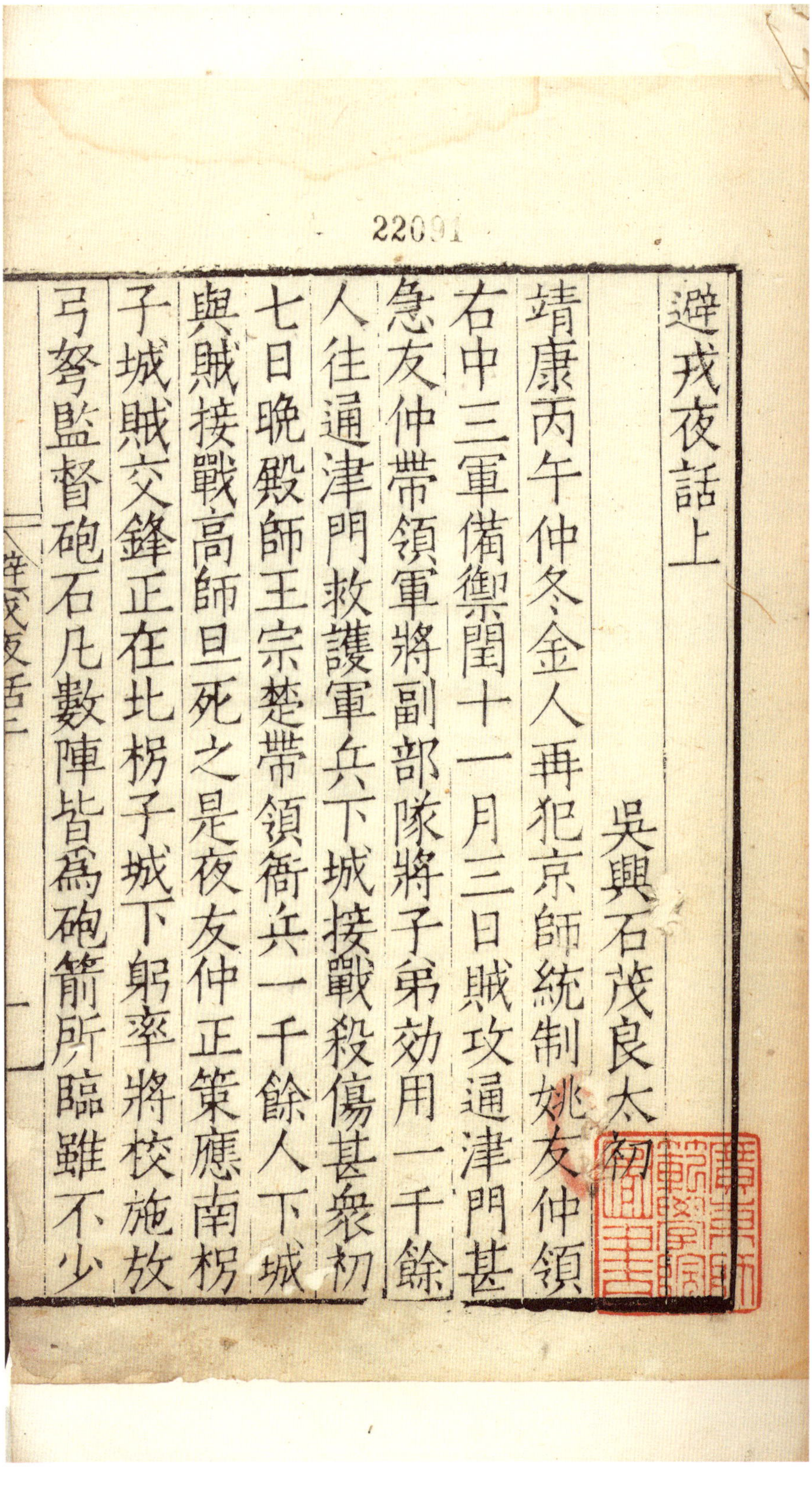

避戎夜話上

吳興石茂良太初

靖康丙午仲冬金人再犯京師統制姚友仲領右中三軍備禦閏十一月三日賊攻通津門甚急友仲帶領軍將副部隊將子弟効用一千餘人往通津門救護軍兵下城接戰殺傷甚衆初七日晚殿師王宗楚帶領衙兵一千餘人下城與賊接戰高師旦死之是夜友仲正策應南梯子城賊交鋒正在北梯子城下躬率將校施放弓弩監督砲石凡數陣皆爲砲箭所臨雖不少

避戎夜話上　一

015. 避戎夜話二卷 （宋）石茂良撰　明嘉靖十八至二十年（1539—1541）顧氏大石山房刻《顧氏明朝四十家小説》本

開本高25厘米，寬15.8厘米。版框高17.5厘米，寬13厘米。十行十八字，白口，單白魚尾，左右雙邊。一册。廣東省名録號186

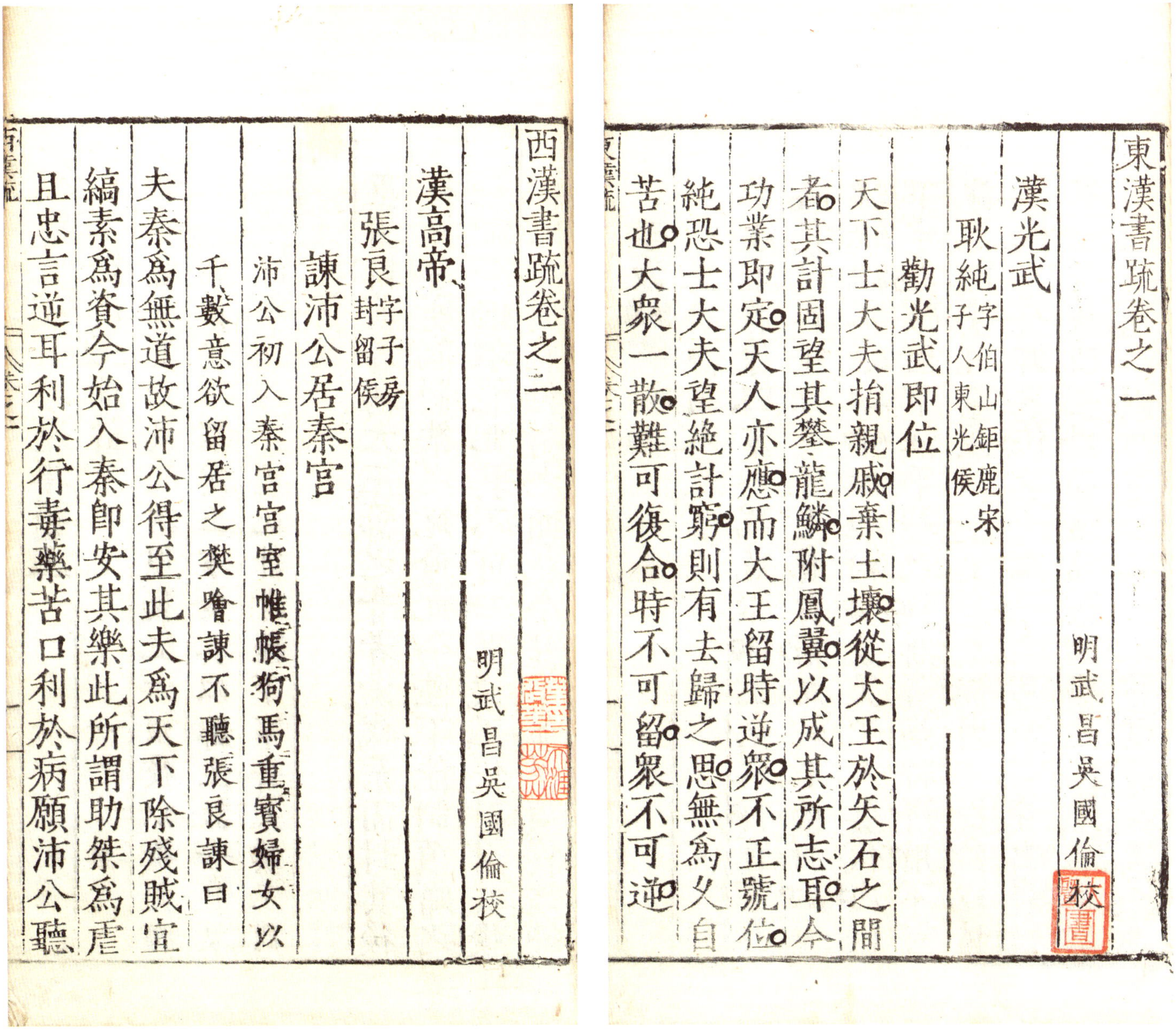

東漢書疏卷之一
明武昌吳國倫校
漢光武
耿純字伯山鉅鹿宋子人東光侯
勸光武即位
天下士大夫捐親戚棄土壤從大王於矢石之間者其計固望其攀龍鱗附鳳翼以成其所志耳今功業即定天人亦應而大王留時逆衆不正號位純恐士大夫望絕計窮則有去歸之思無爲久自苦也大衆一散難可復合時不可留衆不可逆

西漢書疏卷之二
明武昌吳國倫校
漢高帝
張良字子房封留侯
諫沛公居秦宮
沛公初入秦宮宮室帷帳狗馬重寶婦女以千數意欲留居之樊噲諫不聽張良諫曰
夫秦爲無道故沛公得至此夫爲天下除殘賊宜縞素爲資今始入秦即安其樂此所謂助桀爲虐且忠言逆耳利於行毒藥苦口利於病願沛公聽

016.秦漢書疏十八卷（明）徐紳輯　明嘉靖三十七年（1558）吳國倫刻本

開本高26厘米，寬16.5厘米。版框高22.8厘米，寬15厘米。十行二十字，小字雙行同，白口，單白魚尾，四周單邊。鈐有“天涯芳草”“葉啓芳印”等印。八册。廣東省名録號205

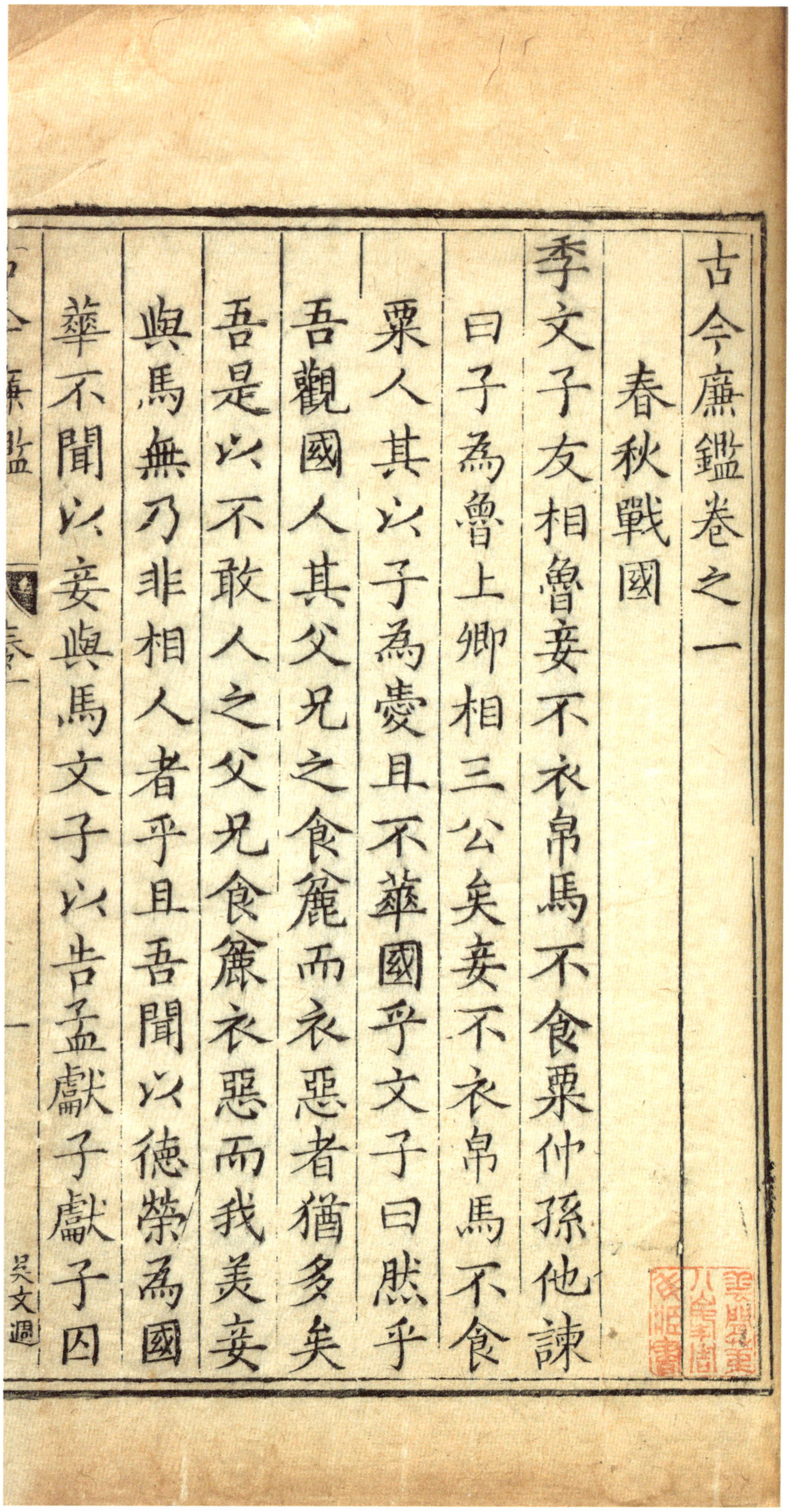

古今廉鑑卷之一

春秋戰國

季文子相魯妾不衣帛馬不食粟仲孫他諫曰子為魯上卿相三公矣妾不衣帛馬不食粟人其以子為愛且不華國乎文子曰然乎吾觀國人其父兄之食麁而衣惡者猶多矣吾是以不敢人之父兄食麁衣惡而我美妾與馬無乃非相人者乎且吾聞以德榮為國華不聞以妾與馬文子以告孟獻子獻子囚

古今廉鑑 卷一 一 吴文遇

017. 古今廉鑑八卷 （明）喬懋敬撰 明萬曆九年（1581）兩淮都轉運監使司刻本

開本高27厘米，寬16.5厘米。版框高20.9厘米，寬14.1厘米。九行十八字，小字雙行同，白口，單黑魚尾，四周雙邊。鈐有“雲間第八峰周氏藏書”等印。四册。廣東省名録號214

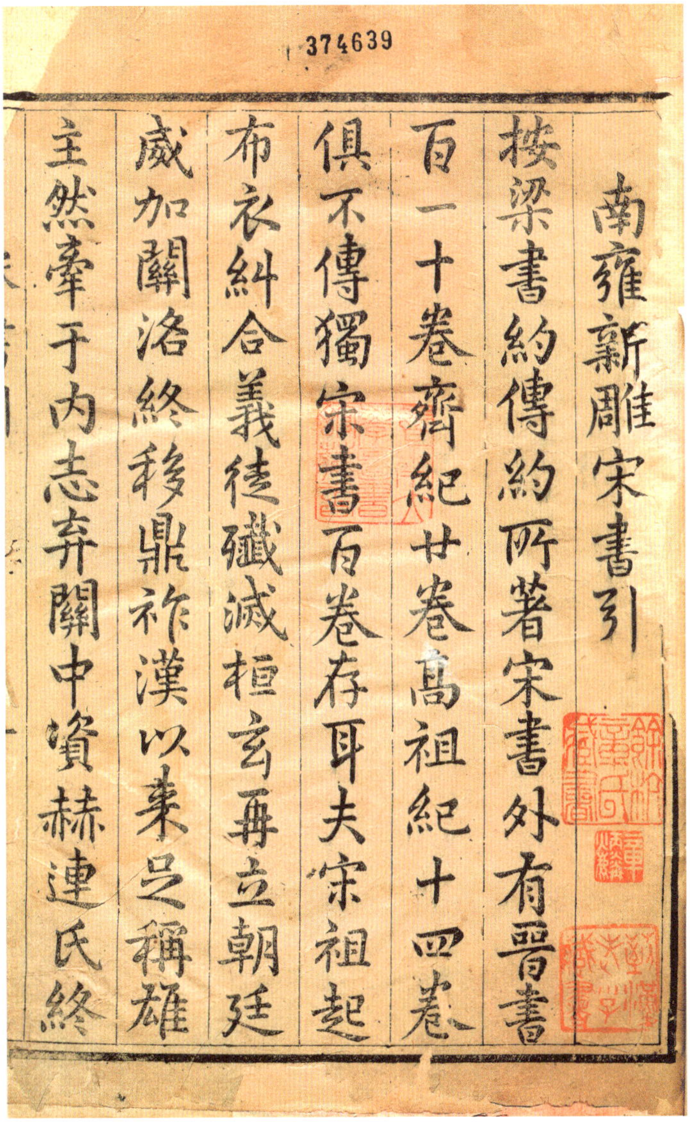
374639

南雍新雕宋書引

按梁書約傳約所著宋書外有晉書百一十卷齊紀廿卷高祖紀十四卷俱不傳獨宋書百卷存耳夫宋祖起布衣糾合義徒殲滅桓玄再立朝廷威加關洛終移鼎祚漢以來足稱雄主然牽于內志弃關中資赫連氏終

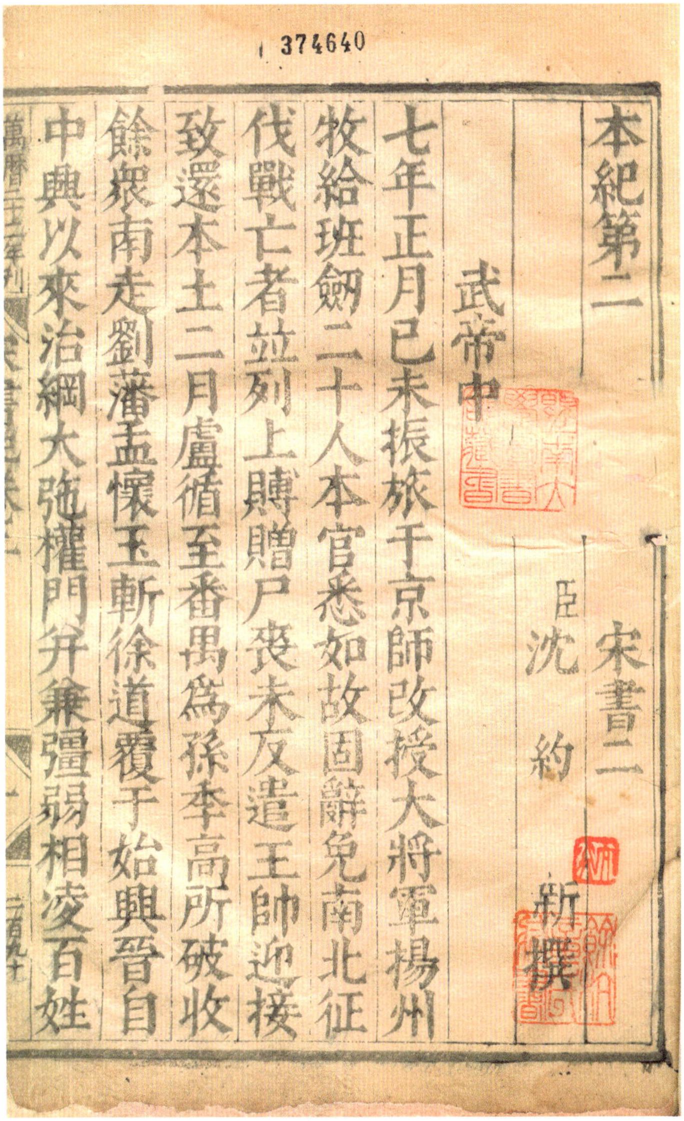
374640

本紀第二　宋書二

武帝中

臣沈約新撰

七年正月己未振旅于京師改授大將軍揚州牧給班劍二十人本官悉如故固辭免南北征伐戰亡者並列上賻贈尸喪未反遣主帥迎接致還本土二月盧循至番禺為孫季高所破收餘衆南走劉藩孟懷玉斬徐道覆于始興晉自中興以來治綱大弛權門并兼彊弱相凌百姓

018. 宋書一百卷（南朝梁）沈約撰 明萬曆二十二年（1594）南京國子監刻本

開本高26.7厘米，寬18.8厘米。版框高22.6厘米，寬16.5厘米。九行十八字，黑口，上單黑魚尾，下雙對黑魚尾，四周雙邊。鈐有“餘杭章氏藏書”“太炎”“菿漢老子藏書”“章炳麟”等印。七十二册。廣東省名録號0238

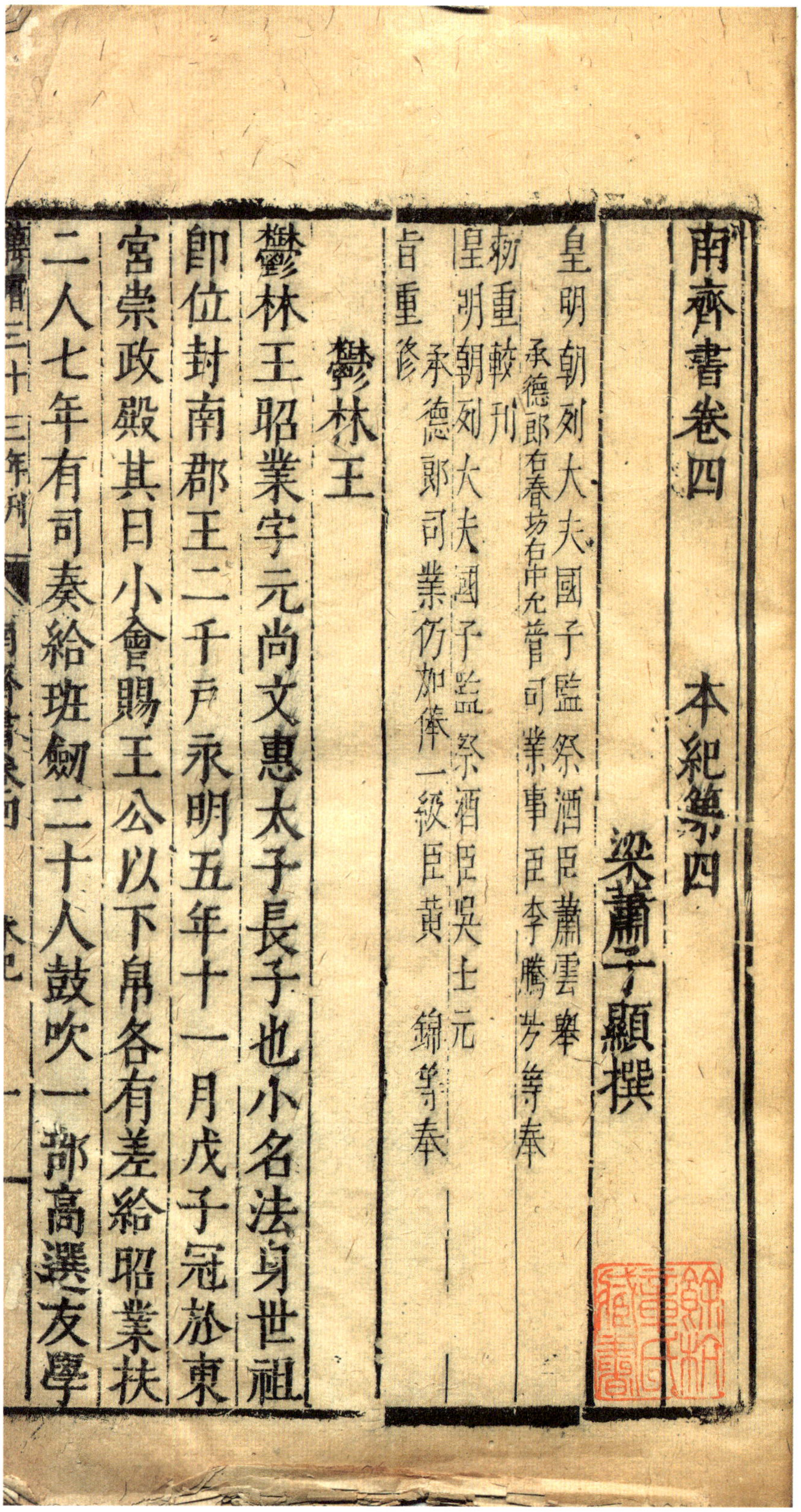

南齊書卷四　本紀第四
梁蕭子顯撰
皇明朝列大夫國子監祭酒臣蕭雲舉　承德郎右春坊右中允管司業事臣李騰芳等奉
勅重較刊
皇明朝列大夫國子監祭酒臣吳士元　承德郎司業仍加俸一級臣黃錦等奉
旨重修
鬱林王
鬱林王昭業字元尚文惠太子長子也小名法身世祖
即位封南郡王二千戶永明五年十一月戊子冠於東
宮崇政殿其日小會賜王公以下帛各有差給昭業扶
二人七年有司奏給班劒二十人鼓吹一部高選友學

萬曆三十三年刊　南齊書卷四　本紀　一

019. 南齊書五十九卷 （南朝梁）蕭子顯撰　明萬曆三十三年（1605）北京國子監刻《二十一史》本

開本高29.4厘米，寬18.1厘米。版框高23.5厘米，寬15.2厘米。十行二十一字，小字雙行同，白口，單黑魚尾，左右雙邊。鈐有“餘杭章氏藏書”等印。二十二册。廣東省名録號0241

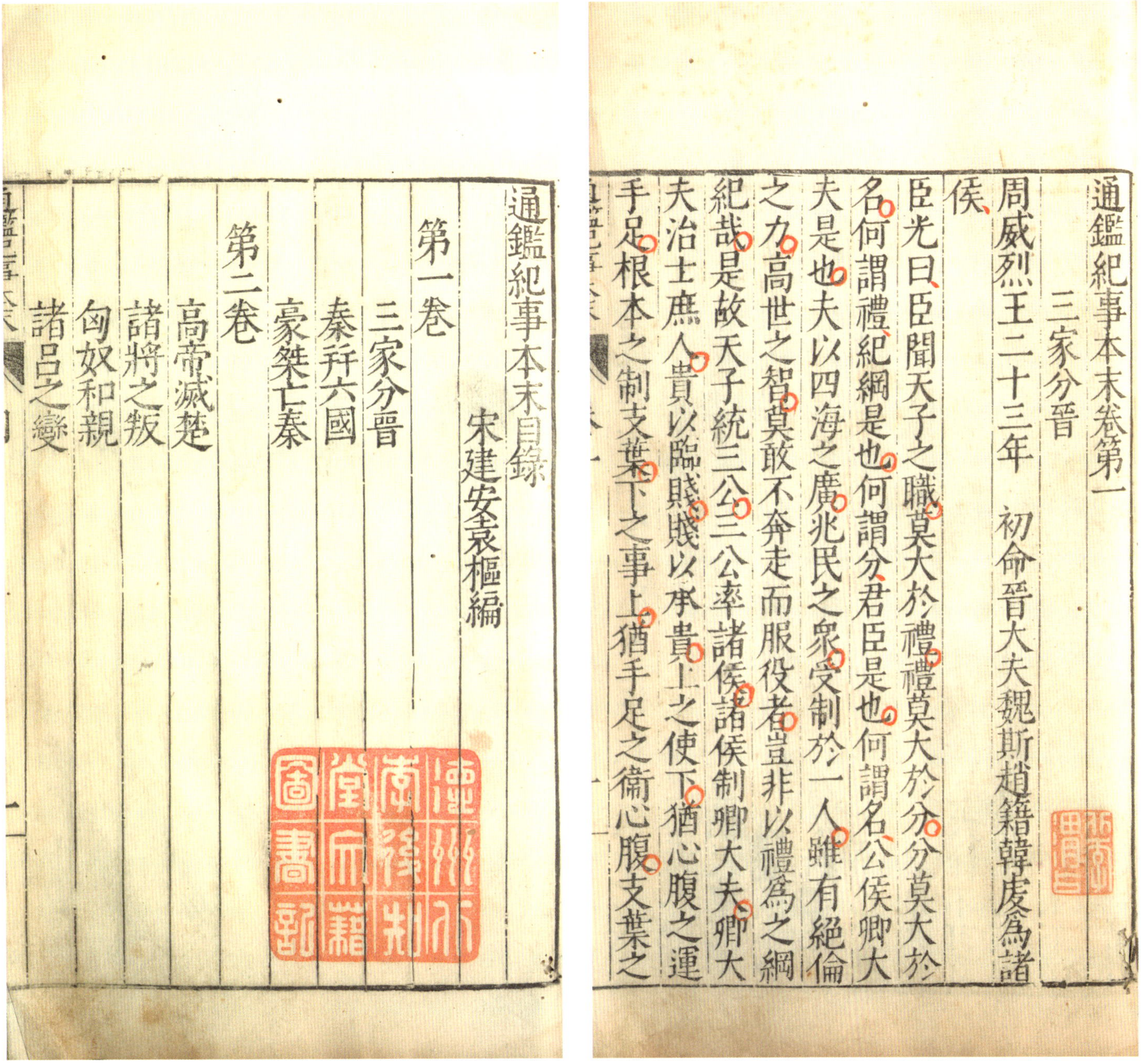

通鑑紀事本末目錄　宋建安袁樞編
第一卷
三家分晉
秦幷六國
豪桀亡秦
第二卷
高帝滅楚
諸將之叛
匈奴和親
諸呂之變

通鑑紀事本末卷第一
三家分晉
周威烈王二十三年　初命晉大夫魏斯趙籍韓虔爲諸
侯
臣光曰臣聞天子之職莫大於禮禮莫大於分分莫大於
名何謂禮紀綱是也何謂分君臣是也何謂名公侯卿大
夫是也夫以四海之廣兆民之衆受制於一人雖有絕倫
之力高世之智莫敢不奔走而服役者豈非以禮爲之綱
紀哉是故天子統三公三公率諸侯諸侯制卿大夫卿大
夫治士庶人貴以臨賤賤以承貴上之使下猶心腹之運
手足根本之制支葉下之事上猶手足之衛心腹支葉之

020. 通鑑紀事本末四十二卷（宋）袁樞撰 明萬曆三十四年（1606）黄起士刻本

開本高28.5厘米，寬17厘米。版框高21.5厘米，寬15厘米。十一行二十二字，白口，單黑魚尾，四周單邊。鈐有“北李渭占”“德州北李後知堂文籍圖書記”等印。四十二册。廣東省名録號165

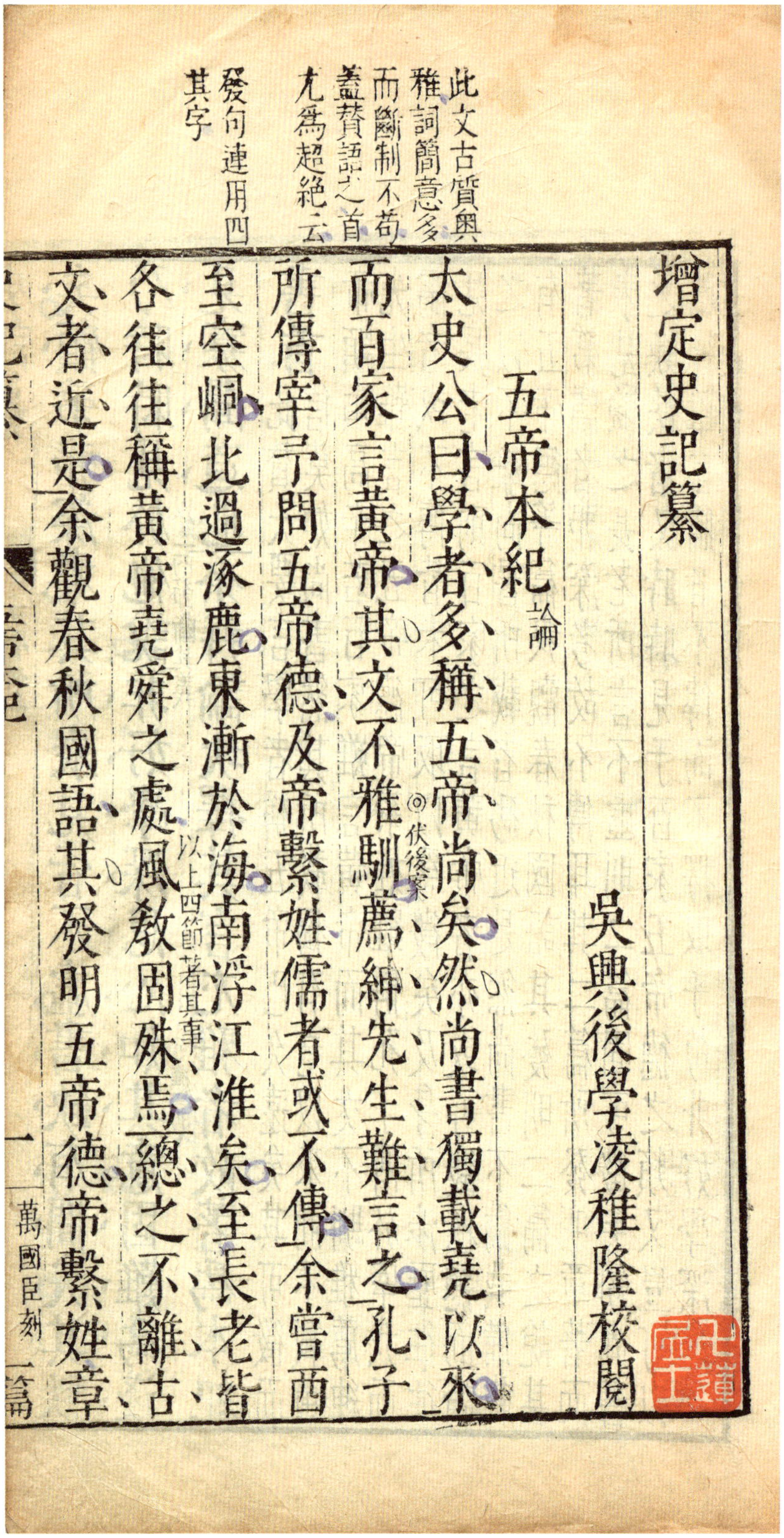

此文古質與雅詞簡意多而斷制不苟蓋贊語之首尤爲超絕云
發句連用四其字

增定史記纂
吳興後學凌稚隆校閱
五帝本紀 論
太史公曰學者多稱五帝尚矣然尚書獨載堯以來
而百家言黃帝其文不雅馴薦紳先生難言之孔子
所傳宰予問五帝德及帝繫姓儒者或不傳余嘗西
至空峒北過涿鹿東漸於海南浮江淮矣至長老皆
各往往稱黃帝堯舜之處風教固殊焉總之不離古
文者近是余觀春秋國語其發明五帝德帝繫姓章

以上四節著其事

史記纂 卷一 一
萬國臣刻 一篇

卍蓮居士

021. 增定史記纂不分卷 （明）凌稚隆撰 明萬曆四十八年（1620）刻本

開本高27.5厘米，寬16.5厘米。版框高20.8厘米，寬13.5厘米。九行二十字，白口，單黑魚尾，左右雙邊。鈐有“卍蓮居士”等印。八册。廣東省名録號252

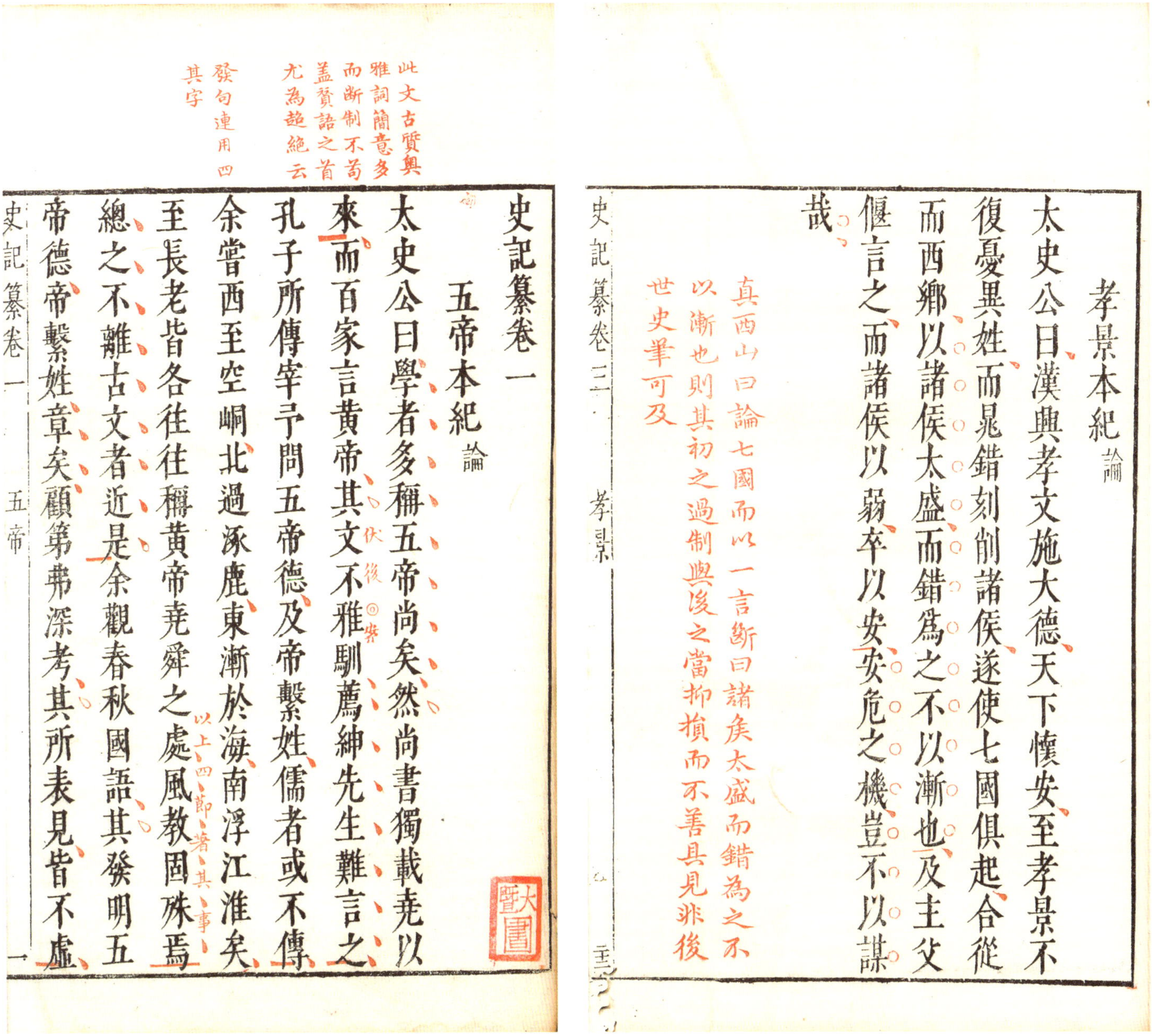
此文古質典雅詞簡意多而斷制不苟蓋贊語之首尤為超絕云
發句連用四其字
史記纂卷一
五帝本紀 論
太史公曰學者多稱五帝尚矣然尚書獨載堯以
來而百家言黃帝其文不雅馴薦紳先生難言之
孔子所傳宰予問五帝德及帝繫姓儒者或不傳
余嘗西至空峒北過涿鹿東漸於海南浮江淮矣
至長老皆各往往稱黃帝堯舜之處風教固殊焉
總之不離古文者近是余觀春秋國語其發明五
帝德帝繫姓章矣顧弟弗深考其所表見皆不虛
以上四節著其事
史記纂卷一 五帝 一
孝景本紀 論
太史公曰漢興孝文施大德天下懷安至孝景不
復憂異姓而晁錯刻削諸侯遂使七國俱起合從
而西鄉以諸侯太盛而錯為之不以漸也及主父
偃言之而諸侯以弱卒以安安危之機豈不以謀
哉
真西山曰論七國而以一言斷曰諸侯太盛而錯為之不以漸也則其初之過制與後之當抑損而不善具見非後世史筆可及
史記纂卷三 孝景 三

022. 史記纂二十四卷（明）凌稚隆輯 明萬曆凌稚隆刻朱墨套印本

開本高26.5厘米，寬17厘米。版框高20.3厘米，寬14.8厘米。九行十九字，白口，四周單邊。二十四册。國家名録號04057 廣東省名録號0348

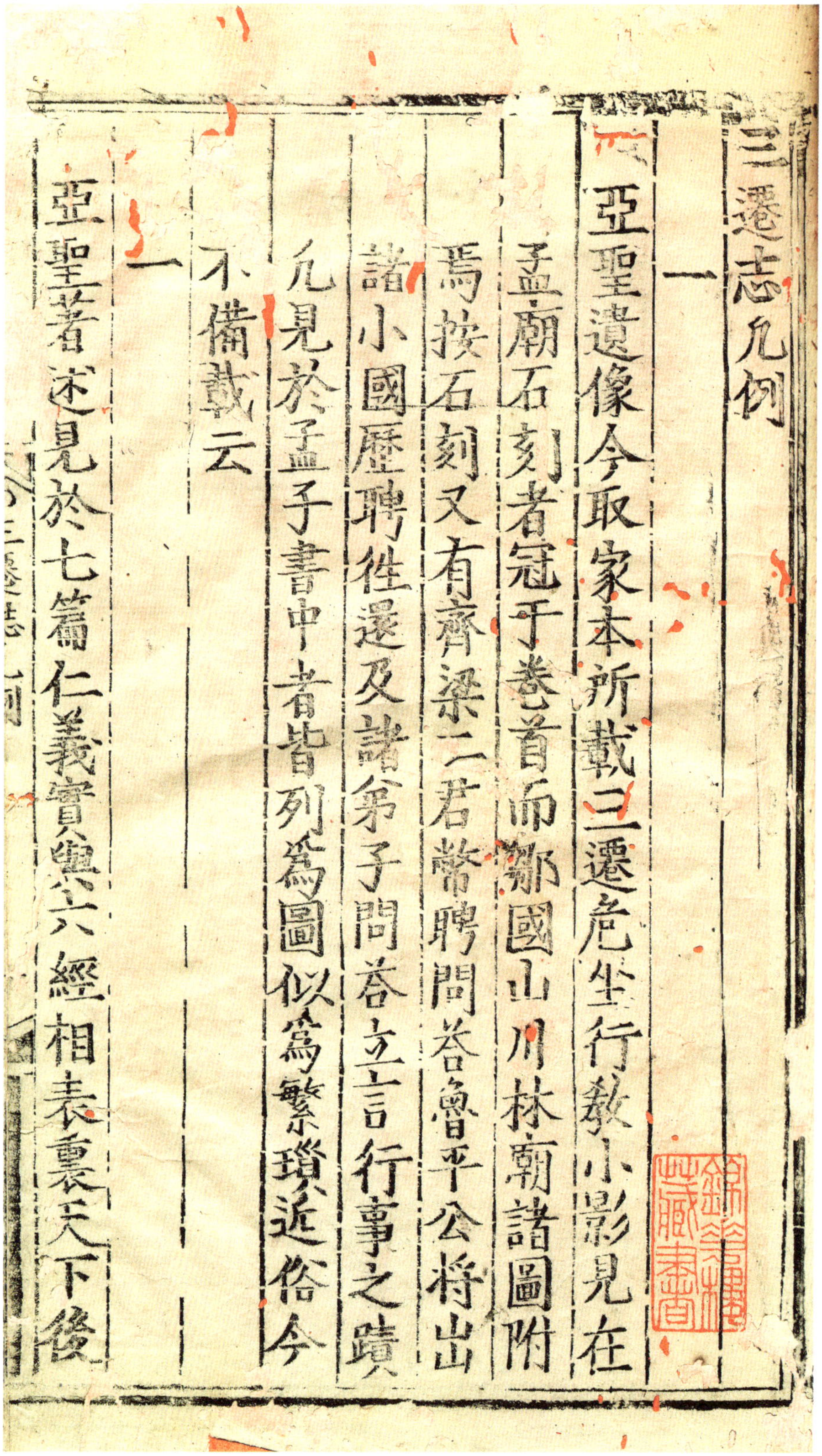

三遷志凡例

一 亞聖遺像今取家本所載三遷危坐行教小影見在孟廟石刻者冠于卷首而鄒國山川林廟諸圖附焉按石刻又有齊梁二君幣聘問荅魯平公將出諸小國歷聘往還及諸弟子問荅立言行事之蹟凡見於孟子書中者皆列爲圖似爲繁瑣近俗今不備載云

一 亞聖著述見於七篇仁義實與六經相表裏天下後

023. 三遷志六卷 （明）吕元善撰 （明）費增輯 明萬曆刻本

開本高24.5厘米，寬15.6厘米。版框高22.2厘米，寬13.7厘米。十行二十一字，黑口，雙對黑魚尾，四周雙邊。鈐有“錦華樓藏書”印。四册。廣東省名録號362

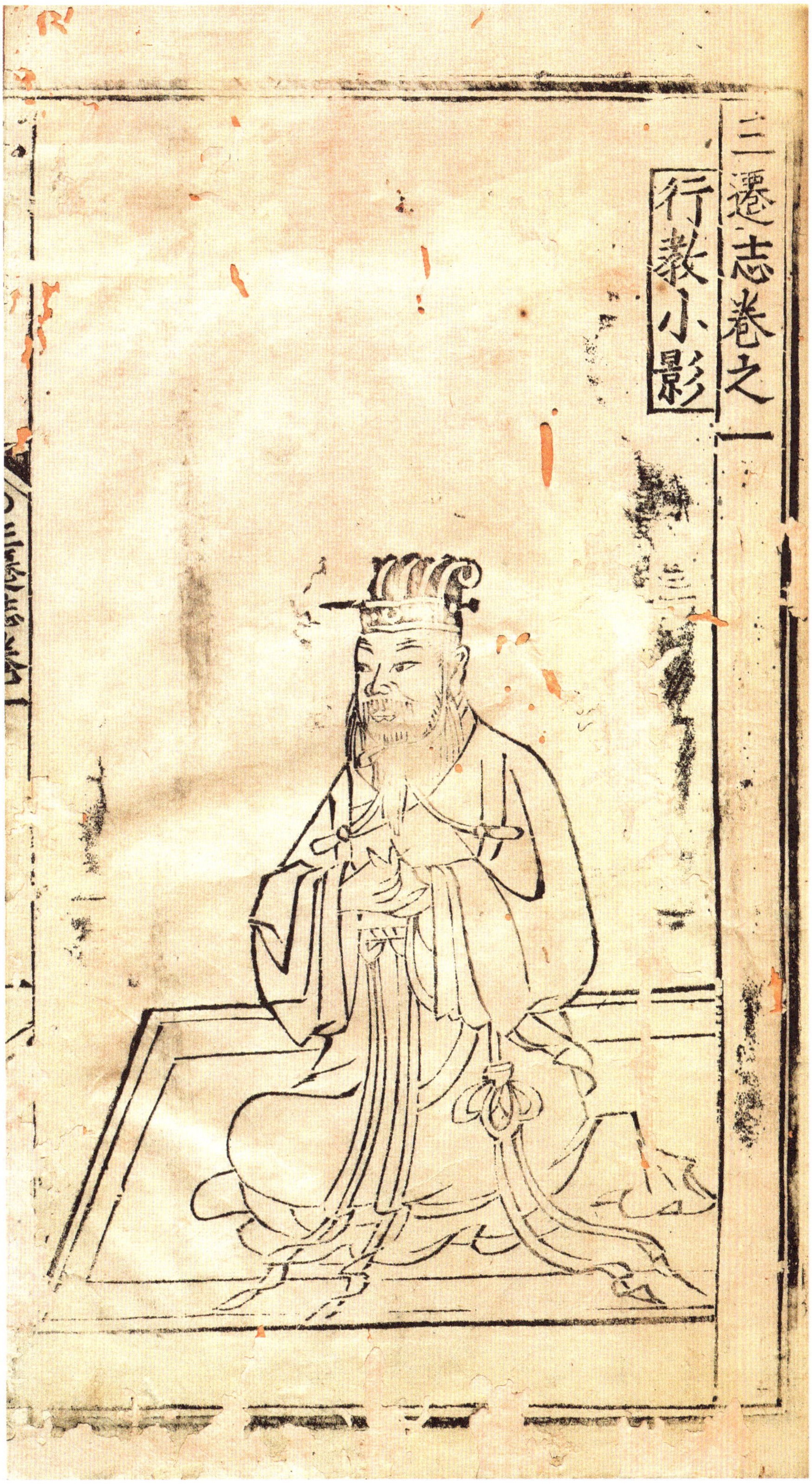
三遷志卷之一
行教小影

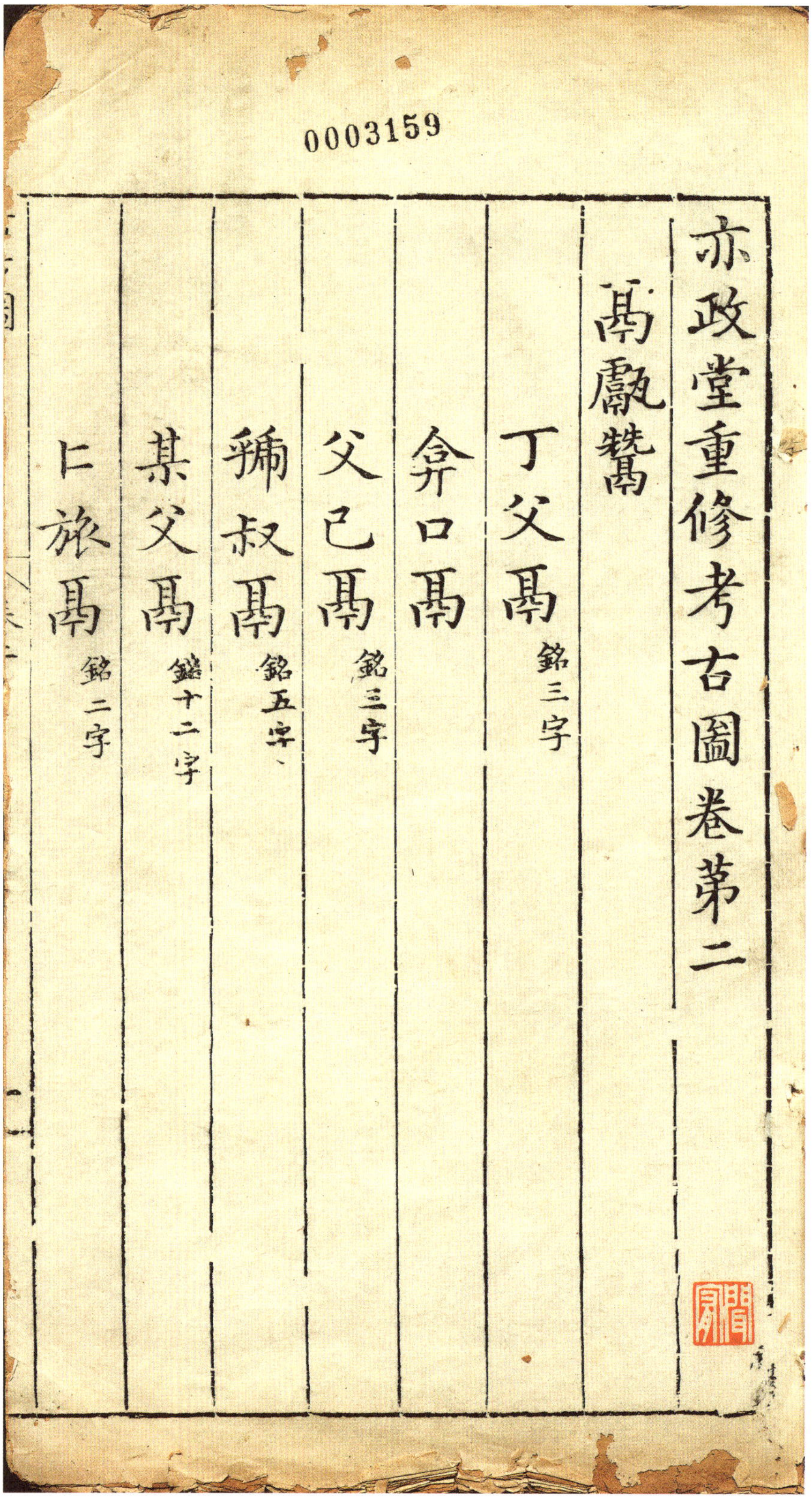

024. 亦政堂重修考古圖十卷 （宋）吕大臨撰　明萬曆刻《三古圖》清乾隆十七年（1752）天都黄氏槐蔭草堂剜改重印本

開本高29.5厘米，寬18.2厘米。版框高24.1厘米，寬15.5厘米。八行十七字，雙行小字字數不等，白口，單白魚尾，四周單邊。鈐有“聞宥”印。十册。廣東省名録號382

卜旅鬲

河南文氏

卜

薛尚功云商父巳卣有卝字此乃其半
盖析字也旁一字奇古未可攷

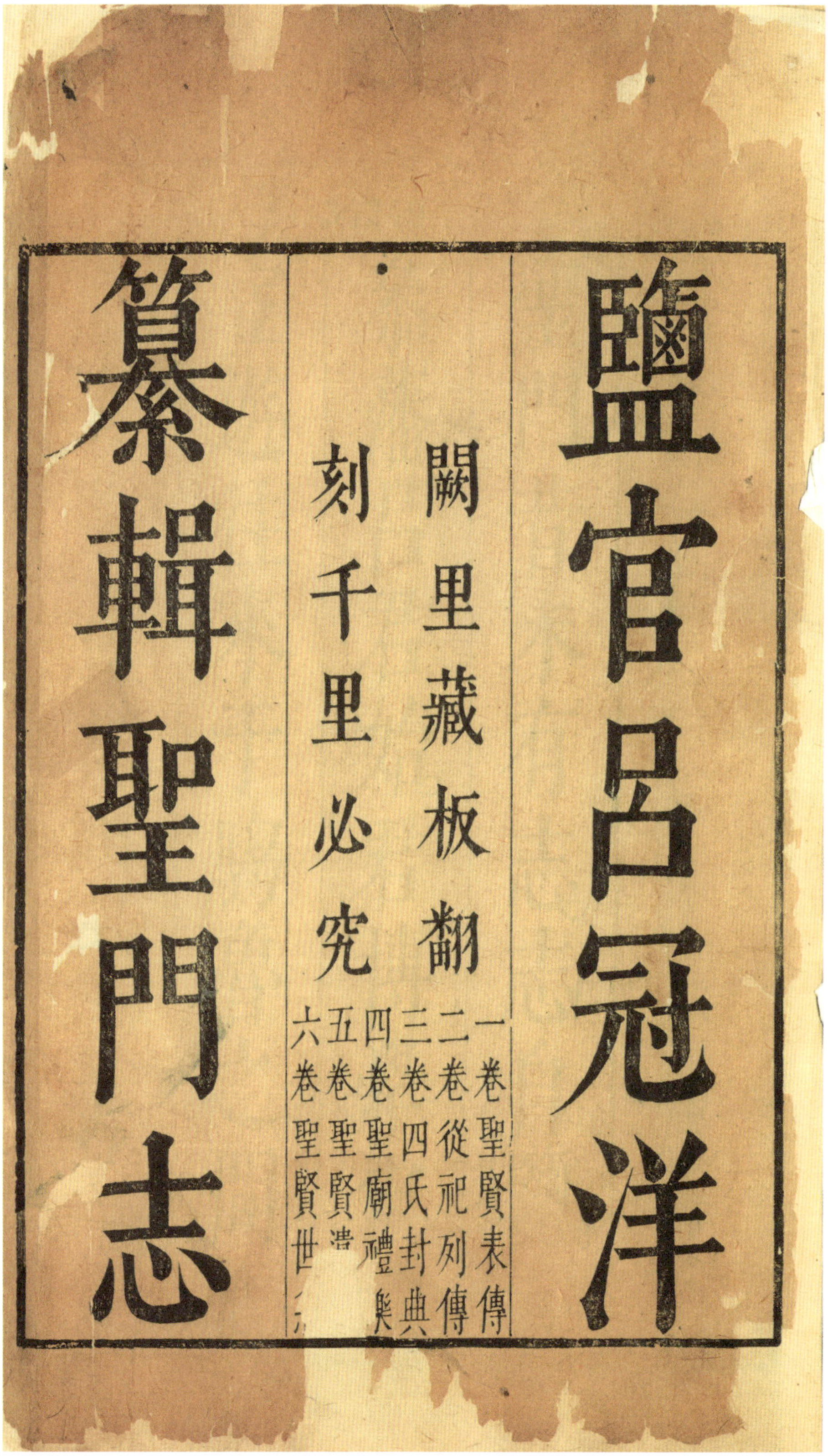

鹽官呂冠洋

闕里藏板翻刻千里必究

一卷聖賢表傳
二卷從祀列傳
三卷四氏封典
四卷聖廟禮樂
五卷聖賢遺
六卷聖賢世

纂輯聖門志

025. 聖門志六卷 （明）呂元善輯 明天啓五年（1625）刻本

開本高26.3厘米，寬16.7厘米。版框高20.4厘米，寬14.8厘米。十行十九字，白口，單黑魚尾，左右雙邊。七册。廣東省名録號210

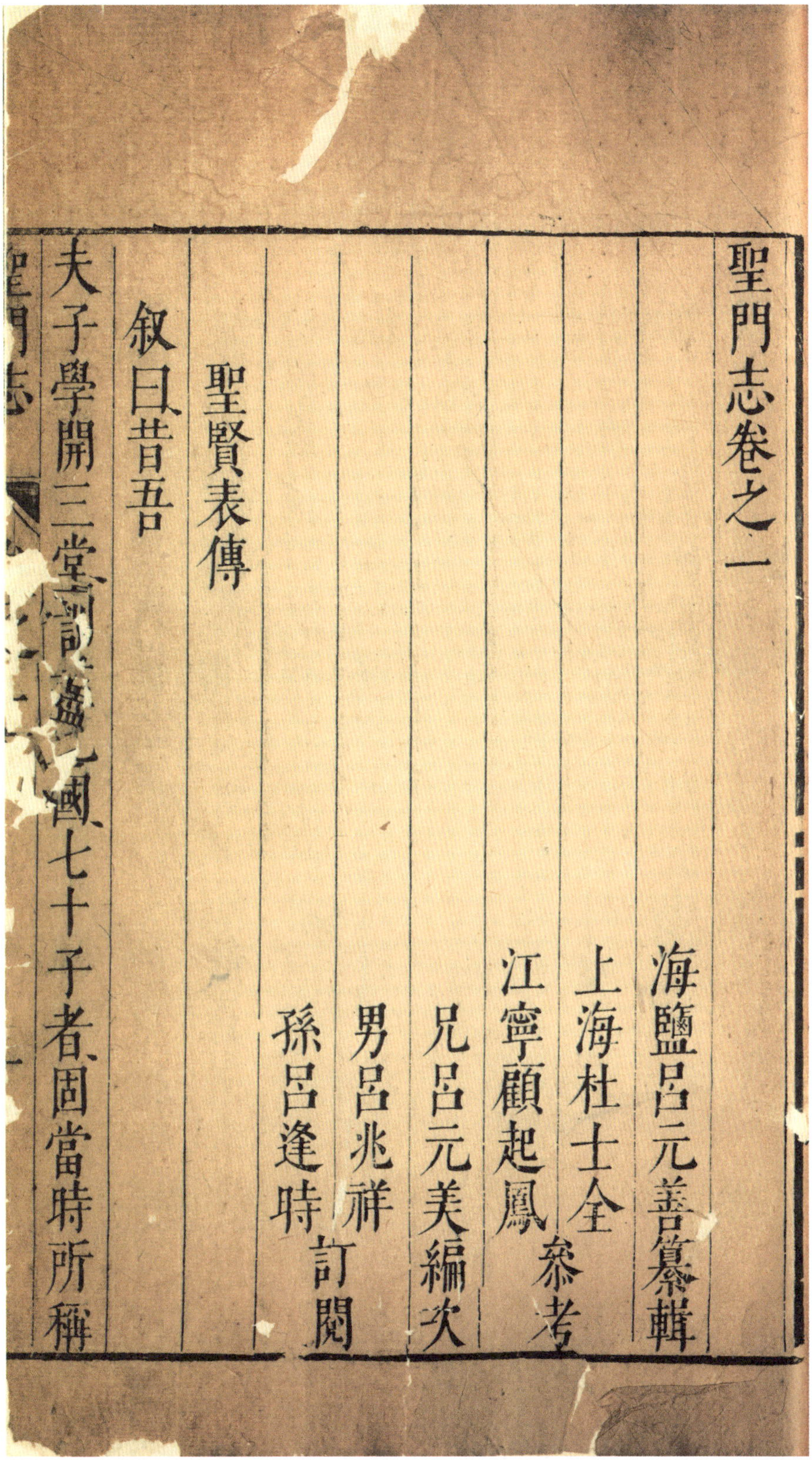

聖門志卷之一

海鹽呂元善纂輯
上海杜士全　叅考
江寧顧起鳳
兄呂元美編次
男呂兆祥　訂閱
孫呂逢時

聖賢表傳

敘曰昔吾
夫子學開三堂[illegible][illegible]國七十子者固當時所稱

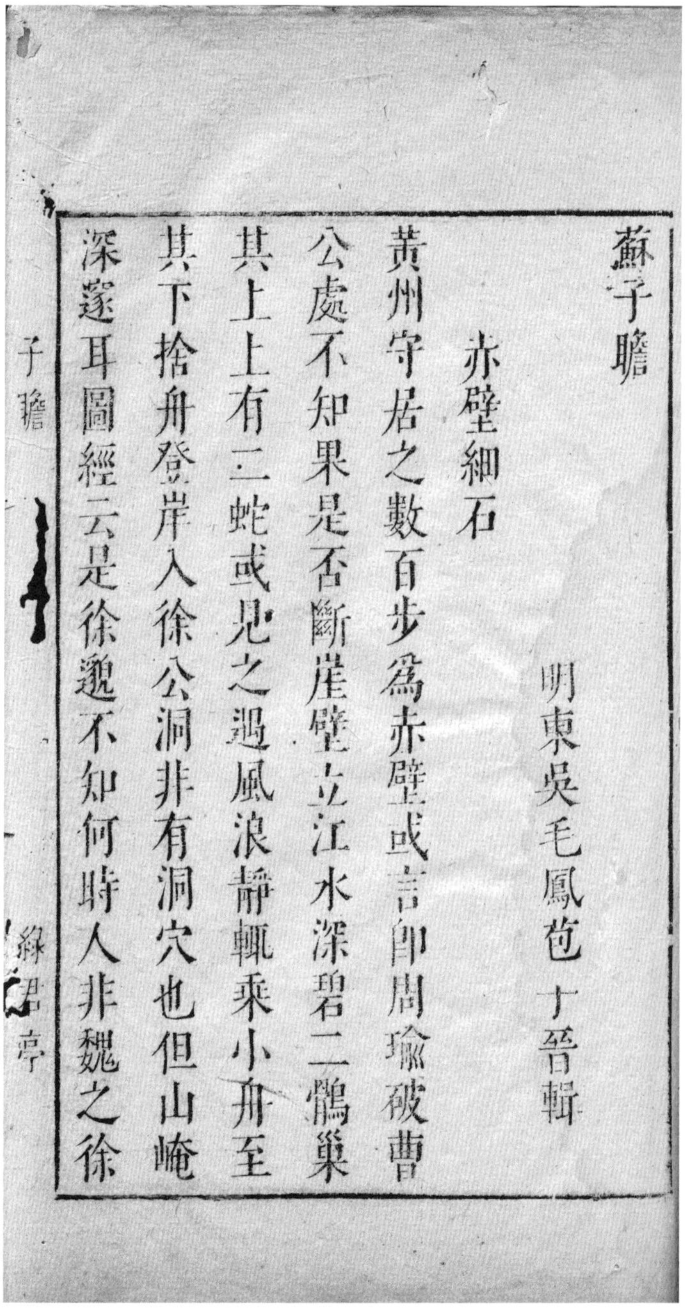

蘇子瞻

明東吳毛鳳苞子晉輯

赤壁細石

黃州守居之數百步爲赤壁或言卽周瑜破曹公處不知果是否斷崖壁立江水深碧二鶻巢其上上有二蛇或見之遇風浪靜輒乘小舟至其下捨舟登岸入徐公洞非有洞穴也但山崦深邃耳圖經云是徐邈不知何時人非魏之徐

子瞻　綠君亭

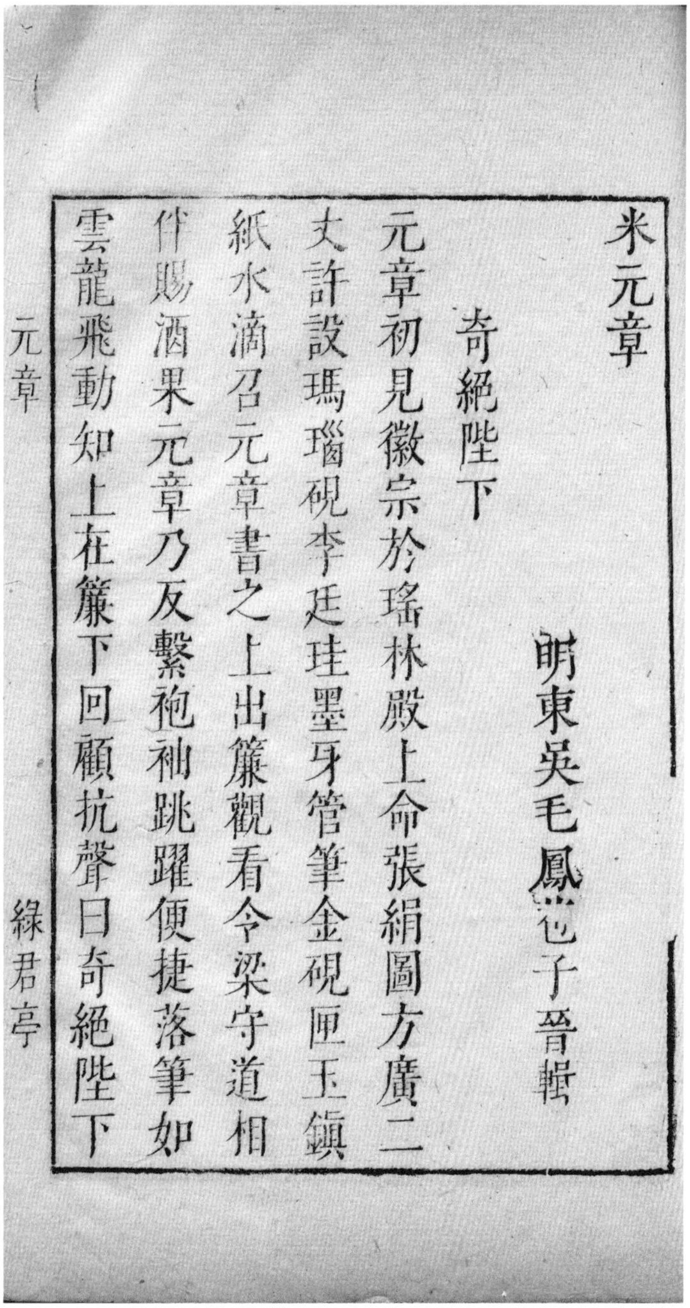

米元章

明東吳毛鳳苞子晉輯

奇絶陛下

元章初見徽宗於瑤林殿上命張絹圖方廣二丈許設瑪瑙硯李廷珪墨牙管筆金硯匣玉鎮紙水滴召元章書之上出簾觀看令梁守道相伴賜酒果元章乃反繫袍袖跳躍便捷落筆如雲龍飛動知上在簾下回顧抗聲曰奇絶陛下

元章　綠君亭

026. 蘇米志林三卷（明）毛晉輯 明天啓五年（1625）毛氏緑君亭刻本

開本高27厘米，寬17厘米。版框高20.5厘米，寬14.5厘米。八行十八字，白口，四周單邊。六册。廣東省名録號223

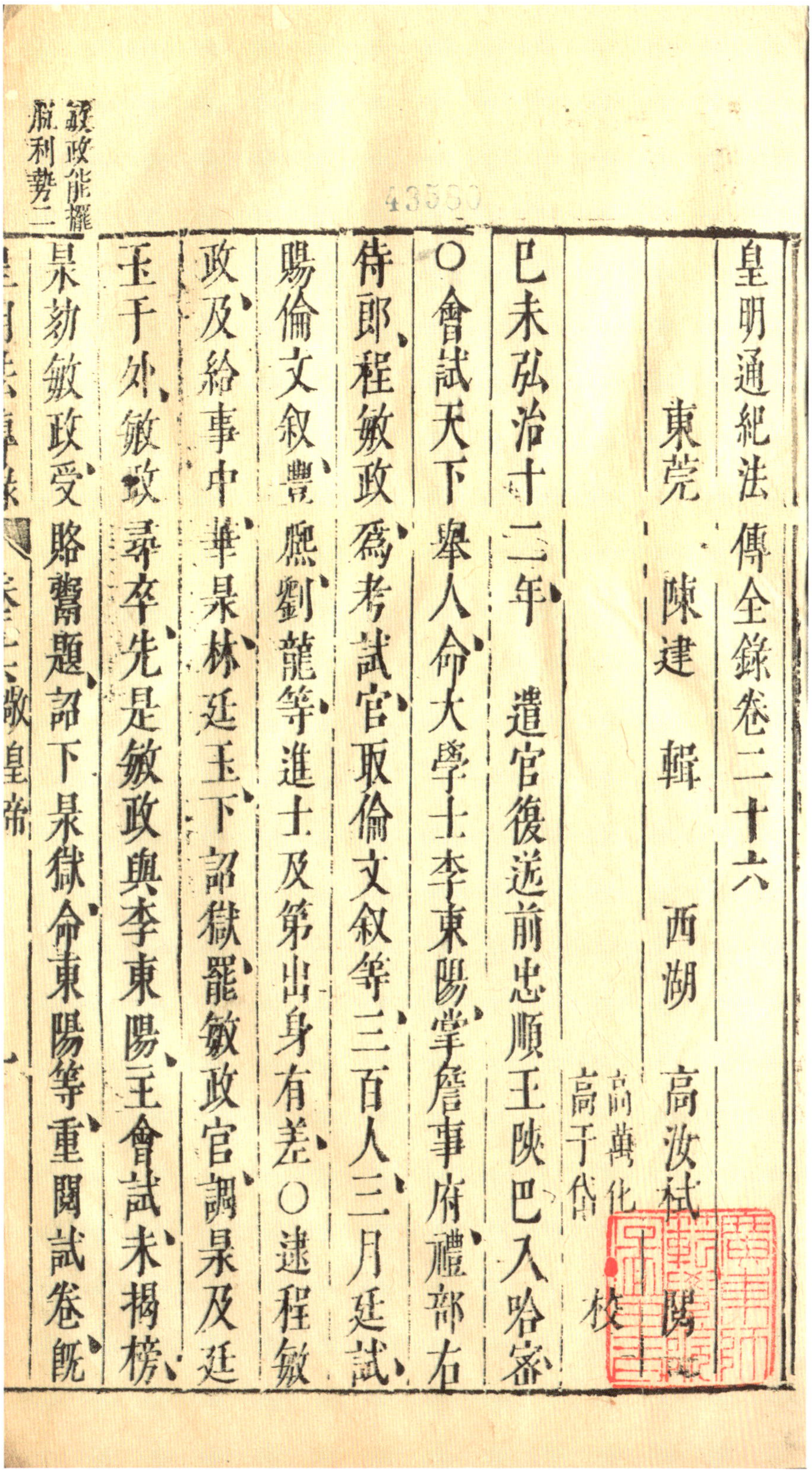
皇明通紀法傳全錄卷二十六
東莞　陳建　輯　西湖　高汝栻　閱
高萬化
高于岱　校
已未弘治十二年　遣官復送前忠順王陜巴入哈密
○會試天下舉人命大學士李東陽詹事府禮部右
侍郎程敏政為考試官取倫文叙等三百人三月廷試
賜倫文叙豐熙劉龍等進士及第出身有差○逮程敏
政及給事中華昶林廷玉下詔獄罷敏政官調昶及廷
玉于外敏政尋卒先是敏政與李東陽主會試未揭榜
昶劾敏政受賂鬻題詔下昶獄命東陽等重閱試卷既
敏政能擺
脫利勢二

027. 皇明通紀法傳全錄二十八卷（明）陳建撰（明）高汝栻訂（明）吴禎增刪 **皇明法傳錄嘉隆紀六卷 續紀三朝法傳全錄十六卷**（明）高汝栻輯 明崇禎九年（1636）刻本

開本高26厘米，寬17厘米。版框高20.1厘米，寬14.7厘米。十行二十一字，小字雙行同，白口，單黑魚尾，左右雙邊。四册。廣東省名録號153

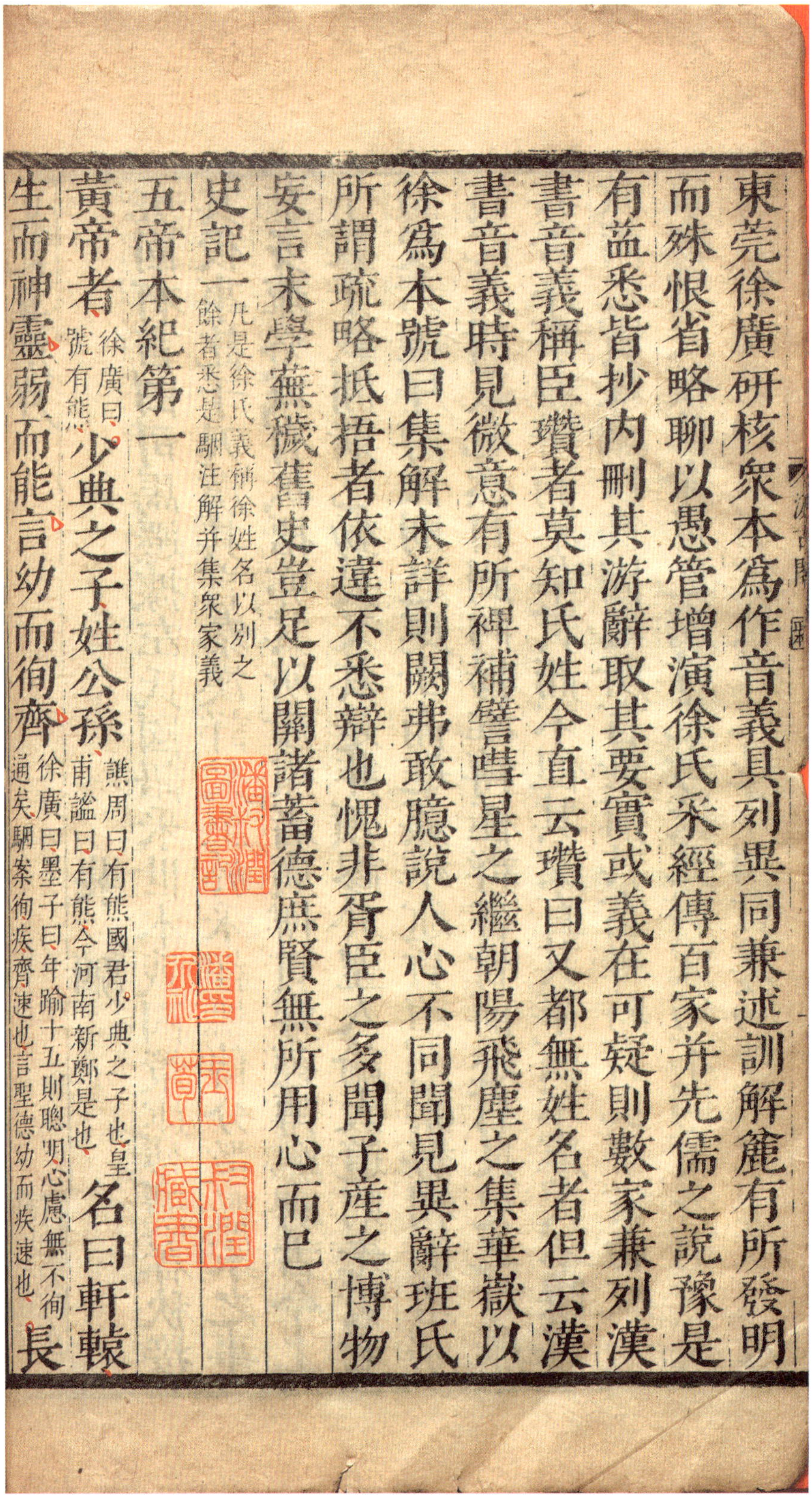

東莞徐廣研核衆本爲作音義具列異同兼述訓解麁有所發明
而殊恨省略聊以愚管增演徐氏采經傳百家并先儒之説豫是
有益悉皆抄内刪其游辭取其要實或義在可疑則數家兼列漢
書音義稱臣瓚者莫知氏姓今直云瓚曰又都無姓名者但云漢
書音義時見微意有所裨補譬嘒星之繼朝陽飛塵之集華嶽以
徐爲本號曰集解未詳則闕弗敢臆説人心不同聞見異辭班氏
所謂疏略抵梧者依違不悉辯也愧非胥臣之多聞子產之博物
妄言末學蕪穢舊史豈足以關諸畜德庶賢無所用心而已
史記一 凡是徐氏義稱徐姓名以別之餘者悉是駰注解并集衆家義
五帝本紀第一
黃帝者 徐廣曰號有熊 少典之子姓公孫 譙周曰有熊國君少典之子也皇甫謐曰有熊今河南新鄭是也 名曰軒轅
生而神靈弱而能言幼而徇齊 徐廣曰墨子曰年踰十五則聰明心慮無不徇通矣駰案徇疾齊速也言聖德幼而疾速也 長

028. 史記集解一百三十卷 （漢）司馬遷撰 （南朝宋）裴駰集解 明崇禎十四年（1641）毛氏汲古閣影宋刻本

開本高26.4厘米，寬17.1厘米。版框高21.9厘米，寬14厘米。十二行二十五字，小字雙行三十七字，白口，單黑魚尾，左右雙邊。鈐有"叔潤藏書""玉筍""潘介祉印""潘叔潤圖書記""靖伯""陸沆之印""古吴潘介祉叔潤氏收藏印記"等印。何焯跋。十二册。廣東省名録號0193

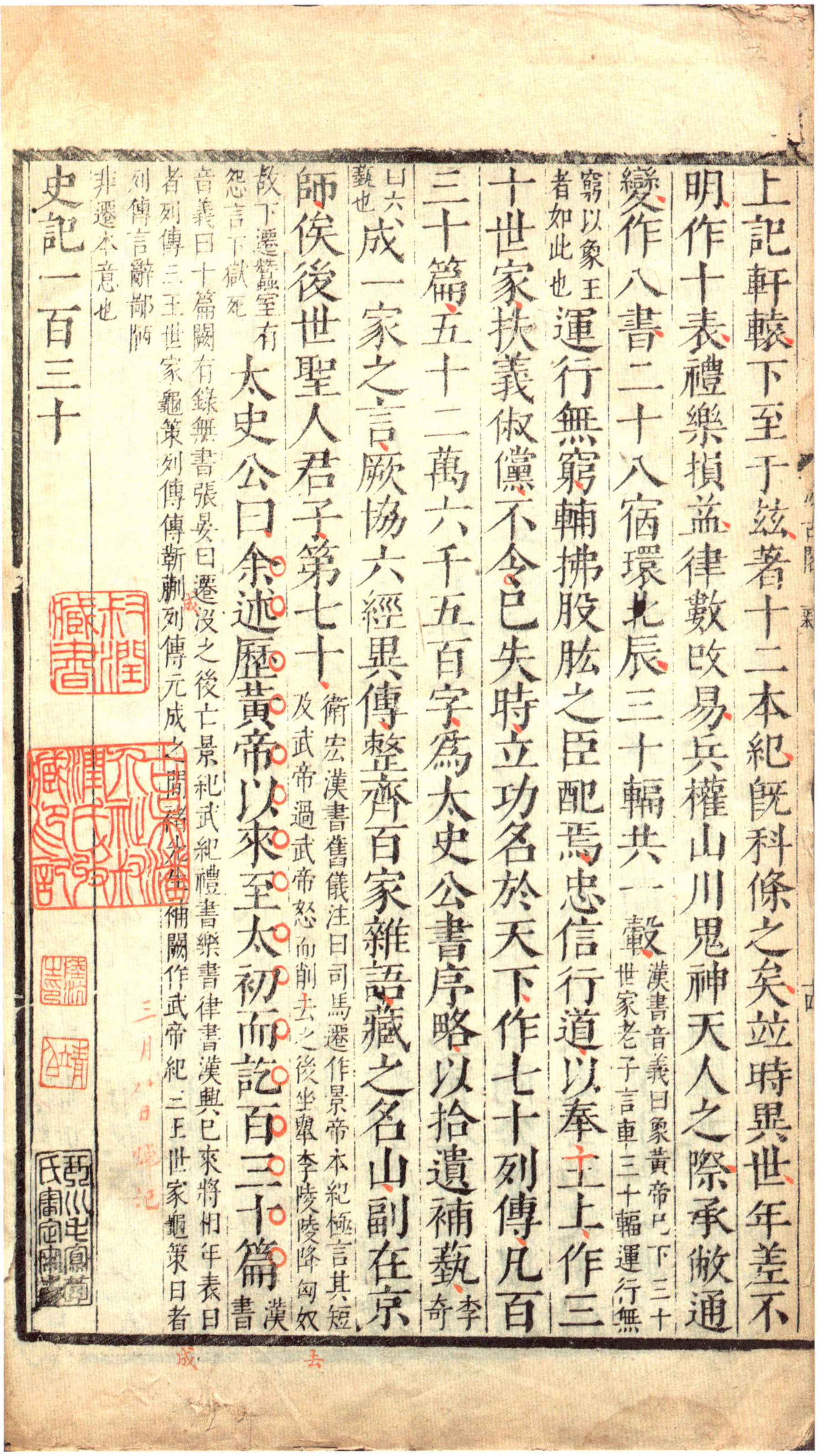
上記軒轅下至于茲著十二本紀既科條之矣並時異世年差不明作十表禮樂損益律數改易兵權山川鬼神天人之際承敝通變作八書二十八宿環北辰三十輻共一轂漢書音義曰象黃帝已下三十世家老子言車三十輻運行無窮以象王者如此也運行無窮輔拂股肱之臣配焉忠信行道以奉主上作三十世家扶義俶儻不令已失時立功名於天下作七十列傳凡百三十篇五十二萬六千五百字為太史公書序略以拾遺補藝李奇曰六藝也成一家之言厥協六經異傳整齊百家雜語藏之名山副在京師俟後世聖人君子第七十衛宏漢書舊儀注曰司馬遷作景帝本紀極言其短及武帝過武帝怒而削去之後坐舉李陵陵降匈奴故下遷蠶室有怨言下獄死太史公曰余述歷黃帝以來至太初而訖百三十篇漢書音義曰十篇闕有錄無書張晏曰遷沒之後亡景紀武紀禮書樂書律書漢興已來將相年表日者列傳三王世家龜策列傳傅靳蒯列傳元成之間褚先生補闕作武帝紀三王世家龜策日者列傳言辭鄙陋非遷本意也

史記一百三十

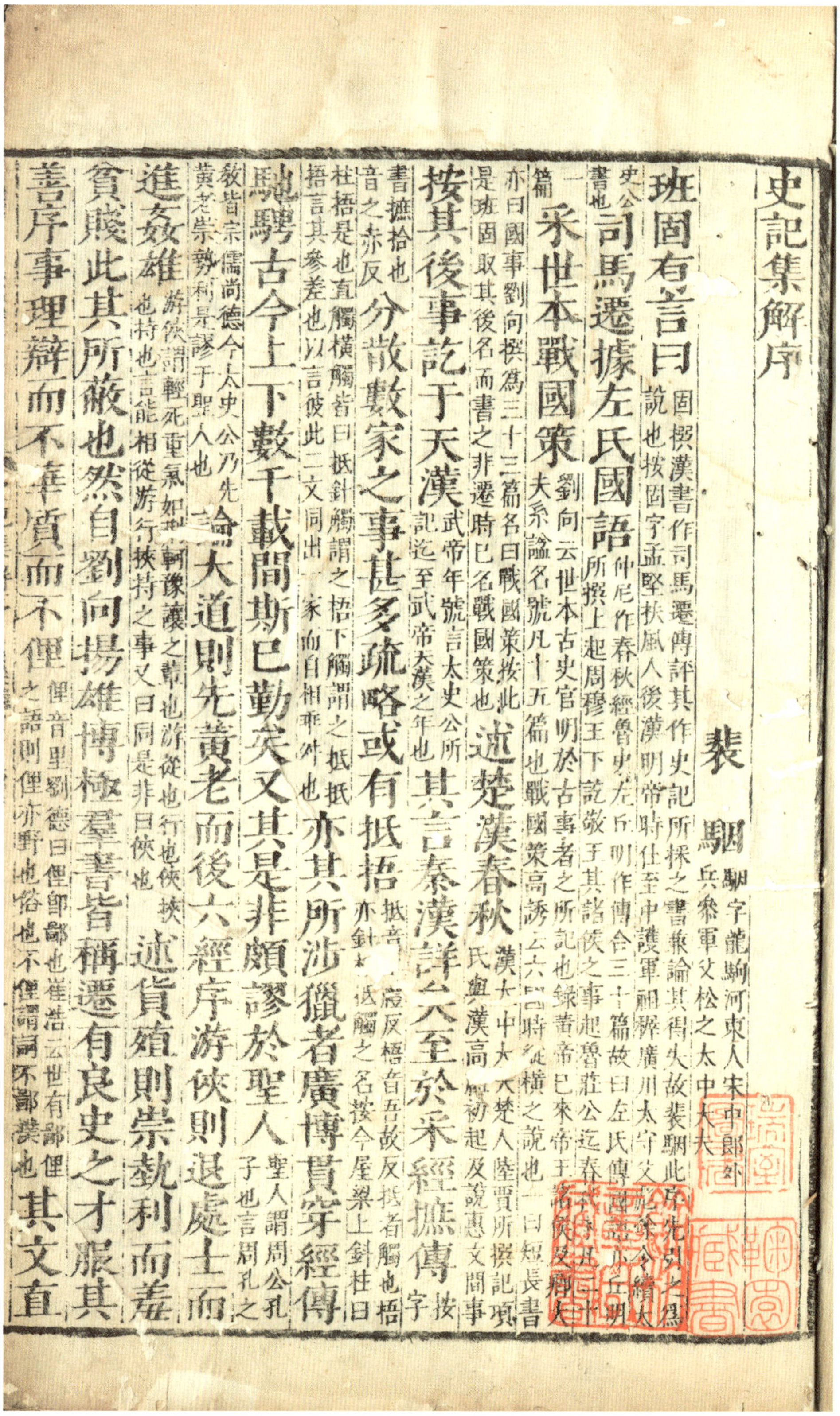

史記集解序
裴駰 駰字龍駒河東人宋中郎外兵參軍父松之太中大夫
班固有言曰 固撰漢書作司馬遷傳評其作史記所採之書兼論其得失故裴駰此序先引之爲說也按固字孟堅扶風人後漢明帝時仕至中護軍祖穉廣川太守父[illegible]史公書也
司馬遷據左氏國語 仲尼作春秋經魯史左丘明作傳合三十篇故曰左氏傳國語亦丘明所撰上起周穆王下訖敬王其諸侯之事起魯莊公迄春秋[illegible]一篇
采世本戰國策 劉向云世本古史官明於古事者之所記也錄黃帝已來帝王諸侯及卿大夫系謚名號凡十五篇也戰國策高誘云六國時縱橫之說也一曰短長書
亦曰國事劉向撰爲三十三篇名曰戰國策按此是班固取其後名而書之非遷時已名戰國策也 述楚漢春秋 漢太中大夫楚人陸賈所撰記項氏與漢高祖初起及說惠文間事
按其後事訖于天漢 武帝年號言太史公所記迄至武帝天漢之年也 其言秦漢詳矣至於采經摭傳 按字
書摭拾也音之赤反 分散數家之事甚多疏略或有抵捂 抵音[illegible]旨反捂音吾故反抵者觸也捂亦[illegible]牴觸之名按今屋梁上斜柱曰
杵捂是也直觸橫觸皆曰抵斜觸謂之捂下觸謂之牴抵捂言其參差也以言彼此二文同出一家而自相乖外也 亦其所涉獵者廣博貫穿經傳
馳騁古今上下數千載間斯已勤矣又其是非頗謬於聖人 聖人謂周公孔子也言周孔之
教皆宗儒尚德今太史公乃先黃老崇勢利是謬于聖人也 論大道則先黃老而後六經序游俠則退處士而
進姦雄 游俠謂輕死重氣如荊軻豫讓之輩也游從也行也俠挾也持也言能相從游行挾持之事又曰同是非曰俠也 述貨殖則崇勢利而羞
貧賤此其所蔽也然自劉向揚雄博極群書皆稱遷有良史之才服其
善序事理辯而不華質而不俚 俚音里劉德曰俚鄙也崔浩云世有鄙俚之語則俚亦野也俗也不俚謂詞不鄙猥也 其文直

029. 史記索隱三十卷（唐）司馬貞撰 明末毛氏汲古閣刻本

開本高25.7厘米，寬16.6厘米。版框高21.4厘米，寬15.3厘米。十四行二十七字，小字雙行四十一字，白口，單黑魚尾，左右雙邊。鈐有“鞠園藏書”“瑞室圖書”“温陵張氏藏書”“餘杭章氏藏書”等印。二册。廣東省名録號103

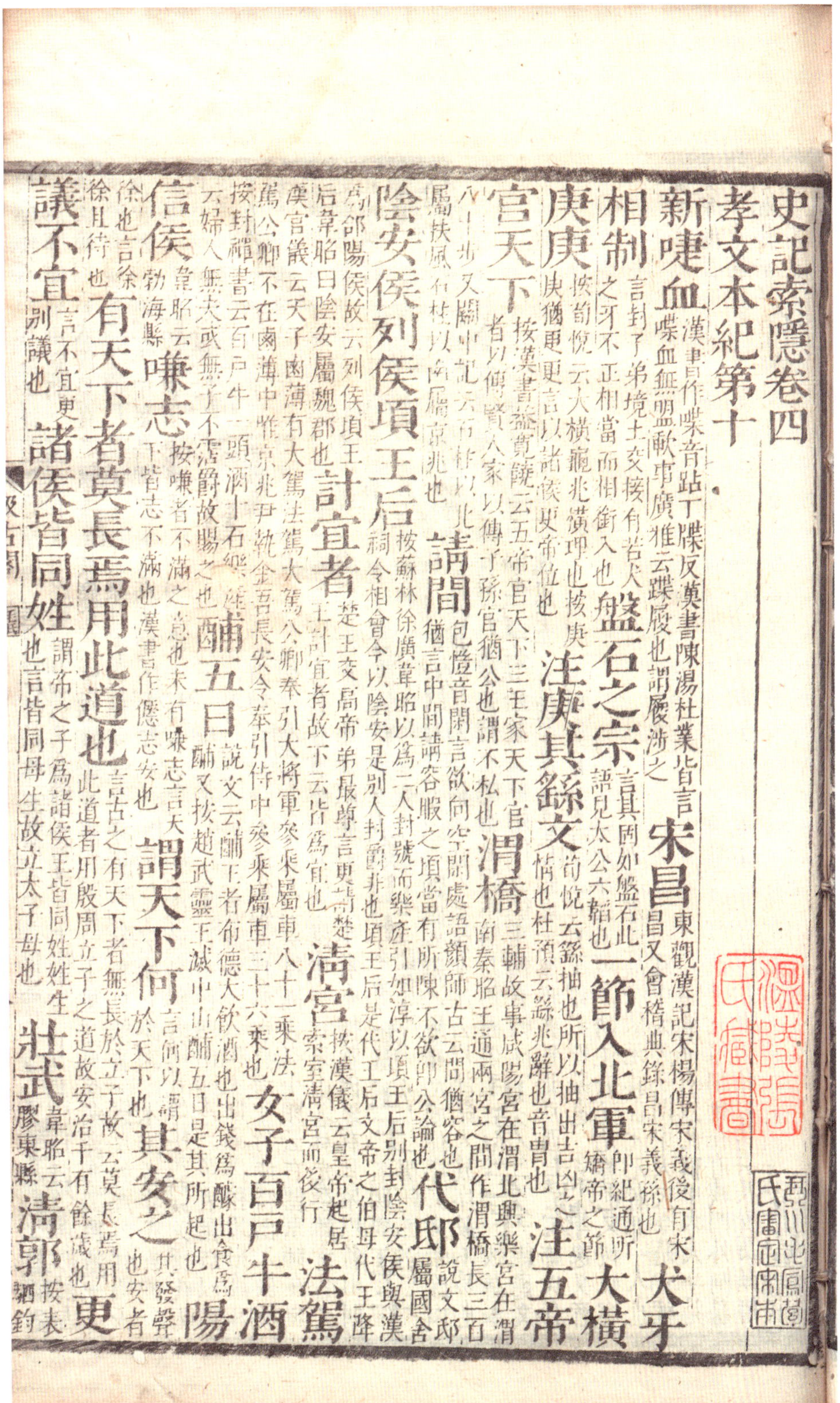

史記索隱卷四

孝文本紀第十

新喋血 漢書作喋音跕丁牒反漢書陳湯杜業皆言喋血無盟歃事廣雅云蹀履也謂履涉之 宋昌 東觀漢記宋楊傳宋義後有宋昌又會稽典錄昌宋義孫也 犬牙相制 言封子弟境土交接有若犬牙之相制不正相當而相銜入也 盤石之宗 言其固如盤石此語見太公六韜也 一節入北軍 卽紀通所矯帝之節 大橫庚庚 按荀悅云大橫龜兆橫理也按庚庚猶更更言以諸侯更帝位也 注庚其繇文 荀悅云繇抽也所以抽出吉凶之情也杜預云繇兆辭也音胄也 注五帝官天下 按漢書蓋寬饒云五帝官天下三王家天下官者以傳賢家以傳子孫官猶公也謂不私也 渭橋 三輔故事咸陽宮在渭北興樂宮在渭南秦昭王通兩宮之間作渭橋長三百八十步又關中記云石柱以北屬扶風石柱以南屬京兆也 請間 包愷音閑言欲向空閑處語顏師古云間猶容也猶言中間請容暇之頃當有所陳不欲卽公論也 代邸 說文邸屬國舍 陰安侯列侯頃王后 按蘇林徐廣韋昭以爲二人封號而樂產引如淳以頃王后別封陰安侯與漢祠令相會今以陰安是別人封爵非也頃王后是代王后文帝之伯母代王降爲郃陽侯故云列侯頃王后韋昭曰陰安屬魏郡也 計宜者 楚王交高帝弟最尊言更請楚王計宜者故下云皆爲宜也 清宮 按漢儀云皇帝起居索室清宮而後行 法駕 漢官儀云天子鹵簿有大駕法駕大駕公卿奉引大將軍參乘屬車八十一乘法駕公卿不在鹵簿中惟京兆尹執金吾長安令奉引侍中參乘屬車三十六乘也 女子百戶牛酒 按封禪書云百戶牛一頭酒十石樂產云婦人無夫或無子不霑爵故賜之也 酺五日 說文云酺王者布德大飲酒也出錢爲醵出食爲酺又按趙武靈王滅中山酺五日是其所起也 陽信侯 韋昭云勃海縣 嗛志 按嗛者不滿之意也未有嗛志言天下皆志不滿也漢書作慊志安也 謂天下何 言何以謂於天下也 其安之 其發聲也安者徐也言徐徐且待也 有天下者莫長焉用此道也 言古之有天下者無長於立子故云莫長焉用此道者用殷周立子之道故安治千有餘歲也 更議不宜 言不宜更別議也 諸侯皆同姓 謂帝之子爲諸侯王皆同姓姓生也言皆同母生故立太子母也 壯武 韋昭云膠東縣 清郭 按表作駟鈞

汲古閣

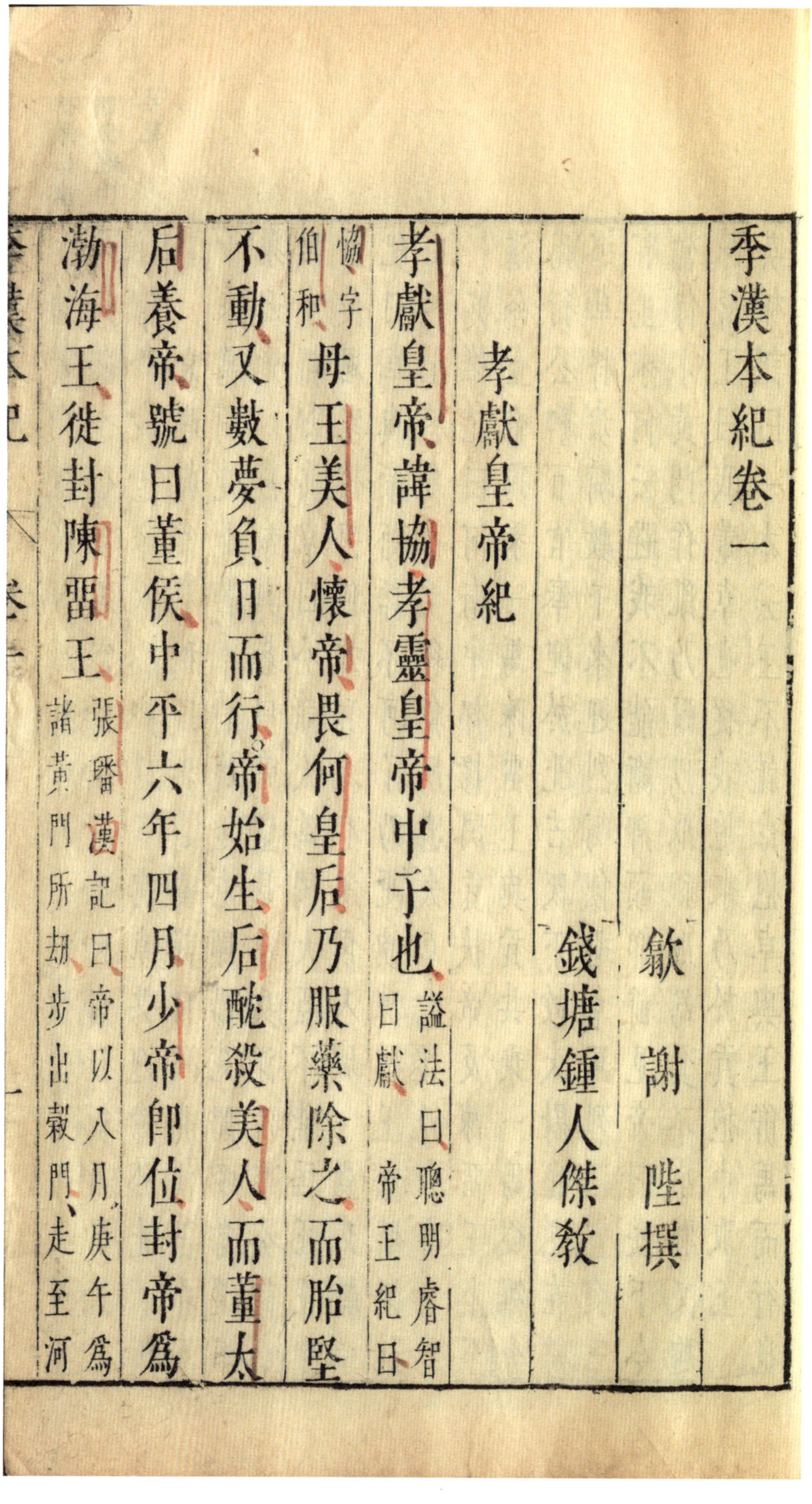

季漢本紀卷一

歙　謝　陛撰

錢塘鍾人傑敎

孝獻皇帝紀

孝獻皇帝諱協孝靈皇帝中子也謚法曰聰明睿智曰獻帝王紀曰協字伯和母王美人懷帝畏何皇后乃服藥除之而胎堅不動又數夢負日而行帝始生后酖殺美人而董太后養帝號曰董侯中平六年四月少帝即位封帝爲渤海王徙封陳留王張璠漢記曰帝以八月庚午爲諸黄門所劫步出穀門走至河

季漢本紀　卷一　一

030. 季漢書六十卷正論一卷答問一卷（明）謝陛撰 明末鍾人傑刻本

開本高27厘米，寬17厘米。版框高21.5厘米，寬15厘米。九行二十字，小字雙行同，白口，單白魚尾，四周單邊。十册。廣東省名録號120

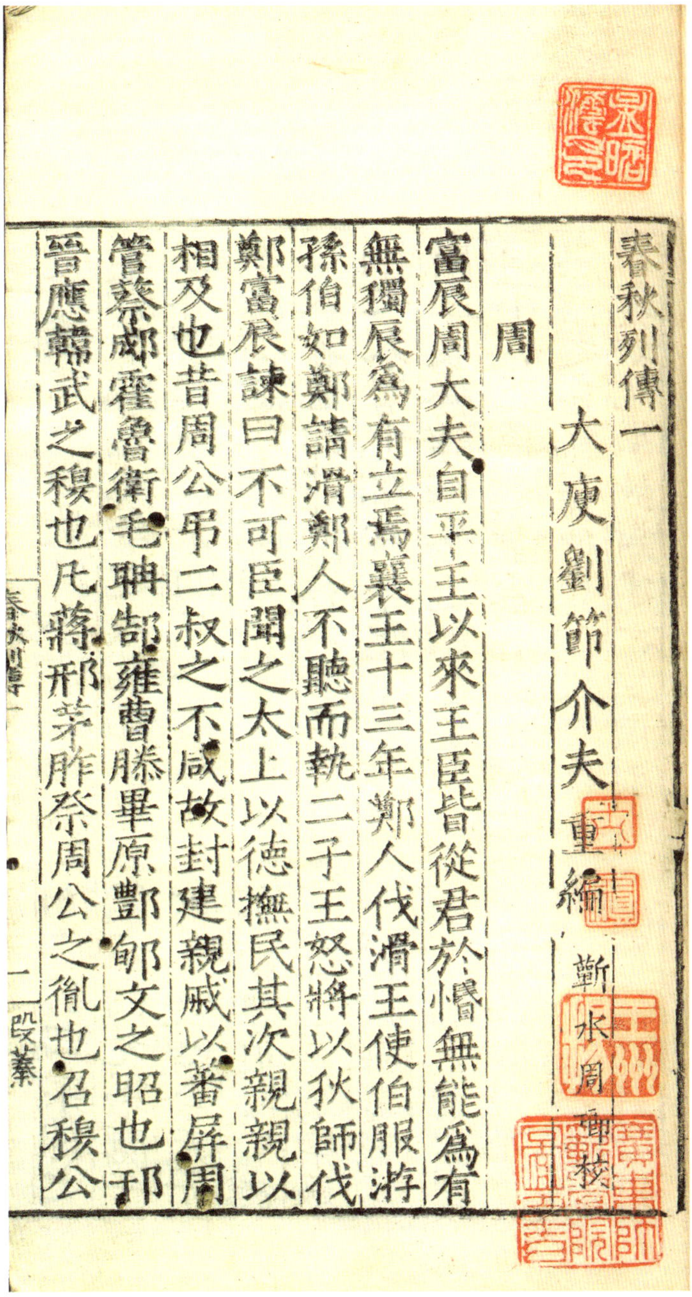

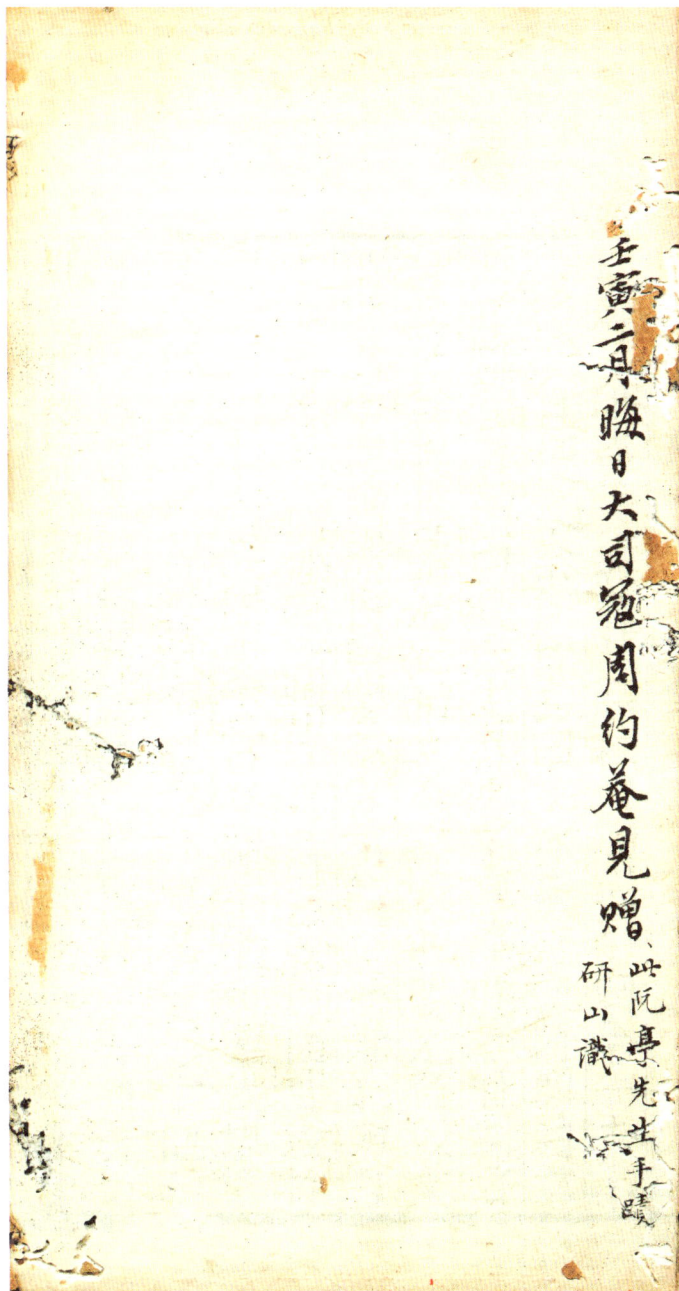

031. 春秋列傳五卷 （明）劉節撰 明刻本

開本高26.5厘米，寬15.7厘米。版框高20.4厘米，寬14.2厘米。十行二十一字，白口，四周單邊。王士禎題。鈐有“王州楊”“禎”“士”“孟昭澐印”等印。八册。廣東省名録號0317

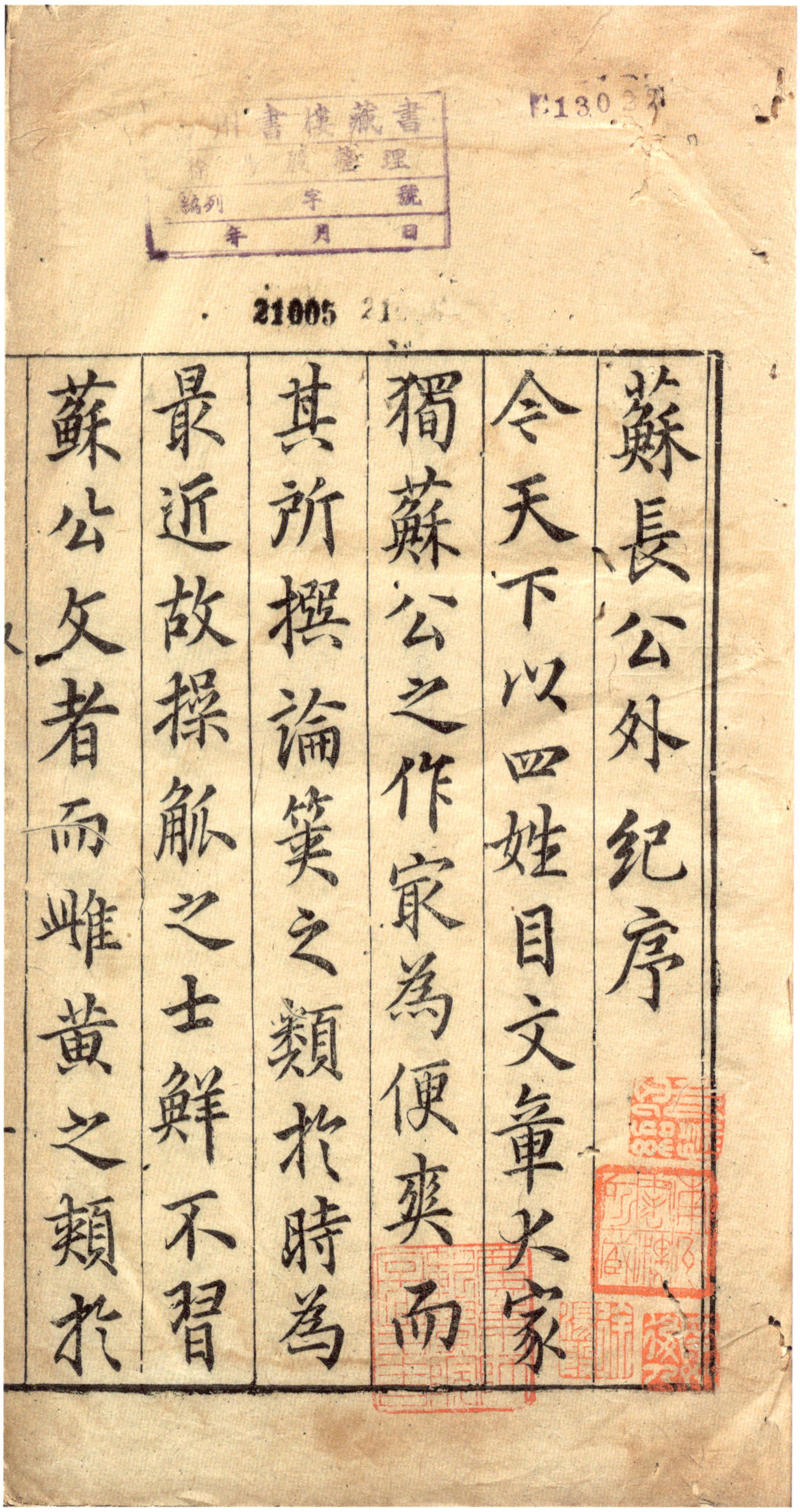

蘇長公外紀序
令天下以四姓目文章大家
獨蘇公之作最為便爽而
其所撰論策之類於時為
最近故操觚之士鮮不習
蘇公文者而雖黃之類於

032. 蘇長公外紀十六卷 （明）王世貞編 明刻本

開本高28.8厘米，寬17.5厘米。版框高20.2厘米，寬14厘米。九行十八字，白口，左右雙邊。鈐有“南州書樓所藏”“徐紹棨”“南州後人”“徐湯殷”等印。八册。廣東省名録號235

蘇長公外紀卷之一

吳郡王世貞編

志行

士之所尚忠義氣節不以摛詞摘句為勝唐室宦官用事呼吸之間殺生隨之李太白以天挺之才自結明主意有所疾殺身不顧王舒公言太白人品汙下詩中十句九句說婦人與酒至先生作太白贊則云開元有道為可畱縻之不可矧肯求又云平生不識高將軍手汙吾足乃

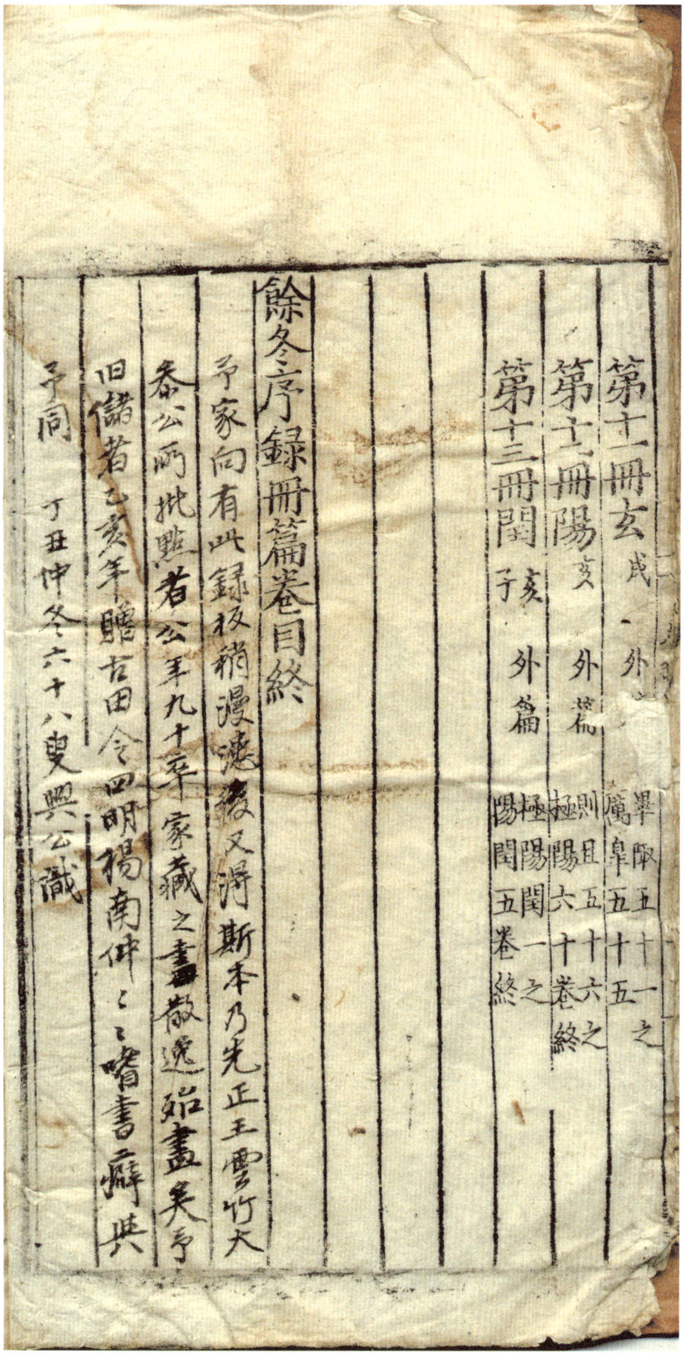

第十一冊玄戌 外 畢陬五十一之寎皐五十五
第十二冊陽亥 外篇 則且五十六之極陽六十卷終
第十三冊閏子亥 外篇 極陽閏一之陽閏五卷終

餘冬序録冊篇卷目終

予家向有此録板稍漫漶後又得斯本乃先正王雪竹大
參公所批點者公年九十卒家藏之書散逸殆盡矣予
旧儲者己亥年贈古田令四明楊南仲〻〻嗜書癖與
予同 丁丑仲冬六十八叟興公識

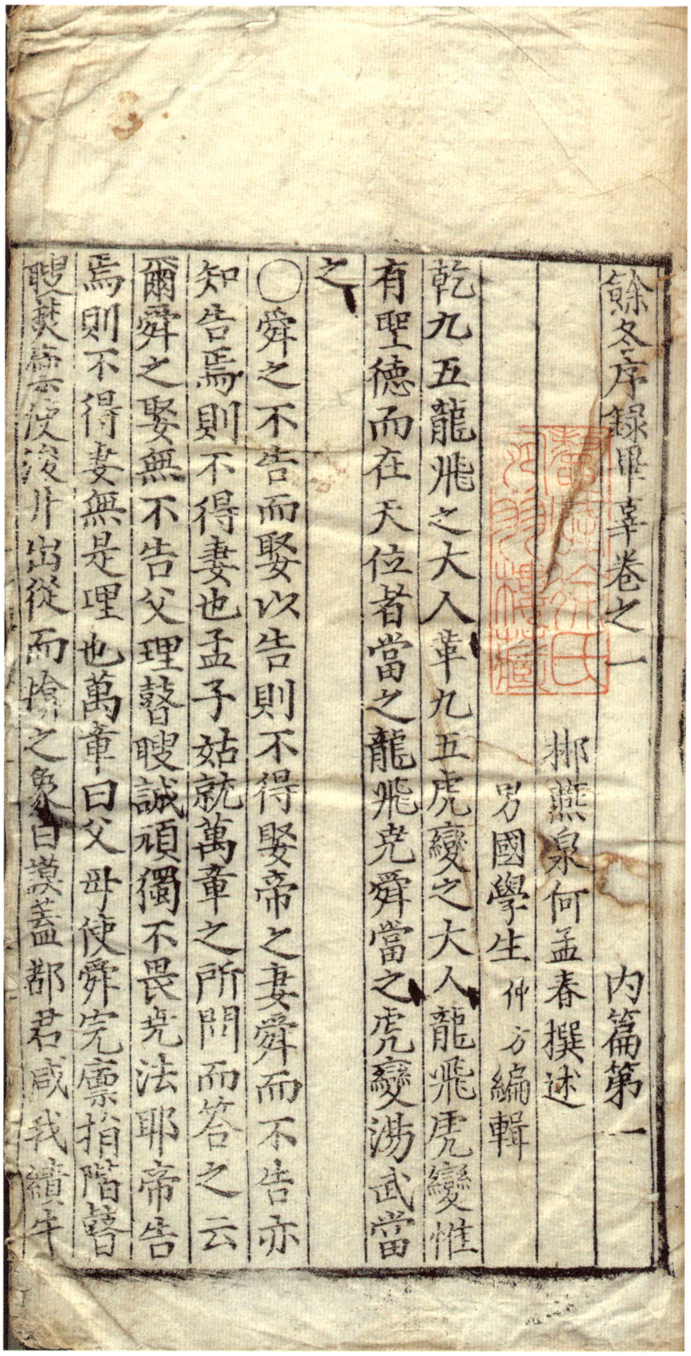

餘冬序録甲辛卷之一　內篇第一
郴燕泉何孟春撰述
男國學生仲方編輯
乾九五龍飛之大人革九五虎變之大人龍飛虎變惟
有聖德而在天位者當之龍飛堯舜當之虎變湯武當
之
○舜之不告而娶以告則不得娶帝之妻舜而不告亦
知告焉則不得妻也孟子姑就萬章之所問而答之云
爾舜之娶無不告父理瞽瞍誠頑獨不畏堯法耶帝告
焉則不得妻無是理也萬章曰父母使舜完廩捐階瞽
瞍焚廩使浚井出從而揜之象曰謨蓋都君咸我績

033. 餘冬序録六十五卷 （明）何孟春撰 明嘉靖七年（1528）郴州家塾自刻本

開本高27.5厘米，寬16厘米。版框高20.7厘米，寬13.9厘米。十一行二十一字，白口，無魚尾，左右雙邊。鈐有"鼇峰徐氏宛羽樓藏"等印。徐𤊹跋。十三冊。國家名録號11778　廣東省名録號0640

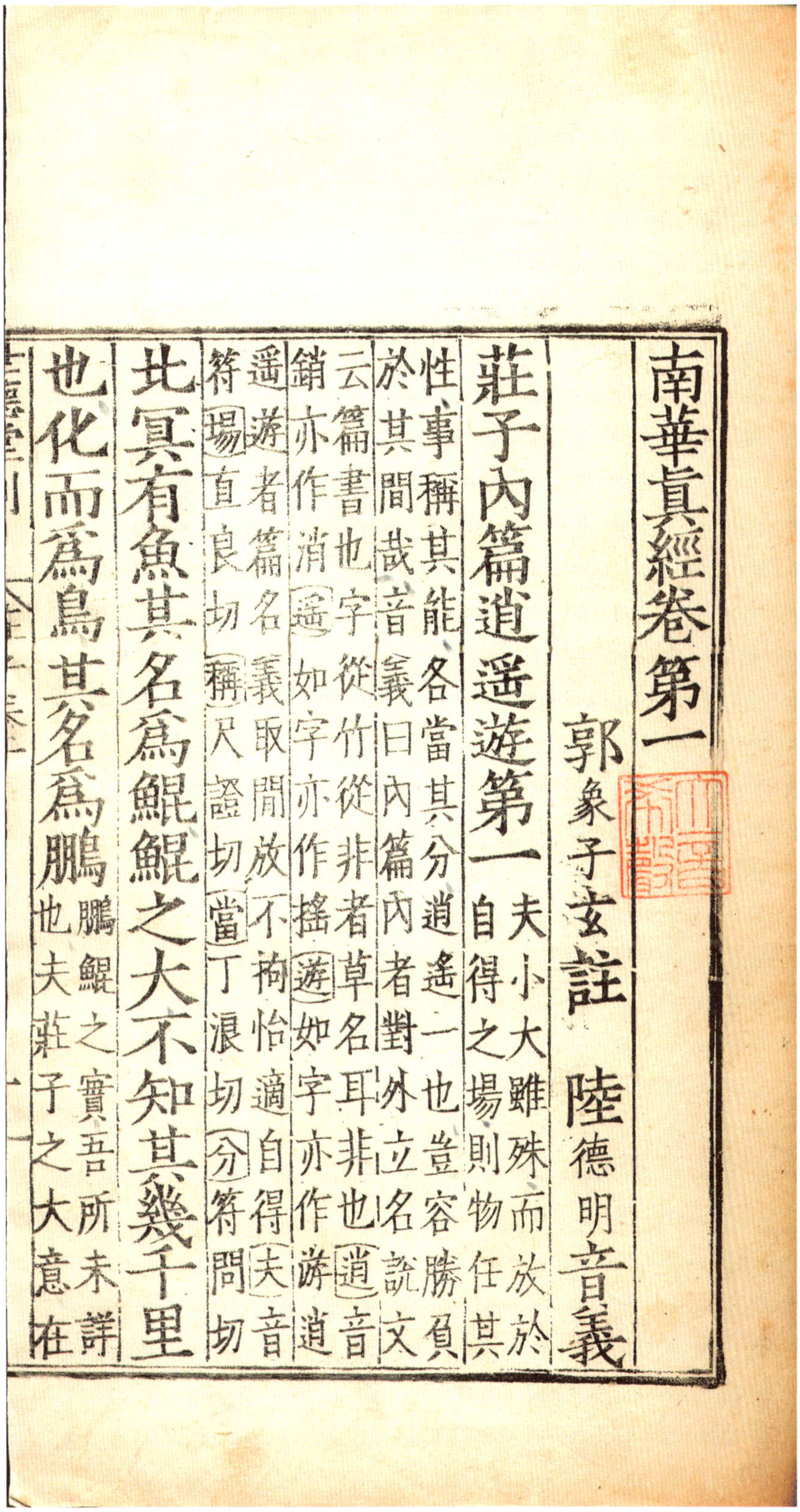
南華眞經卷第一
郭象子玄註　陸德明音義
莊子內篇逍遥遊第一　夫小大雖殊而放於自得之場則物任其性事稱其能各當其分逍遥一也豈容勝負於其間哉音義曰內篇內者對外立名說文云篇書也字從竹從非者草名耳非也[逍]音銷亦作消[遥]如字亦作搖[遊]如字亦作游逍遥遊者篇名義取閑放不拘怡適自得[夫]音符[場]直良切[稱]尺證切[當]丁浪切[分]符問切
北冥有魚其名爲鯤鯤之大不知其幾千里也化而爲鳥其名爲鵬　鵬鯤之實吾所未詳也夫莊子之大意在

034. 南華眞經十卷（晋）郭象注（唐）陸德明音義 明嘉靖十二年（1533）顧春世德堂刻《六子全書》本

開本高28.7厘米，寬18.5厘米。版框高19.9厘米，寬14.1厘米。八行十七字，小字雙行同，白口，單白魚尾，四周雙邊。鈐有“大音希聲”印。十二册。廣東省名録號0718

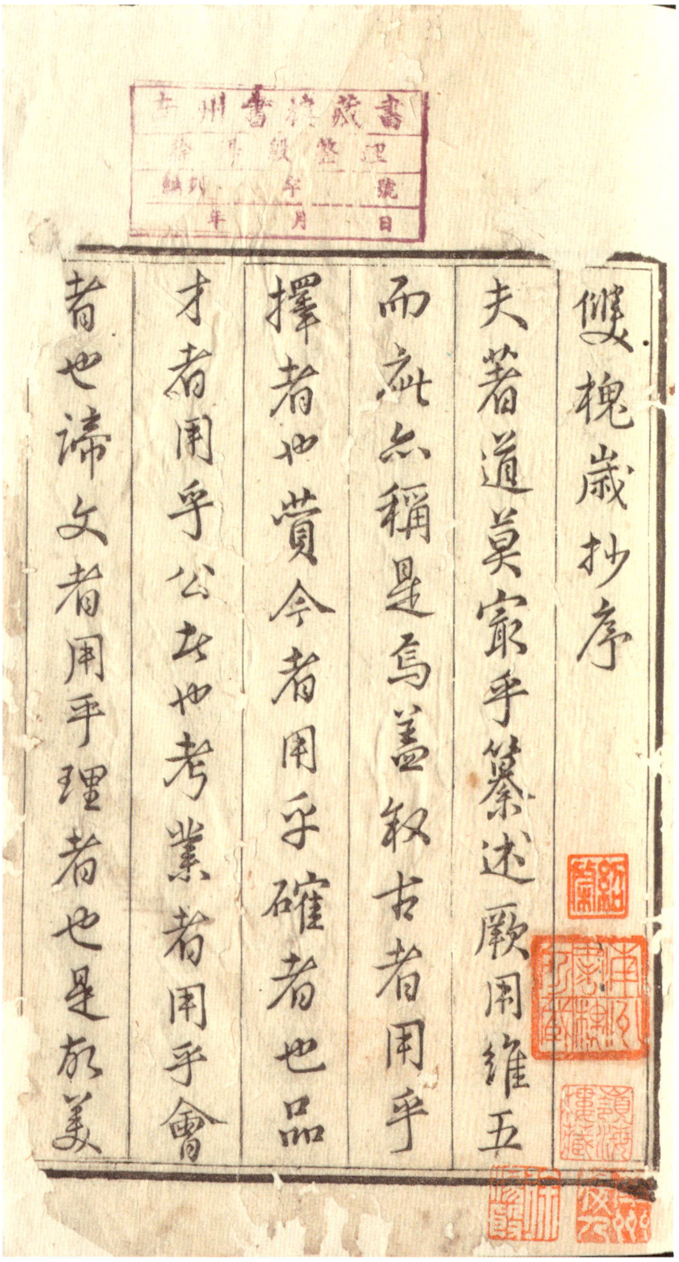
雙槐歲抄序
夫著道莫竅乎纂述厥用維五
而亦亦稱是焉蓋叙古者用乎
擇者也貴今者用乎確者也品
才者用乎公者也考業者用乎會
者也諦文者用乎理者也是故美

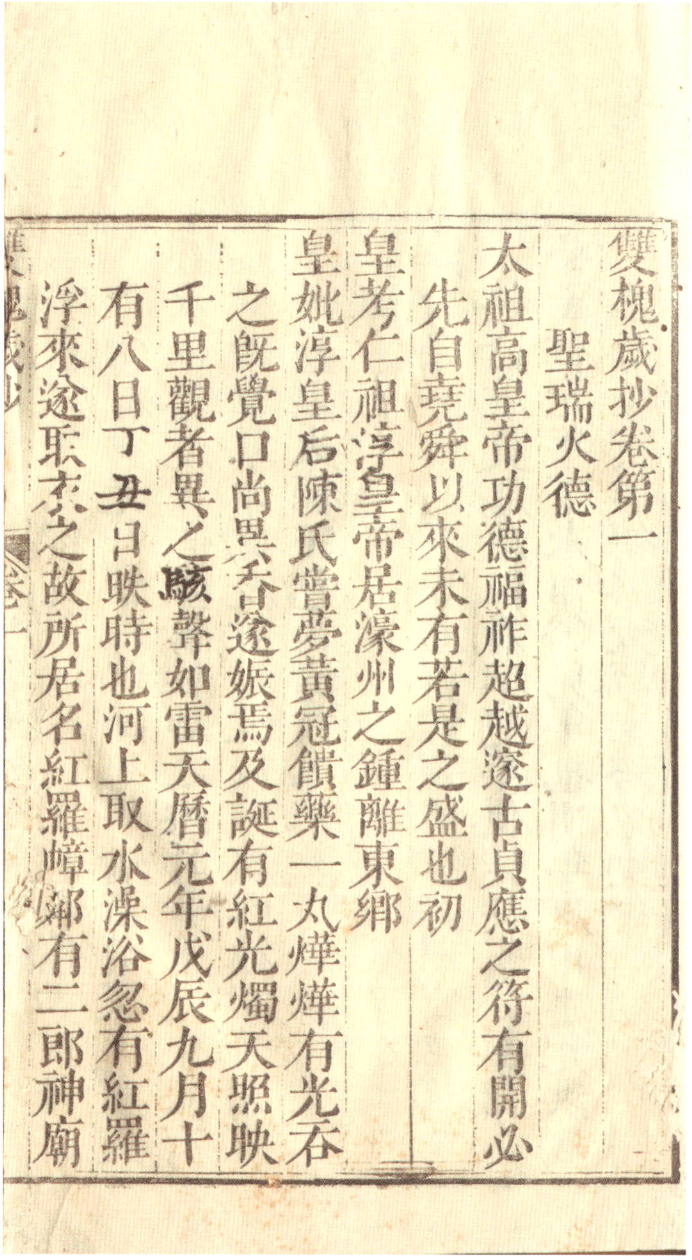
雙槐歲抄卷第一
聖瑞火德
太祖高皇帝功德福祚超越邃古貞應之符有開必
先自堯舜以來未有若是之盛也初
皇考仁祖淳皇帝居濠州之鍾離東鄉
皇妣淳皇后陳氏嘗夢黃冠饋藥一丸燁燁有光吞
之既覺口尚異香遂娠焉及誕有紅光燭天照映
千里觀者異之駭聲如雷天曆元年戊辰九月十
有八日丁丑日昳時也河上取水澡浴忽有紅羅
浮來遂取衣之故所居名紅羅幛鄉有二郎神廟

035. 雙槐歲抄十卷 （明）黄瑜撰 明嘉靖二十八年（1549）廣東寶書樓刻本

開本高20.5厘米，寬15.7厘米。版框高18.8厘米，寬13.5厘米。十行二十字，白口，單黑魚尾，四周雙邊。鈐有“嶺海樓藏”“南州書樓所藏”“紹棨”“南州後人”“徐湯殷”等印。三册。廣東省名録號0658

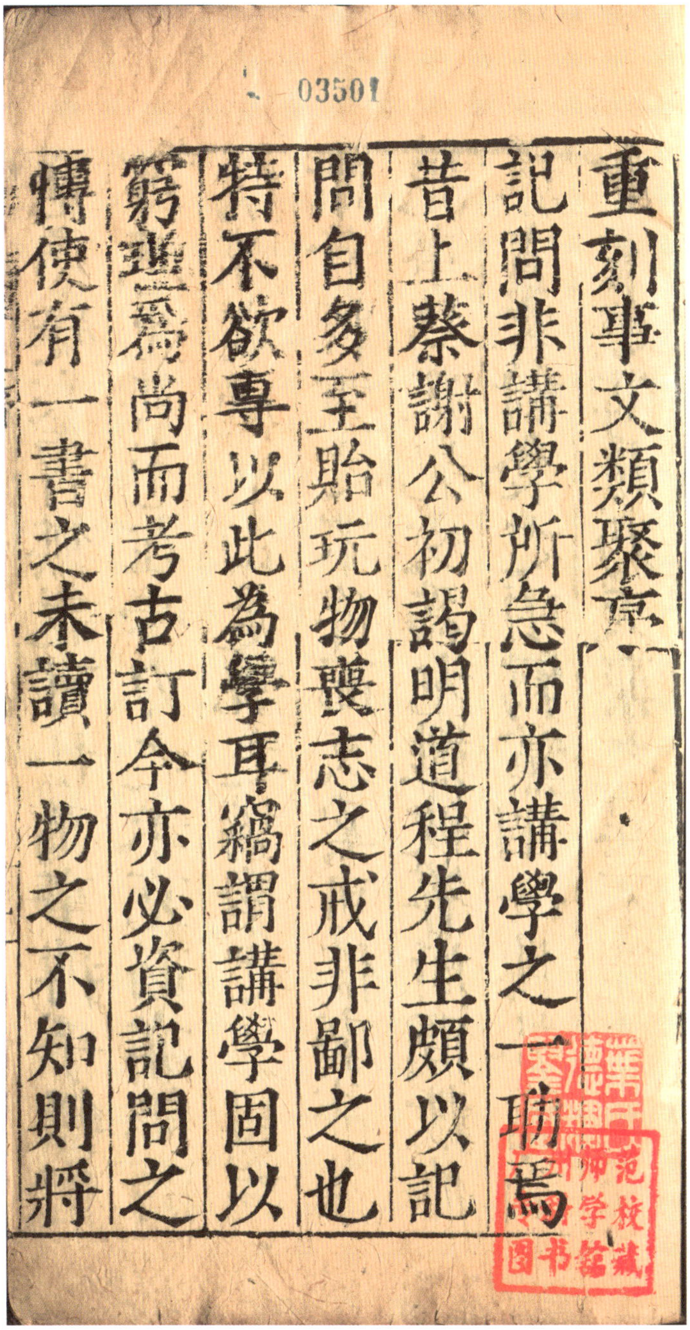

重刻事文類聚序
記問非講學所急而亦講學之一助焉
昔上蔡謝公初謁明道程先生頗以記
問自多至貽玩物喪志之戒非鄙之也
特不欲專以此為學耳竊謂講學固以
窮理為尚而考古訂今亦必資記問之
博使有一書之未讀一物之不知則將

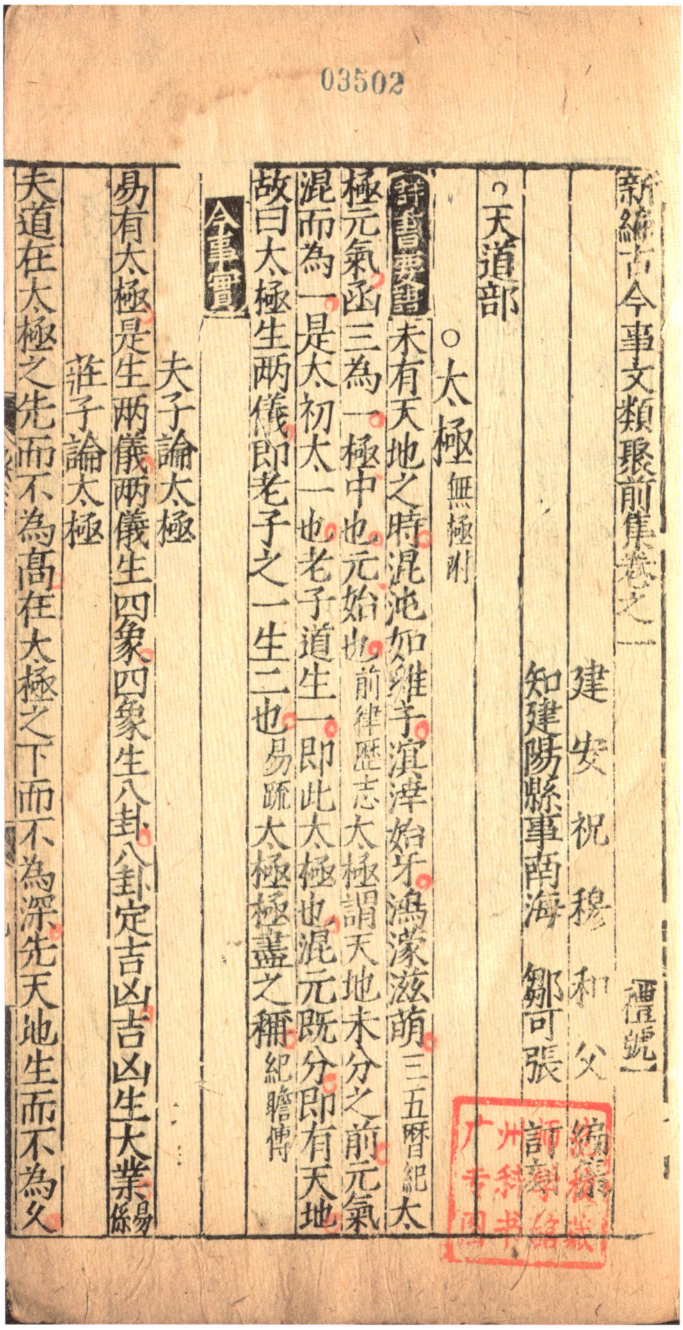

新編古今事文類聚前集卷之一
建安祝穆和父編
知建陽縣事南海鄒可張訂
○天道部
○太極 無極附
群書要語 未有天地之時混沌如雞子溟涬始牙鴻濛滋萌 三五曆紀 太
極元氣函三為一 極中也元始也 前律歷志 太極謂天地未分之前元氣
混而為一 是太初太一也 老子道生一即此太極也混元既分即有天地
故曰太極生兩儀即老子之一生二也 易疏 太極極盡之稱 紀瞻傳
古今事實
夫子論太極
易有太極是生兩儀兩儀生四象四象生八卦八卦定吉凶吉凶生大業 易繫
莊子論太極
夫道在太極之先而不為高在太極之下而不為深先天地生而不為久

036. 新編古今事文類聚前集六十卷後集五十卷續集二十八卷別集三十二卷 （宋）祝穆輯 **新集三十六卷外集十五卷** （元）富大用輯 明嘉靖四十年（1561）書林楊歸仁刻本

開本高24.9厘米，寬14.5厘米。版框高20.1厘米，寬12.9厘米。十四行二十八字，小字雙行同，黑口，雙順黑魚尾，四周單邊。鈐有"葉氏德輝鑒藏"等印。三十二册。廣東省名録號0678

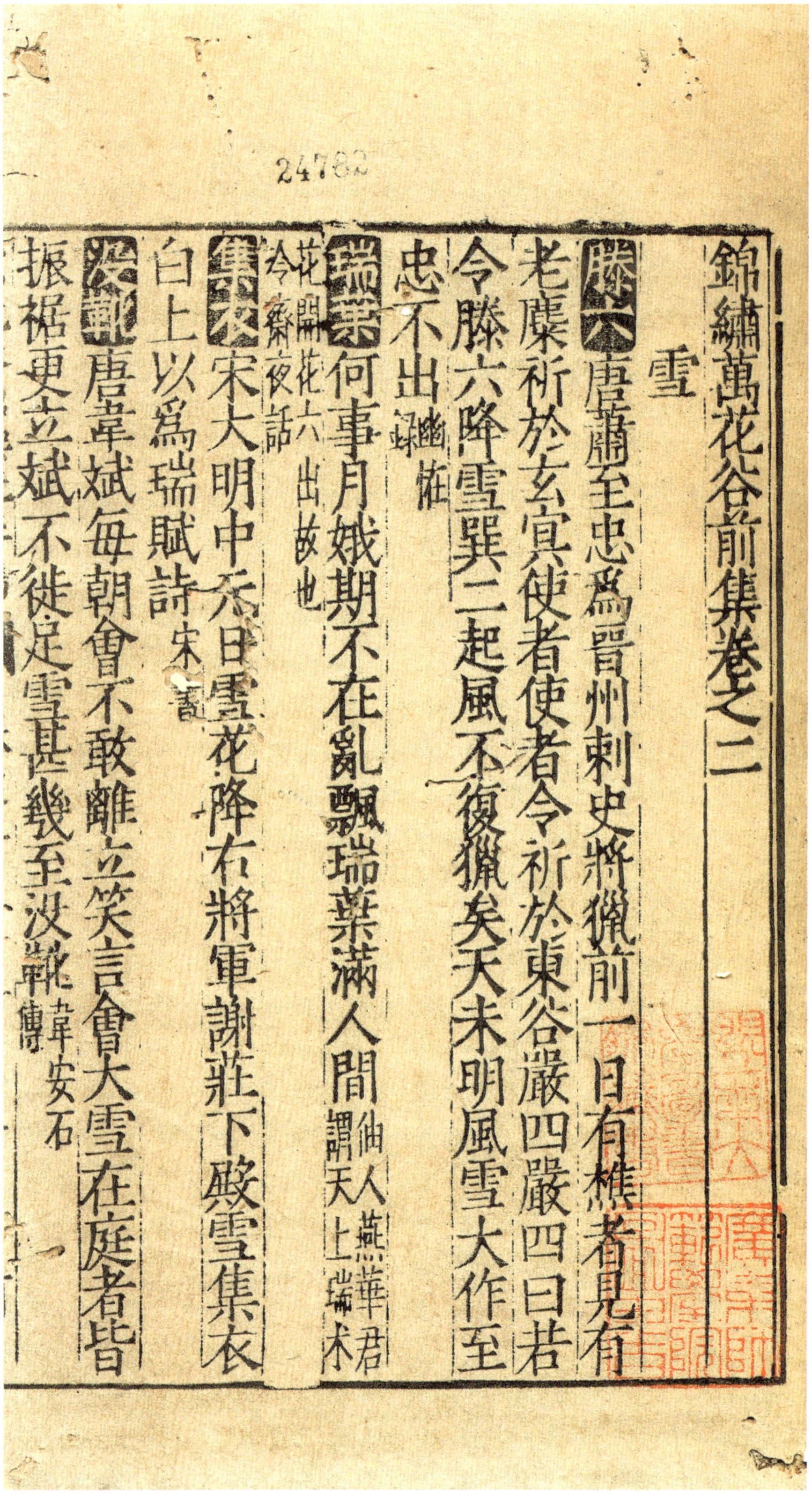
24782

錦繡萬花谷前集卷之二

雪

滕六 唐蕭至忠爲晉州刺史將獵前一日有樵者見有老麋祈於玄冥使者使者令祈於東谷嚴四嚴四曰若令滕六降雪巽二起風不復獵矣天未明風雪大作至忠不出幽怪錄

瑞葉 何事月娥期不在亂飄瑞葉滿人間仙人燕華君謂天上瑞木花開花六出故也冷齋夜話

集衣 宋大明中元日雪花降右將軍謝莊下殿雪集衣白上以爲瑞賦詩宋書

沒靴 唐韋斌每朝會不敢離立笑言會大雪在庭者皆振裾更立斌不徙足雪甚幾至沒靴韋安石傳

037. 錦繡萬花谷前集四十卷後集四十卷續集四十卷 □□輯 明嘉靖刻本

開本高25.2厘米，寬15.8厘米。版框高19.1厘米，寬13.3厘米。十二行二十一字，小字雙行同，白口，單黑魚尾，左右雙邊。三十二册。廣東省名録號0677

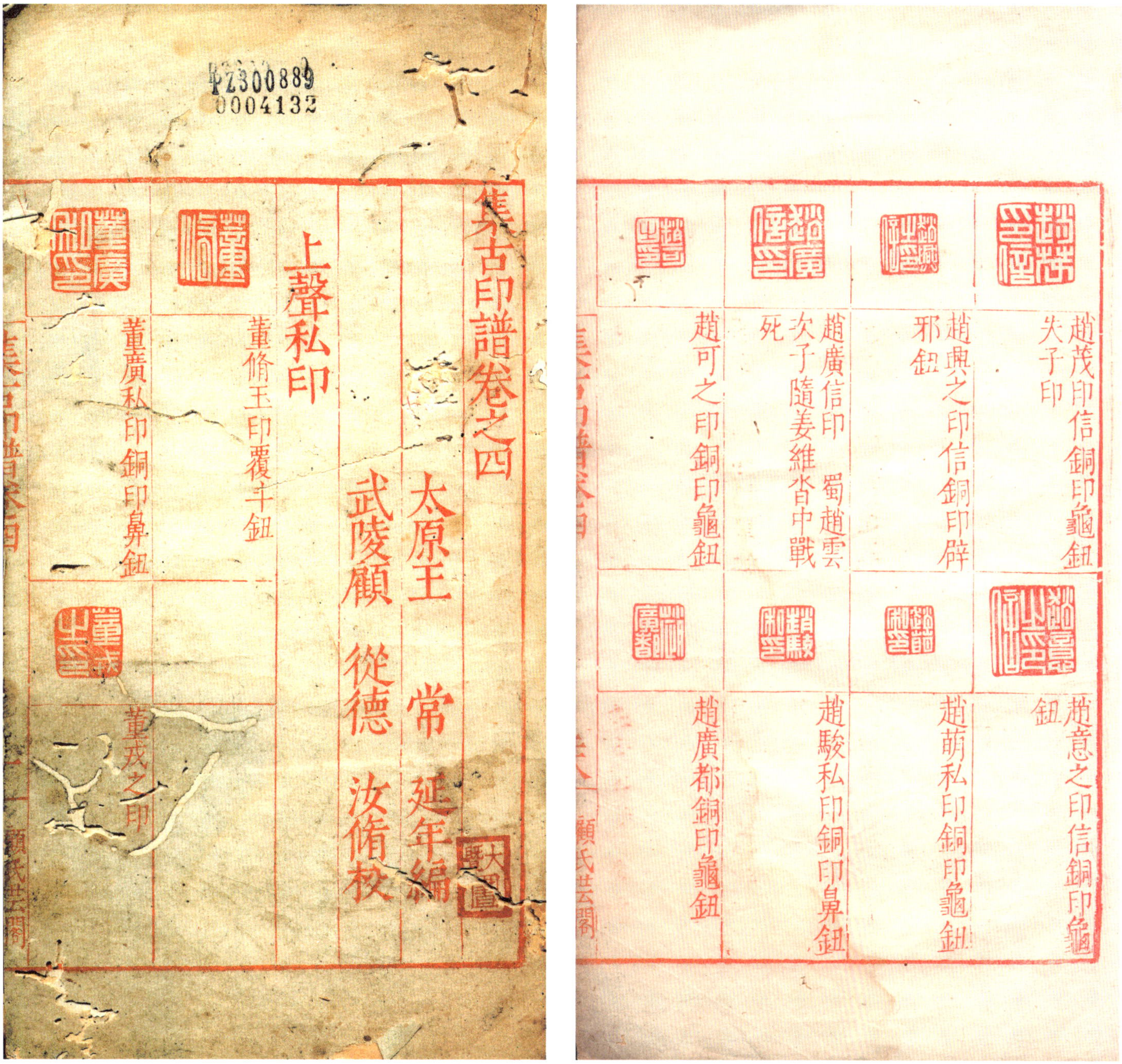

038. 集古印譜六卷 （明）王常編 （明）顧從德校 明萬曆三年（1575）武陵顧氏芸閣刻朱印本

開本高28.2厘米，寬17.3厘米。版框高20.9厘米，寬14.4厘米。四欄，四行字數不等，紅口，四周單邊。一册。

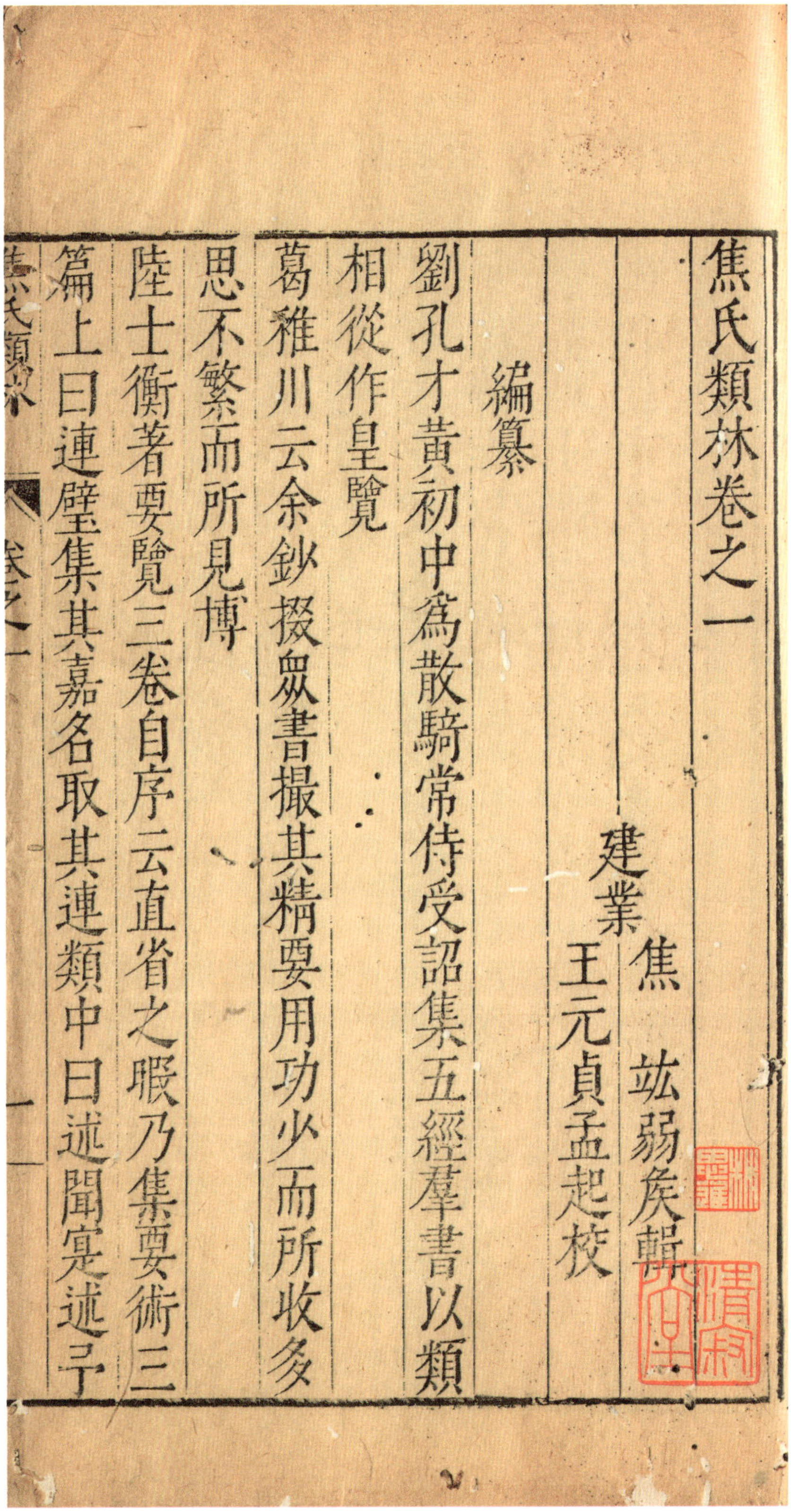
焦氏類林卷之一
建業焦　竑弱侯輯
王元貞孟起校
編纂
劉孔才黄初中爲散騎常侍受詔集五經羣書以類
相從作皇覽
葛稚川云余鈔掇衆書撮其精要用功少而所收多
思不繁而所見博
陸士衡著要覽三卷自序云直省之暇乃集要術三
篇上曰連壁集其嘉名取其連類中曰述聞寔述子
焦氏類林　卷之一　一

039. 焦氏類林八卷（明）焦竑輯 明萬曆十五年（1587）王元貞刻本

開本高26.5厘米，寬16.3厘米。版框高20.3厘米，寬14厘米。十行二十字，小字雙行同，白口，單黑魚尾，左右雙邊。鈐有“清寂堂”“林思進”“林山腴收藏記”等印。林思進批校。四册。廣東省名録號514

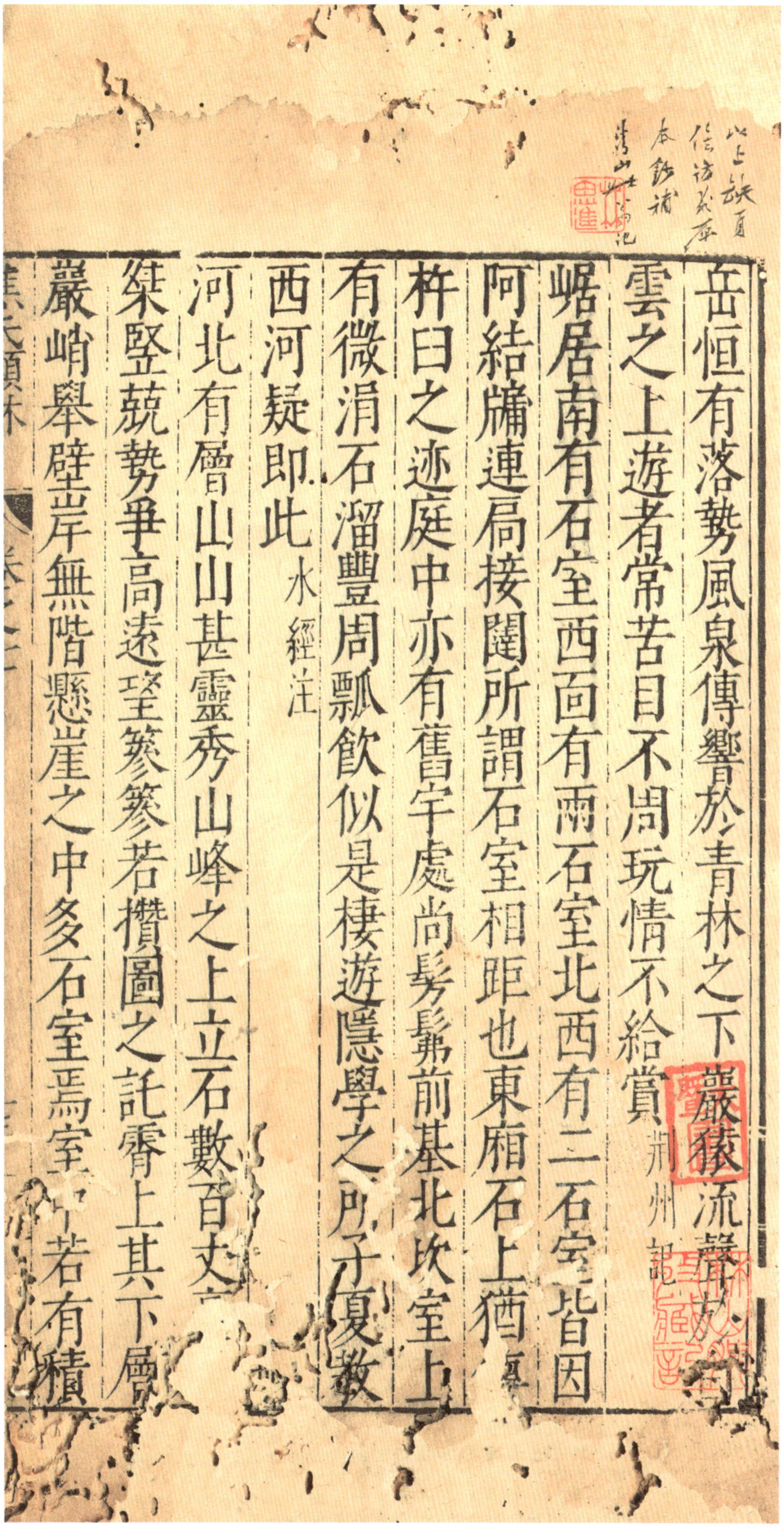

岳恒有落勢風泉傳響於青林之下巖猨流聲於
雲之上遊者常苦目不周玩情不給賞 荆州記
崌居南有石室西面有兩石室北西有二石室皆因
阿結牖連扃接閾所謂石室相距也東廂石上猶有
杵臼之迹庭中亦有舊宇處尚髣髴前基北坎室上
有微涓石溜豐周瓢飲似是棲遊隱學之所子夏教
西河疑即此 水經注
河北有層山山甚靈秀山峰之上立石數百丈亭
桀竪競勢爭高遠望參參若攢圖之託霄上其下層
巖峭舉壁岸無階懸崖之中多石室焉室中若有積

焦氏類林 卷之七

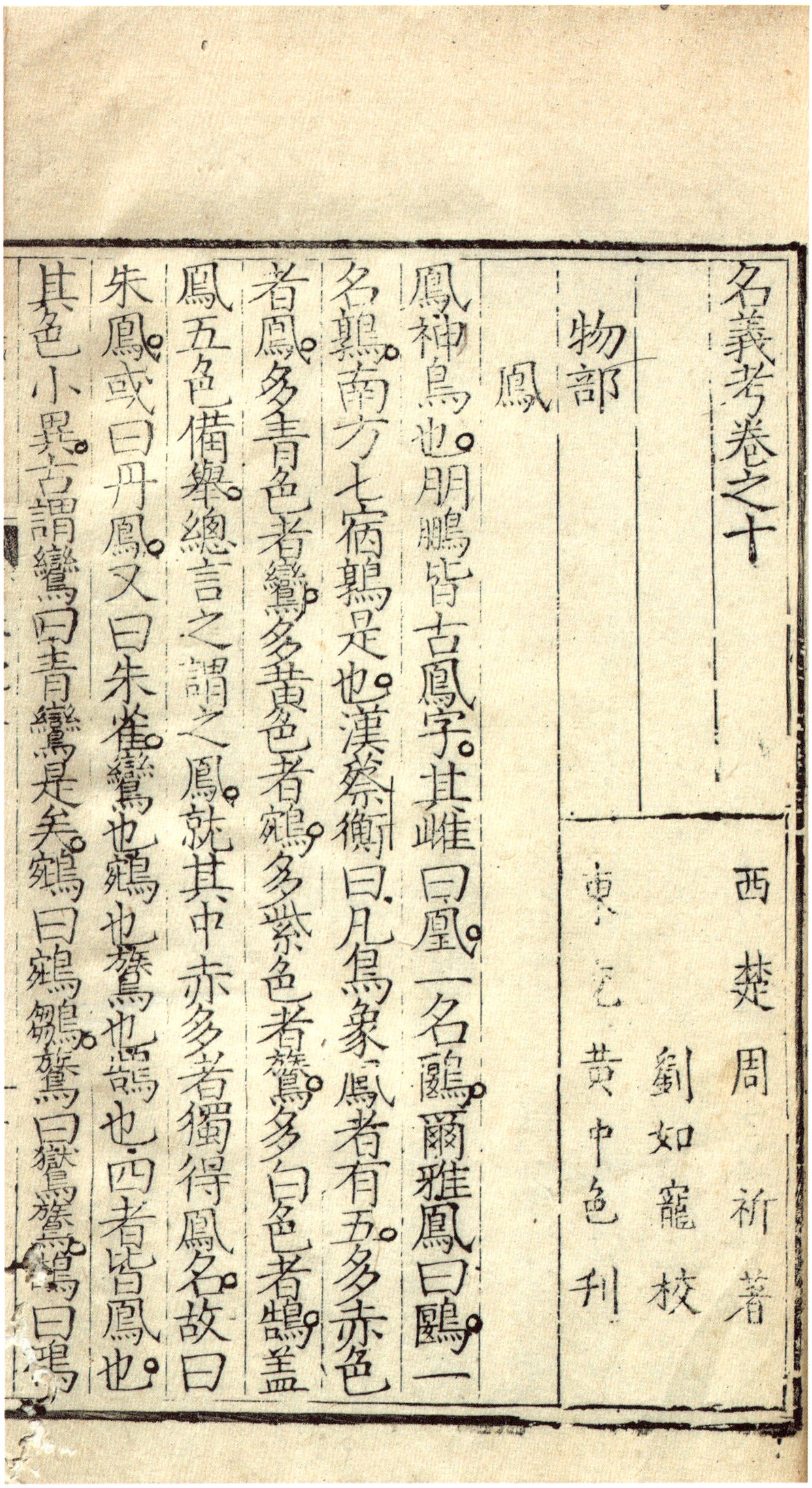

名義考卷之十

物部

西楚周祈著
劉如寵校
東吳黄中色刊

鳳

鳳神鳥也朋鵬皆古鳳字其雌曰凰一名鶠爾雅鳳曰鶠一名鶤南方七宿鶉是也漢蔡衡曰凡鳥象鳳者有五多赤色者鳳多青色者鸞多黄色者鵷多紫色者鸑多白色者鵠盖鳳五色備舉總言之謂之鳳就其中赤多者獨得鳳名故曰朱鳳或曰丹鳳又曰朱雀鸞也鵷也鸑也鵠也四者皆鳳也其色小異古謂鸞曰青鸞是矣鵷曰鵷鶵鸑曰鸑鷟鵠曰鴻

040. 名義考十二卷 （明）周祈撰 明萬曆十七年（1589）黄中色刻本

開本高25.3厘米，寬16.3厘米。版框高19.8厘米，寬14.3厘米。十行二十三字，白口，單黑魚尾，四周雙邊。六册。廣東省名録號495

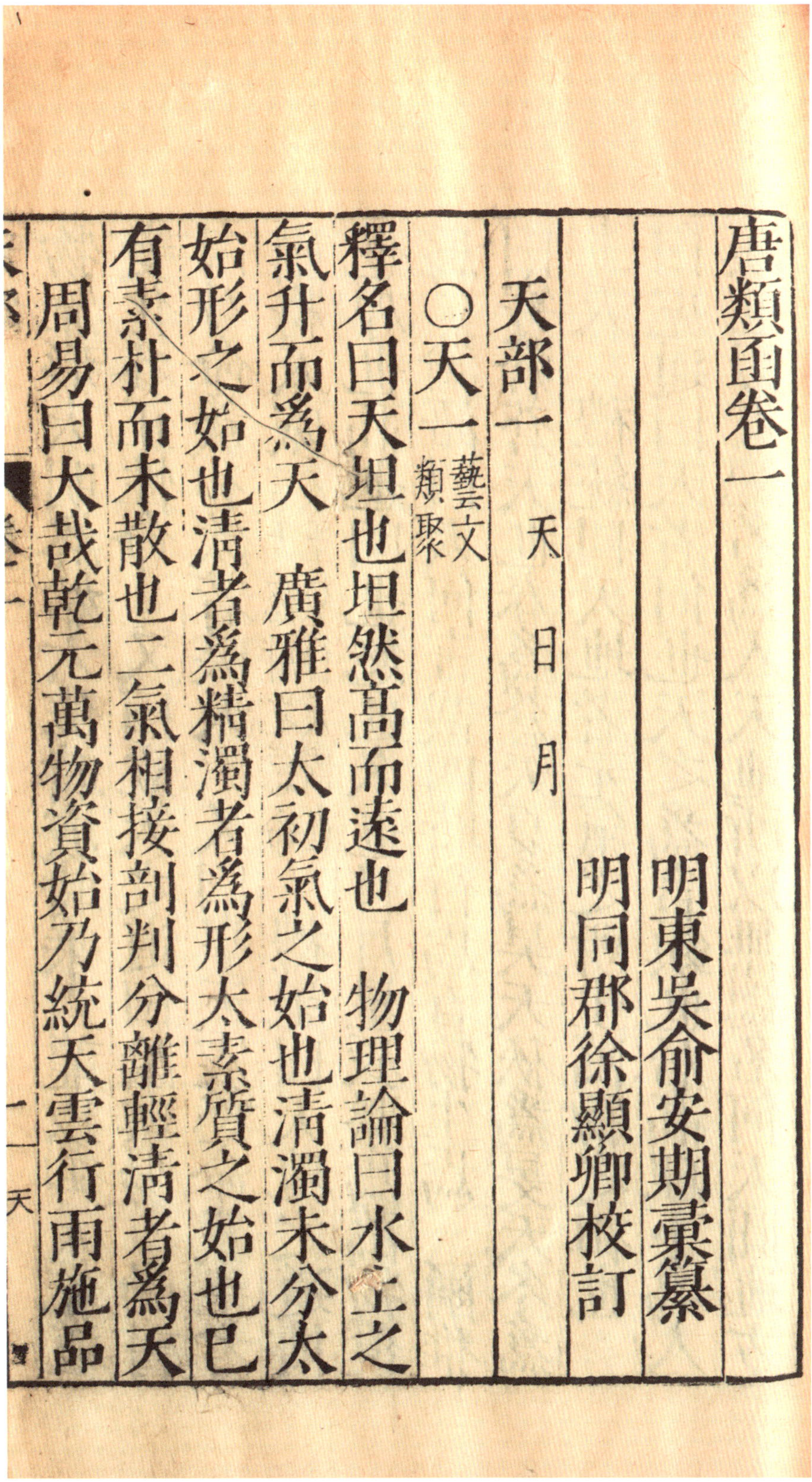
唐類函卷一
明東吳俞安期彙纂
明同郡徐顯卿校訂
天部一　天　日　月
〇天一 藝文類聚
釋名曰天坦也坦然高而遠也　物理論曰水土之
氣升而爲天　廣雅曰太初氣之始也清濁未分太
始形之始也清者爲精濁者爲形太素質之始也已
有素朴而未散也二氣相接剖判分離輕清者爲天
周易曰大哉乾元萬物資始乃統天雲行雨施品

041. 唐類函二百卷目録二卷 （明）俞安期輯　明萬曆三十一年（1603）刻四十六年（1618）重修本

開本高27.5厘米，寬17.1厘米。版框高20.8厘米，寬14.7厘米。十行二十字，小字雙行同，黑口，單黑魚尾，四周單邊。四十册。廣東省名録號555

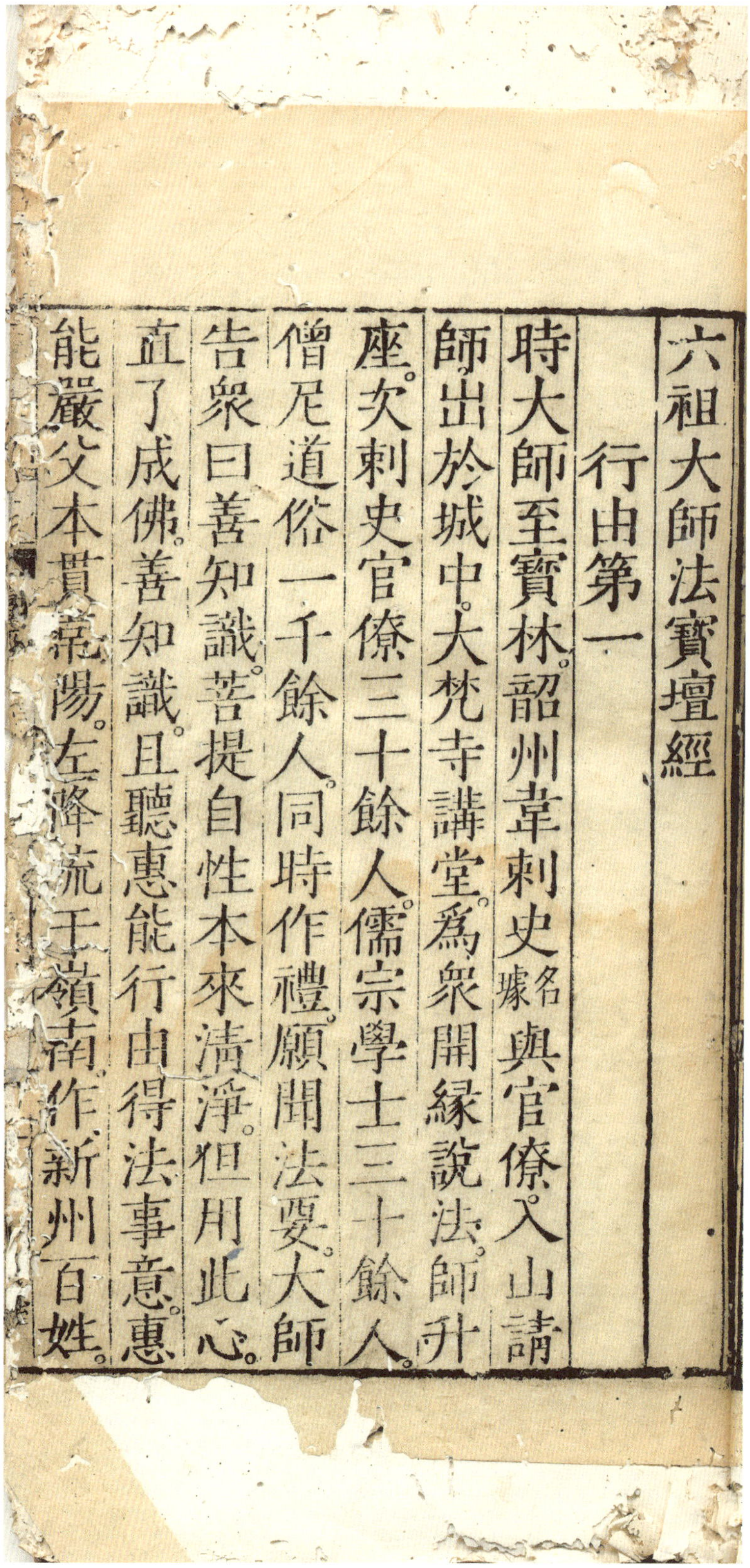

六祖大師法寶壇經

行由第一

時大師至寶林。韶州韋刺史名璩與官僚入山請師出於城中。大梵寺講堂。爲衆開緣說法。師升座。次刺史官僚三十餘人。儒宗學士三十餘人。僧尼道俗一千餘人。同時作禮。願聞法要。大師告衆曰。善知識。菩提自性本來淸淨。但用此心。直了成佛。善知識。且聽惠能行由得法事意。惠能嚴父本貫范陽。左降流于嶺南。作新州百姓。

042. 六祖大師法寶壇經一卷 （唐）釋惠能説 （唐）釋法海等録 明萬曆刻本

開本高28厘米，寬16厘米。版框高19厘米，寬13.5厘米。九行十八字，小字雙行同，白口，單黑魚尾，左右雙邊。二册。廣東省名録號579

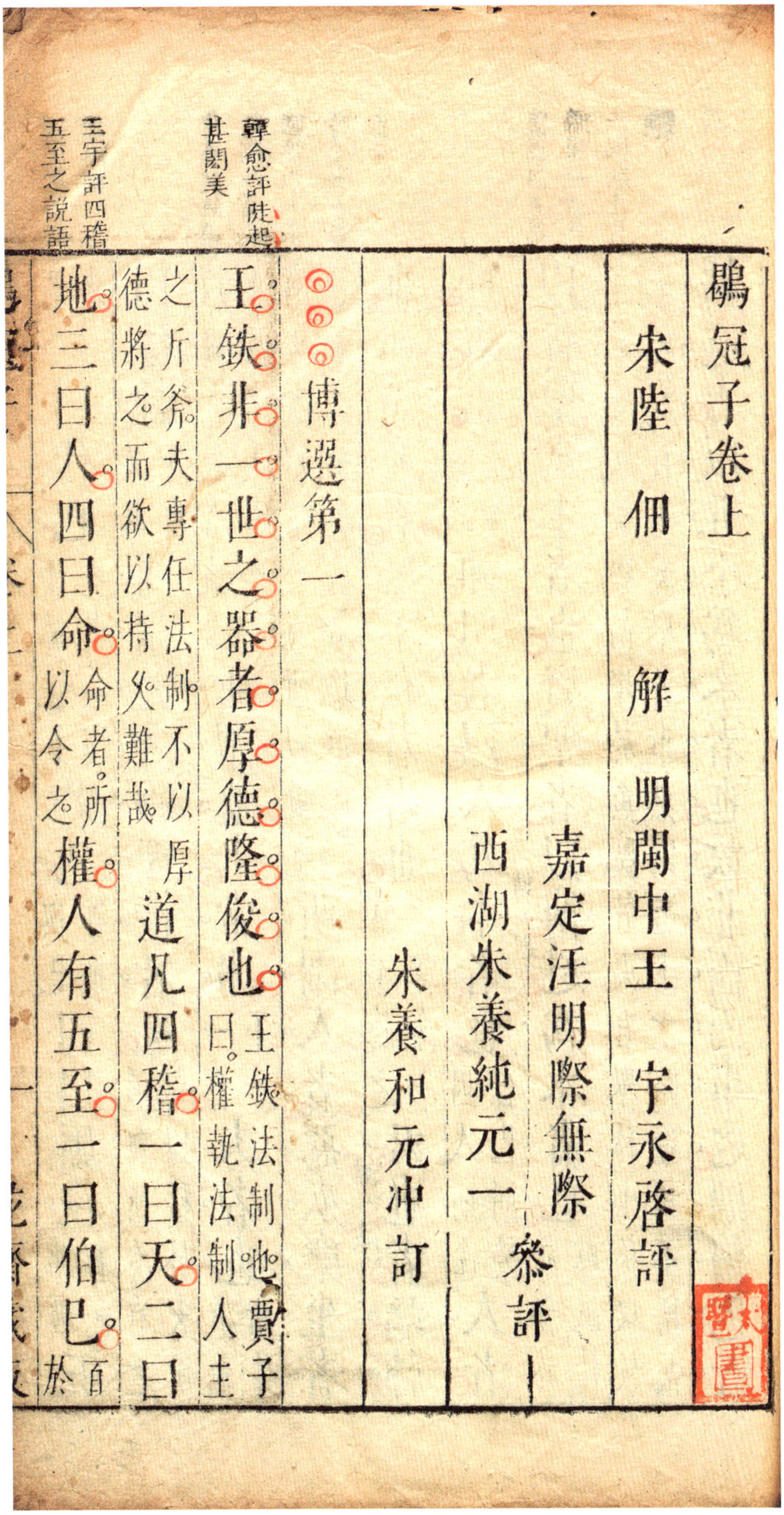
韓愈評陡起甚閎美
王宇評四稽五至之說語

鶡冠子卷上
宋陸　佃　解　明閩中王　宇永啓評
嘉定汪明際無際
西湖朱養純元一　叅評
朱養和元冲訂
博選第一
王鈇非一世之器者厚德隆俊也王鈇法制也賈子曰權執法制人主之斤斧夫專任法制不以德將之而欲以持久難哉厚道凡四稽一曰天二曰地三曰人四曰命命者所以令之權人有五至一曰伯巳百於

043. 鶡冠子三卷 （宋）陸佃注 （明）王宇等評 明天啓五年（1625）朱氏花齋刻本

開本高27厘米，寬16.5厘米。版框高20.8厘米，寬14.3厘米。九行二十字，小字雙行同，白口，單白魚尾，四周單邊。一册。廣東省名録號469

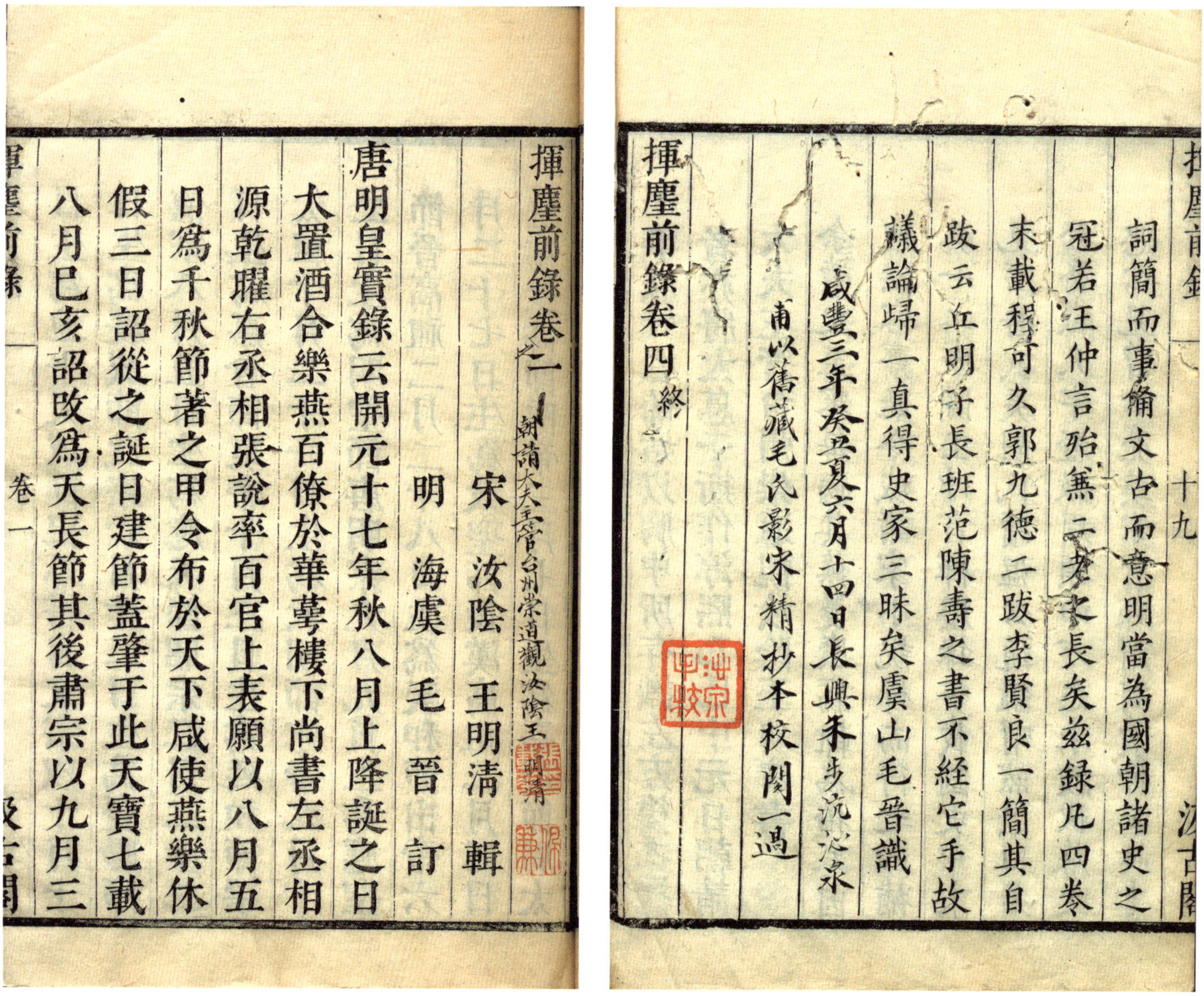
揮麈前録卷之一
朝請大夫主管台州崇道觀汝陰王明清
宋 汝陰 王明清 輯
明 海虞 毛晉 訂
唐明皇實録云開元十七年秋八月上降誕之日
大置酒合樂燕百僚於華萼樓下尚書左丞相
源乾曜右丞相張説率百官上表願以八月五
日爲千秋節著之甲令布於天下咸使燕樂休
假三日詔從之誕日建節蓋肇于此天寶七載
八月己亥詔改爲天長節其後肅宗以九月三
揮麈前録 卷一 汲古閣
揮麈前録 十九 汲古閣
詞簡而事備文古而意明當為國朝諸史之
冠若王仲言殆兼二者之長矣兹録凡四卷
末載程可久郭九德二跋李賢良一簡其自
跋云丘明子長班范陳壽之書不經它手故
議論歸一真得史家三昧矣虞山毛晉識
咸豐三年癸丑夏六月十四日長興朱步沆泌泉
甫以舊藏毛氏影宋精抄本校閱一過
揮麈前録卷四終
泌泉手校

044. 揮麈前錄四卷後錄十一卷第三錄三卷餘話二卷 （宋）王明清撰

明崇禎毛氏汲古閣刻《津逮秘書》本

開本高23厘米，15.8厘米。版框高19厘米，寬13.3厘米。九行十九字，白口，左右雙邊。鈐有“佩兼”“張載華印”“泌泉手校”等印。朱步沆跋。六册。廣東省名録號505

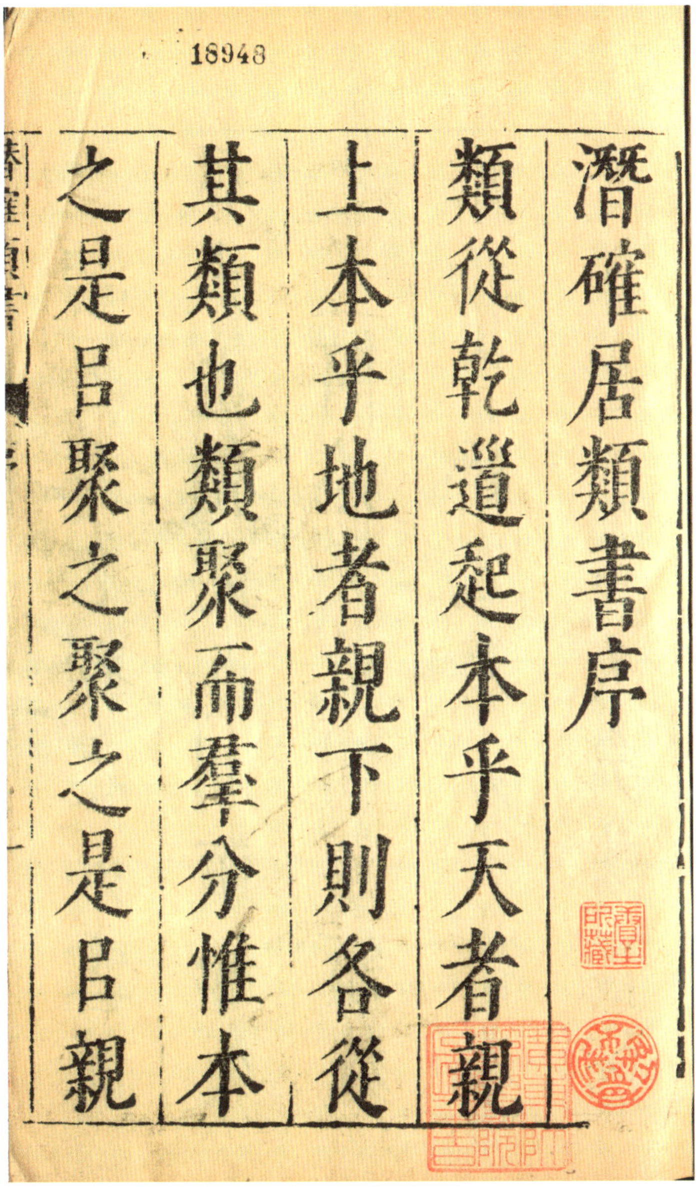
18948

潛確居類書序

類從乾道起本乎天者親
上本乎地者親下則各從
其類也類聚而羣分惟本
之是呂聚之聚之是呂親

潛確類書 序 一

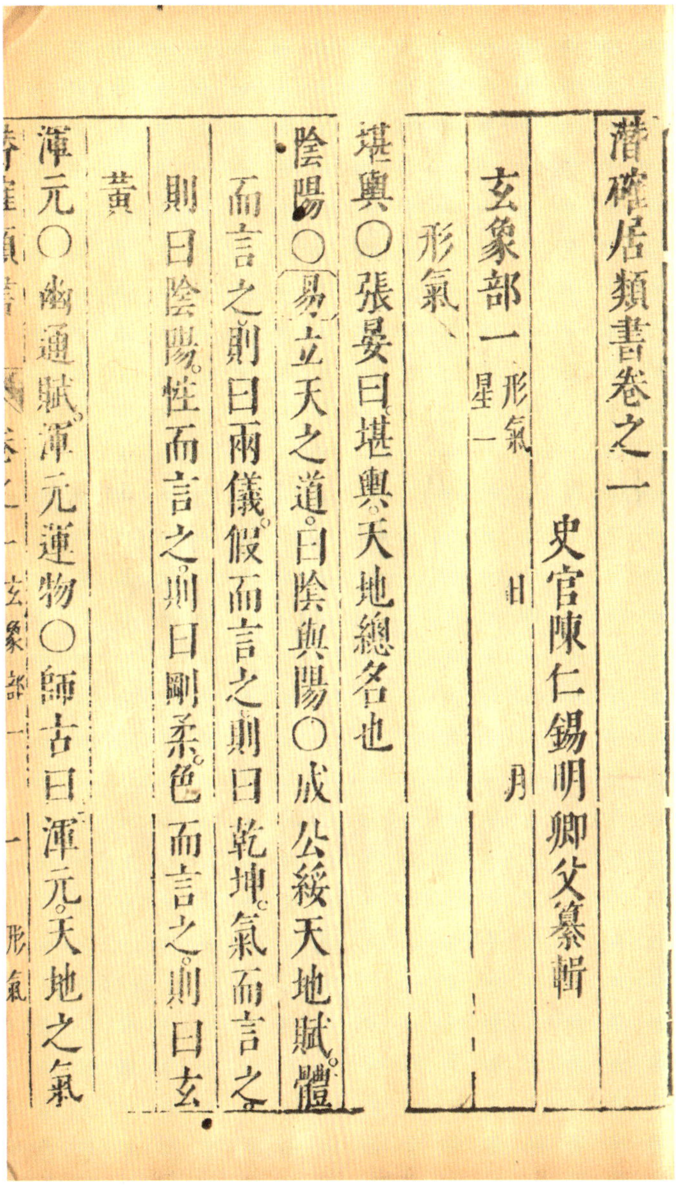
潛確居類書卷之一

史官陳仁錫明卿父纂輯

玄象部一 形氣 日 月 星一

形氣、

堪輿〇張晏曰堪輿天地總名也
陰陽〇易立天之道曰陰與陽〇成公綏天地賦體
而言之則曰兩儀假而言之則曰乾坤氣而言之
則曰陰陽性而言之則曰剛柔色而言之則曰玄
黃
渾元〇幽通賦渾元運物〇師古曰渾元天地之氣

潛確類書 卷之一 玄象部一 一 形氣

045.潛確居類書一百二十卷 （明）陳仁錫輯 明崇禎刻本

開本高25.3厘米，寬16.7厘米。版框高21.4厘米，寬14.7厘米。十行二十字，小字雙行同，白口，單黑魚尾，四周單邊。鈐有“賡之所藏”“不求甚解”等印。五十册。廣東省名録號561

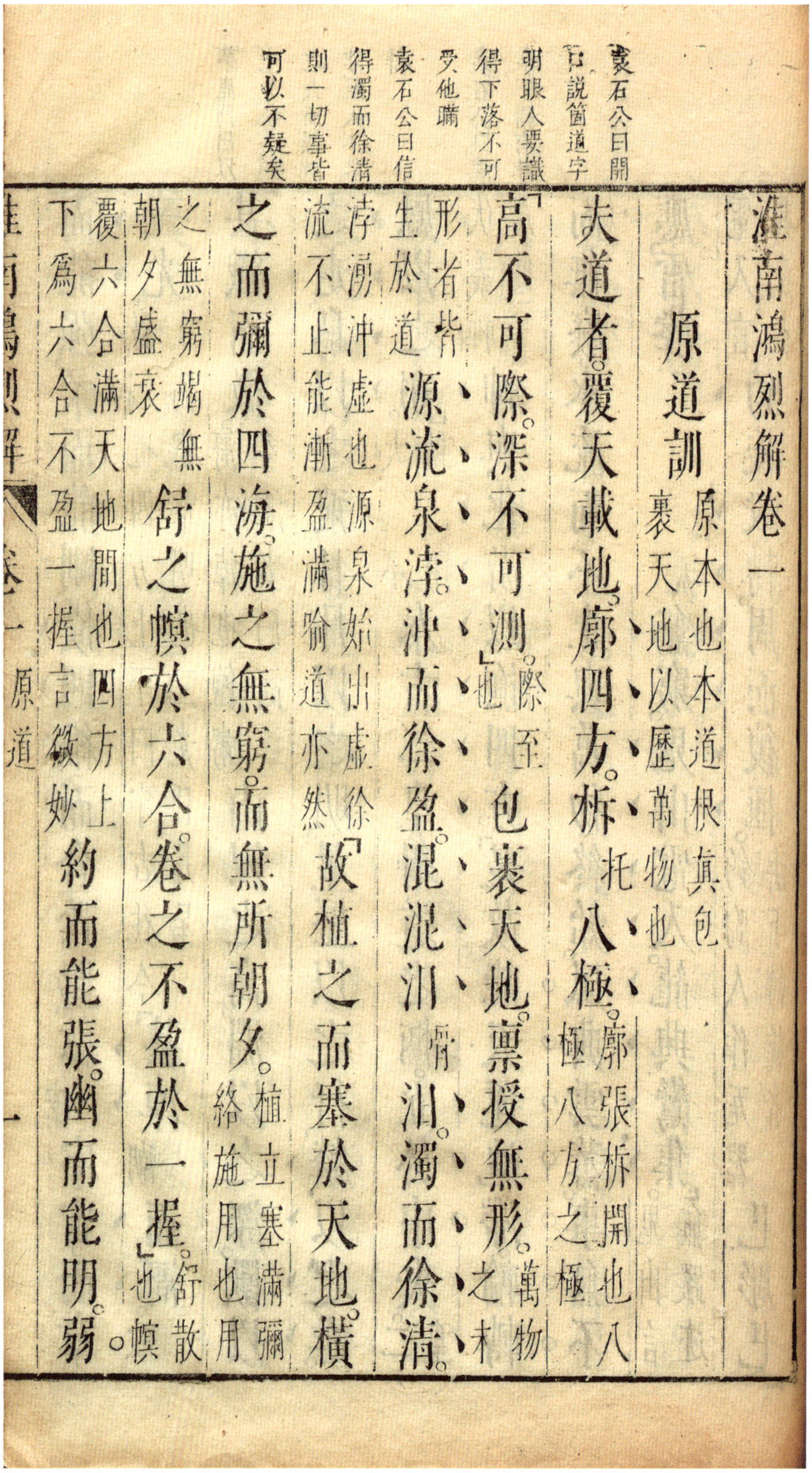

袁石公曰開口說箇道字明眼人要識得下落不可受他瞞
袁石公曰信得濁而徐清則一切事皆可以不疑矣

淮南鴻烈解卷一

原道訓 原本也本道根真包裹天地以歷萬物也

夫道者覆天載地。廓四方。柝托八極。廓張柝開也八極八方之極「高不可際。深不可測。」際至也包裹天地。稟授無形。萬物之本形者皆生於道源流泉浡。沖而徐盈。混混汩汩骨汩。濁而徐清。浡湧沖虛也源泉始出虛徐流不止能漸盈滿喻道亦然「故植之而塞於天地。橫之而彌於四海。施之無窮。而無所朝夕。植立塞滿彌絡施用也用之無窮竭無朝夕盛衰舒之幎於六合。卷之不盈於一握。」舒散也幎覆六合滿天地間也四方上下為六合不盈一握言微妙約而能張。幽而能明。弱

淮南鴻烈解 卷一 原道 一

046. 淮南鴻烈解二十一卷 （漢）劉安撰 （漢）高誘注 （明）茅坤等評 明末張烒如刻本

開本高25.9厘米，寬16.5厘米。版框高20.8厘米，寬14.6厘米。九行二十字，小字雙行同，白口，單黑魚尾，四周單邊。六册。廣東省名録號474

合刻諸名家評點

老莊會解

星帶草堂藏板

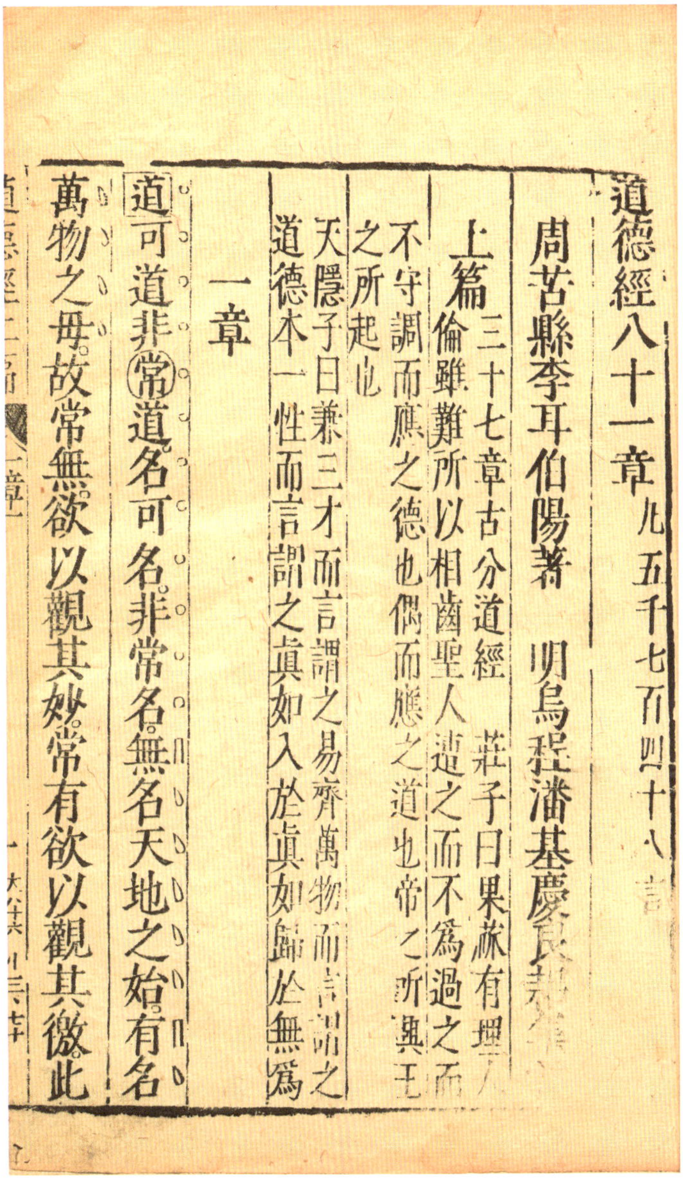

道德經八十一章　凡五千七百四十八言

周苦縣李耳伯陽著　明烏程潘基慶良耜集

上篇　三十七章古分道經　莊子曰果蓏有理人倫雖難所以相齒聖人遭之而不違過之而不守調而應之德也偶而應之道也帝之所興王之所起也

天隱子曰兼三才而言謂之易齊萬物而言謂之道德本一性而言謂之眞如入於眞如歸於無爲

一章

道可道非常道名可名非常名無名天地之始有名萬物之母故常無欲以觀其妙常有欲以觀其徼此

047. 合刻諸名家評點老莊會解十一卷　（明）潘基慶撰　明書林楊小閩刻本

開本高26.3厘米，寬18.3厘米。版框高21.3厘米，寬15.4厘米。八行二十字，小字雙行同，白口，單黑魚尾，四周單邊。鈐有“楊小閩”等印。八册。

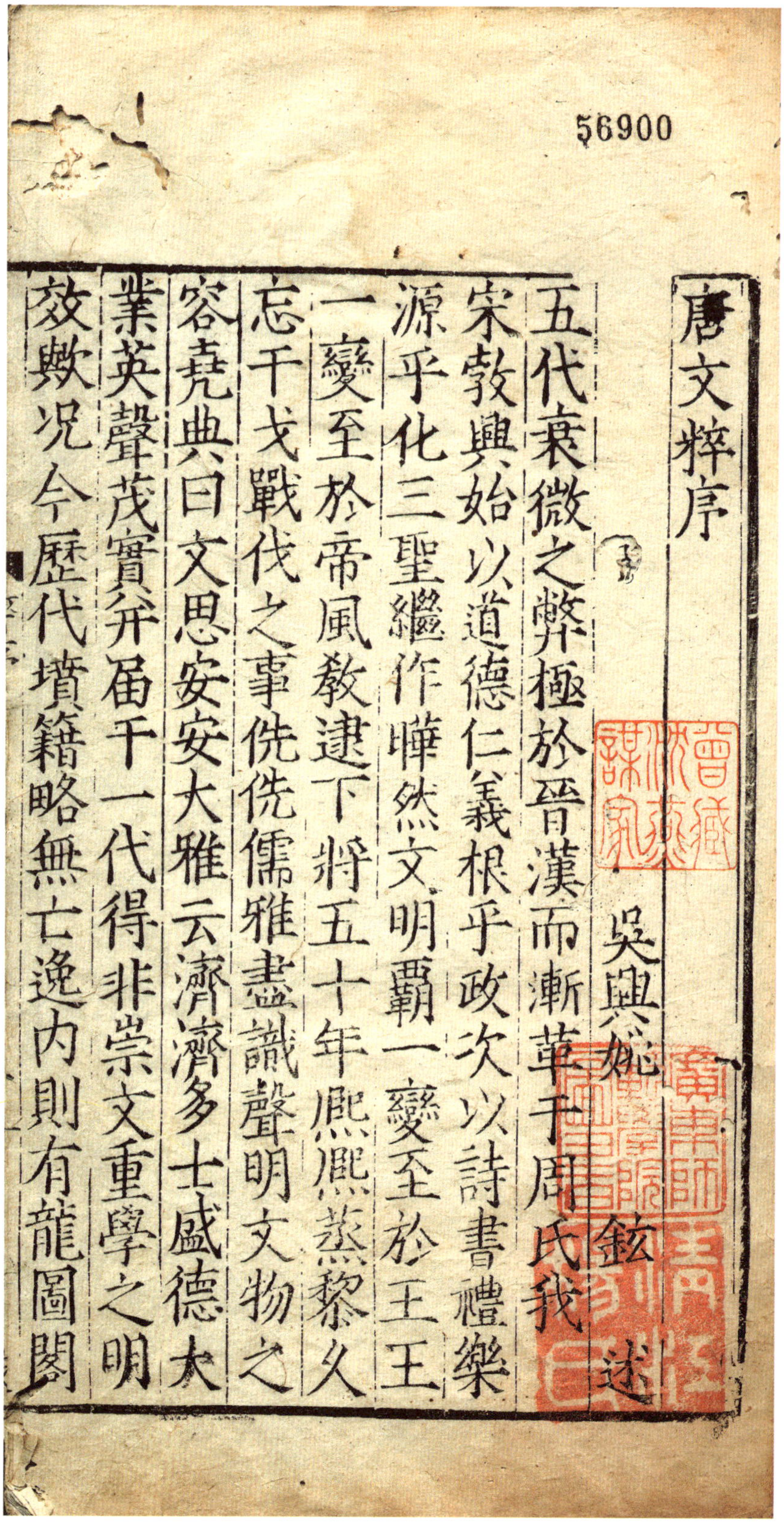

56900

唐文粹序
吳興姚鉉述
五代衰微之弊極於晉漢而漸革于周氏我
宋敦興始以道德仁義根乎政次以詩書禮樂
源乎化三聖繼作皡然文明覇一變至於王王
一變至於帝風敎逮下將五十年熈熈蒸黎久
忘干戈戰伐之事侁侁儒雅盡識聲明文物之
容堯典曰文思安安大雅云濟濟多士盛德大
業英聲茂實弁角干一代得非崇文重學之明
效歟况今歷代墳籍略無亡逸內則有龍圖閣

048. 重校正唐文粹一百卷 （宋）姚鉉輯 明嘉靖六年（1527）張大輪刻本

開本高27厘米，寬15.7厘米。版框高20.5厘米，寬13.8厘米。十四行二十五字，小字雙行同，白口，左右雙邊。鈐有“清江楊氏”“曾藏沈燕謀家”等印。十四册。廣東省名録號750

重校正唐文粹卷第一　　吳興姚鉉纂

古賦甲 揔三首

聖德二

含元殿賦 李華　明堂賦 李白

失道一

阿房宮賦 杜牧

含元殿賦 并序　李華

宮殿之賦論者以靈光爲宗然諸侯之遺事豈務恢張飛動而已自兹已降代有辭傑播於聲頌則無聞焉夫先王建都營室必相地形詢卜筮考農隙工以子來虞人獻山林之幹太史占日月之吉雖班張左思角立前代未能備也而曩之文士賦長笛洞簫懷握之細則廣言山川之阻採伐之勤至于都邑宮室宏模廓度則略而不云其體病矣至若陰陽慘舒之變宜於壯麗棟宇繩墨之

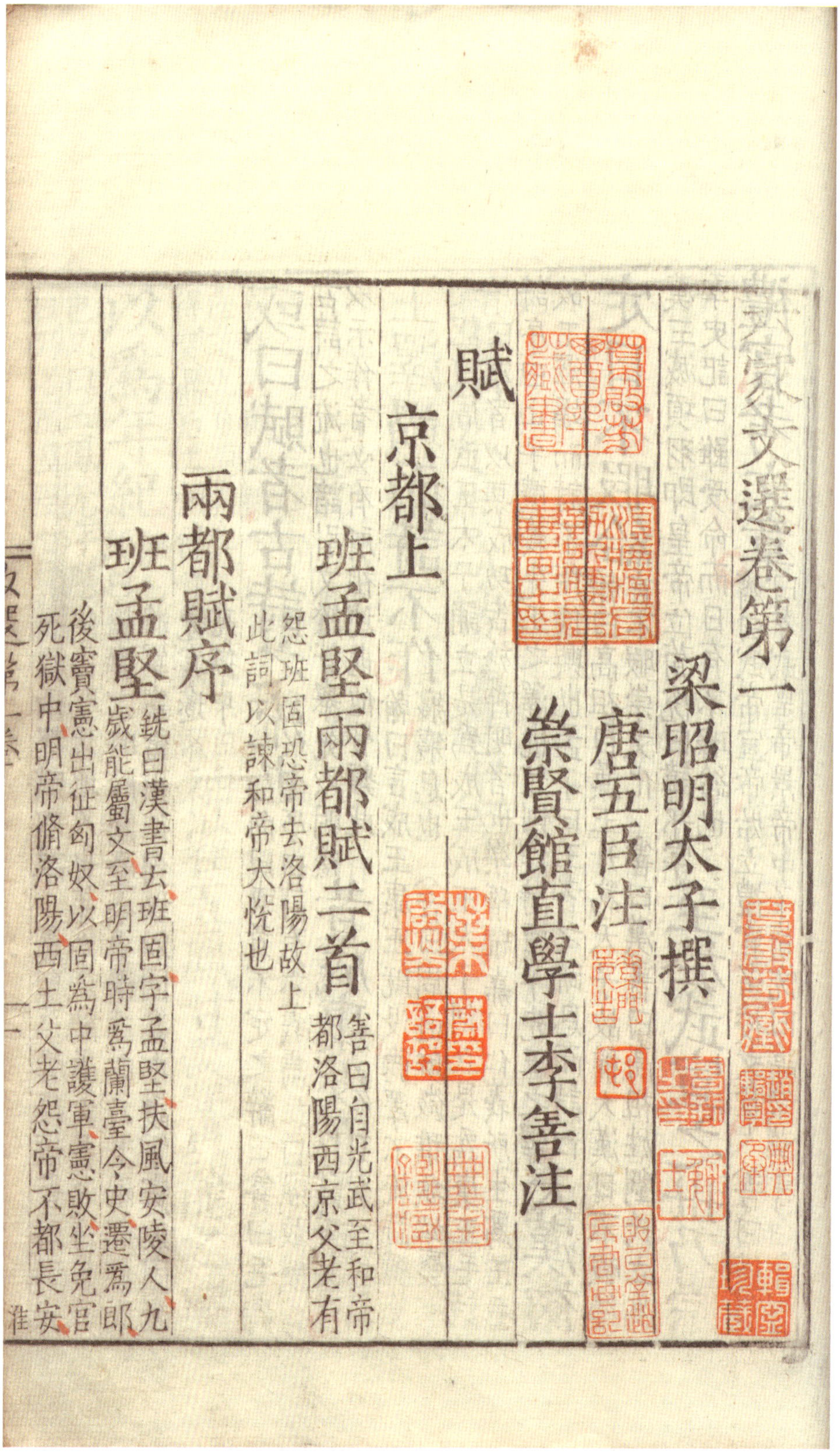

六家文選卷第一
梁昭明太子撰
唐五臣注
崇賢館直學士李善注
賦
京都上
班孟堅兩都賦二首 善曰自光武至和帝都洛陽西京父老有怨班固恐帝去洛陽故上此詞以諫和帝大悅也
兩都賦序
班孟堅 銑曰漢書云班固字孟堅扶風安陵人九歲能屬文至明帝時爲蘭臺令史遷爲郎後竇憲出征匈奴以固爲中護軍憲敗坐免官死獄中明帝脩洛陽西土父老怨帝不都長安
文選第一卷 一

049. 六家文選六十卷 （南朝梁）蕭統撰 （唐）五臣注 （唐）李善注 明嘉靖十三年至二十八年（1534—1549）袁褧嘉趣堂刻本

開本高32.2厘米，寬22.5厘米。版框高24厘米，寬18.9厘米。十一行十八字，小字雙行二十六字，白口，左右雙邊。鈐有“輯寧珍藏”“典承”“趙輯寧印”“貽白堂趙氏書畫記”“典承鑑藏”“素門先生”“勉士”“曾釗之印”“順德温君勒所藏金石書畫之印”“葉啓芳藏”

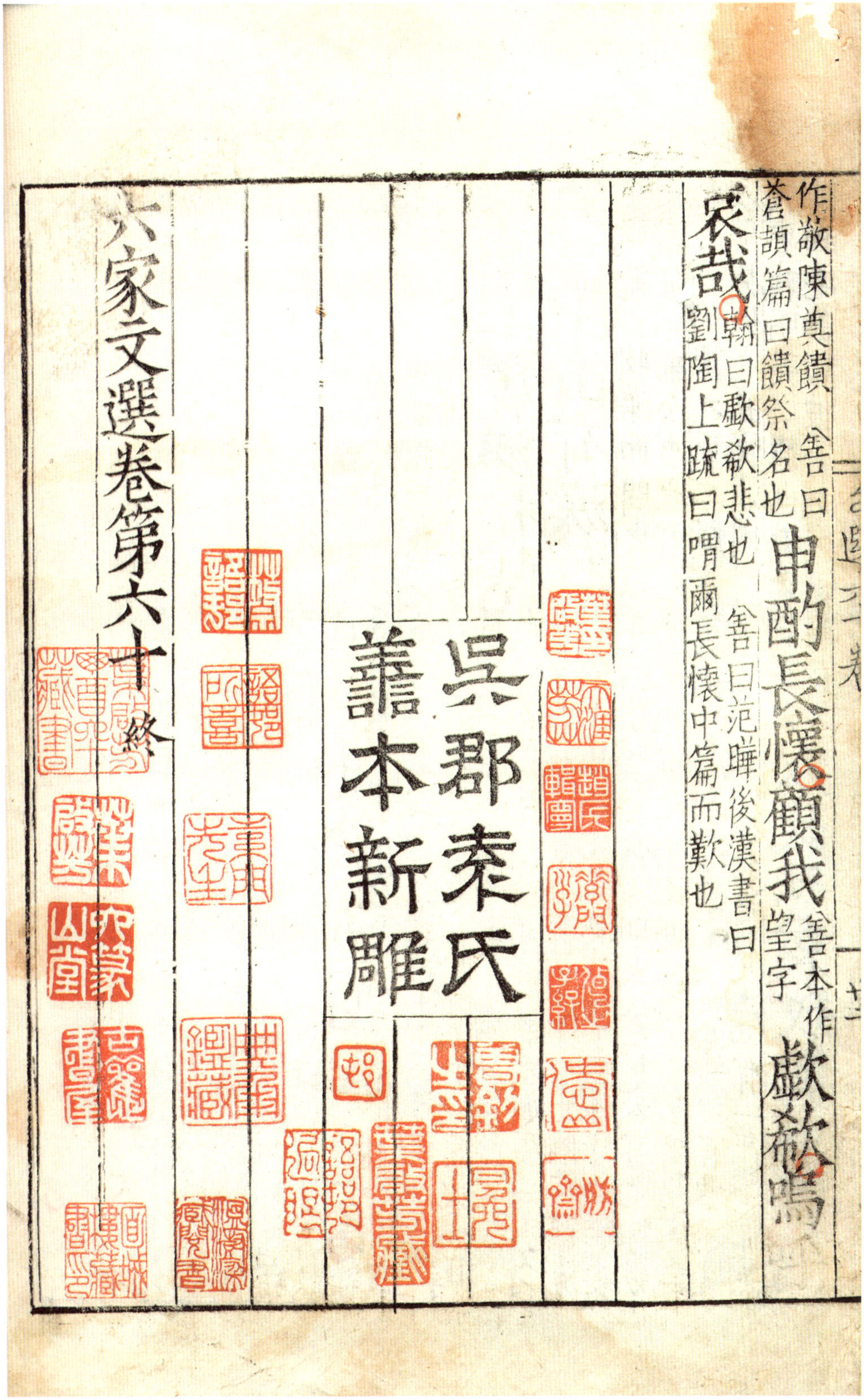
作敬陳奠饋　善曰
蒼頡篇曰饋祭名也　申酌長懷○顧我　善本作望字　歔欷○嗚
哀哉○翰曰歔欷悲也　善曰范曄後漢書曰
劉陶上疏曰喟爾長懷中篇而歎也

吳郡袁氏善本新雕

六家文選卷第六十　終

"葉啓芳丁酉六十藏書" "蔡語邨印" "古懽書屋" "六篆山堂" "面城樓藏書印" "語邨所喜" "語邨過眼" "舫齋" "愛山人" "傳之子孫" "素門子" "天涯芳草"等印。二十册。
國家名録號10889　廣東省名録號0998

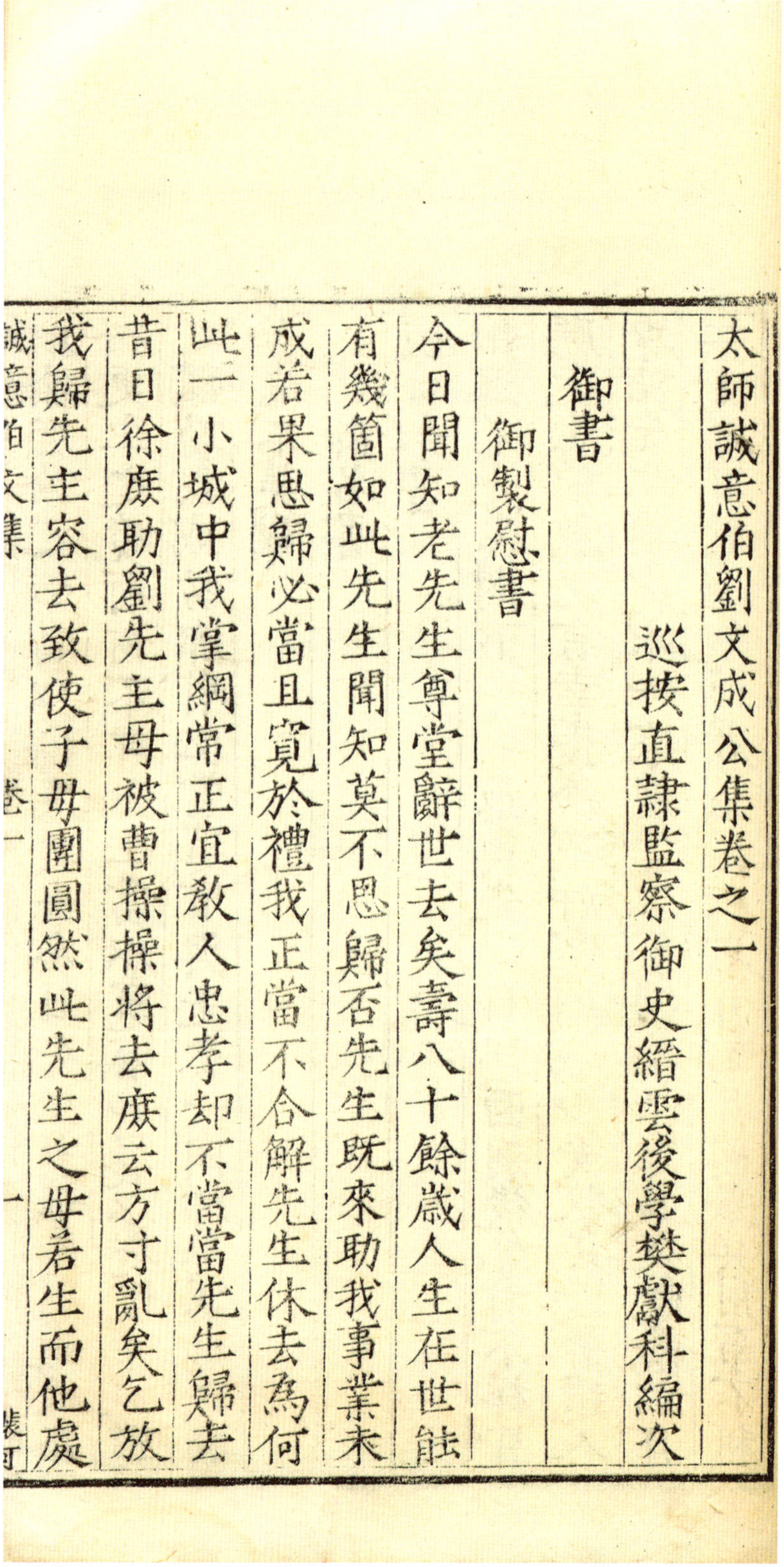
太師誠意伯劉文成公集卷之一
巡按直隸監察御史縉雲後學樊獻科編次
御書
御製慰書
今日聞知老先生尊堂辭世去矣壽八十餘歲人生在世能有幾箇如此先生聞知莫不思歸否先生既來助我事業未成若果思歸必當且寬於禮我正當不合解先生休去為何此一小城中我掌綱常正宜教人忠孝却不當當先生歸去昔日徐庶助劉先主母被曹操操將去庶云方寸亂矣乞放我歸先主容去致使子母團圓然此先生之母若生而他處
誠意伯文集　卷一　一

050. 太師誠意伯劉文成公集十八卷　（明）劉基撰　明嘉靖三十五年（1556）樊獻科、于德昌刻本

開本高28.9厘米，寬17厘米。版框高21.5厘米，寬14.7厘米。十行二十三字，白口，無魚尾，四周雙邊。鈐有“暘九信鉨”等印。八册。廣東省名録號0848

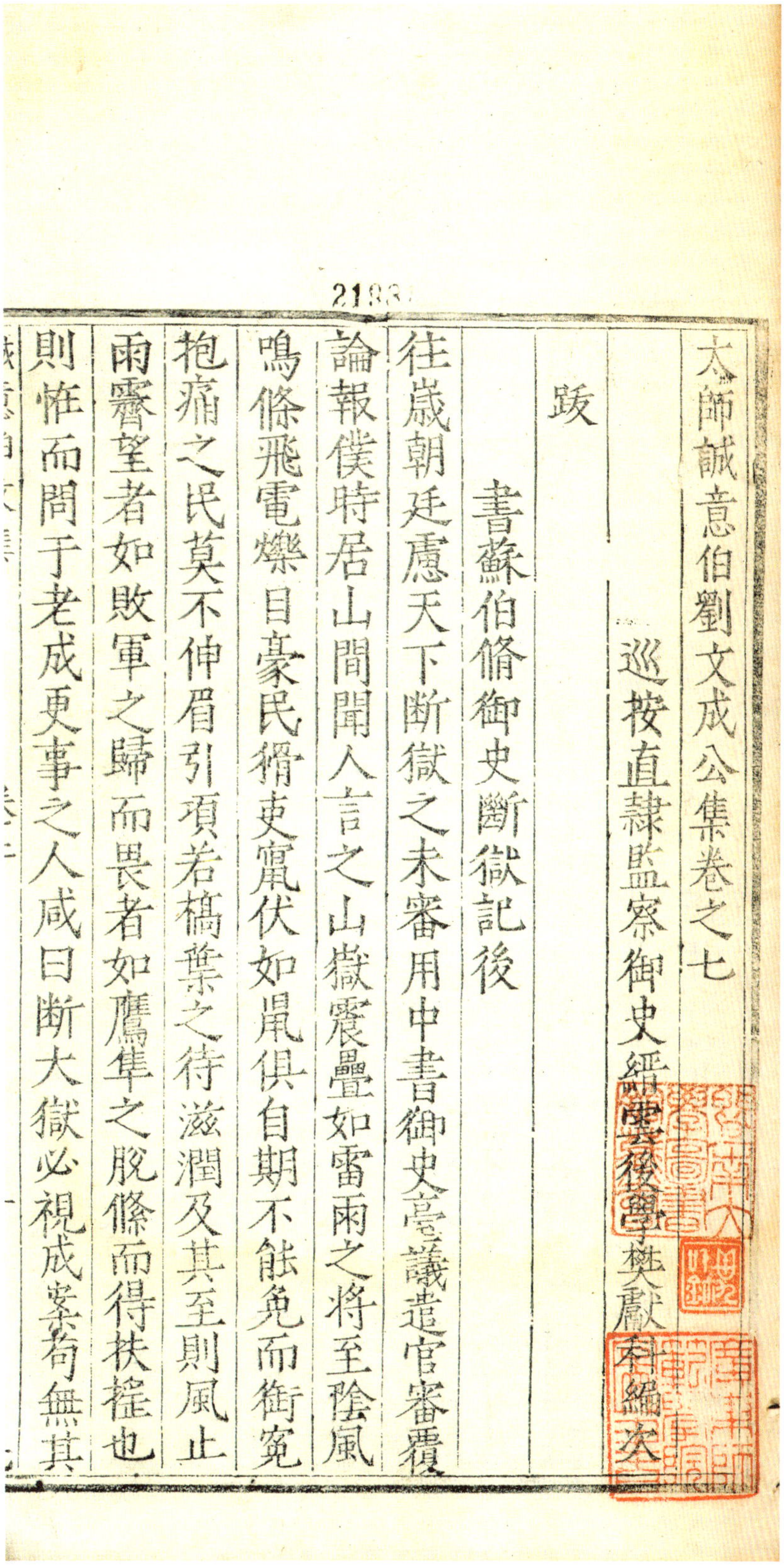

2183

太師誠意伯劉文成公集卷之七

巡按直隸監察御史縉雲後學樊獻科編次

跋

書蘇伯脩御史斷獄記後

往歲朝廷慮天下斷獄之未審用中書御史臺議遣官審覆論報僕時居山間聞人言之山嶽震疊如雷雨之將至陰風鳴條飛電爍目豪民猾吏竄伏如鼠俱自期不能免而銜寃抱痛之民莫不伸眉引項若槁葉之待滋潤及其至則風止雨霽望者如敗軍之歸而畏者如鷹隼之脫絛而得扶搖也則恠而問于老成更事之人咸曰斷大獄必視成案苟無其

誠意伯文集　卷之七

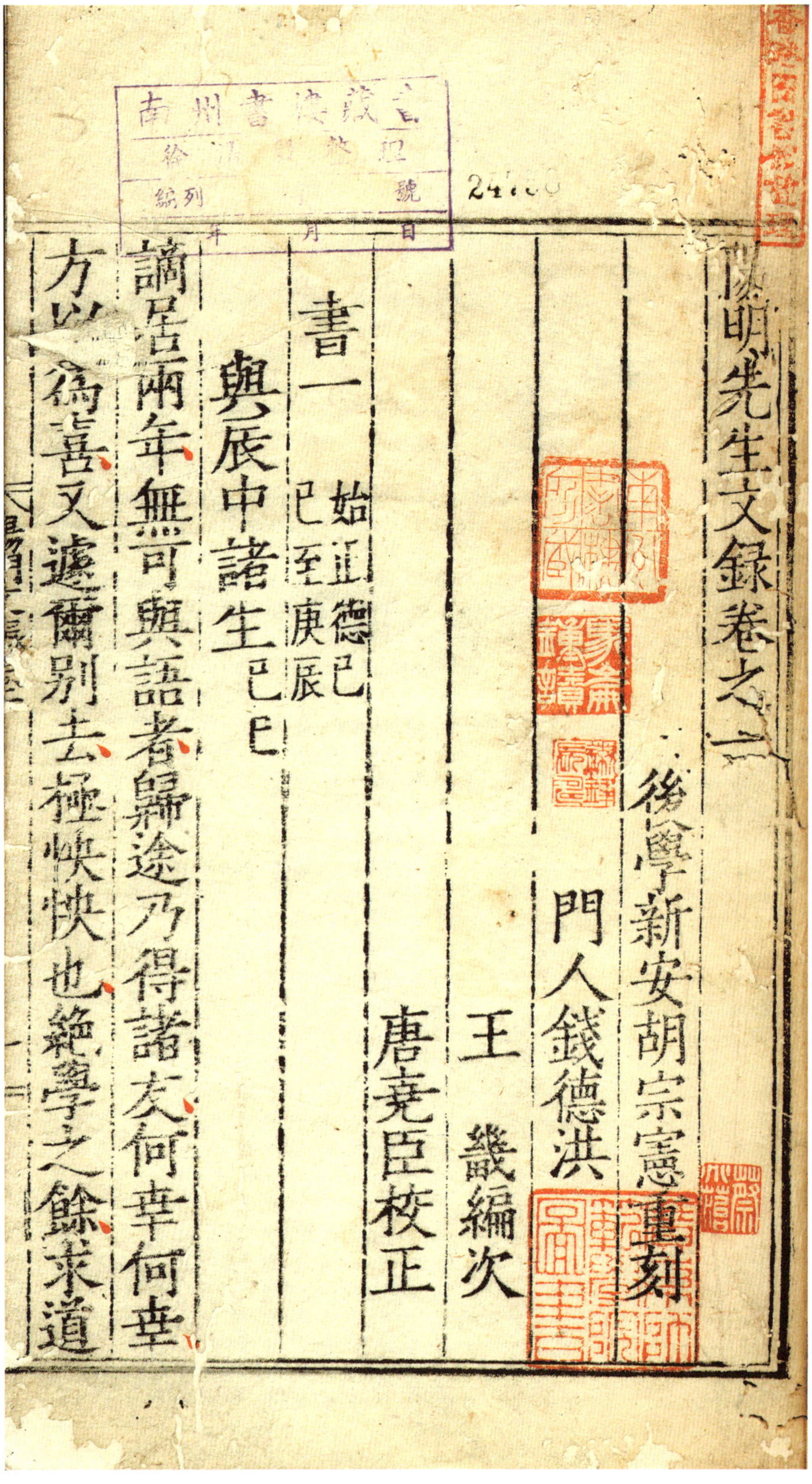

051. 陽明先生文録五卷外集九卷别録十卷 （明）王守仁撰 明嘉靖三十六年（1557）胡宗憲刻本

開本高25.5厘米，寬16.5厘米。版框高19.8厘米，寬14.1厘米。九行十九字，白口，單白魚尾，四周雙邊。鈐有“蔡兆萿”“皦鋒長壽”“馬嵛鍾讀”“南州書樓所藏”等印。徐湯殷跋。二十四册。廣東省名録號0882

卷明胡宗憲重刊即是本也黃綰序中有言陽明文
集存者惟文録傳習録居夷集而已其餘或散亡及
傳寫訛誤乃與歐陽崇一錢洪甫黃正之等編訂之
曰陽明存稿洪甫攜之吳中與黃勉之重為釐類曰
文録曰別録云據此則陽明文録初刻於嘉靖乙未
陽明沒後七年此為丁巳陽明沒後二十九年所複刊雖非原刻而傳
世亦渺仍屬難得孤本也丙申四月望南州後人徐
湯殷識

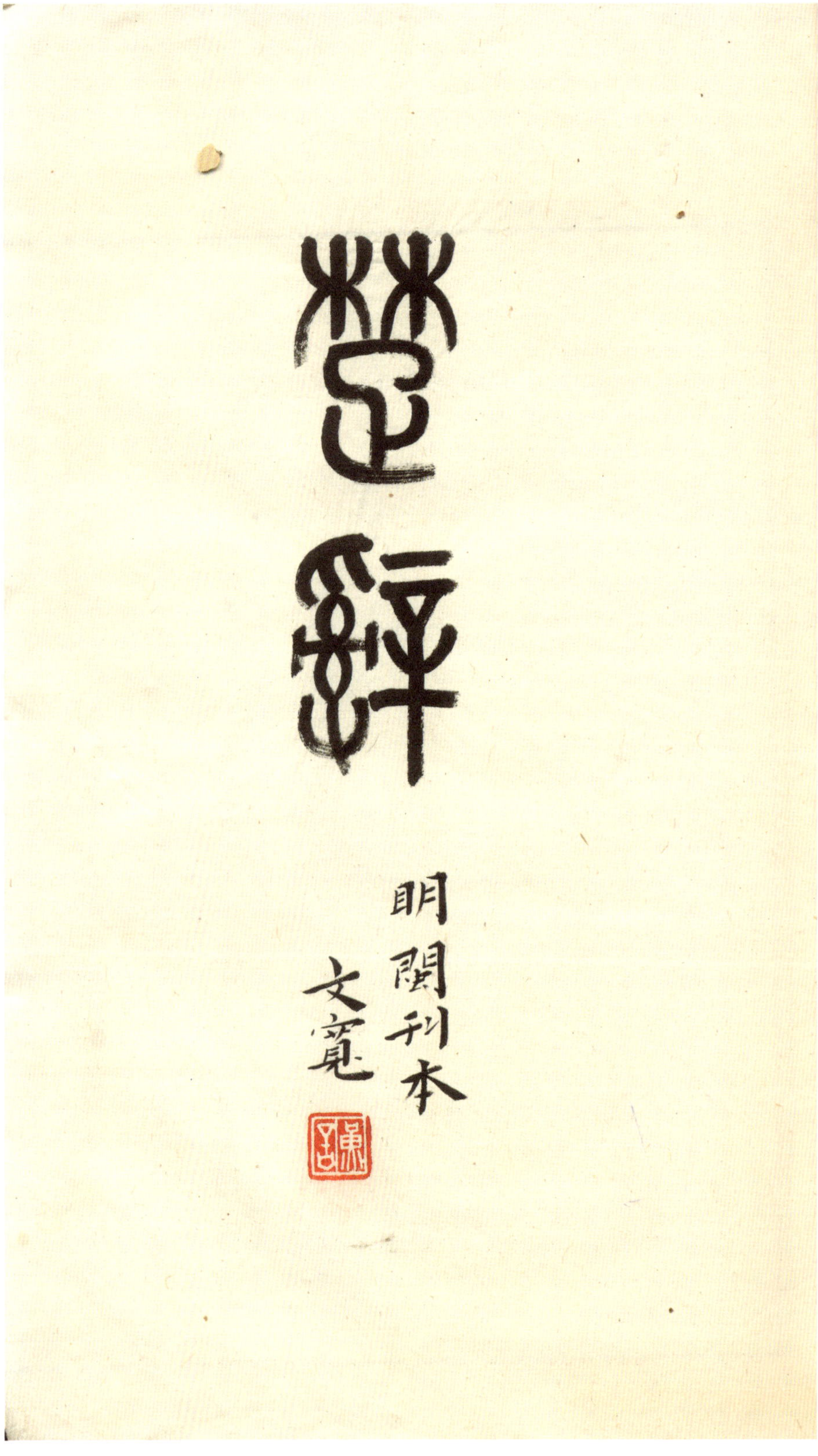

052. 楚辭二卷 （戰國）屈原（戰國）宋玉（漢）賈誼撰 明萬曆四十八年（1620）閔齊伋刻三色套印本

開本高27.1厘米，寬17.5厘米。版框高21.5厘米，寬15.1厘米。九行十九字，白口，四周單邊。鈐有"黄文寬印""順德黎騷暘九""黄言"等印。二册。廣東省名録號0728

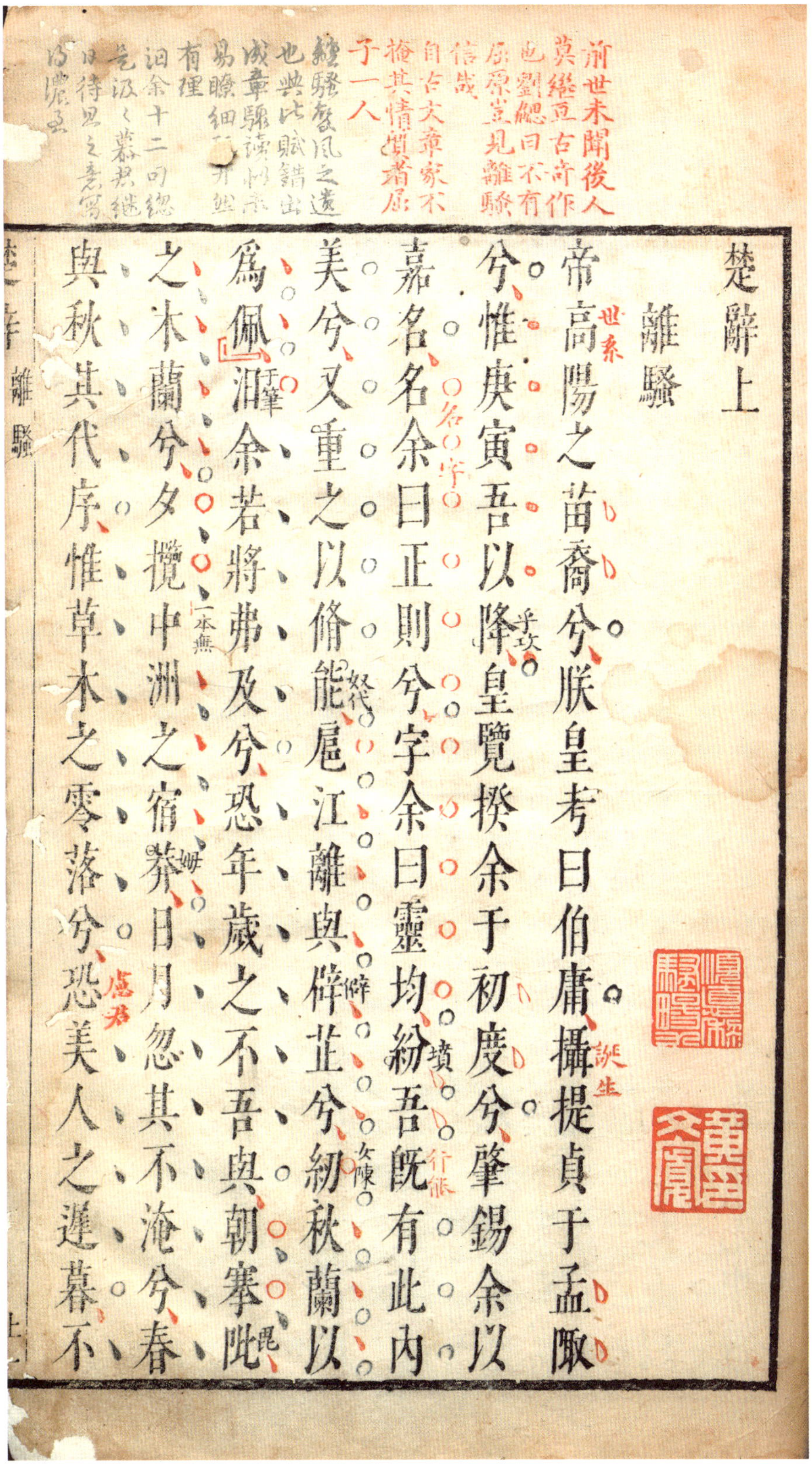
前世未聞後人莫繼亘古奇作也劉勰曰不有屈原豈見離騷信哉自古文章家不掩其情類者屈子一人

離騷發風之遺也興比賦錯出成章驟讀似[illegible]易曉細[illegible]有理詞余十二可總竟汲汲慕君繼日待見之意寫得濃至

楚辭上

離騷

帝高陽之苗裔兮朕皇考曰伯庸攝提貞于孟陬兮惟庚寅吾以降皇覽揆余于初度兮肇錫余以嘉名名余曰正則兮字余曰靈均紛吾既有此內美兮又重之以脩能扈江離與辟芷兮紉秋蘭以爲佩汨余若將弗及兮恐年歲之不吾與朝搴阰之木蘭兮夕攬中洲之宿莽日月忽其不淹兮春與秋其代序惟草木之零落兮恐美人之遲暮不

楚辭 離騷 上

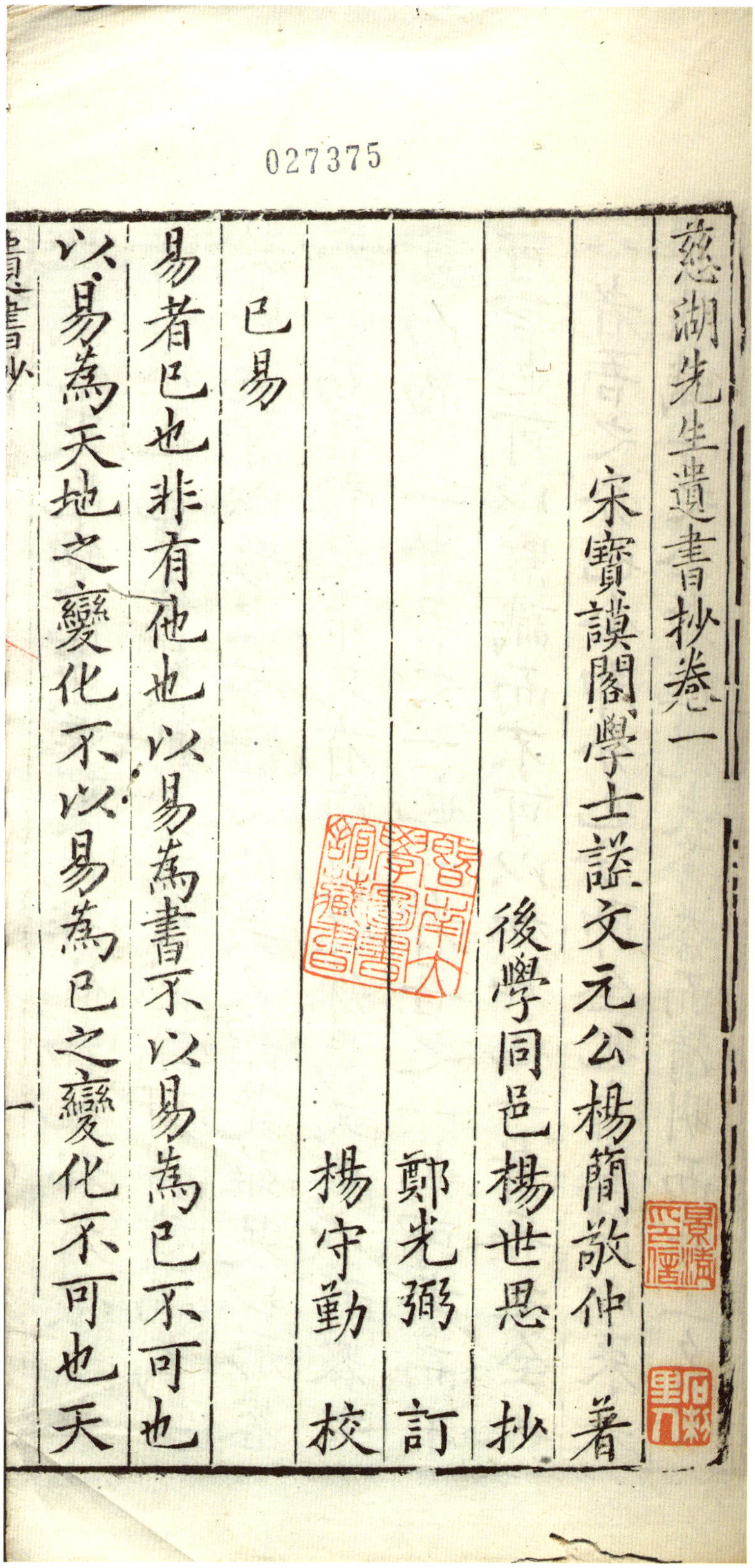
027375

慈湖先生遺書抄卷一
宋寶謨閣學士謚文元公楊簡敬仲　著
後學同邑楊世思　抄
鄭光弼　訂
楊守勤　校
已易
易者已也非有他也以易爲書不以易爲已不可也
以易爲天地之變化不以易爲已之變化不可也天

遺書抄　一

053. 慈湖先生遺書抄六卷 （宋）楊簡撰 （明）楊世思輯 明萬曆潘汝楨刻本

開本高27.5厘米，寬15.6厘米。版框高22厘米，寬13.6厘米。八行二十字，白口，左右雙邊。鈐有“石刺里人” “景清印信”等印。章炳麟眉批。二册。廣東省名録號0830

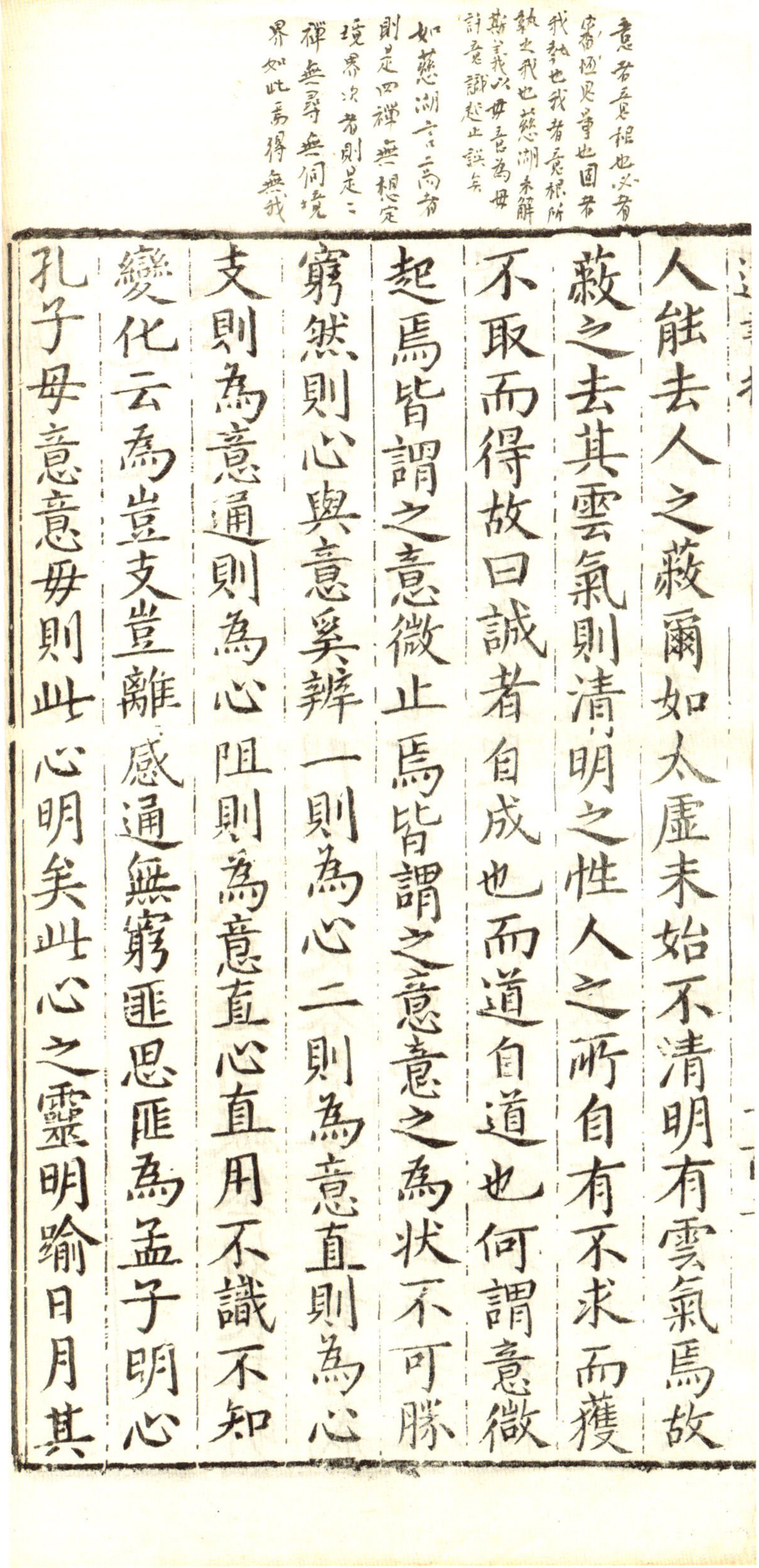

意者吾意根也必者審極見等也固者我執也我者吾根所執之我也慈湖未解斯義我以毋吾為毋訐吾識起止誤矣如慈湖言二句者則是四禪無想定境界次者則是二禪無尋無伺境界如此焉得無我

人能去人之蔽爾如太虛未始不清明有雲氣焉故蔽之去其雲氣則清明之性人之所自有不求而獲不取而得故曰誠者自成也而道自道也何謂意微起焉皆謂之意微止焉皆謂之意意之為狀不可勝窮然則心與意奚辨一則為心二則為意直則為心支則為意通則為心阻則為意直心直用不識不知變化云為豈支豈離感通無窮匪思匪為孟子明心孔子毋意意毋則此心明矣此心之靈明踰日月其

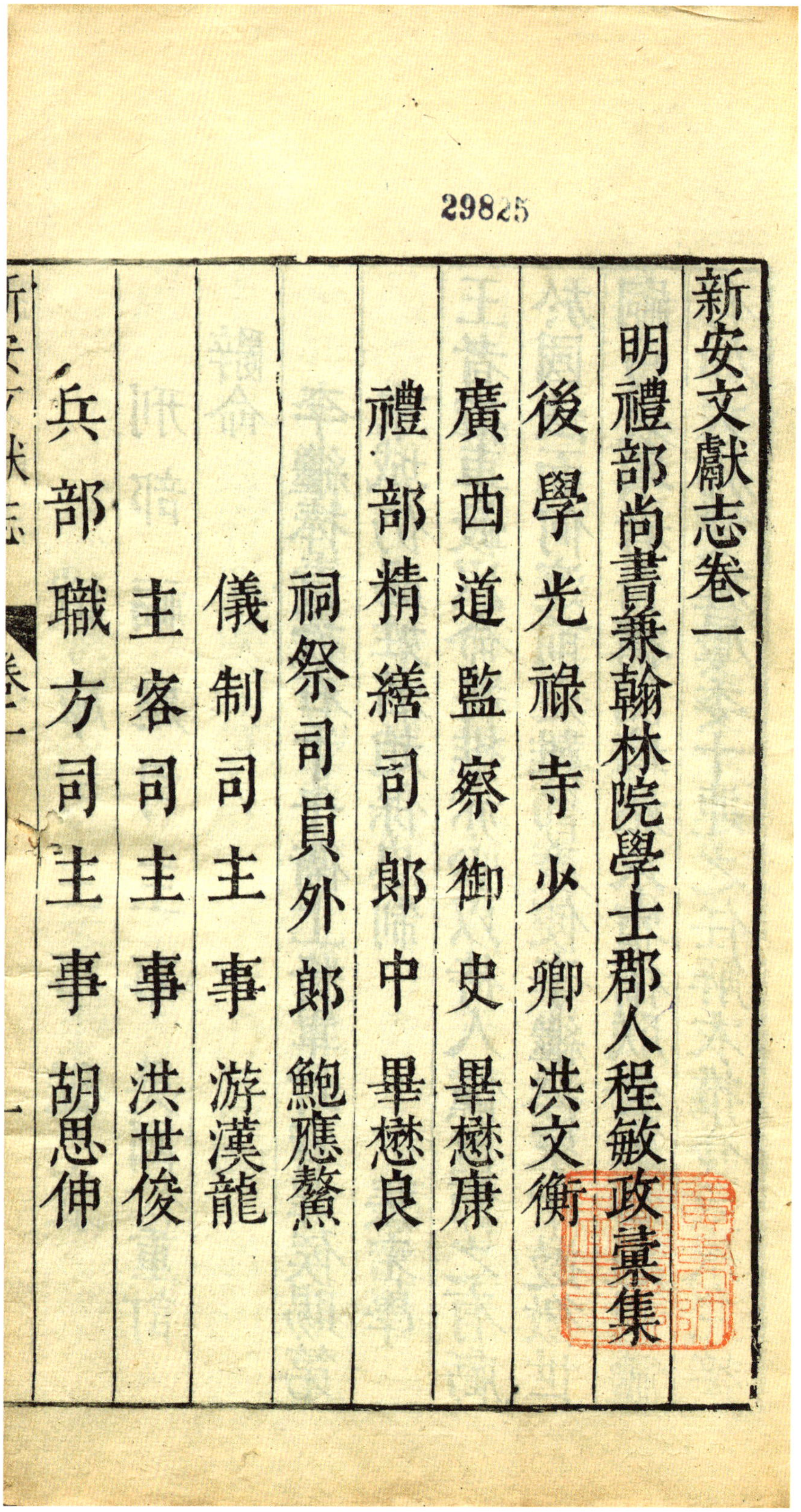

新安文獻志卷一
明禮部尚書兼翰林院學士郡人程敏政彙集
後學光禄寺少卿洪文衡
廣西道監察御史畢懋康
禮部精繕司郎中畢懋良
祠祭司員外郎鮑應鰲
儀制司主事游漢龍
主客司主事洪世俊
兵部職方司主事胡思伸

054. 新安文獻志一百卷先賢事略二卷目録二卷 （明）程敏政彙集（明）洪文衡等重訂 明萬曆刻本

開本高27厘米，寬16.5厘米。版框高20.6厘米，寬14厘米。九行二十字，小字雙行同，白口，單黑魚尾，四周單邊。四十册。廣東省名録號755

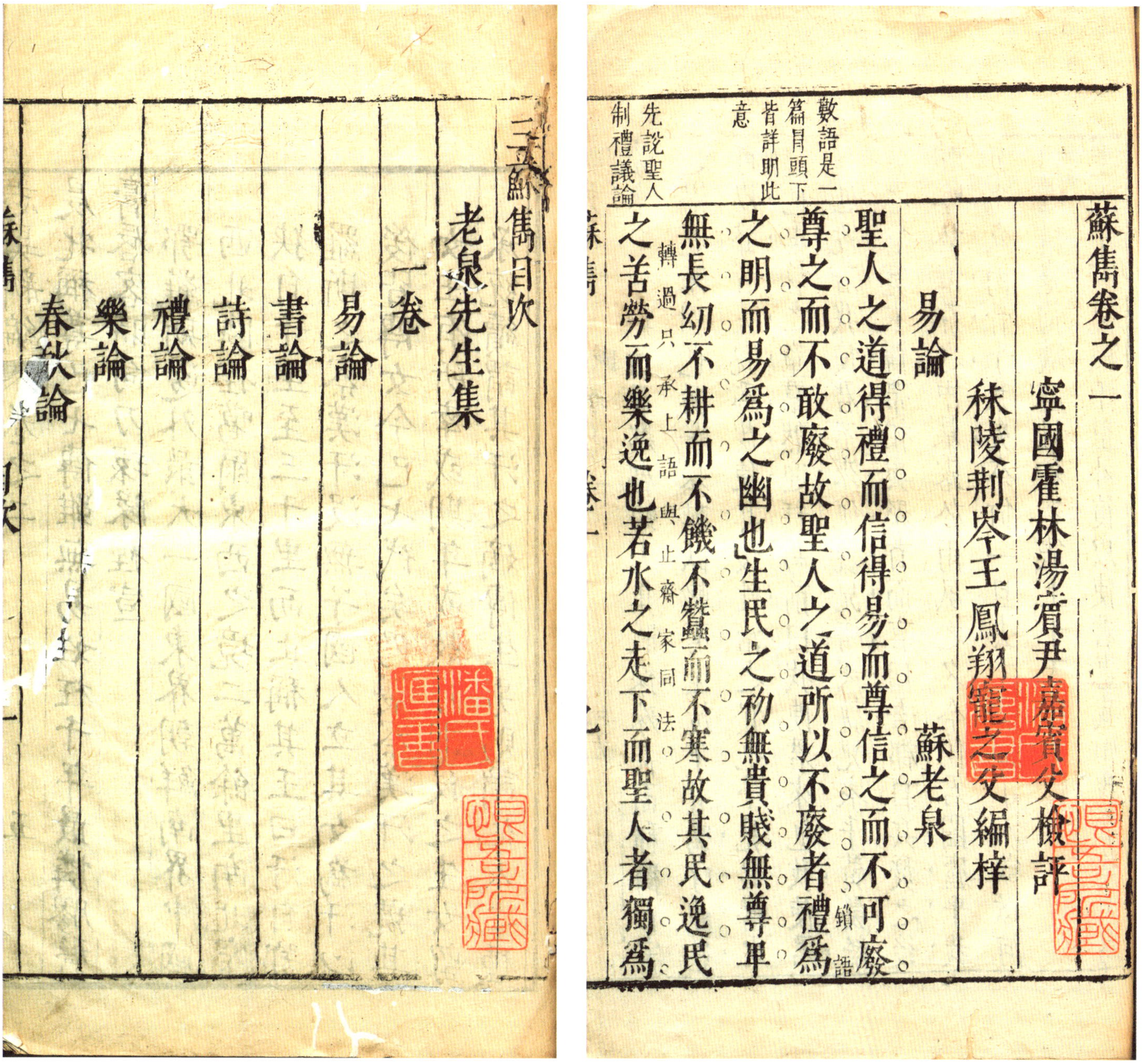
三蘇雋目次
老泉先生集
一卷
易論
書論
詩論
禮論
樂論
春秋論
蘇雋卷之一
寧國霍林湯賓尹嘉賓父檢評
秣陵荆岑王鳳翔龍之父編梓
易論
蘇老泉
數語是一篇冐頭下皆詳明此意
先說聖人制禮議論
聖人之道得禮而信得易而尊信之而不可廢
鎖語
尊之而不敢廢故聖人之道所以不廢者禮爲
之明而易爲之幽也生民之初無貴賤無尊卑
無長幼不耕而不饑不蠶而不寒故其民逸民
轉過只承上語與止齋家同法
之苦勞而樂逸也若水之走下而聖人者獨爲

055. 蘇雋五卷 （明）王鳳翔輯 （明）湯賓尹評 明萬曆刻本

開本高27.2厘米，寬17厘米。版框高22.8厘米，寬14.7厘米。上下兩欄，九行十八字，白口，四周單邊。鈐有“恨吾所藏”“潘氏藏書”等印。十六册。

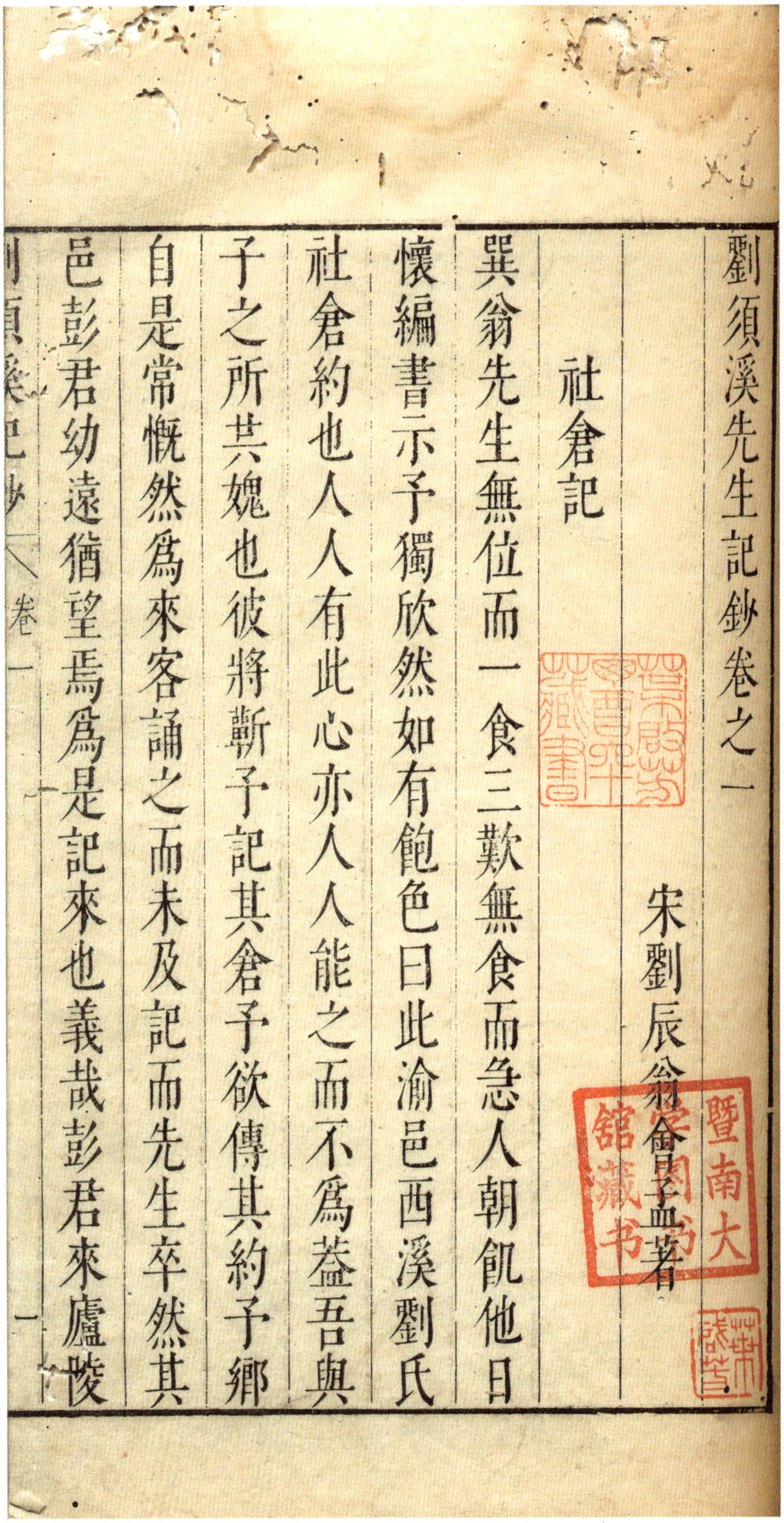
劉須溪先生記鈔卷之一
宋劉辰翁會孟著
社倉記
巽翁先生無位而一食三歎無食而急人朝飢他日
懷編書示予獨欣然如有飽色曰此渝邑西溪劉氏
社倉約也人人有此心亦人人能之而不爲耋吾與
予之所共媿也彼將蘄予記其倉予欲傳其約予鄉
自是常慨然爲來客誦之而未及記而先生卒然其
邑彭君幼遠猶望焉爲是記來也義哉彭君來廬陵
劉須溪記鈔 卷一 一

056. 劉須溪先生記鈔八卷 （宋）劉辰翁撰 明天啓三年（1623）楊讖西刻本

開本高27厘米，寬16.8厘米。版框高21厘米，寬14.3厘米。九行二十字，白口，單白魚尾，四周單邊。鈐有“葉啓芳”“葉啓芳丁酉六十藏書”“葉啓芳藏”等印。四册。廣東省名録號677

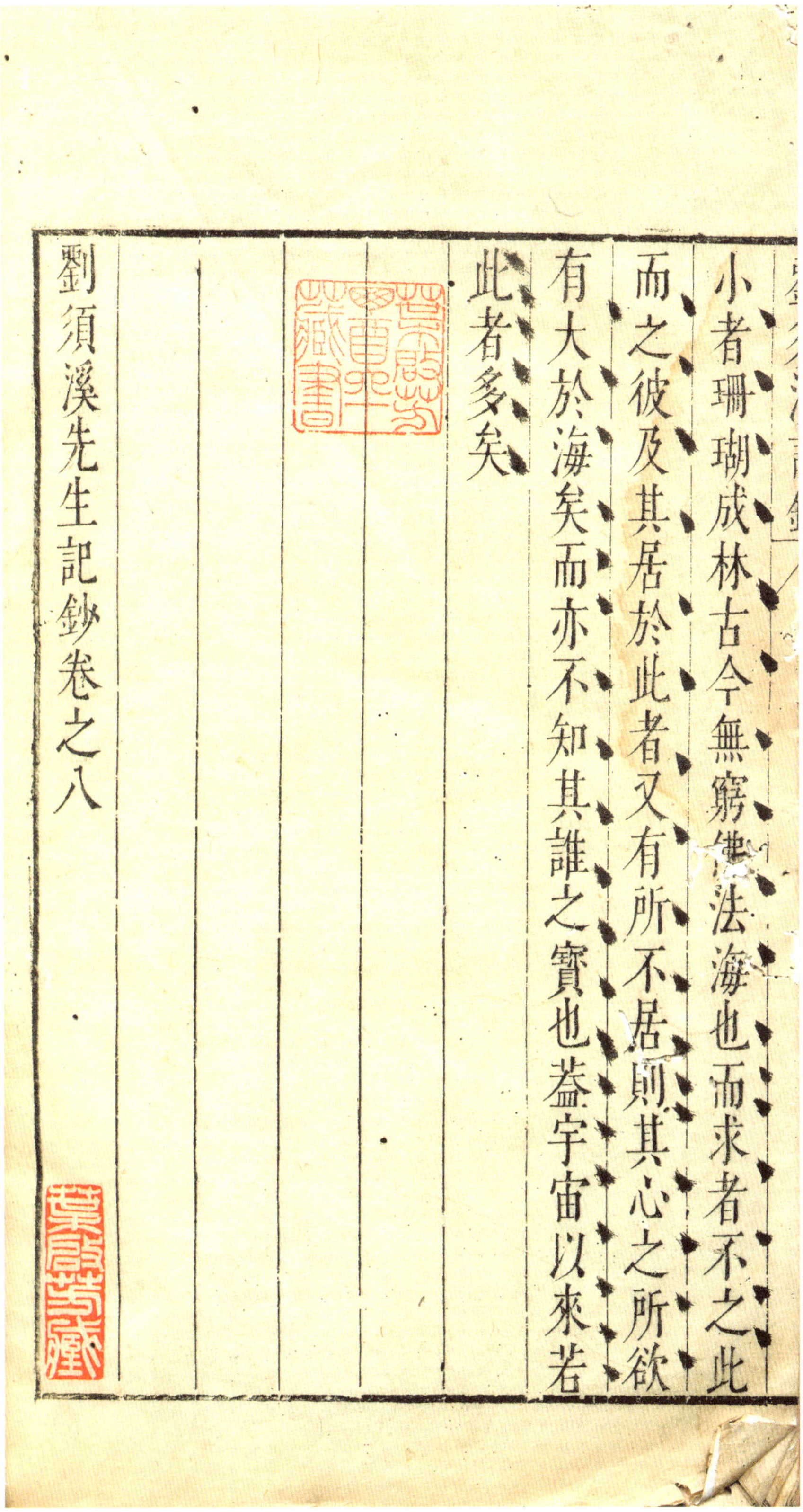

小者珊瑚成林古今無窮佛法海也而求者不之此而之彼及其居於此者又有所不居則其心之所欲有大於海矣而亦不知其誰之寶也葢宇宙以來若此者多矣

劉須溪先生記鈔卷之八

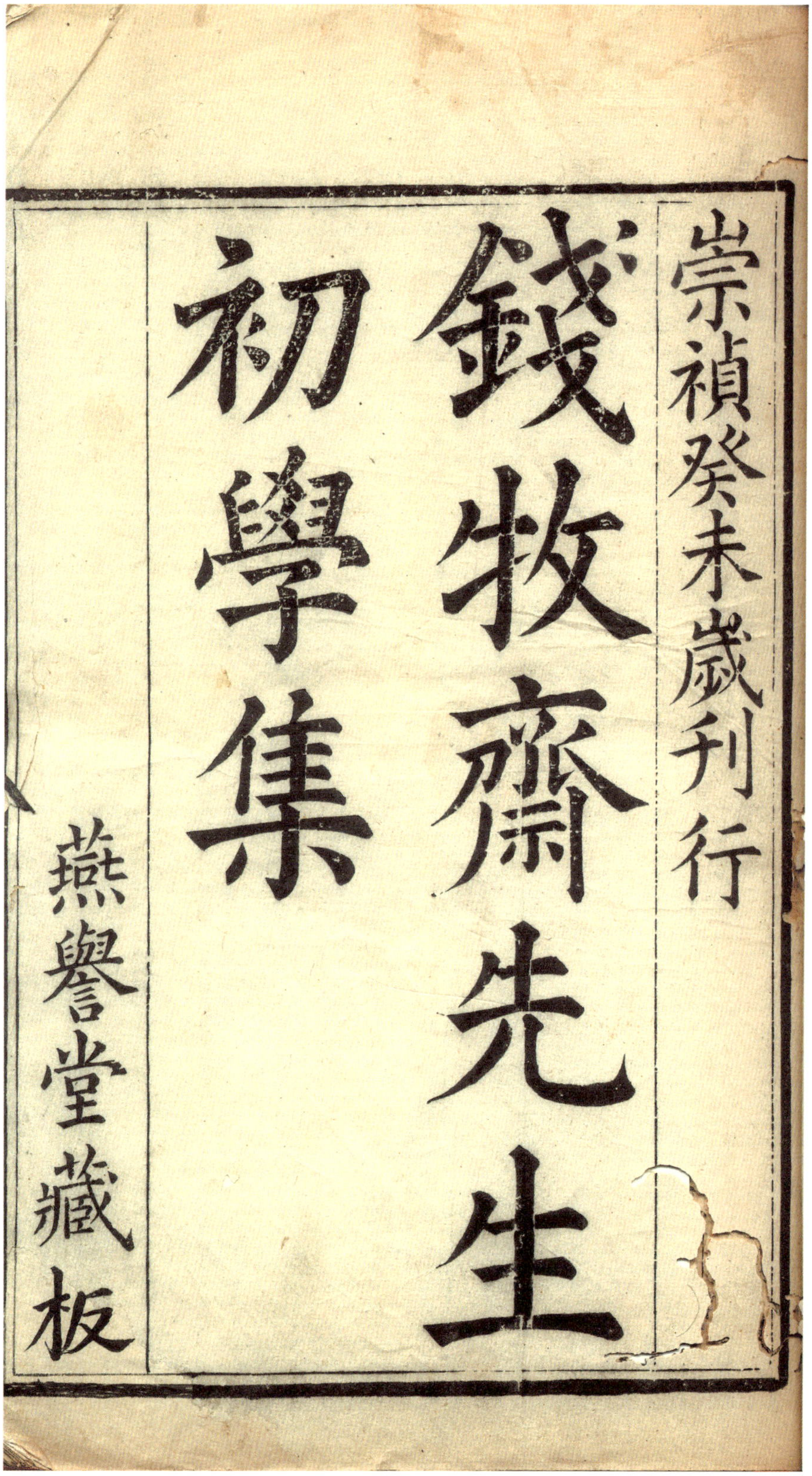

崇禎癸未歲刊行

錢牧齋先生

初學集

燕譽堂藏板

057. 牧齋初學集一百十卷 （清）錢謙益撰 明崇禎十六年（1643）瞿式耜刻本

開本高26.3厘米，寬17.1厘米。版框高21.3厘米，寬14.6厘米。十行十八字，小字雙行同，白口，單黑魚尾，四周單邊。二十册。廣東省名録號715

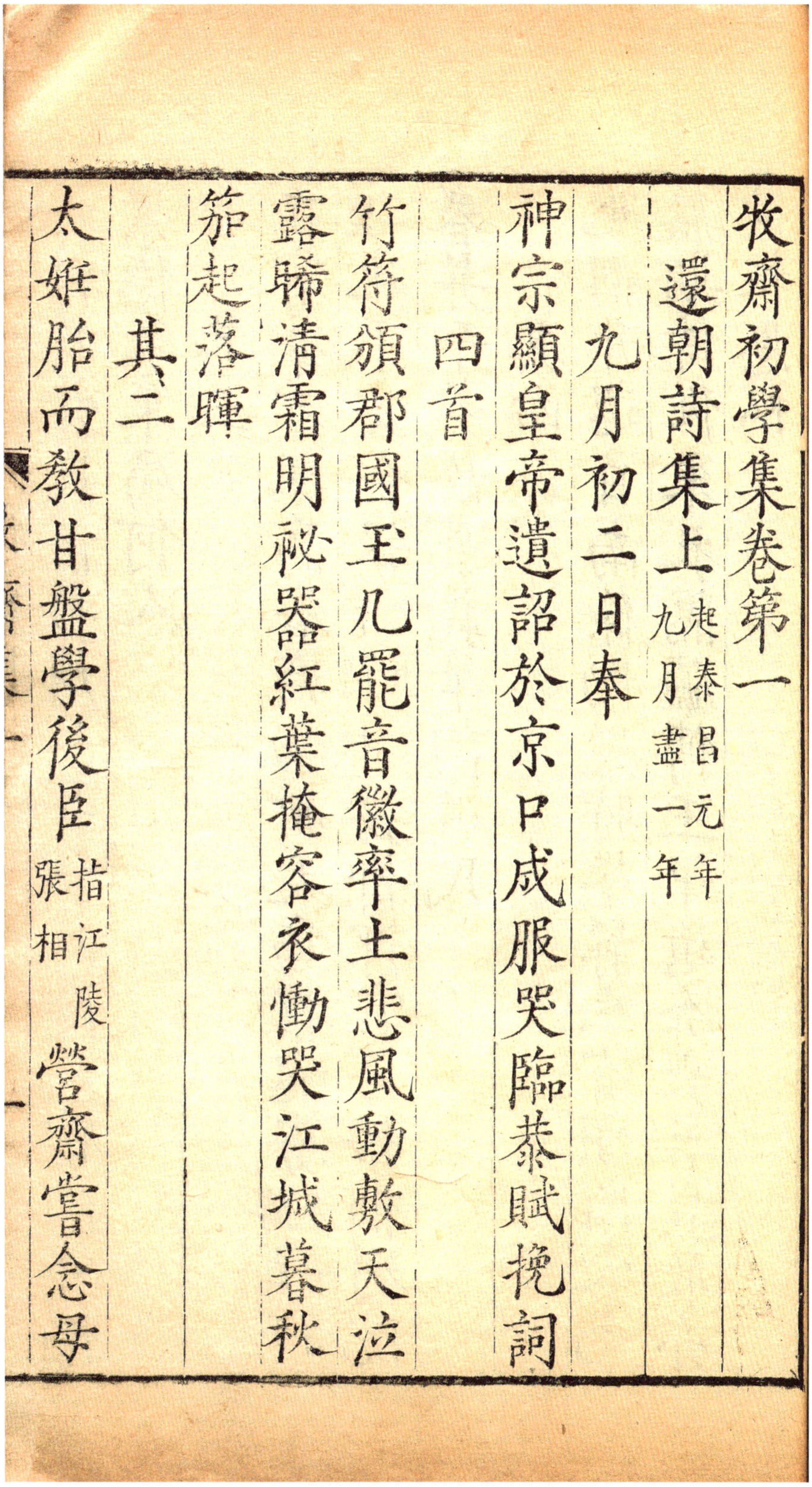

牧齋初學集卷第一
還朝詩集上起泰昌元年九月盡一年
九月初二日奉
神宗顯皇帝遺詔於京口成服哭臨恭賦挽詞
四首
竹符頒郡國玉几罷音徽率土悲風動敷天泣
露晞清霜明祕器紅葉掩容衣慟哭江城暮秋
笳起落暉
其二
太姒胎而教甘盤學後臣指江陵張相營齋嘗念母

058. 楚辭五卷（明）來欽之述注 **九歌圖一卷**（明）陳洪綬繪 明崇禎刻黄象彝等印本

開本高26.1厘米，寬16.9厘米。版框高20.2厘米，寬14.2厘米。九行二十字，小字雙行同，白口，單白魚尾，四周單邊。鈐有“崇道堂”“道在六經”等印。二册。廣東省名録號597

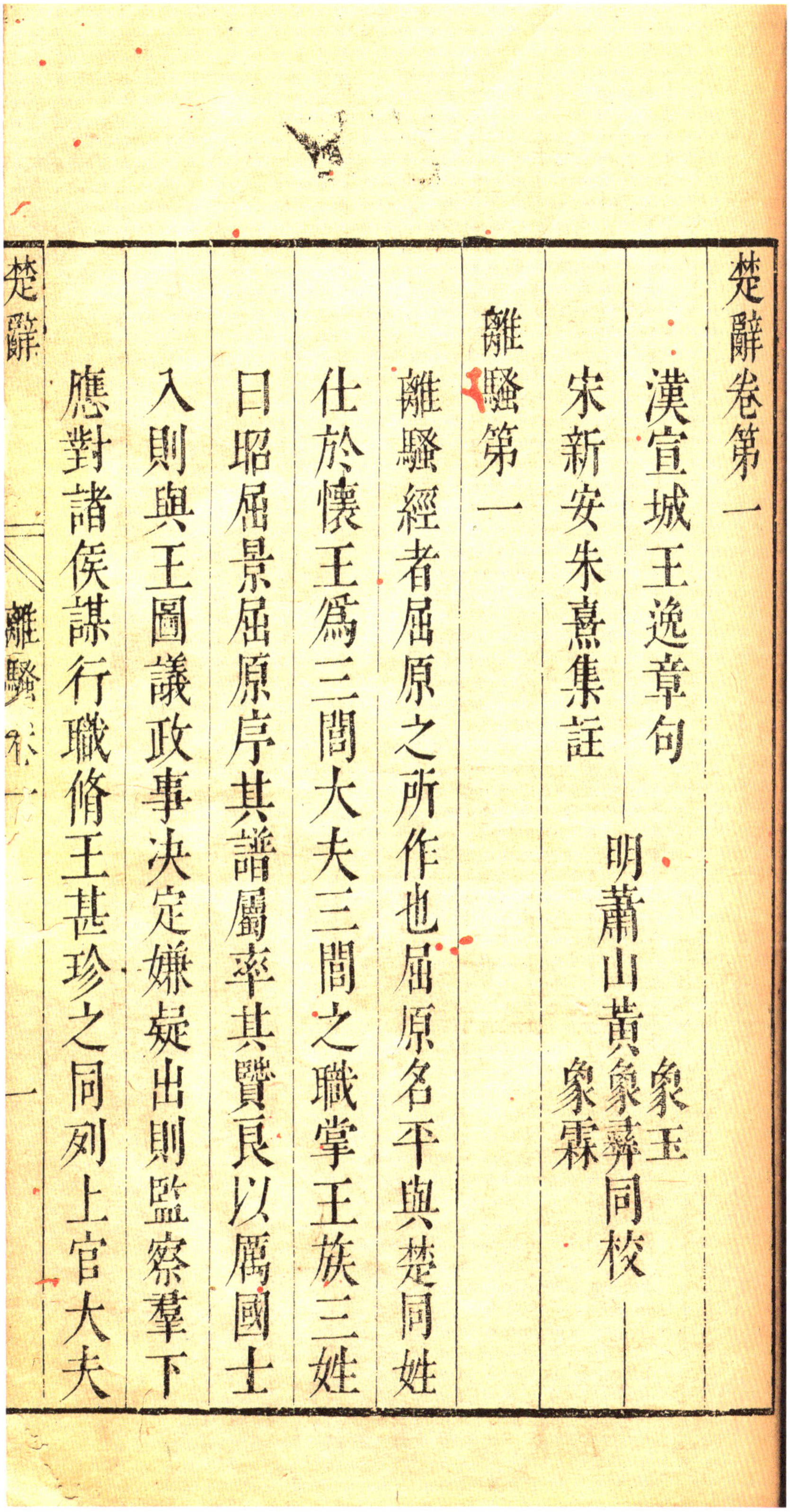

楚辭卷第一

漢宣城王逸章句

宋新安朱熹集註

明蕭山黃象玉 象彝 象霖同校

離騷第一

離騷經者屈原之所作也屈原名平與楚同姓仕於懷王爲三閭大夫三閭之職掌王族三姓曰昭屈景屈原序其譜屬率其賢良以厲國士入則與王圖議政事決定嫌疑出則監察羣下應對諸侯謀行職脩王甚珍之同列上官大夫

楚辭 離騷 卷一 一

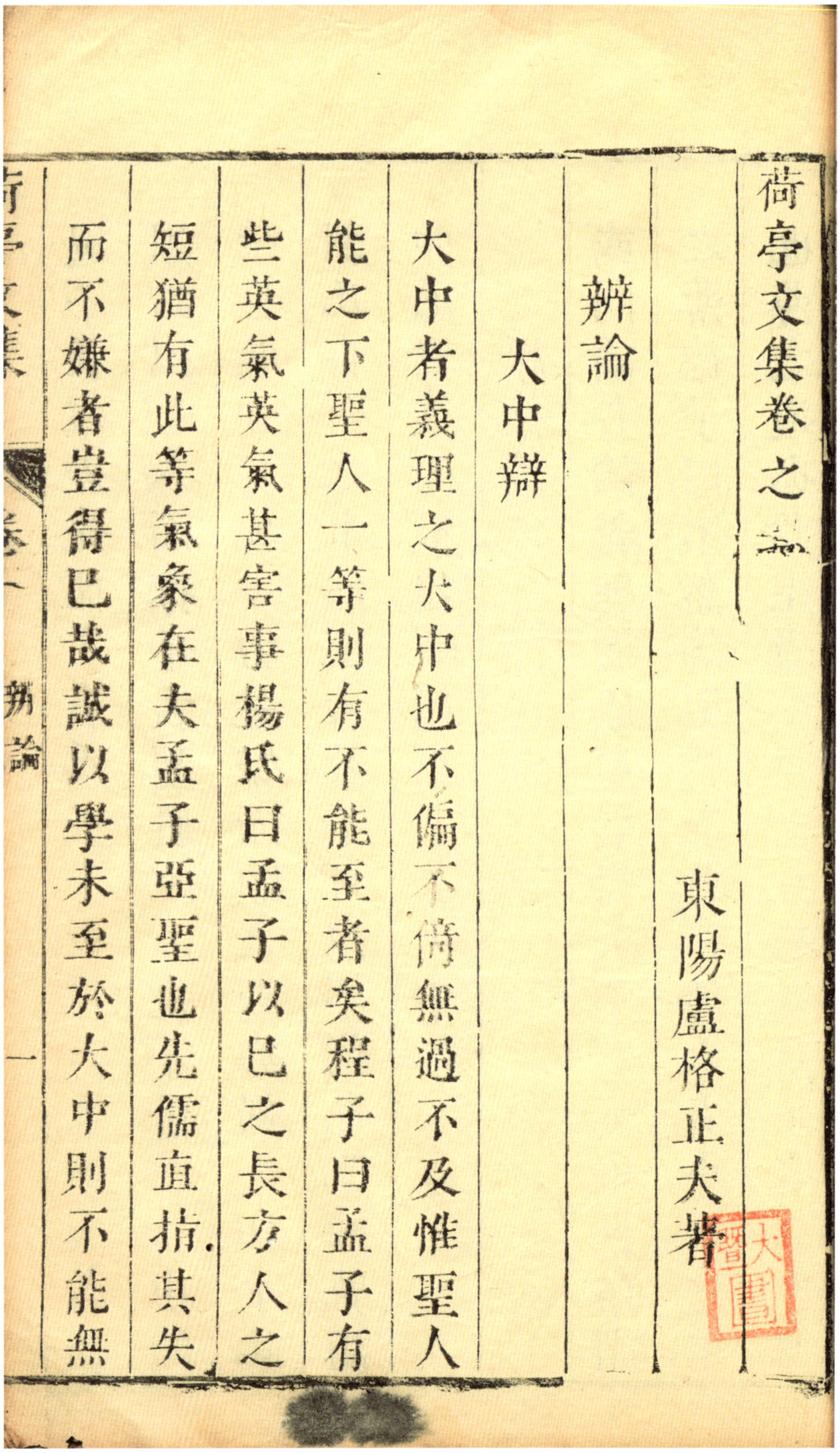
荷亭文集卷之一

東陽盧格正夫著

辨論

大中辯

大中者義理之大中也不偏不倚無過不及惟聖人能之下聖人一等則有不能至者矣程子曰孟子有些英氣英氣甚害事揚氏曰孟子以巳之長方人之短猶有此等氣象在夫孟子亞聖也先儒直指其失而不嫌者豈得巳哉誠以學未至於大中則不能無

荷亭文集 卷一 辨論 一

059. 荷亭文集十卷後録六卷（明）盧格撰 明崇禎刻本

開本高24.2厘米，寬15.5厘米。版框高20.5厘米，寬14厘米。九行二十一字，白口，單黑魚尾，四周單邊。二册。

卷下　清代版本

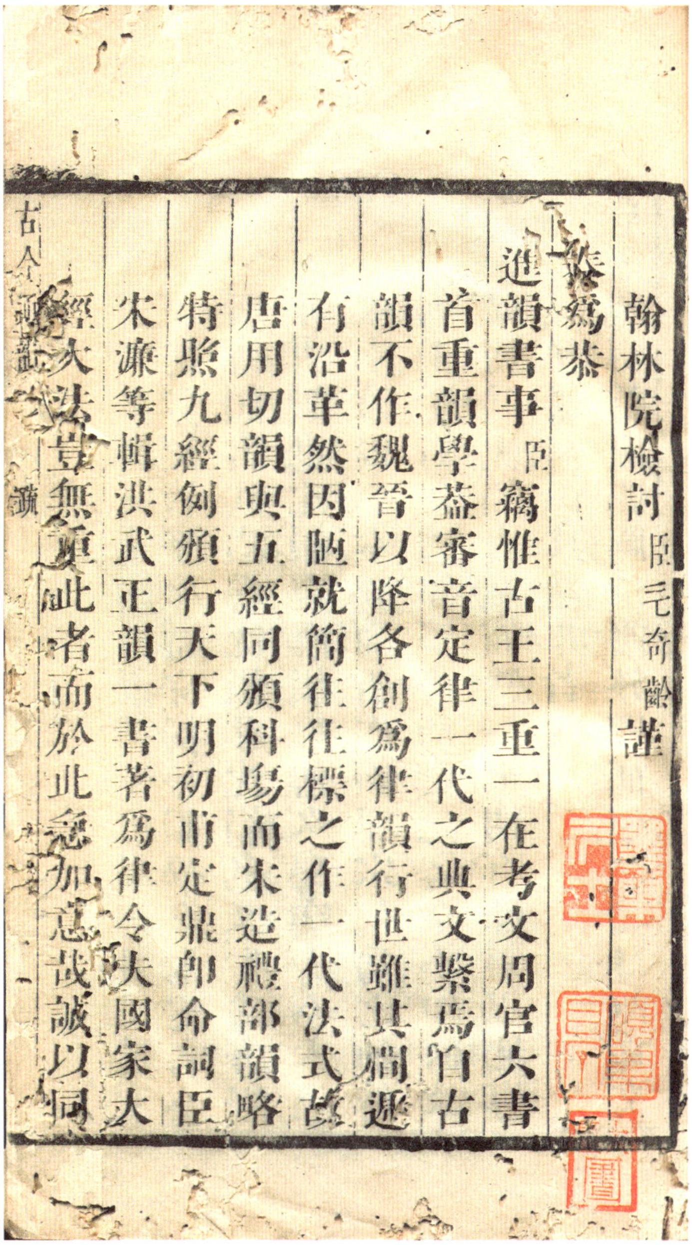
翰林院檢討臣毛奇齡謹
奏爲恭
進韻書事 臣竊惟古王三重一在考文周官六書
首重韻學蓋審音定律一代之典文繫焉自古
韻不作魏晉以降各創爲律韻行世雖其間遞
有沿革然因陋就簡往往標之作一代法式故
唐用切韻與五經同頒科場而宋造禮部韻略
特照九經例頒行天下明初甫定鼎即命詞臣
宋濂等輯洪武正韻一書著爲律令夫國家大
經大法豈無重此者而於此恐加意哉誠以同

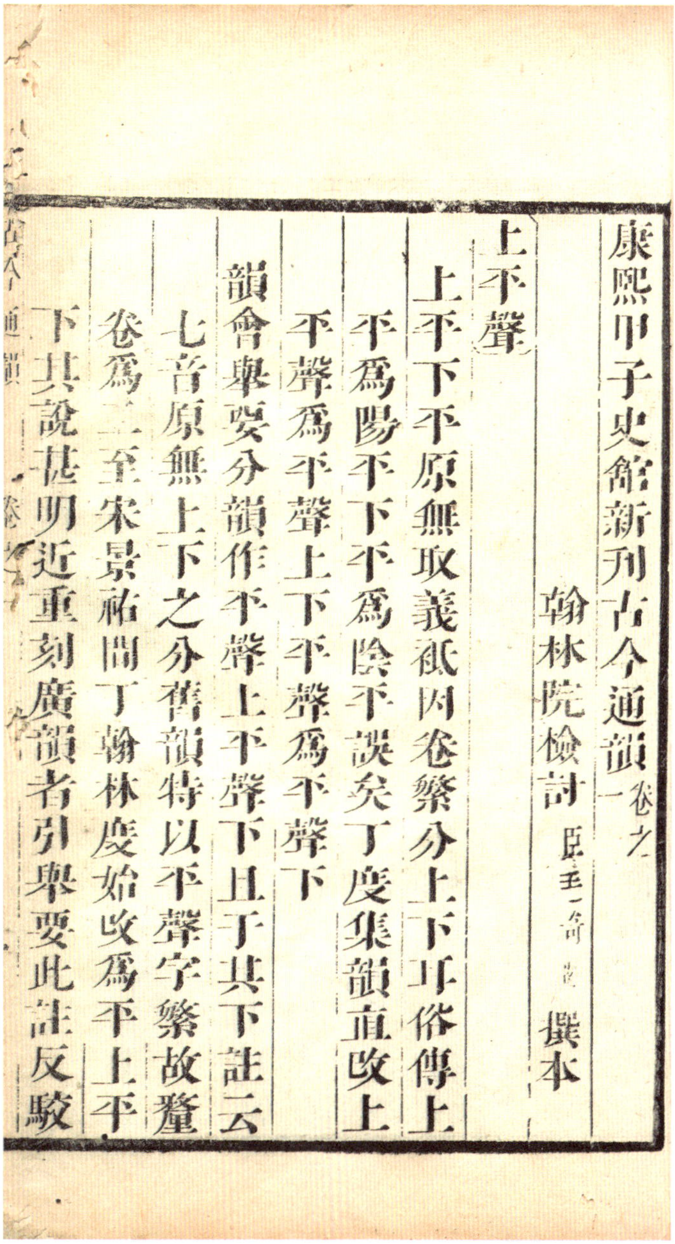
康熙甲子史館新刊古今通韻卷之一
翰林院檢討 臣毛奇齡 撰本
上平聲
上平下平原無取義祇因卷繁分上下耳俗傳上
平爲陽平下平爲陰平誤矣丁度集韻直改上
平聲爲平聲上下平聲爲平聲下
韻會舉要分韻作平聲上平聲下且于其下註云
七音原無上下之分舊韻特以平聲字繁故釐
卷爲二至宋景祐間丁翰林度始改爲平上平
下其說甚明近重刻廣韻者引舉要此註反駁

060. 康熙甲子史館新刊古今通韻十二卷 (清) 毛奇齡撰 清康熙二十三年 (1684) 史館刻本

開本高25.5厘米，寬17厘米。版框高19.5厘米，寬14.2厘米。十行二十字，小字雙行同，白口，四周單邊。鈐有“碩果亭”“墨巢居士”等印。四册。

廣東省名録號100

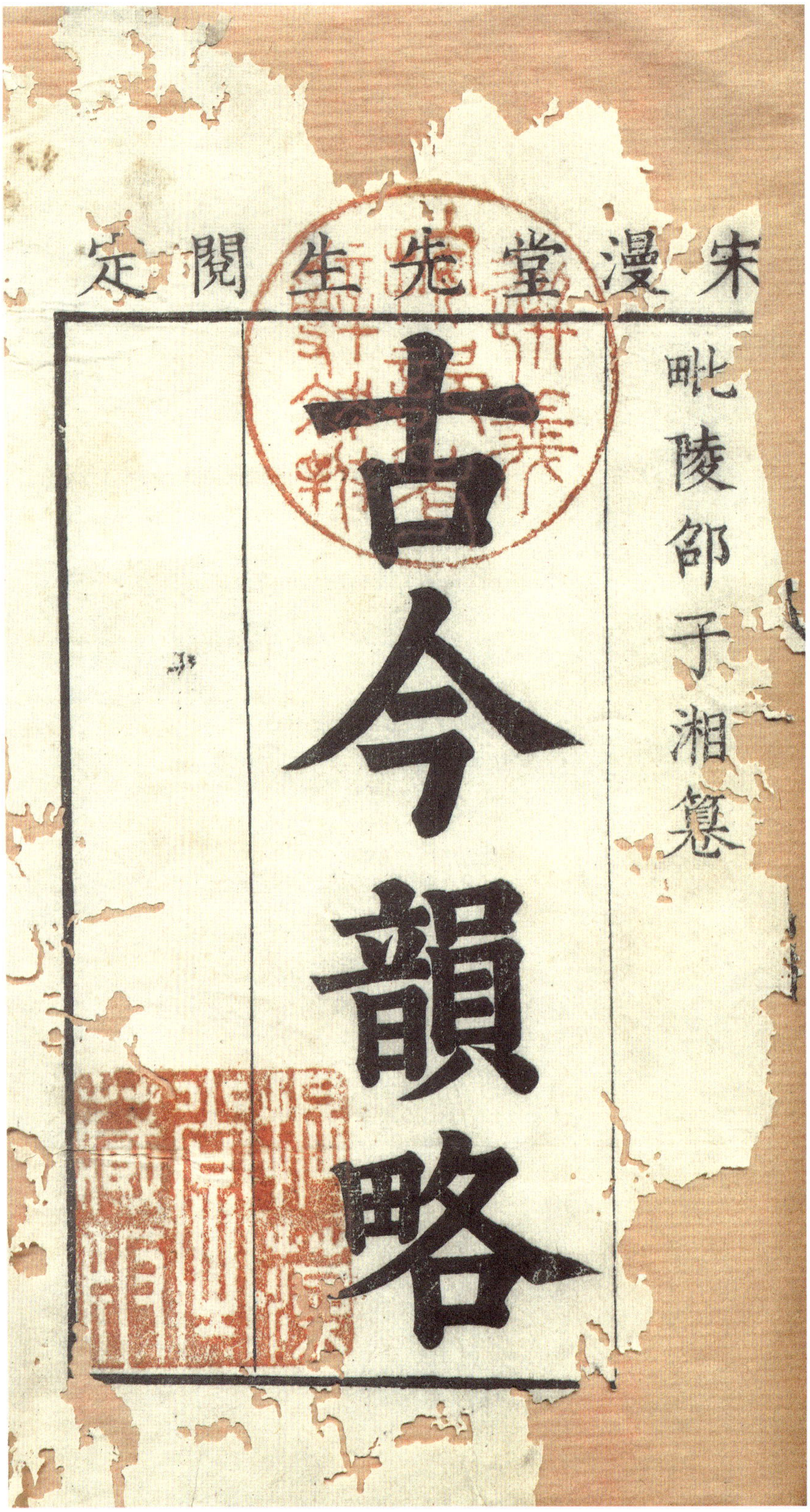
宋漫堂先生閱定
古今韻略
毗陵邵子湘纂

061. 古今韻略五卷（清）邵長蘅撰 清康熙三十五年（1696）商丘宋犖刻本

開本高27.8厘米，寬17.6厘米。版框高19.9厘米，寬14.4厘米。九行十四字，小字雙行二十八字，黑口，單黑魚尾，四周單邊。鈐有“選義按部老辭就辨”“振藻堂藏版”“仲民新”等印。五册。廣東省名録號098

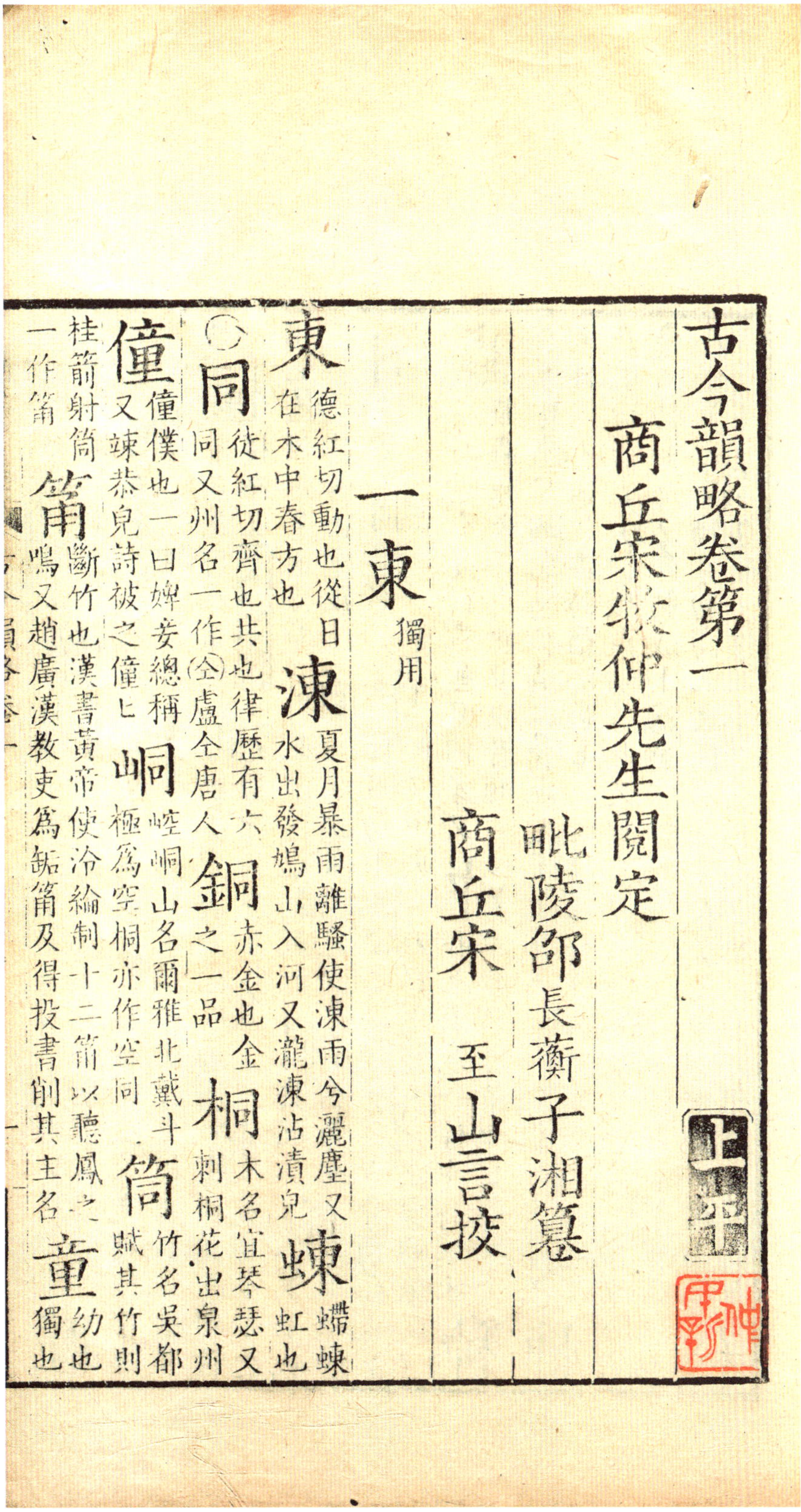

古今韻略卷第一 上平

商丘宋牧仲先生閱定

毗陵邵長蘅子湘纂

商丘宋至山言挍

一東 獨用

東 德紅切動也從日在木中春方也 涷 夏月暴雨離騷使涷雨兮灑塵又水出發鳩山入河又瀧涷沾漬皃 蝀 螮蝀虹也 〇同 從紅切齊也共也律歷有六同又州名一作仝盧仝唐人 銅 赤金也金之一品 桐 木名宜琴瑟又刺桐花出泉州 僮 僮僕也一曰婢妾總稱又竦恭皃詩被之僮僮 峒 崆峒山名爾雅北戴斗極爲空桐亦作空同 筒 竹名吳都賦其竹則桂箭射筒一作筩 筩 斷竹也漢書黄帝使泠綸制十二筩以聽鳳之鳴又趙廣漢教吏爲缿筩及得投書削其主名 童 幼也獨也

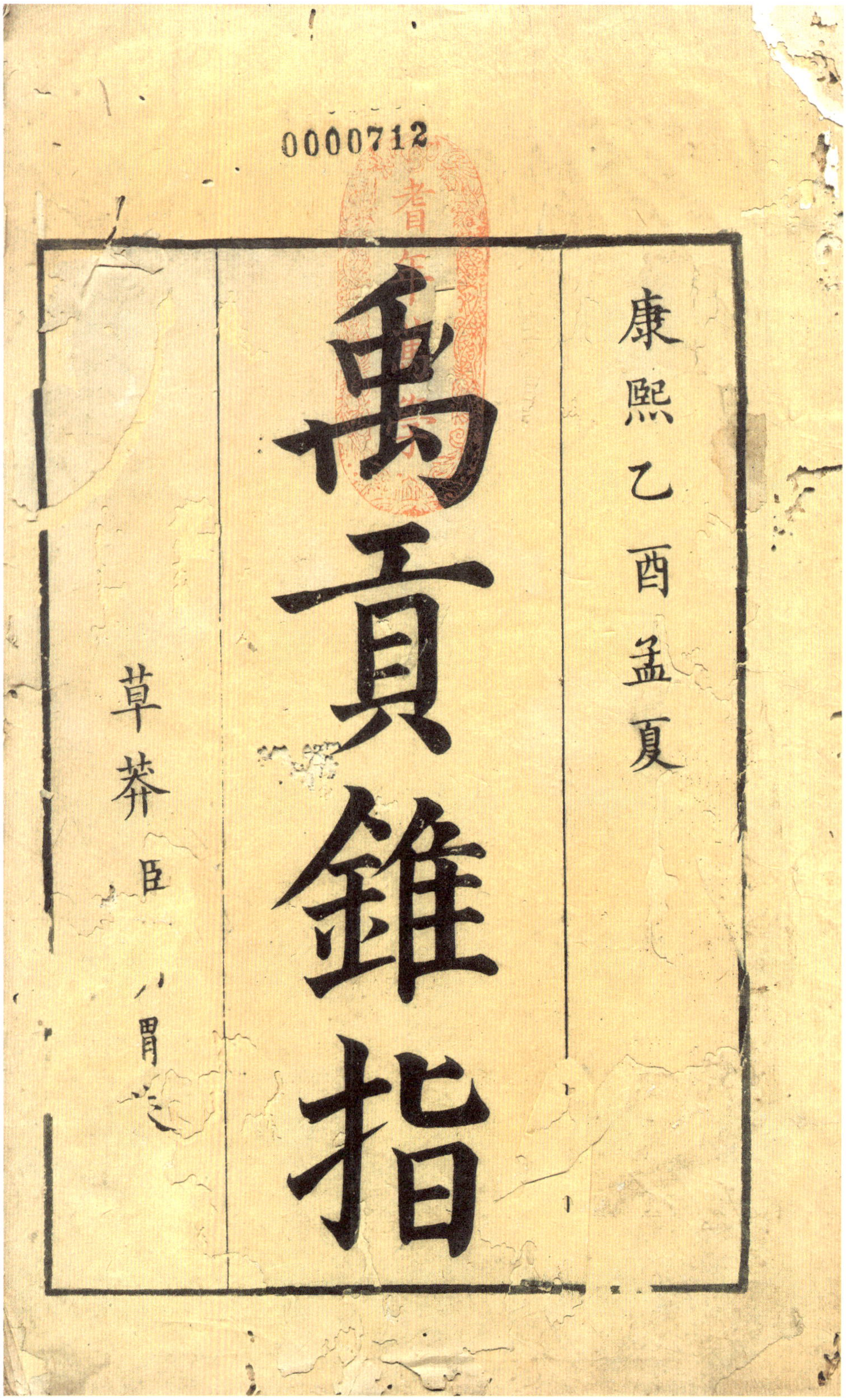

062. 禹貢錐指十二卷略例一卷圖一卷 （清）胡渭撰 清康熙四十年（1701）漱六軒刻本

開本高26.1厘米，寬18厘米。版框高18.9厘米，寬14.8厘米。十一行二十一字，小字雙行同。白口，單黑魚尾，左右雙邊。鈐有“耆年篤學”等印。十册。廣東省名録號015

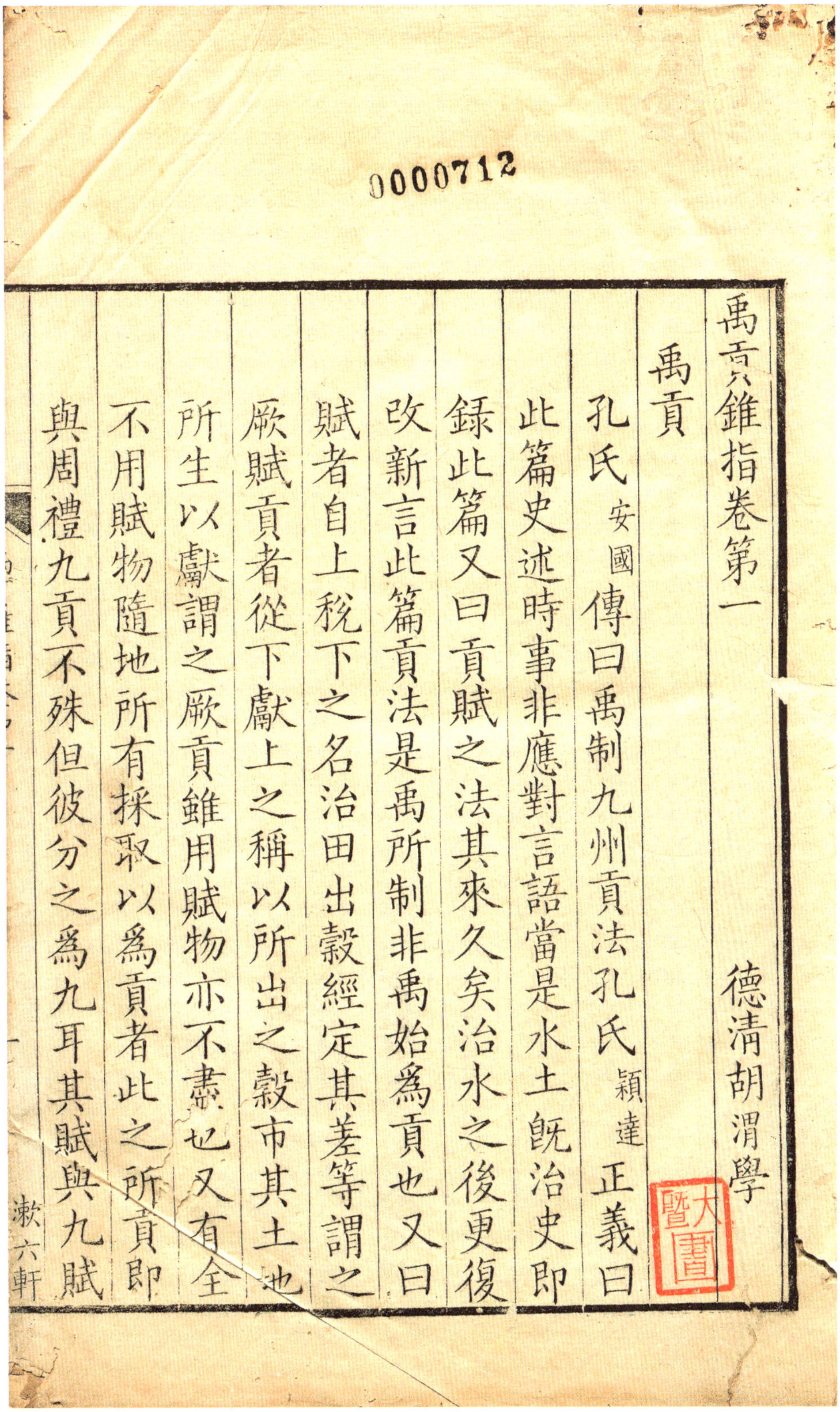

禹貢錐指卷第一　　德清胡渭學

禹貢

孔氏安國傳曰禹制九州貢法孔氏穎達正義曰此篇史述時事非應對言語當是水土既治史即錄此篇又曰貢賦之法其來久矣治水之後更復改新言此篇貢法是禹所制非禹始爲貢也又曰賦者自上稅下之名治田出穀經定其差等謂之厥賦貢者從下獻上之稱以所出之穀市其土地所生以獻謂之厥貢雖用賦物亦不盡也又有全不用賦物隨地所有採取以爲貢者此之所貢即與周禮九貢不殊但彼分之爲九耳其賦與九賦

漱六軒

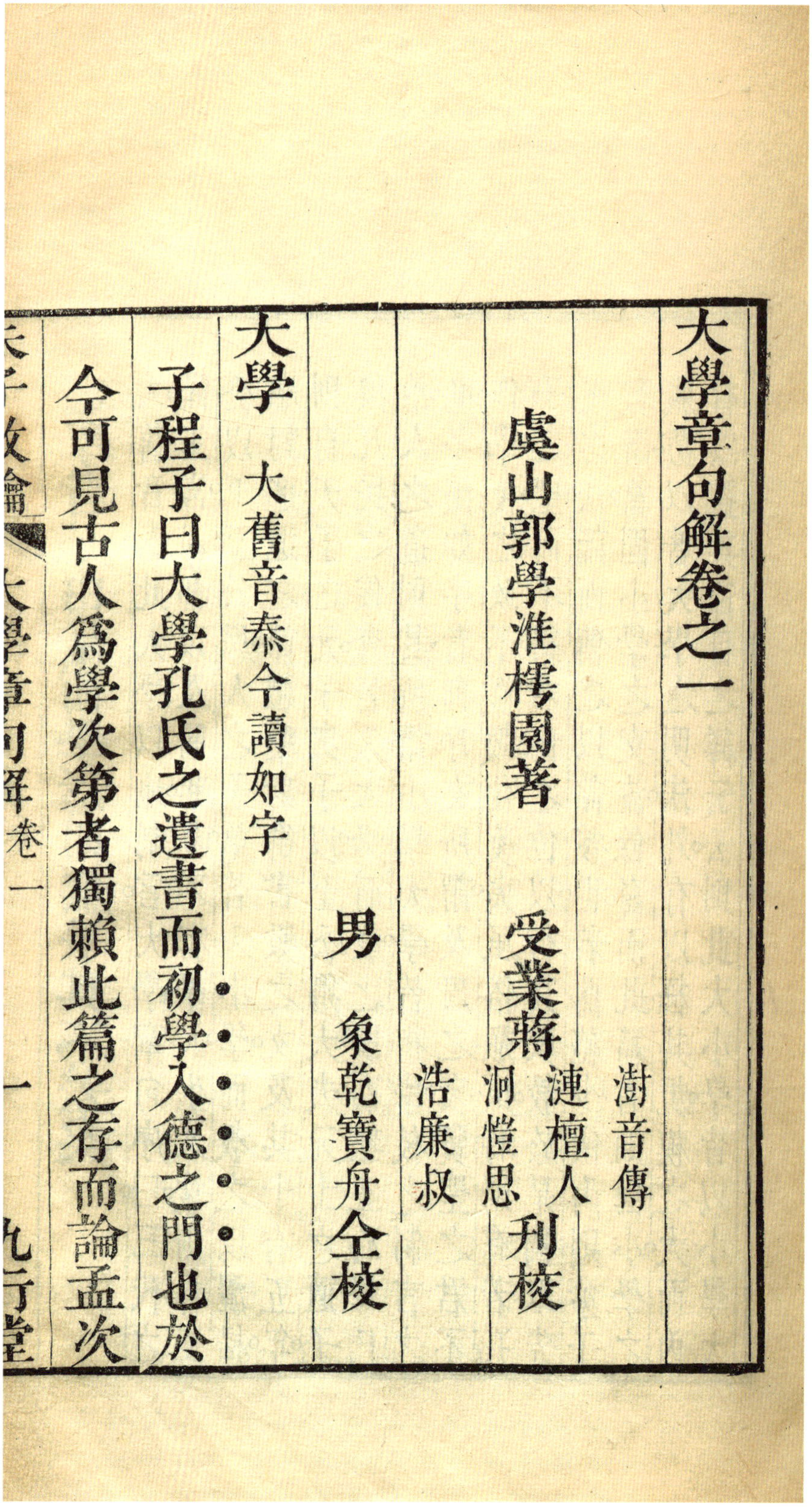

大學章句解卷之一

虞山郭學淮樗園著

受業蔣澍音傳
漣檀人
洞愷思 刋梭
浩廉叔

男 象乾寶舟仝梭

大學 大舊音泰今讀如字

子程子曰大學孔氏之遺書而初學入德之門也於

今可見古人為學次第者獨賴此篇之存而論孟次

大學章句解 卷一 一 九行堂

063. 大學章句解三卷中庸章句解三卷 （清）郭學淮撰 清康熙五十四年（1715）九行堂刻本

開本高26.6厘米，寬18.2厘米。版框高19厘米，寬14.2厘米。八行二十一字，小字雙行同，白口，單黑魚尾，左右雙邊。四册。廣東省名録號054

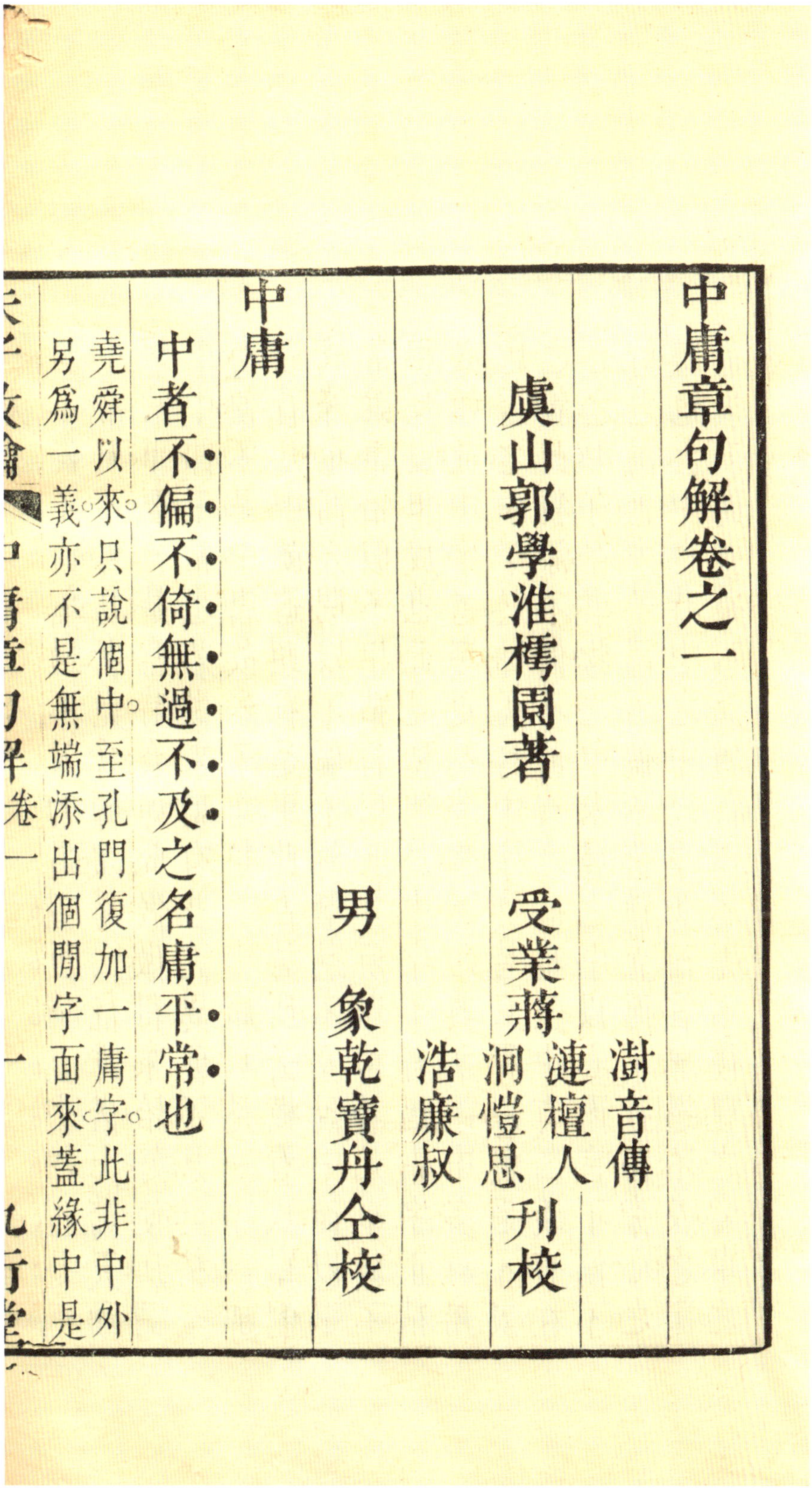

中庸章句解卷之一

澍音傳

虞山郭學准檇圜著

受業蔣漣檀人
洞愷思刊校

浩廉叔

男　象乾寶舟仝校

中庸

中者不偏不倚無過不及之名庸平常也

堯舜以來只說個中至孔門復加一庸字此非中外另爲一義亦不是無端添出個閒字面來葢緣中是

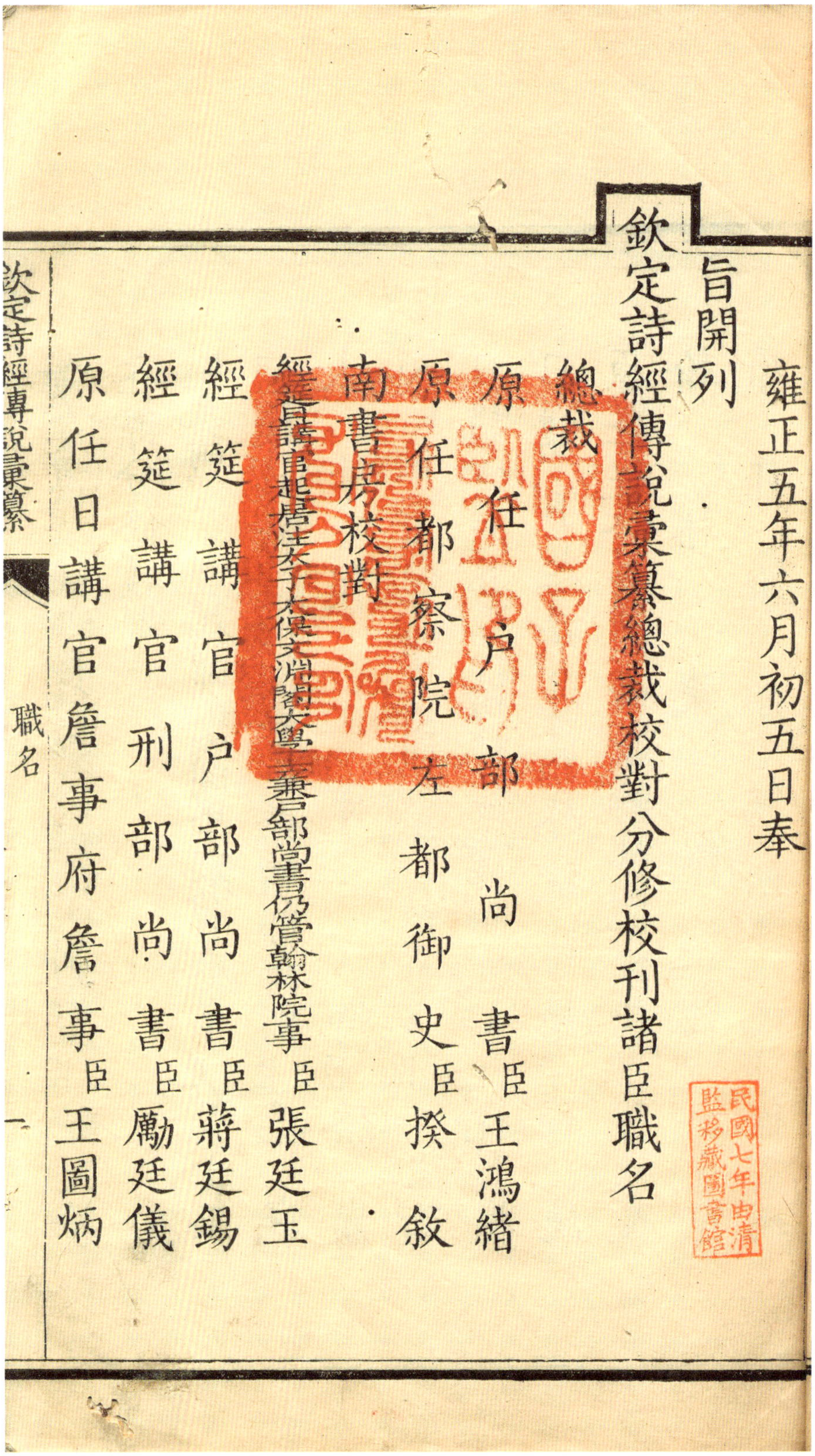
雍正五年六月初五日奉
旨開列
欽定詩經傳說彙纂總裁校對分修校刊諸臣職名
總裁
原任戶部尚書臣王鴻緒
原任都察院左都御史臣揆敘
南書房校對
經筵講官起居注太子太保文淵閣大學士兼戶部尚書仍管翰林院事臣張廷玉
經筵講官戶部尚書臣蔣廷錫
經筵講官刑部尚書臣勵廷儀
原任日講官詹事府詹事臣王圖炳
欽定詩經傳說彙纂 職名 一

064. 欽定詩經傳說彙纂二十一卷首二卷詩序二卷 （清）王鴻緒等撰　清雍正五年（1727）内府刻本

開本高29.7厘米，寬19.9厘米。版框高22.3厘米，寬16.1厘米。八行二十二字，小字雙行同，白口，單黑魚尾，四周雙邊。鈐有“民國七年由清監移藏圖書館”“國子監印”等印。二十四册。

欽定詩經傳說彙纂卷第二

召南一之二

集傳 召地名召公奭之采菜音邑也舊說扶風雍縣南有召亭即其地今雍縣析爲岐山皇輿表同天興皇輿表鳳翔縣二縣未知召亭的在何縣餘已見周南篇王氏應麟曰召亭在岐山縣西南見括地志

集說 鄭氏康成曰召伯姬姓名奭食采於召作上公爲二伯後封於燕○陸氏德明曰皇甫謐云文王庶子勝殷後封於北燕留周佐政食邑於召輔成王康王卒謚曰康長子繼燕支子繼召案

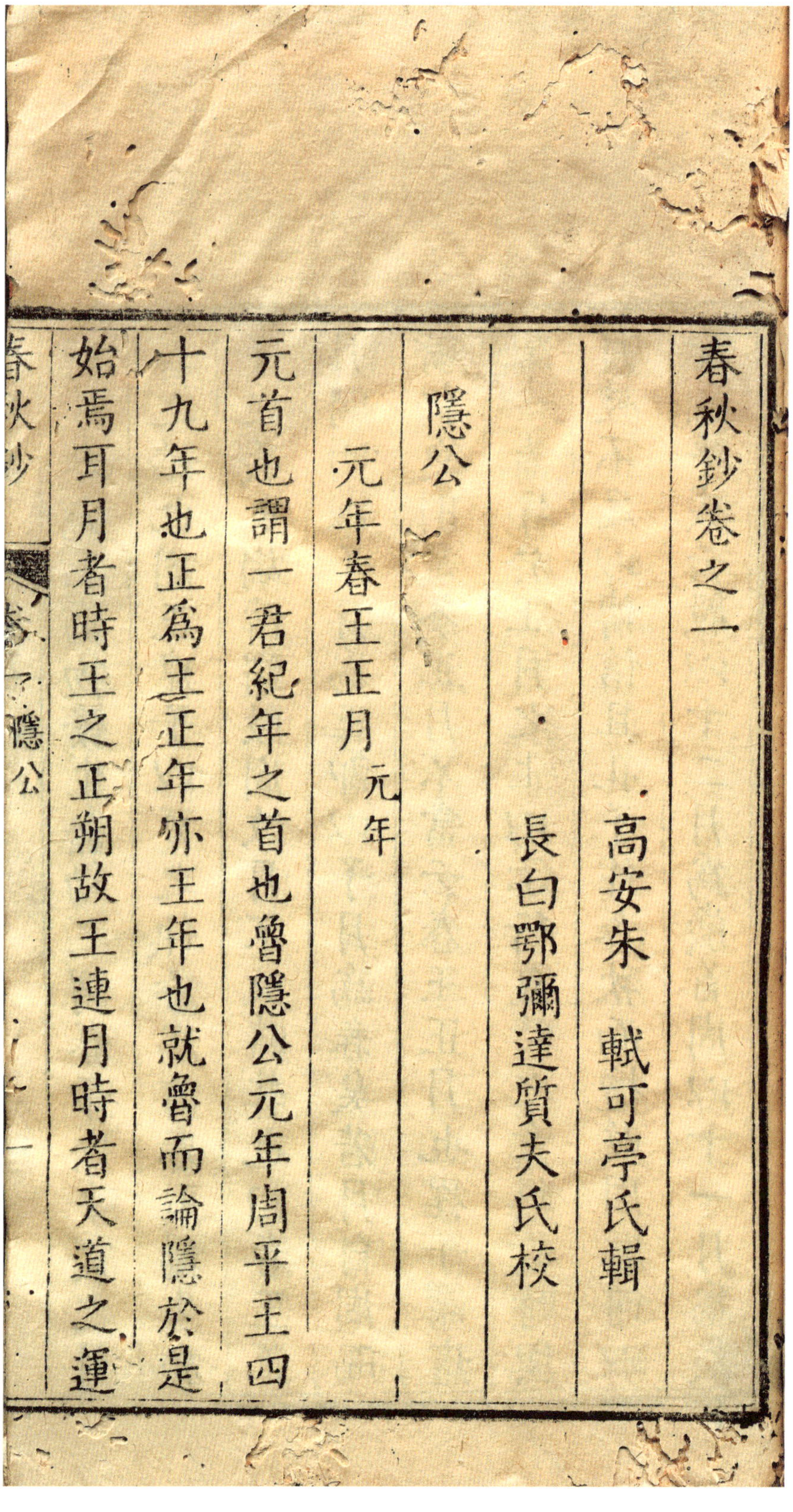

春秋鈔卷之一

高安朱　軾可亭氏輯

長白鄂彌達質夫氏校

隱公

元年春王正月 元年

元首也謂一君紀年之首也魯隱公元年周平王四十九年也正爲王正年亦王年也就魯而論隱於是始焉耳月者時王之正朔故王連月時者天道之運

065. 春秋鈔十卷首一卷 （清）朱軾輯 清乾隆元年（1736）刻本

開本高25.7厘米，寬15.8厘米。版框高19厘米，寬12.3厘米。八行二十字，小字雙行同，白口，單黑魚尾，四周雙邊。二册。廣東省名録號048

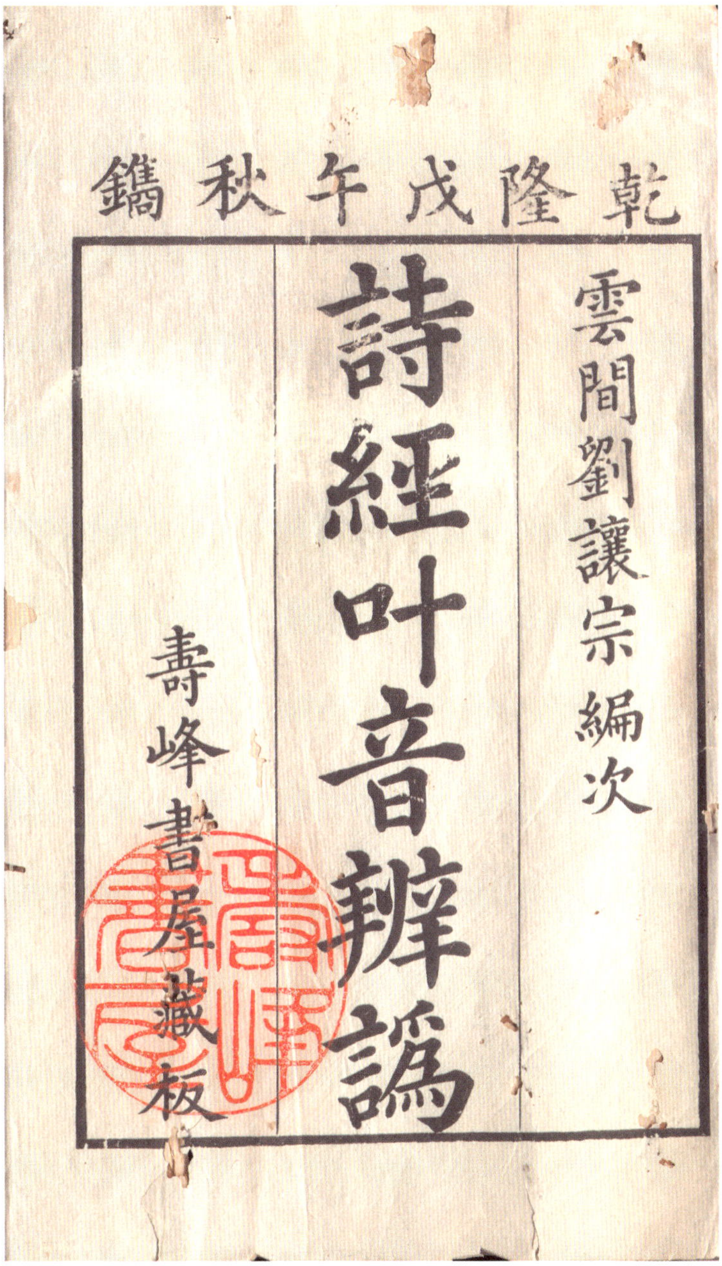
乾隆戊午秋鐫
雲間劉讓宗編次
詩經叶音辨譌
壽峰書屋藏板

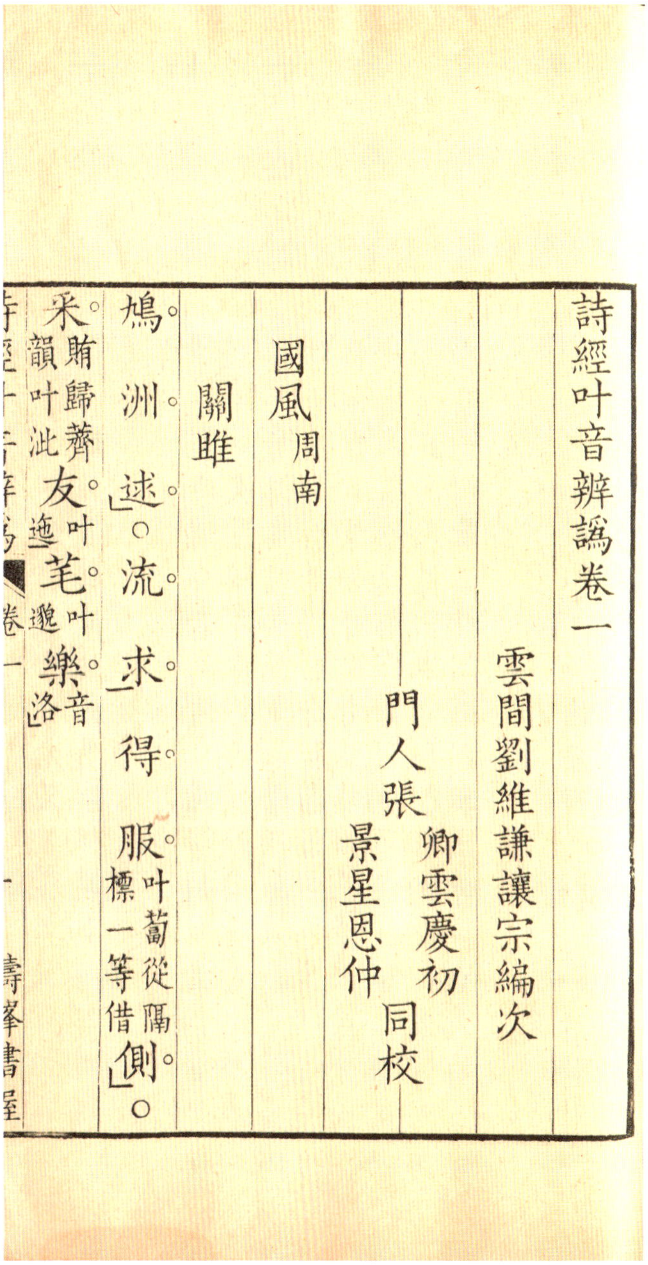
詩經叶音辨譌卷一
雲間劉維謙讓宗編次
門人張卿雲慶初
景星恩仲 同校
國風 周南
關雎
鳩洲逑流求得服叶蒲從偪標一等借側
采賄歸薺韻叶沘友叶迆芼叶邈樂音洛
詩經叶音辨譌 卷一 壽峰書屋

066. 詩經叶音辨譌八卷 （清）劉維謙輯 清乾隆三年（1738）壽峰書屋刻本

開本高27.7厘米，寬18厘米。版框高18.9厘米，寬14.5厘米。八行十九字，小字雙行同，白口，單黑魚尾，四周單邊。鈐有“壽峰書屋”印。二册。廣東省名録號026

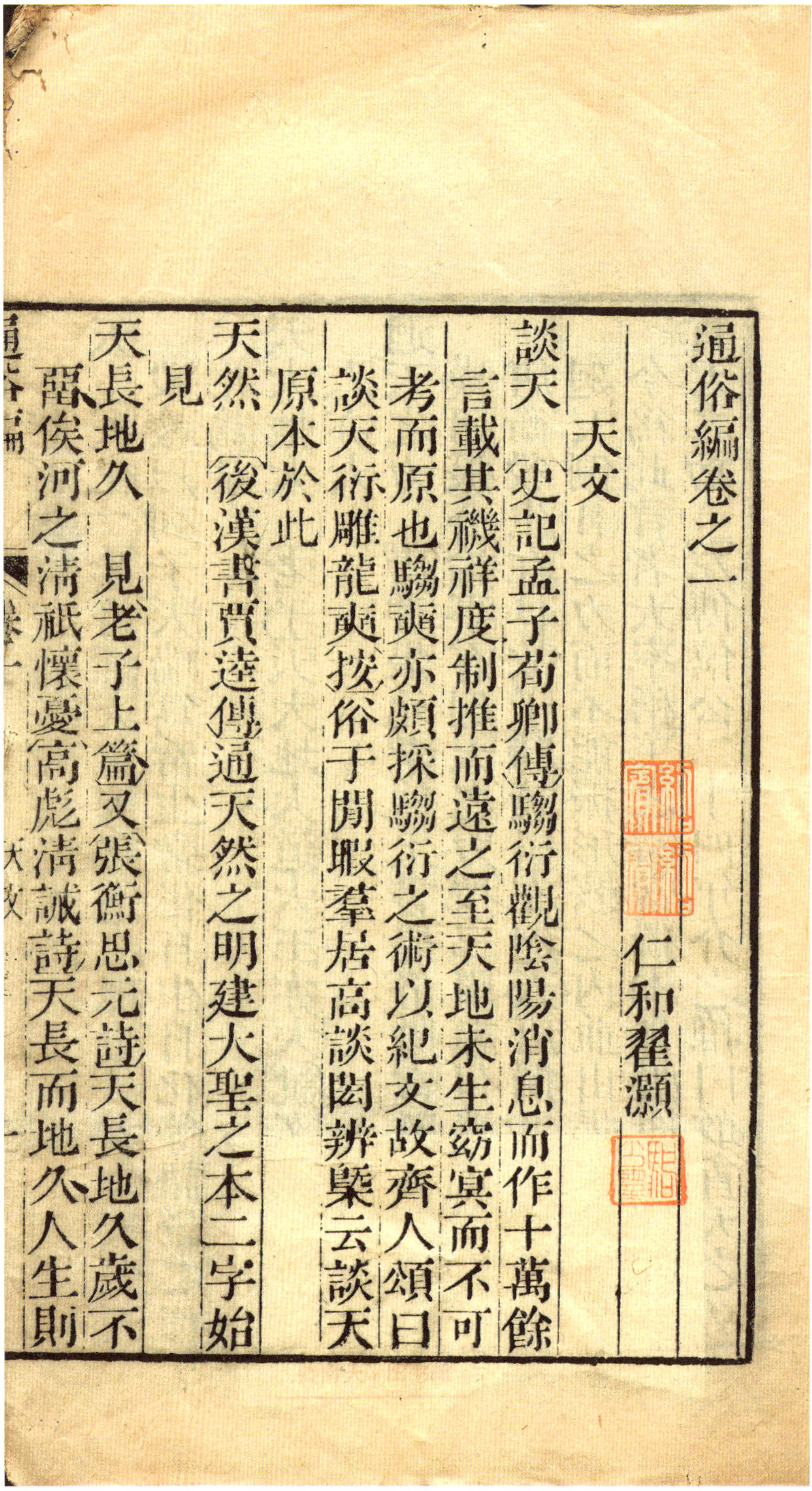
通俗編卷之一
天文　　仁和翟灝
談天　史記孟子荀卿傳騶衍觀陰陽消息而作十萬餘言載其禨祥度制推而遠之至天地未生窈冥而不可考而原也騶奭亦頗採騶衍之術以紀文故齊人頌曰談天衍雕龍奭按俗于閒暇羣居高談闊辨槩云談天原本於此
天然　後漢書賈逵傳通天然之明建大聖之本二字始見
天長地久　見老子上篇又張衡思元詩天長地久歲不留俟河之清祇懷憂高彪清誡詩天長而地久人生則

067. 通俗編三十八卷（清）翟灝撰 清乾隆十六年（1751）仁和翟氏無不宜齋刻本

開本高23.9厘米，寬16厘米。版框高17厘米，寬12.6厘米。十二行二十二字，白口，單黑魚尾，左右雙邊。鈐有“駱公望”“紹賓”等印。十二册。廣東省名録號070

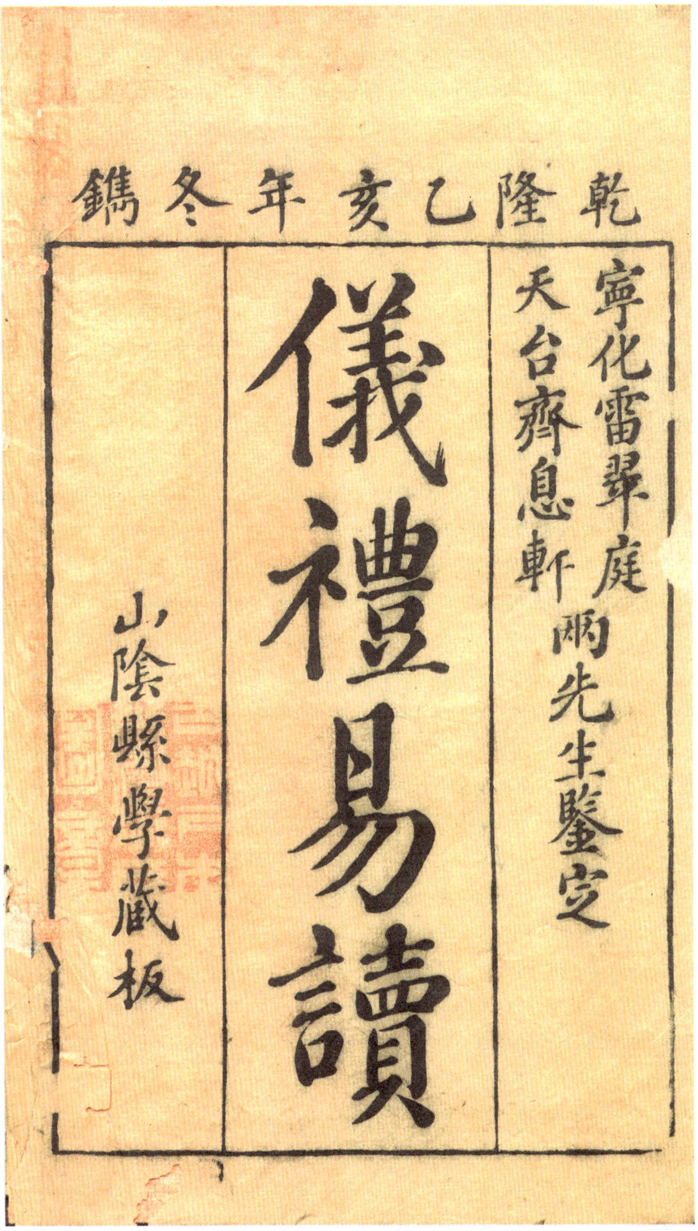

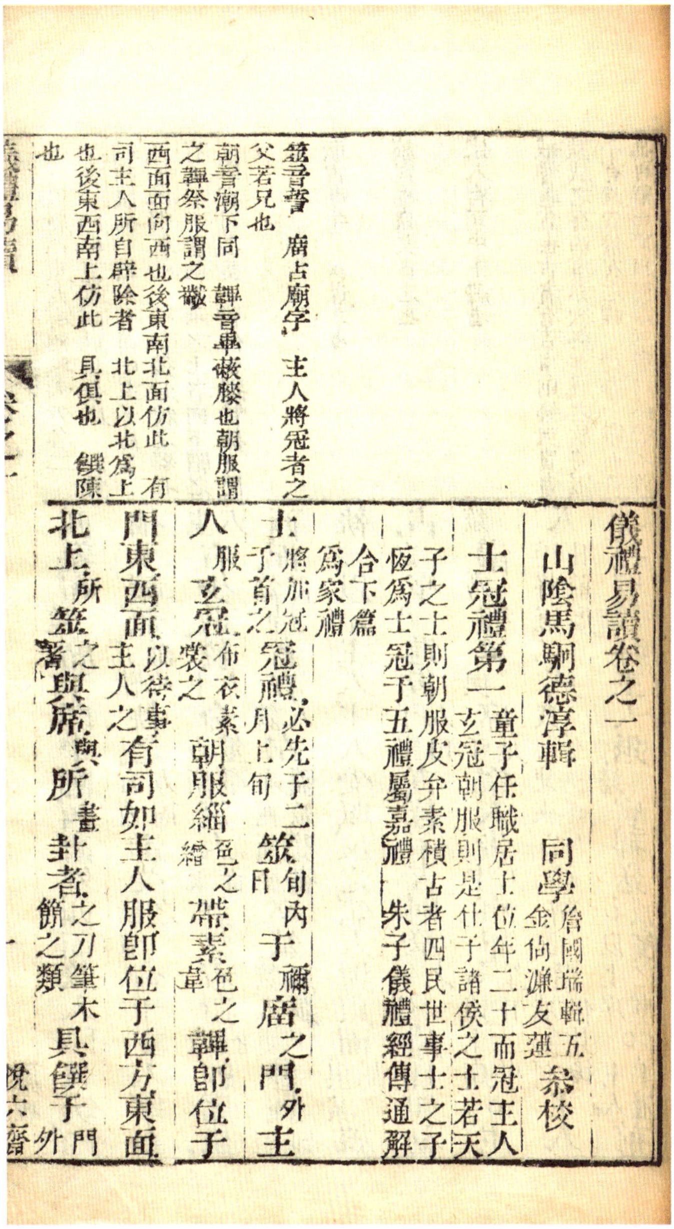

068. 儀禮易讀十七卷 （清）馬驌輯 清乾隆二十年（1755）悦六齋刻本

開本高25.3厘米，寬16.3厘米。版框高21.3厘米，寬14.5厘米。上下兩欄，上欄九行，小字雙行十五字，下欄九行二十字，小字雙行同，白口，單黑魚尾，左右雙邊。鈐有“古越户木堂張氏圖章”印。四册。廣東省名録號034

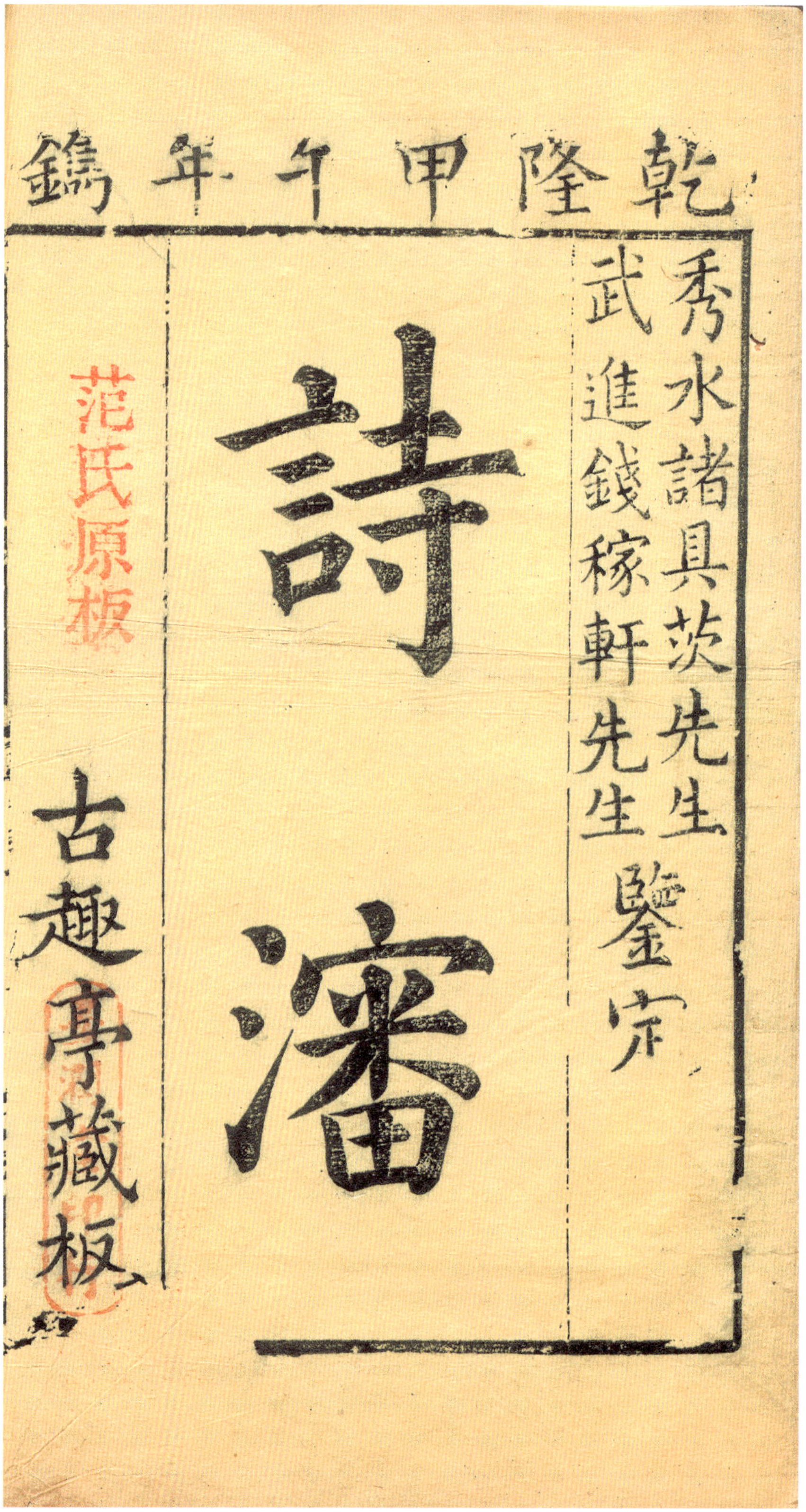

乾隆甲午年鐫

秀水諸具茨先生
武進錢稼軒先生鑒定

詩瀋

范氏原板

古趣亭藏板

069. 詩瀋二十卷 （清）范家相撰 清乾隆三十九年（1774）古趣亭刻本

開本高24.7厘米，寬15.9厘米。版框高17.8厘米，寬13厘米。十行二十二字，小字雙行同，黑口，雙對黑魚尾，左右雙邊。鈐有“墨潤堂印行”“范氏原板”等印。六册。廣東省名録號024

詩瀋卷之一

會稽范家相蘅洲一字雪舟學

總論上

原詩

詩何自起也大庭軒轅載籍無稽學者第弗深考惟虞書有詩言志歌永言之文先儒謂即詩之道所自昉愚謂虞書所言乃詩歌聲律之用非詩之道始自虞廷也孔穎達曰明堂著土鼓之文黃帝有雲門之樂至周時尚有其聲則是樂器之音逐人爲辭其即爲詩之漸由此言之則知大庭軒轅之先亦必有詩明矣夫上古之樂雖不如中天

詩瀋卷一

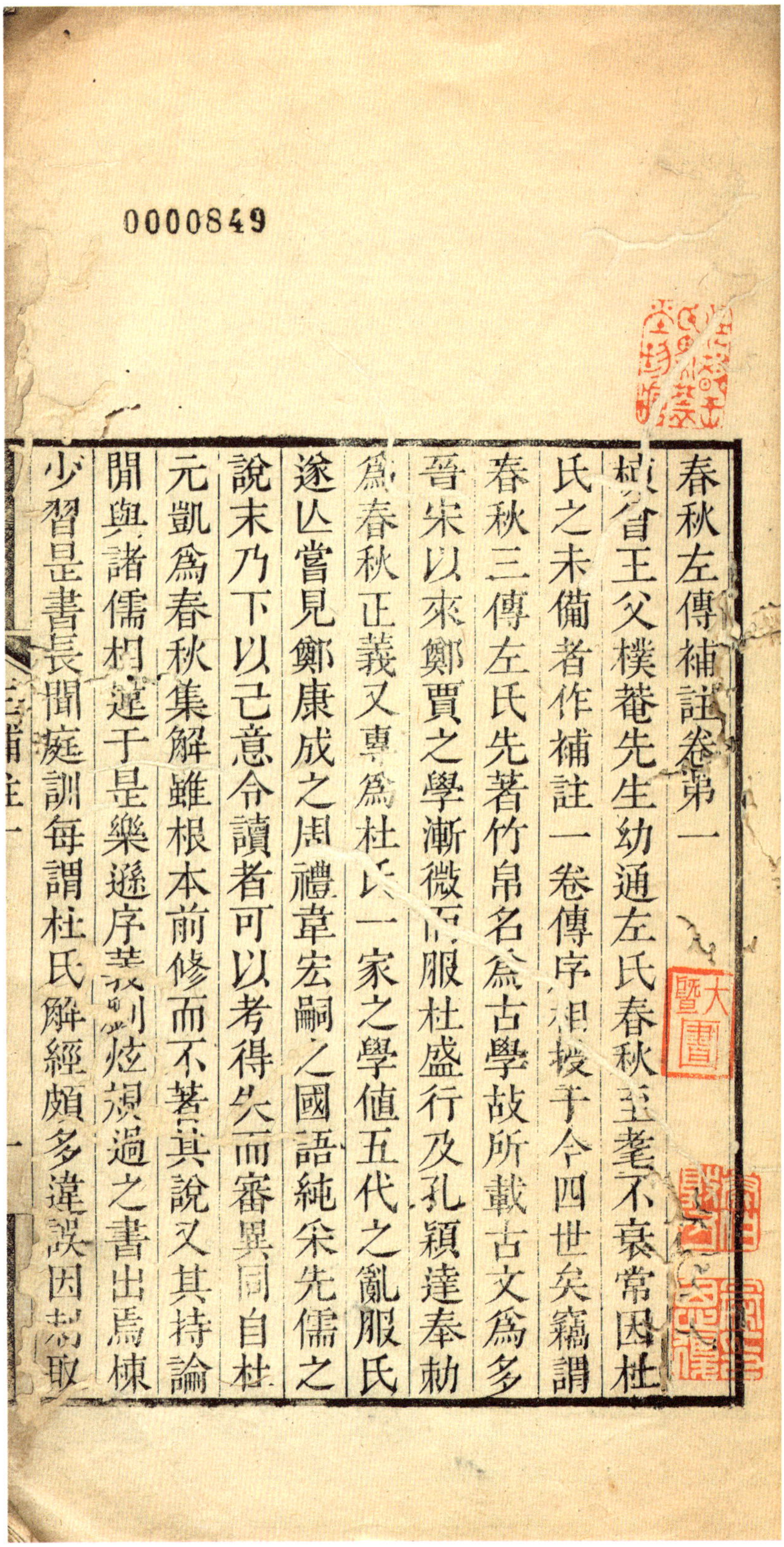

春秋左傳補註卷第一
棟曾王父樸菴先生幼通左氏春秋至耄不衰常因杜
氏之未備者作補註一卷傳序相授于今四世矣竊謂
春秋三傳左氏先著竹帛名爲古學故所載古文爲多
晉宋以來鄭賈之學漸微而服杜盛行及孔穎達奉勑
爲春秋正義又專爲杜氏一家之學值五代之亂服氏
遂亾嘗見鄭康成之周禮韋宏嗣之國語純采先儒之
說末乃下以己意令讀者可以考得失而審異同自杜
元凱爲春秋集解雖根本前修而不著其說又其持論
閒與諸儒相違于是樂遜序義劉炫規過之書出焉棟
少習是書長聞庭訓每謂杜氏觧經頗多違誤因刺取

070. 春秋左傳補註六卷 （清）惠棟撰 清乾隆三十九年（1774）益都李文藻廣州刻本

開本高29厘米，寬17.4厘米。版框高18厘米，寬14.4厘米。十一行二十一字，小字雙行同，黑口，單黑魚尾，左右雙邊。六册。鈐有“秦恩復印”“秦伯敦父”“石研齋秦氏印”等印。

廣東省名録號043

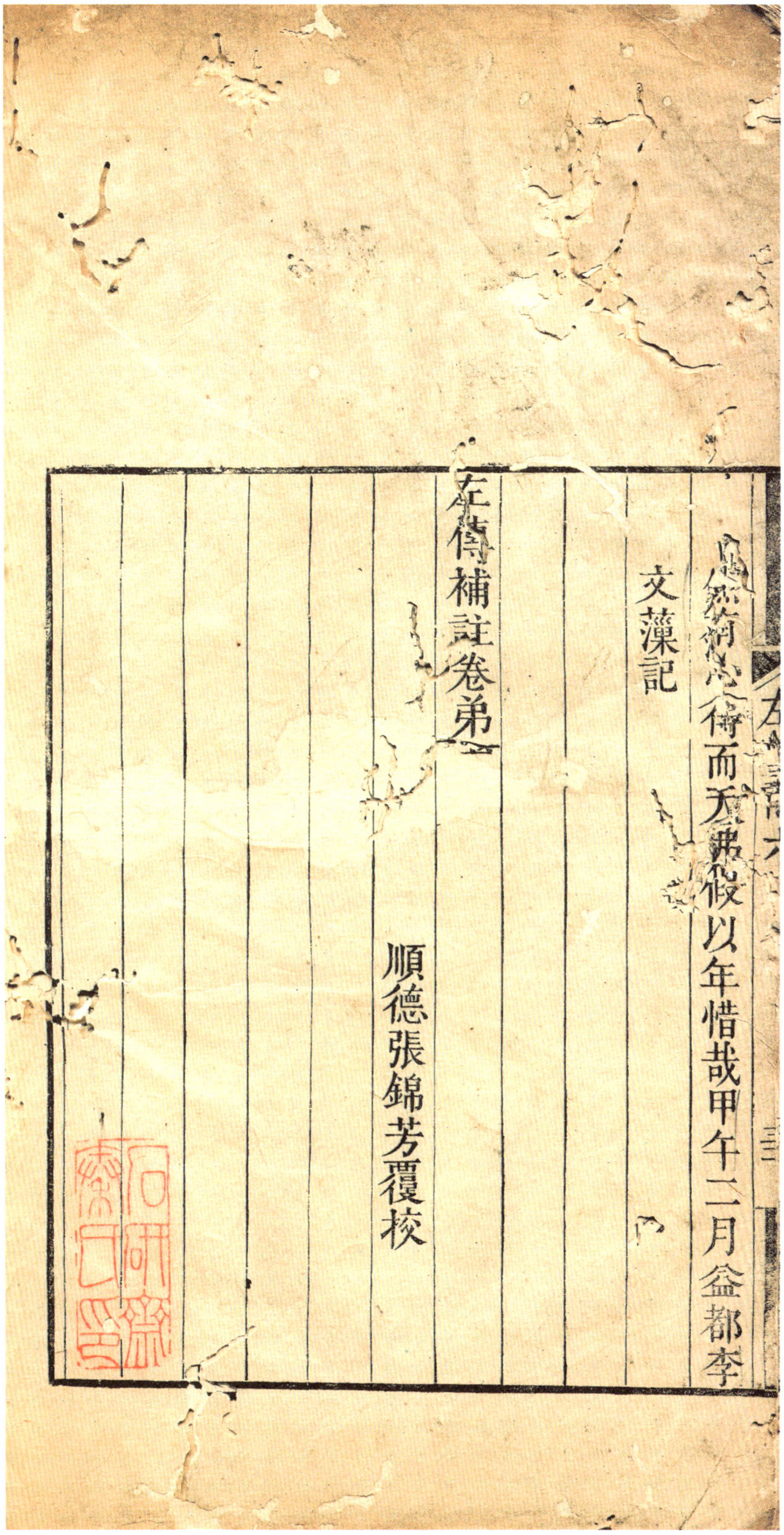

[illegible]然有志於左傳而天弗假以年惜哉甲午二月益都李
文藻記

左傳補註卷弟二

順德張錦芳覆校

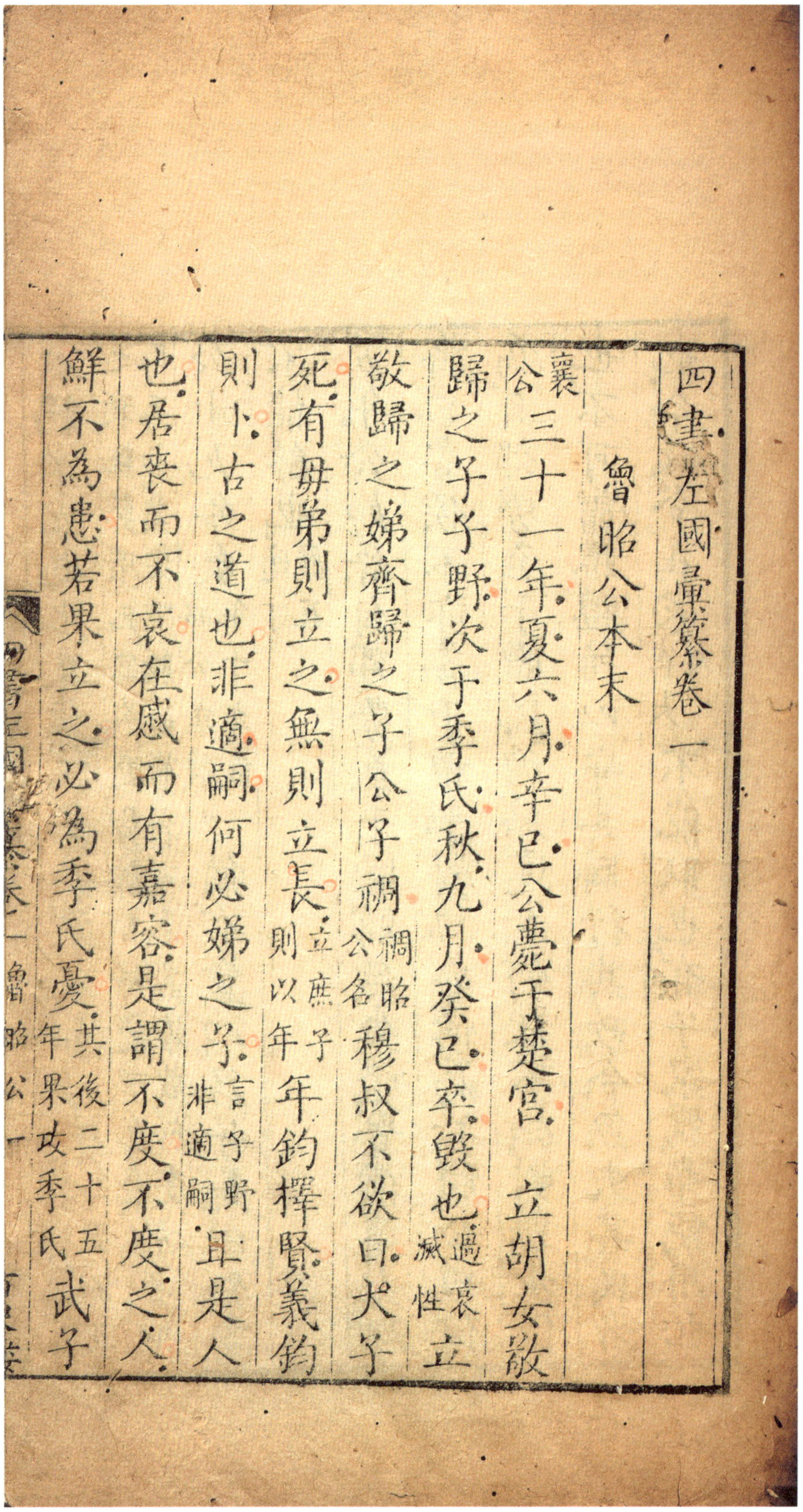

四書左國彙纂卷一

魯昭公本末

襄公三十一年夏六月辛巳公薨于楚宮立胡女敬歸之子子野次于季氏秋九月癸巳卒毀也過哀滅性立敬歸之娣齊歸之子公子裯裯昭公名穆叔不欲曰大子死有母弟則立之無則立長立庶子則以年年鈞擇賢義鈞則卜古之道也非適嗣何必娣之子言子野非適嗣且是人也居喪而不哀在慼而有嘉容是謂不度不度之人鮮不為患若果立之必為季氏憂其後二十五年果攻季氏武子

071. 四書左國彙纂四卷 （清）高其名 （清）鄭師成輯 清乾隆三十九年（1774）百尺樓刻本

開本高24.9厘米，寬15.3厘米。版框高17厘米，寬12.5厘米。九行二十字，小字雙行同，白口，單黑魚尾，左右雙邊。二册。廣東省名録號058

乾隆庚子秋鐫
東吴王氏學
尚書後案
尚書後辨附
禮堂藏版

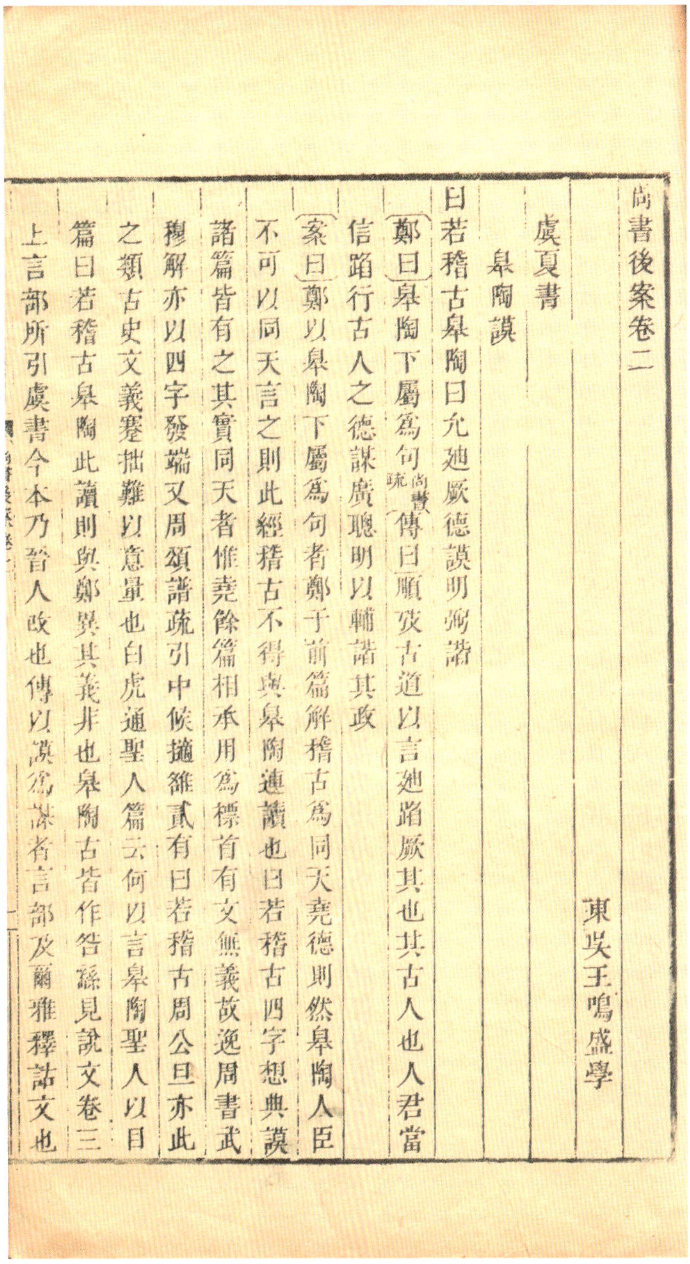
尚書後案卷二　東吴王鳴盛學
虞夏書
皐陶謨
曰若稽古皐陶曰允迪厥德謨明弼諧
鄭曰皐陶下屬爲句尚書疏傳曰順攷古道以言迪蹈厥其也其古人也人君當
信蹈行古人之德謀廣聰明以輔諸其政
案曰鄭以皐陶下屬爲句者鄭于前篇解稽古爲同天堯德則然皐陶人臣
不可以同天言之則此經稽古不得與皐陶連讀也曰若稽古四字堯典謨
諸篇皆有之其實同天者惟堯餘篇相承用爲標首有文無義故逸周書武
穆解亦以四字發端又周頌譜疏引中候擿雒貳有曰若稽古周公旦亦此
之類古史文義蹇拙難以意量也白虎通聖人篇云何以言皐陶聖人以自
篇曰若稽古皐陶此讀則與鄭異其義非也皐陶古皆作咎繇見說文卷三
上言部所引虞書今本乃晉人改也傳以謨爲謀者言部及爾雅釋詁文也

072. 尚書後案三十卷尚書後辨一卷　（清）王鳴盛撰　清乾隆四十五年（1780）東吴王氏禮堂刻本

開本高29厘米，寬18.2厘米。版框高23.2厘米，寬15.8厘米。十四行三十字，小字雙行四十五字，白口，單黑魚尾，四周單邊。六册。廣東省名録號013

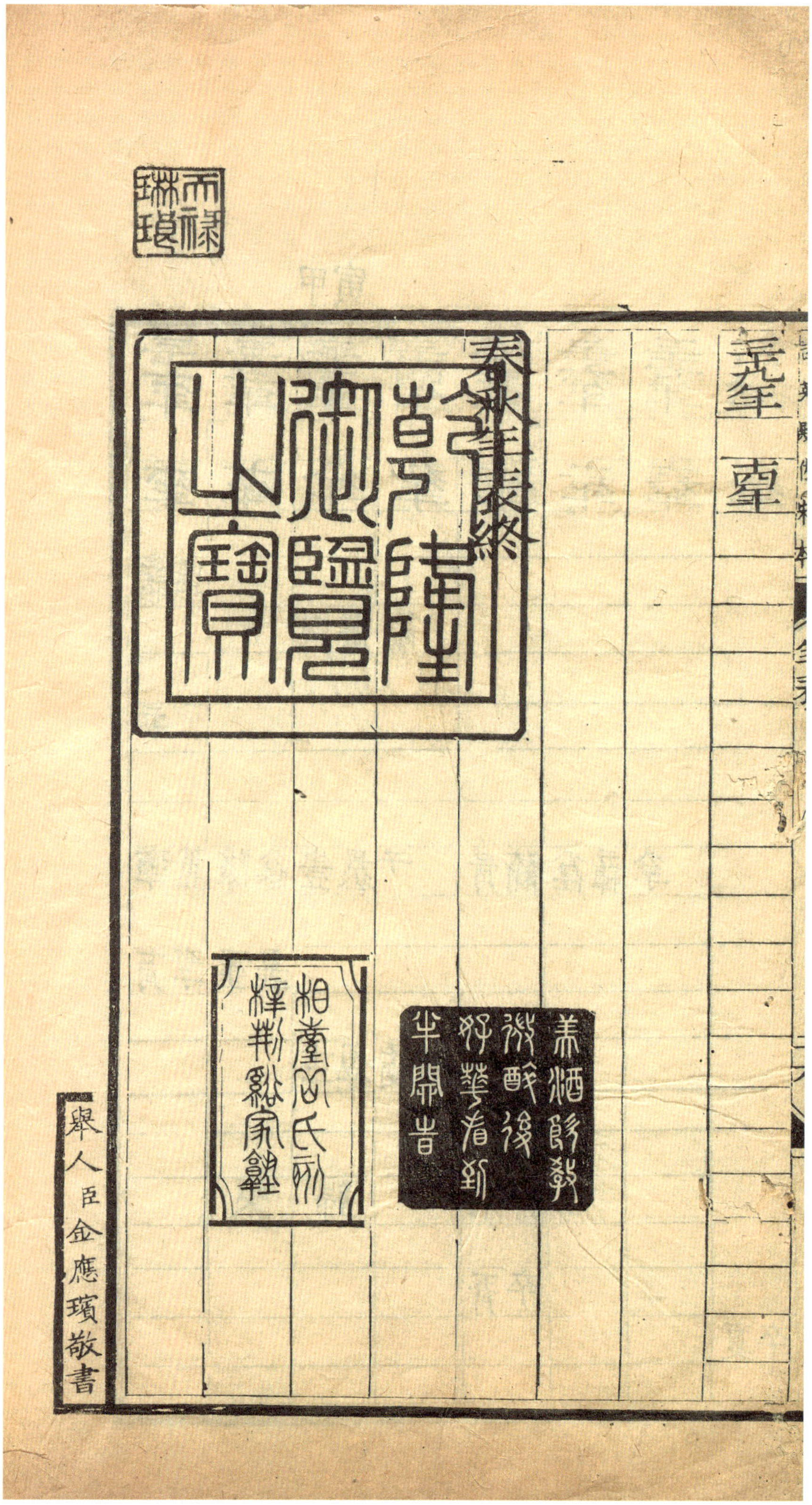

073. 春秋經傳集解三十卷年表一卷考證十四卷春秋名號歸一圖二卷 （晉）杜預注 （唐）陸德明釋文 （五代）馮繼先撰 清乾隆四十八年（1783）武英殿刻御定仿宋相臺岳氏五經本

開本高28.2厘米，寬17.9厘米。版框高20.4厘米，寬13.7厘米。八行十七字，小字雙行同，白口，雙對黑魚尾，四周雙邊。十六册。廣東省名録號042

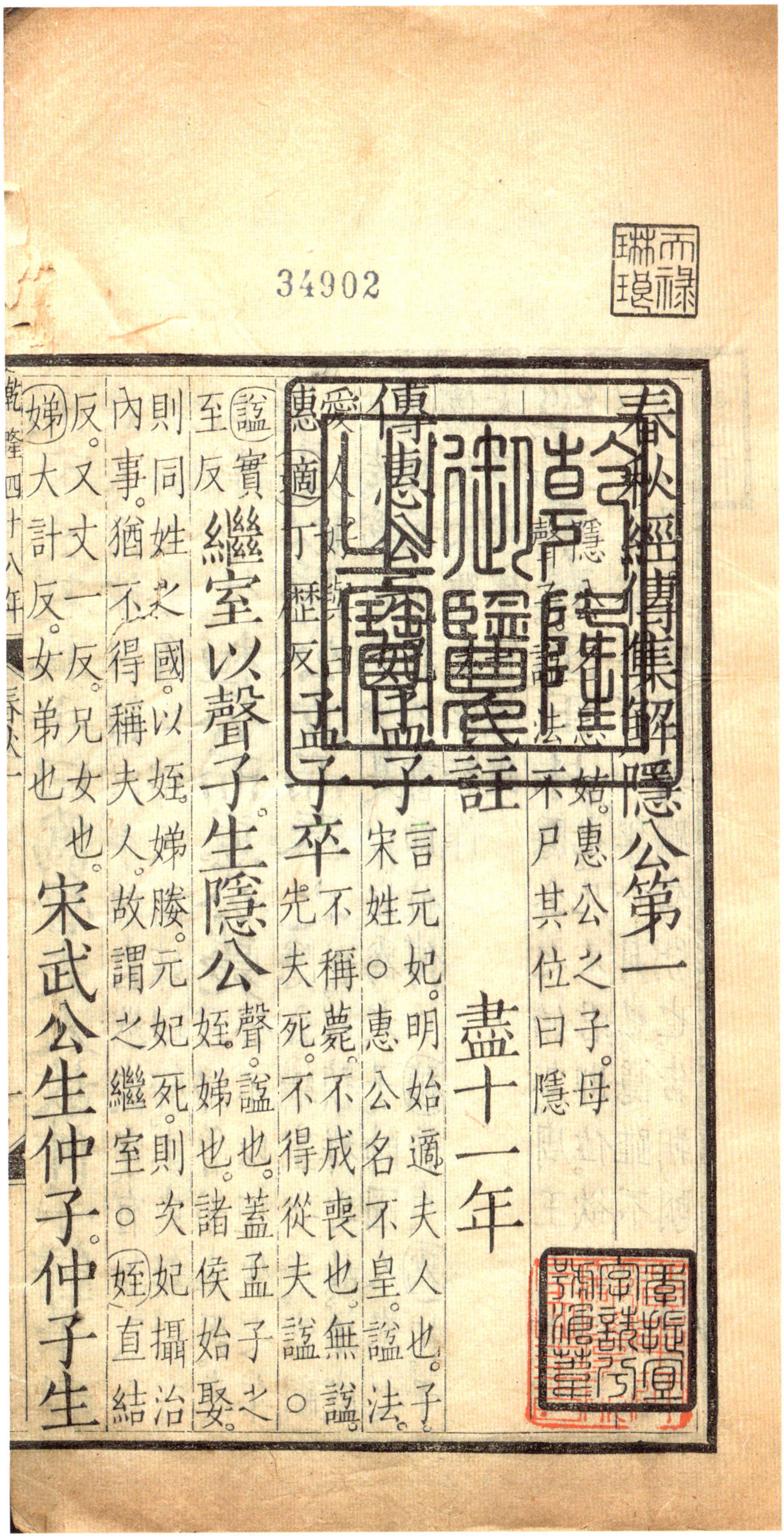

34902

春秋經傳集解隱公第一

隱 ……聲子 諡法 ……姑。惠公之子。母……不尸其位曰隱

杜氏 註　盡十一年

惠公元妃孟子 言元妃。明始適夫人也。子宋姓。惠公名不皇。諡法。

〔惠〕愛人好…… 〔適〕丁歷反

孟子卒 不稱薨。不成喪也。無諡。先夫死。不得從夫諡。

〔諡〕實至反 繼室以聲子生隱公 聲。諡也。蓋孟子之姪。娣也。諸侯始娶。則同姓之國。以姪。娣媵。元妃死。則次妃攝治內事。猶不得稱夫人。故謂之繼室。〔姪〕直結反。又丈一反。兄女也。〔娣〕大計反。女弟也。

宋武公生仲子。仲子生

乾隆四十八年 春秋一

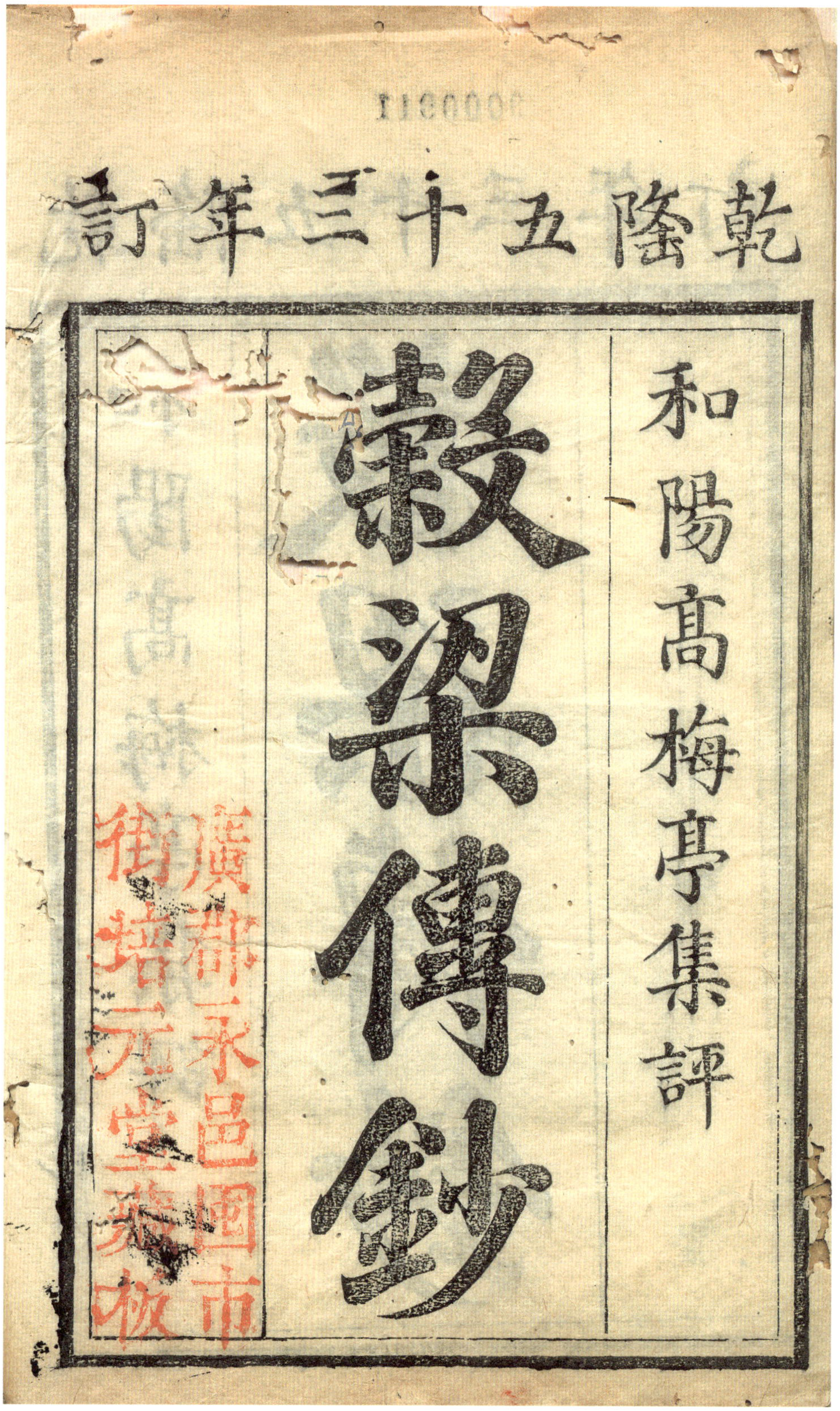
乾隆五十三年訂
和陽高梅亭集評
穀梁傳鈔
廣郡永邑國市
街培元堂藏板

074. 穀梁傳鈔一卷（清）高塘集評 清乾隆五十三年（1788）楊氏培元堂刻《高梅亭讀書叢鈔》本

開本高25.2厘米，寬17.5厘米。版框高21厘米，寬15.2厘米。九行二十五字，小字雙行同，白口，單黑魚尾，四周雙邊。一册。廣東省名録號046

開首作提不正二字一篇議論之根

此段責桓筆意婉轉

此段責隱不貴惠不信邪二意發揮讓桓爲不正大義炳如

元年春王正月 隱公元年

補公羊不及

雖無事必舉正月謹始也（謹君即位之始、何氏休曰、元者氣之始、春者四時之始、王者受命之始、正月者政教之始、即位者一國之始、此五始、天人之大本也。）伏前段。

公何以不言即位（據文公言即位）成公志也（成隱讓桓之志）焉成之言君之不取爲公也（言隱意不取爲魯君也）君之不取爲公何也將以讓桓也讓桓正乎曰不正（隱長桓幼）春秋成人之美不成人之惡隱不正而成之何也將以惡桓也其惡桓何也隱將讓而桓弑之則桓惡矣桓弑而隱讓則隱善矣善則其不正焉何也春秋貴義而不貴惠（惠私惠）信道而不信邪（信與申同）孝子揚父之美不揚父之惡先君之欲與桓非正也邪也雖然既勝其邪心以與隱矣（終歸之于隱、是）

先斷定開出篇旨　容意　此申成公志只作　此申不正二字乃是主意　二句作提以後分承　此以遂父非指其信　邪　正邪字應前　筆意曲蟠推闡入微

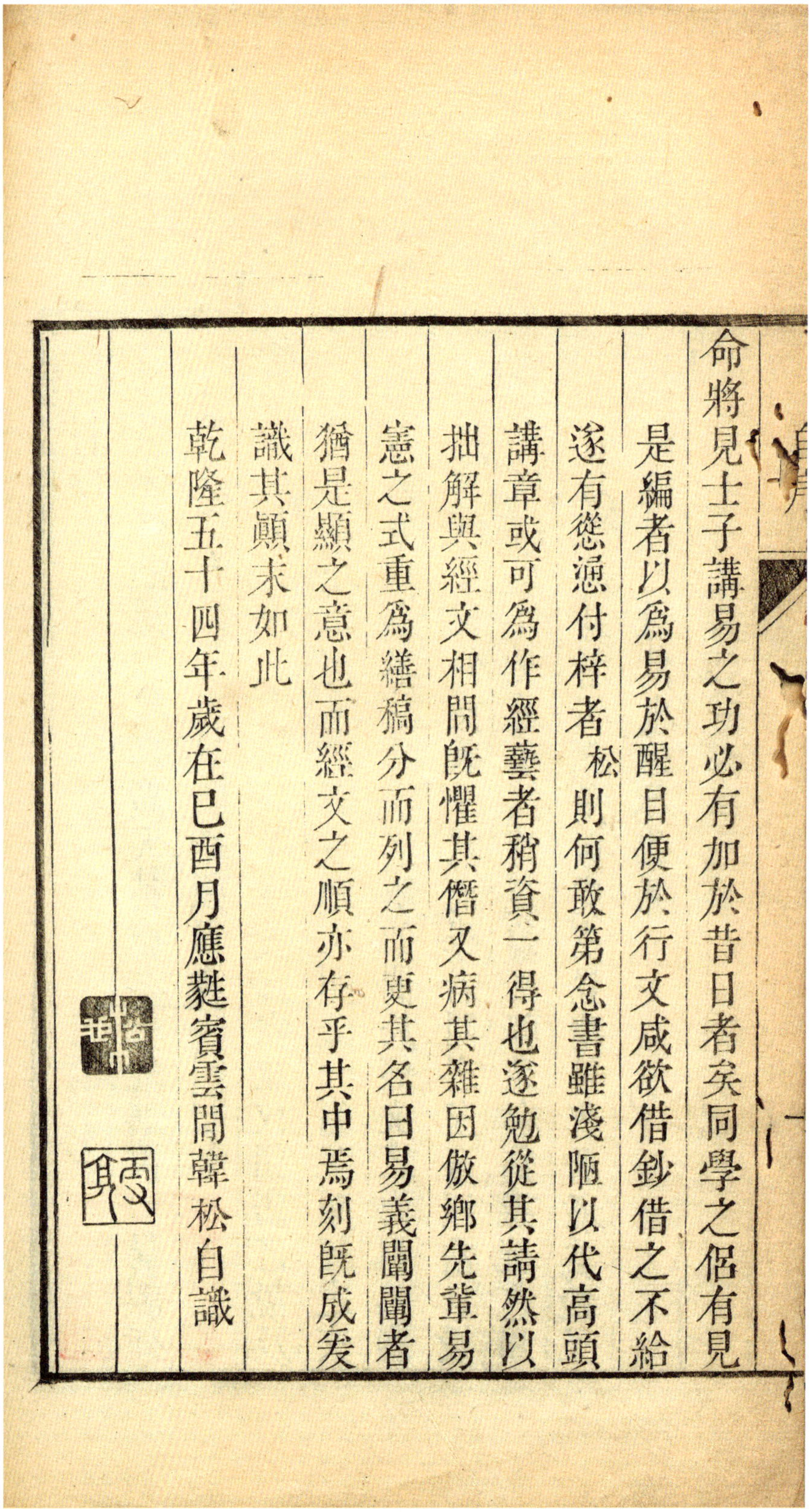
命將見士子講易之功必有加於昔日者矣同學之侶有見
是編者以爲易於醒目便於行文咸欲借鈔借之不給
遂有慫慂付梓者松則何敢第念書雖淺陋以代高頭
講章或可爲作經藝者稍資一得也遂勉從其請然以
拙解與經文相間既懼其僭又病其雜因倣鄉先輩易
憲之式重爲繕稿分而列之而更其名曰易義闡闡者
猶是顯之意也而經文之順亦存乎其中焉刻既成爰
識其顛末如此
乾隆五十四年歲在己酉月應蕤賓雲間韓松自識

075. 易義闡四卷朱子易學啓蒙一卷附録一卷 （清）韓松撰 清乾隆五十四年（1789）刻本

開本高27厘米，寬17.2厘米。版框高18.5厘米，寬14厘米。九行二十三字，小字雙行同，白口，單黑魚尾，左右雙邊。三册。廣東省名録號008

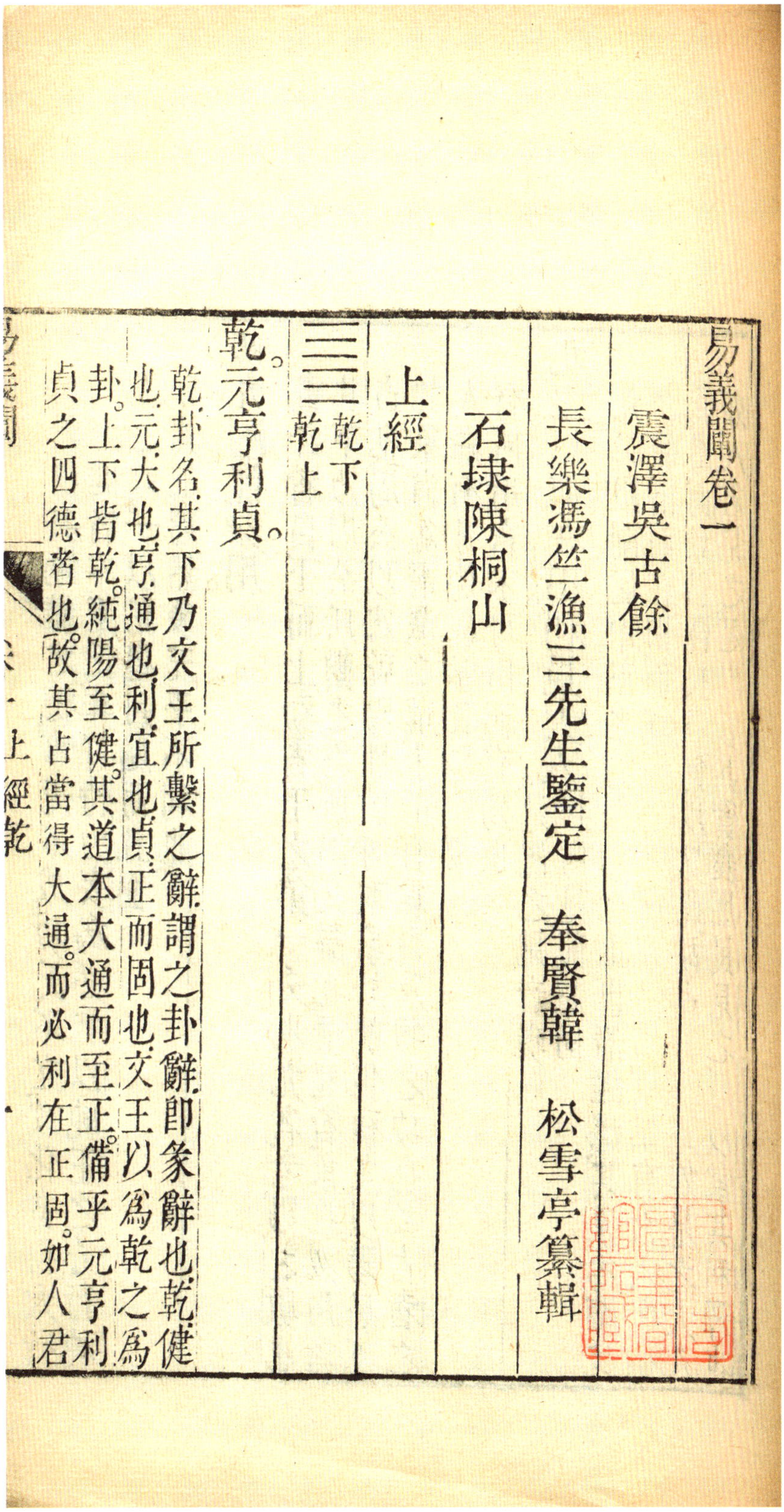

易義闡卷一

震澤吳古餘
長樂馮笠漁三先生鑒定　奉賢韓　松雪亭纂輯
石埭陳桐山

上經

☰☰ 乾下乾上

乾元亨利貞。

乾卦名。其下乃文王所繫之辭謂之卦辭即彖辭也乾健也元大也亨通也利宜也貞正而固也文王以爲乾之爲卦。上下皆乾。純陽至健。其道本大通而至正。備乎元亨利貞之四德者也。故其占當得大通。而必利在正固。如人君

易義闡　卷一　上經乾

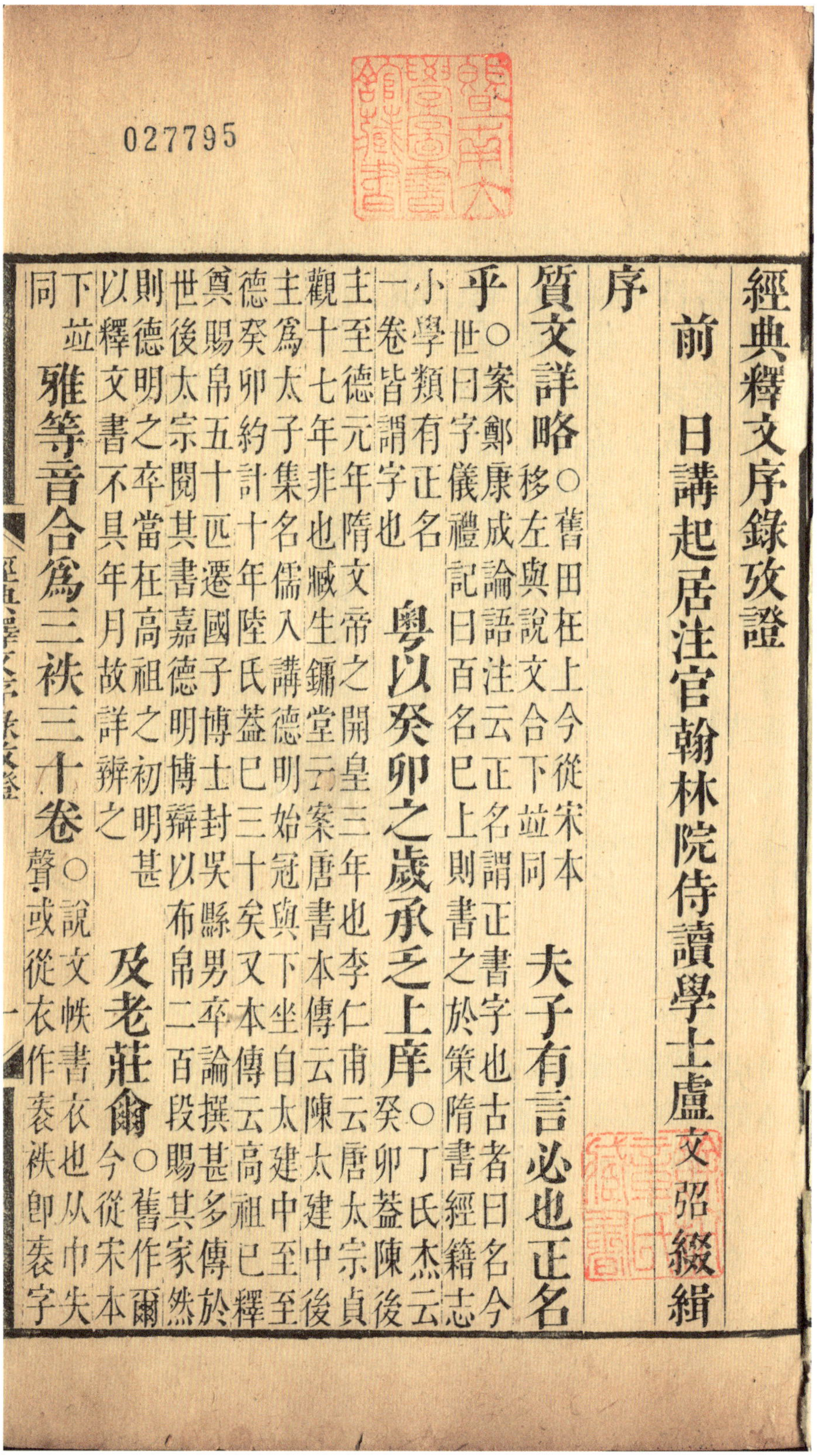

經典釋文序錄攷證

前　日講起居注官翰林院侍讀學士盧文弨綴緝

序

質文詳略○舊田在上今從宋本移左與說文合下並同夫子有言必也正名乎○案鄭康成論語注云正名謂正書字也古者曰名今世曰字儀禮記曰百名已上則書之於策隋書經籍志小學類有正名一卷皆謂字也粵以癸卯之歲承乏上庠○丁氏杰云癸卯蓋陳後主至德元年隋文帝之開皇三年也李仁甫云唐太宗觀十七年非也臧生鏞堂云案唐書本傳云陳太建中後主爲太子集名儒入講德明始冠與下坐自太建中至至德癸卯約計十年陸氏蓋已三十矣又本傳云高祖已釋奠賜帛五十匹遷國子博士封吳縣男卒論撰甚多傳於世後太宗閱其書嘉德明博辯以布帛二百段賜其家然則德明之卒當在高祖之初明甚以釋文書不具年月故詳辨之及老莊爾○舊作爾今從宋本下並同雅等音合爲三袟三十卷○說文帙書衣也从巾失聲或從衣作袠袟即袠字

076. 經典釋文三十卷（唐）陸德明撰　**序錄攷證一卷**（清）盧文弨輯　清乾隆五十六年（1791）常州龍城書院刻本

開本高25.6厘米，寬16.1厘米。版框高19.2厘米，寬14.5厘米。十一行二十二字，小字雙行同，黑口，雙對黑魚尾，四周單邊。鈐有“餘杭章氏藏書”印。十二册。廣東省名録號061

經典釋文卷第一　序録

唐國子博士兼太子中允贈齊州刺史吳縣開國男陸德明撰

序

夫書音之作作者多矣前儒撰著光乎篇籍其來既久誠無間然但降聖已還不免偏尚質文詳略互有不同漢魏迄今遺文可見或專出己意或祖述舊音各師成心製作如面加以楚夏聲異南北語殊是非信其所聞輕重因其所習後學鑽仰罕逢指要夫筌蹄所寄唯在文言差若毫釐謬便千里夫子有言必也正名乎名不正則言不順言不順則事不成故君子名之必可言也言之必可行也斯富哉言乎大矣盛矣無得而稱矣然人稟二儀之淳和含

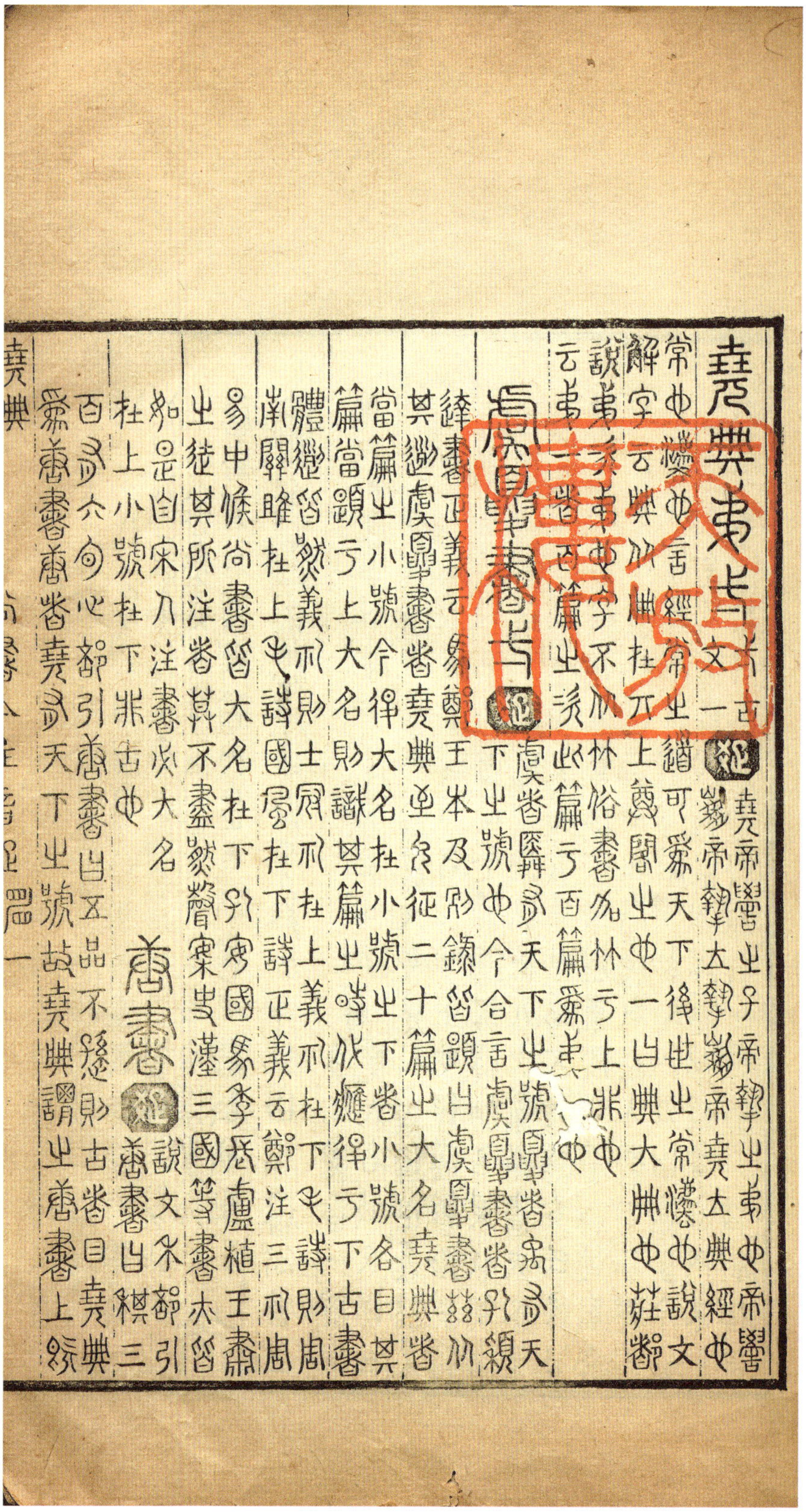

077. 尚書集注音疏十二卷末一卷外編一卷 （清）江聲撰 清乾隆五十八年（1793）江氏近市居刻本

開本高24.6厘米，寬15.9厘米。版框高17.6厘米，寬13.3厘米。十行十四至十六字不等，小字雙行二十一字，白口，左右雙邊。鈐有“天放樓”等印。六册。廣東省名録號012

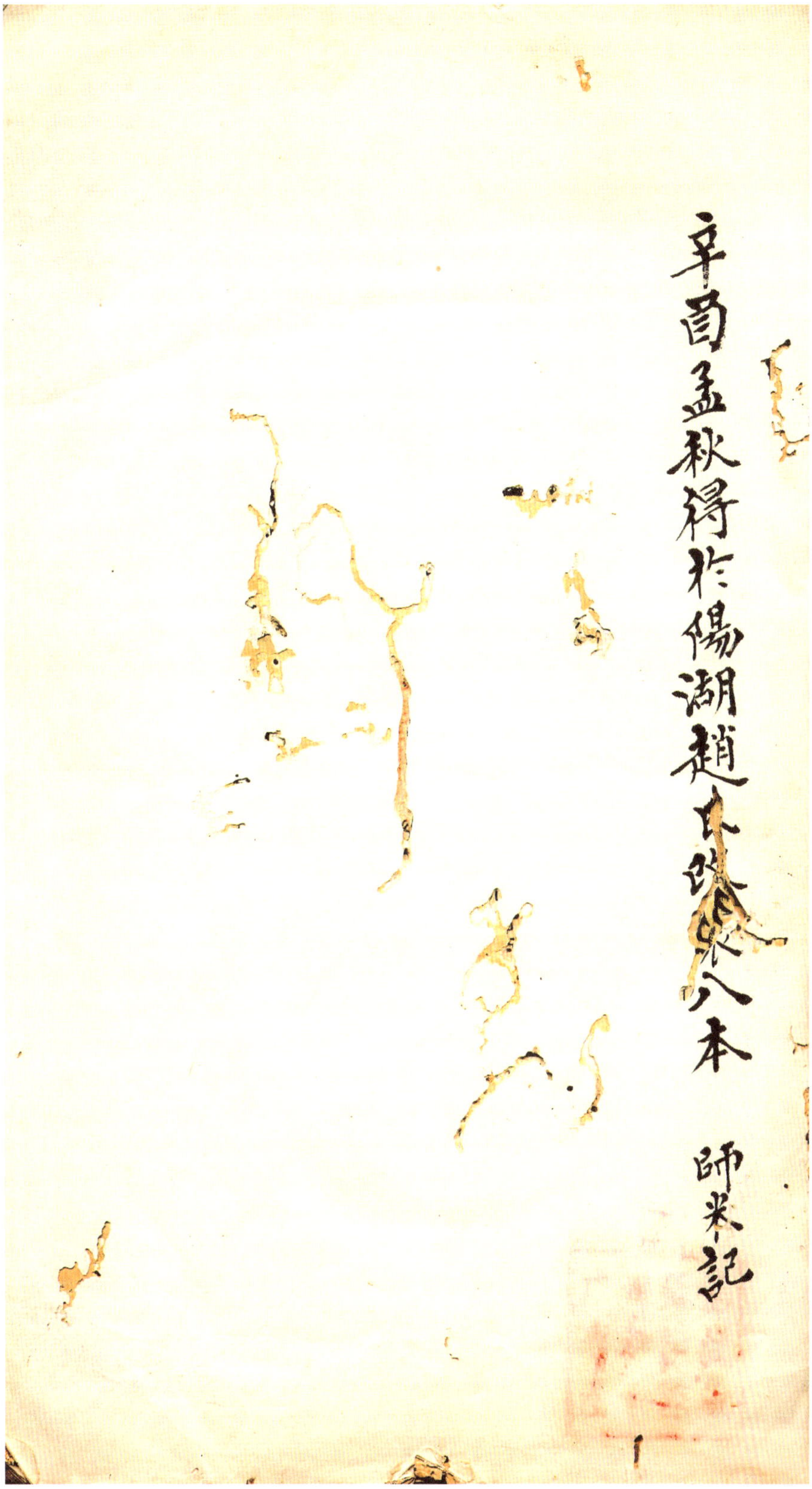

辛酉孟秋得於陽湖趙[illegible][illegible][illegible]八本 師米記

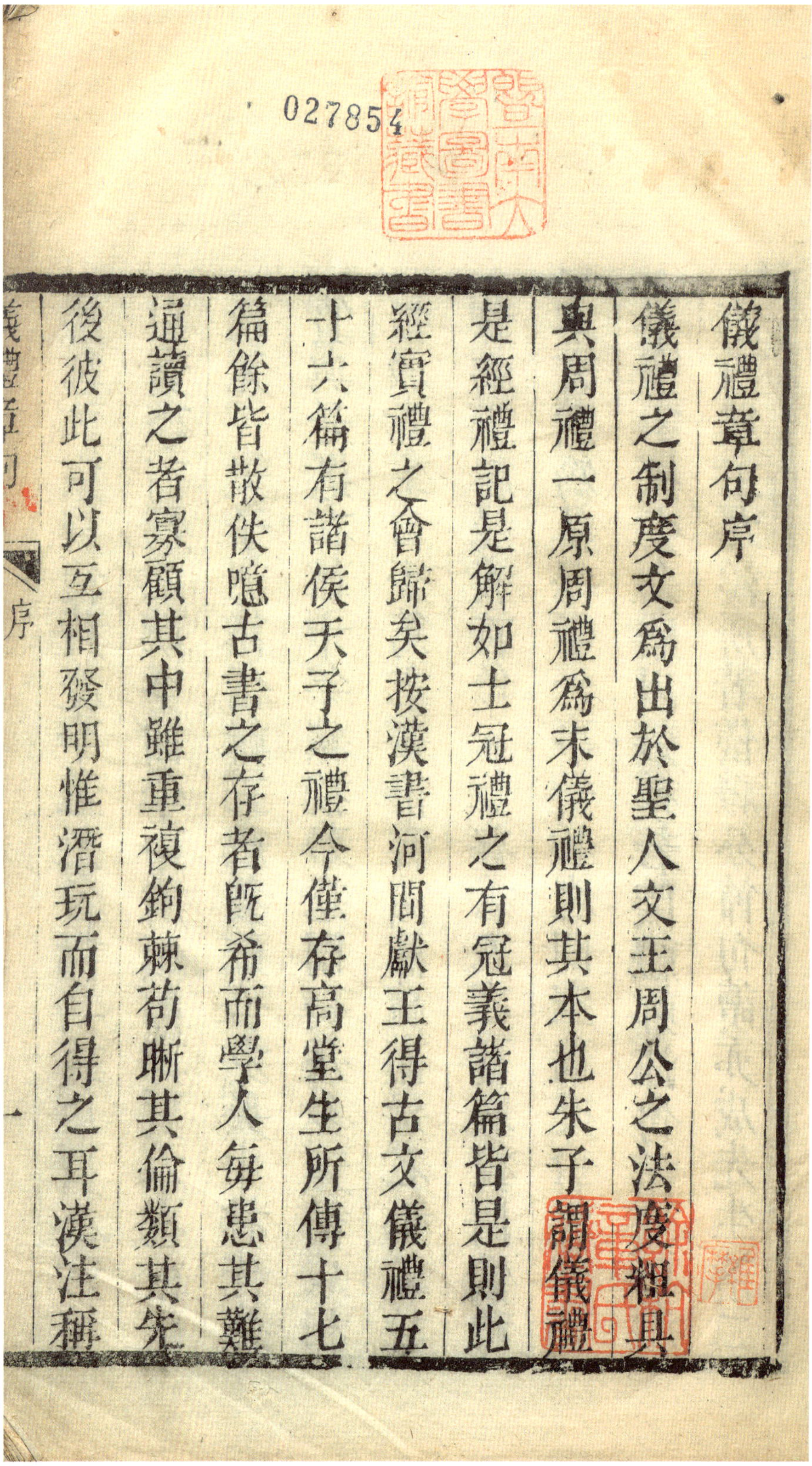
027854
暨南大學圖書館藏書
儀禮章句序
儀禮之制度文爲出於聖人文王周公之法度粗具
與周禮一原周禮爲末儀禮則其本也朱子謂儀禮
是經禮記是解如士冠禮之有冠義諸篇皆是則此
經實禮之會歸矣按漢書河間獻王得古文儀禮五
十六篇有諸侯天子之禮今僅存高堂生所傳十七
篇餘皆散佚噫古書之存者既希而學人每患其難
通讀之者寡顧其中雖重複鉤棘苟晰其倫類其先
後彼此可以互相發明惟潛玩而自得之耳漢注稱
儀禮章句 序 一
餘杭章氏藏書
維摩

078. 儀禮章句十七卷 （清）吴廷華撰 清乾隆五十九年（1794）刻本

開本高25.4厘米，寬17厘米。版框高18.9厘米，寬14厘米。十行二十一字，小字雙行同，白口，單黑魚尾，左右雙邊。鈐有“維摩”“餘杭章氏藏書”等印。四册。廣東省名録號033

儀禮卷第一　　仁和吳廷華章句

士冠禮第一

冠古亂反加冠之稱○士三等之士男子二十而冠四十始仕而冠以士稱者父兄之爲士者主之且其子亦學士也如下記元子猶士則自元子以下凡學士皆同此禮其異者特如襄九年左氏傳祼享金石之說而已疏云大戴禮公冠篇公冠四加天子亦四加又云天子諸侯十二而冠其皆禮之變與又內則女子十五而笄注謂未許嫁二十而笄其禮當同于冠也冠于五禮屬嘉禮○案十七篇次第始于大小戴及劉向三家賈疏謂其尊卑吉凶雜亂故鄭氏不從今第一至第十七則鄭所定也又據賈云冠昏士相見爲先後者以二十而冠三十而娶四十強而仕卽摯見鄉大夫又爲鄉大夫州長行鄉飲酒鄉射之事已下先吉後凶凶盡則行祭祀吉禮其說無義可尋竊謂此經爲周官大宗伯五禮節目則當以六宗伯五禮之次爲準據大宗伯職首曰以吉禮事邦國之鬼神示此祭禮也祭有尊卑則少牢饋食禮上篇當第一下篇第二特牲饋食禮第三其次曰以凶禮哀邦國之憂凶禮之首曰

儀禮章句　卷一　士冠禮　一

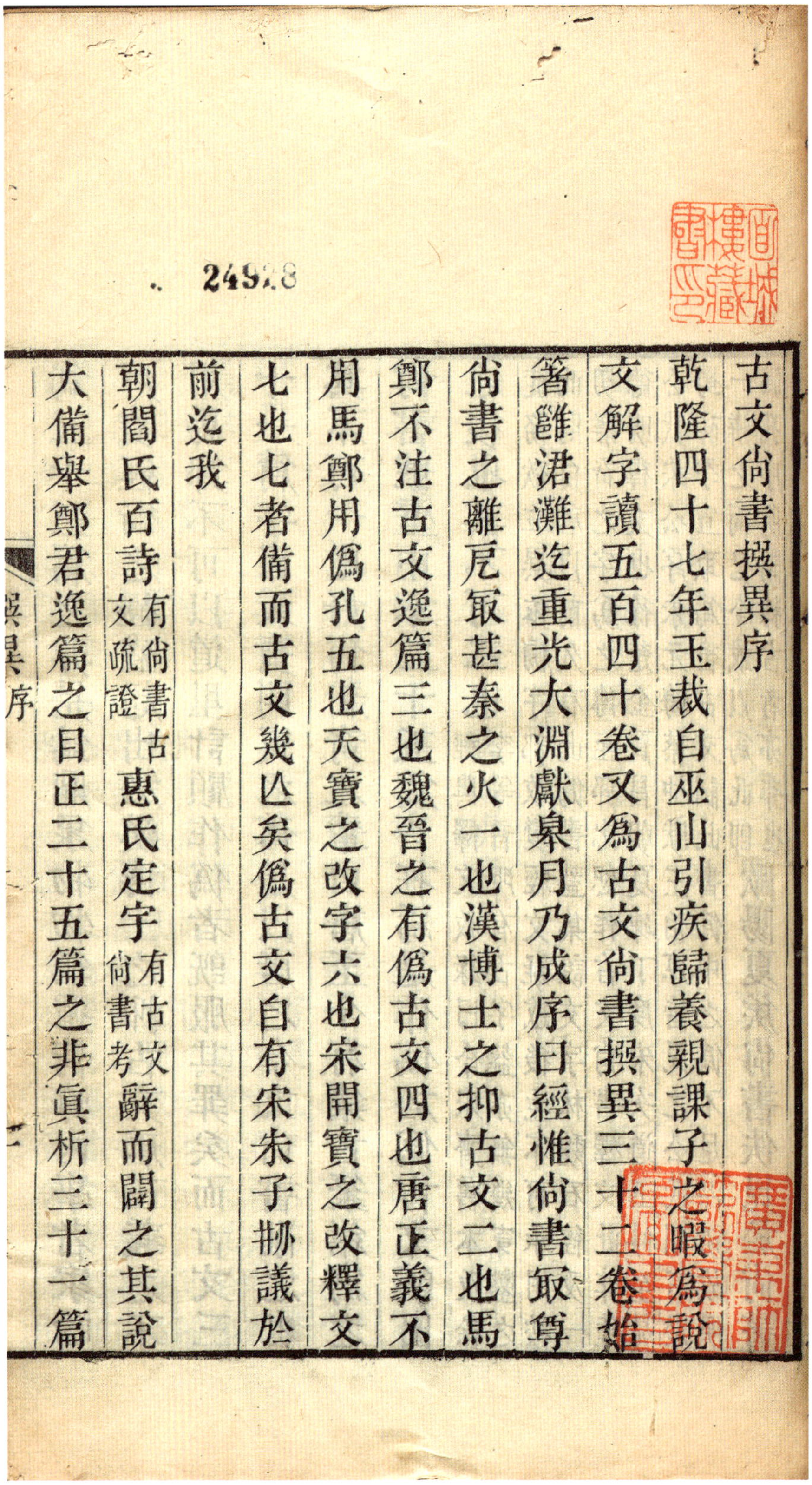

古文尚書撰異序

乾隆四十七年玉裁自巫山引疾歸養親課子之暇爲說文解字讀五百四十卷又爲古文尚書撰異三十二卷始箸雝涒灘迄重光大淵獻皋月乃成序曰經惟尚書最尊尚書之離戹最甚秦之火一也漢博士之抑古文二也馬鄭不注古文逸篇三也魏晉之有僞古文四也唐正義不用馬鄭用僞孔五也天寶之改字六也宋開寶之改釋文七也七者備而古文幾亾矣僞古文自有宋朱子掤議於前迄我

朝閻氏百詩有尚書古文疏證惠氏定宇有古文尚書考辭而闢之其說大備舉鄭君逸篇之目正二十五篇之非眞析三十一篇

撰異序 二

079. 古文尚書撰異三十二卷 （清）段玉裁撰 清乾隆金壇段氏刻本

開本高24.7厘米，寬15.8厘米。版框高17.5厘米，寬13.9厘米。十一行二十二字，小字雙行同，白口，單黑魚尾，左右雙邊。鈐有“曾釗之印”“面城樓藏書印”等印。五册。廣東省名録號014

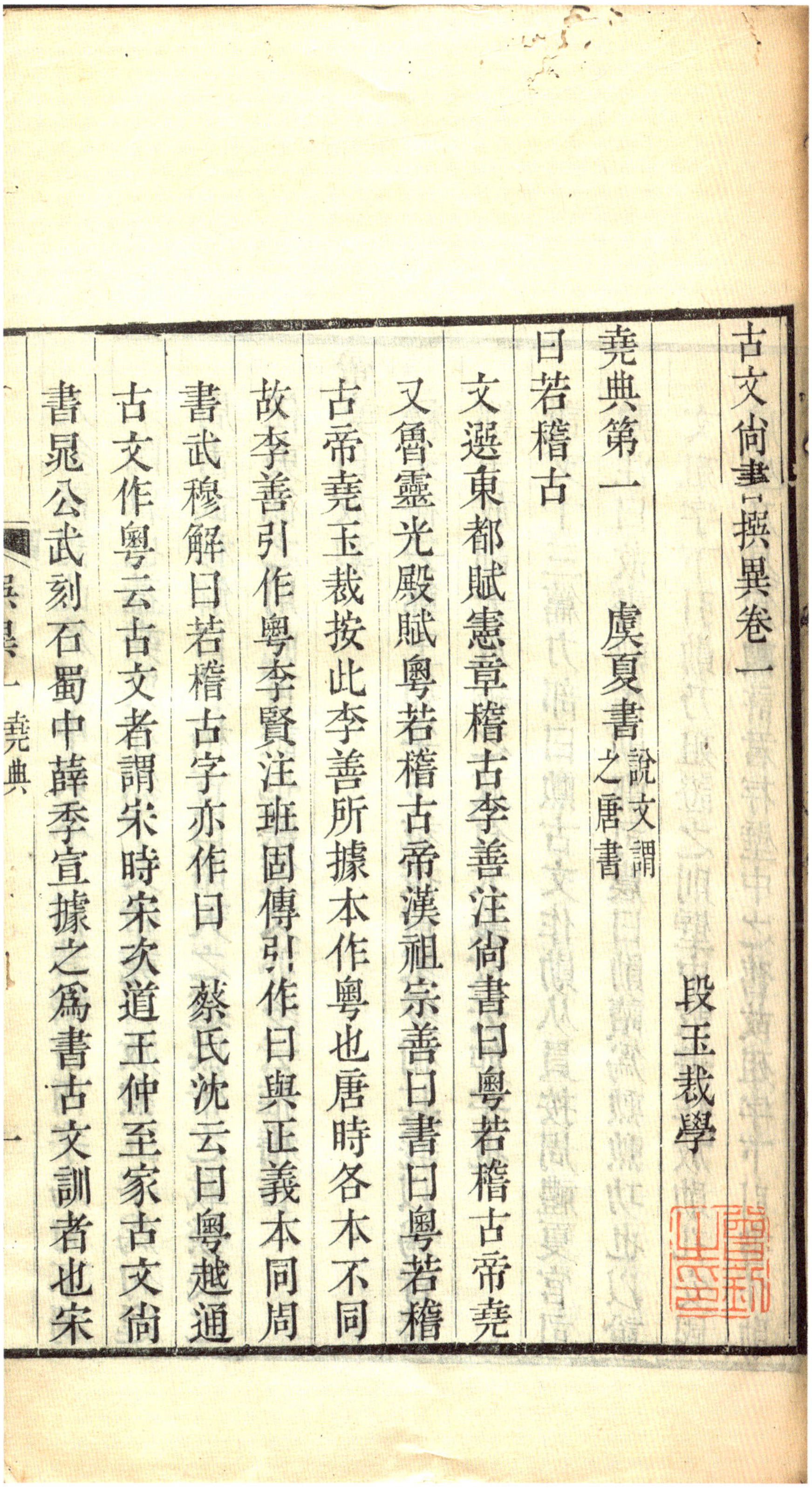

古文尚書撰異卷一

段玉裁學

堯典第一　虞夏書 說文謂之唐書

曰若稽古

文選東都賦憲章稽古李善注尚書曰粵若稽古帝堯又魯靈光殿賦粵若稽古帝漢祖宗善曰書曰粵若稽古帝堯玉裁按此李善所據本作粵也唐時各本不同故李善引作粵李賢注班固傳引作曰與正義本同周書武穆解曰若稽古字亦作曰　蔡氏沈云曰粵越通古文作粵云古文者謂宋時宋次道王仲至家古文尚書晁公武刻石蜀中薛季宣據之爲書古文訓者也宋

撰異一　堯典　一

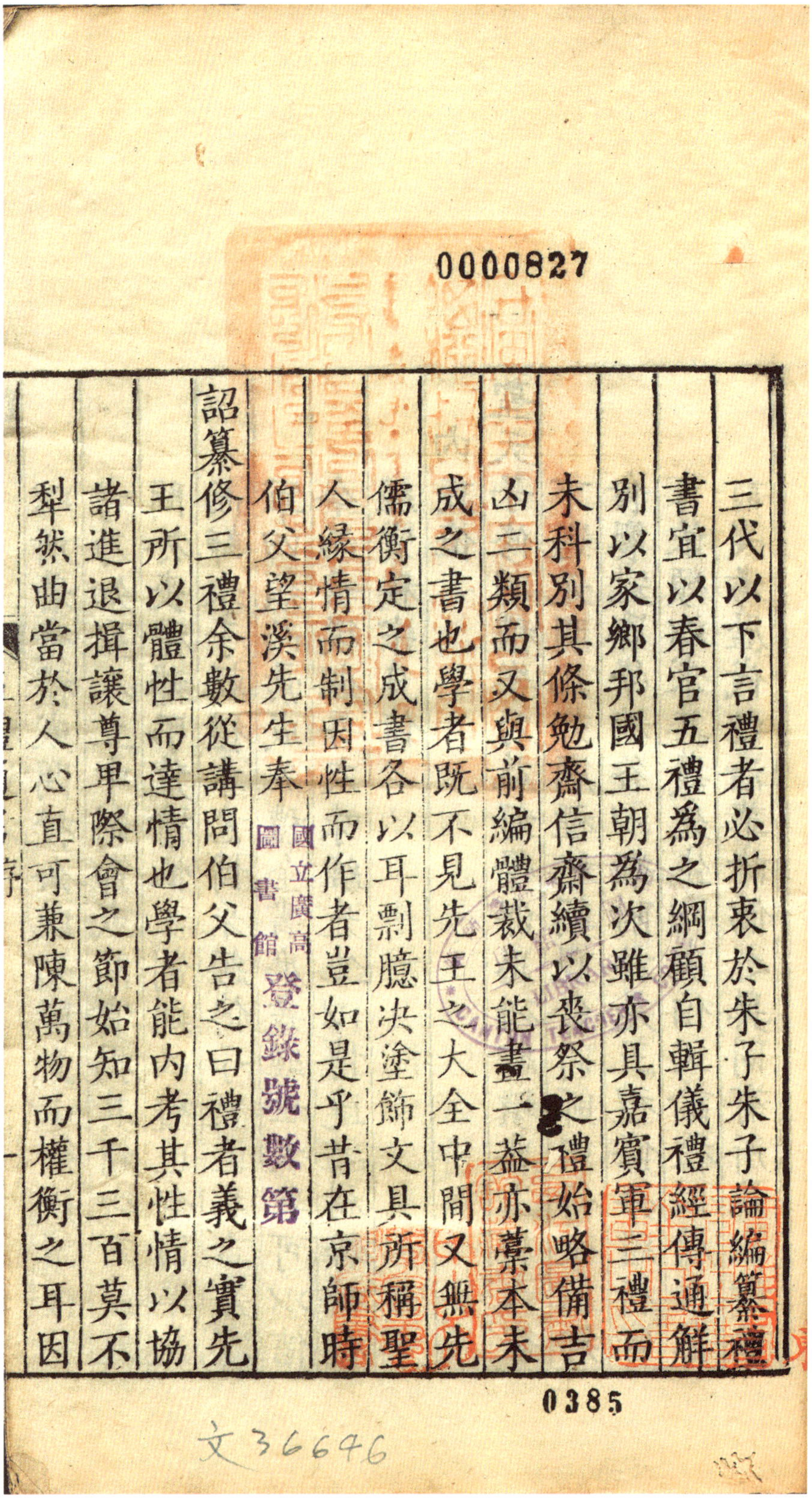

三代以下言禮者必折衷於朱子朱子論編纂禮書宜以春官五禮爲之綱顧自輯儀禮經傳通解別以家鄉邦國王朝爲次雖亦具嘉賓軍三禮而未科別其條勉齋信齋續以喪祭之禮始略備吉凶二類而又與前編體裁未能畫一蓋亦藁本未成之書也學者既不見先王之大全中間又無先儒衡定之成書各以耳剽臆決塗飾文具所稱聖人緣情而制因性而作者豈如是乎昔在京師時伯父望溪先生奉

詔纂修三禮余數從講問伯父告之曰禮者義之實先王所以體性而達情也學者能內考其性情以協諸進退揖讓尊卑際會之節始知三千三百莫不犁然曲當於人心直可兼陳萬物而權衡之耳因

080. 五禮通考二百六十二卷目録二卷首四卷 （清）秦蕙田撰 清乾隆秦氏味經窩刻本

開本高26.5厘米，寬17.2厘米。版框高18.7厘米，寬14.7厘米。十三行二十一字，小字雙行同，白口，單黑魚尾，左右雙邊。鈐有“廣雅書院經籍金石書畫之印”“西江圖書館藏書印”“廣東廣西總督關防”等印。六十四册。廣東省名録號039

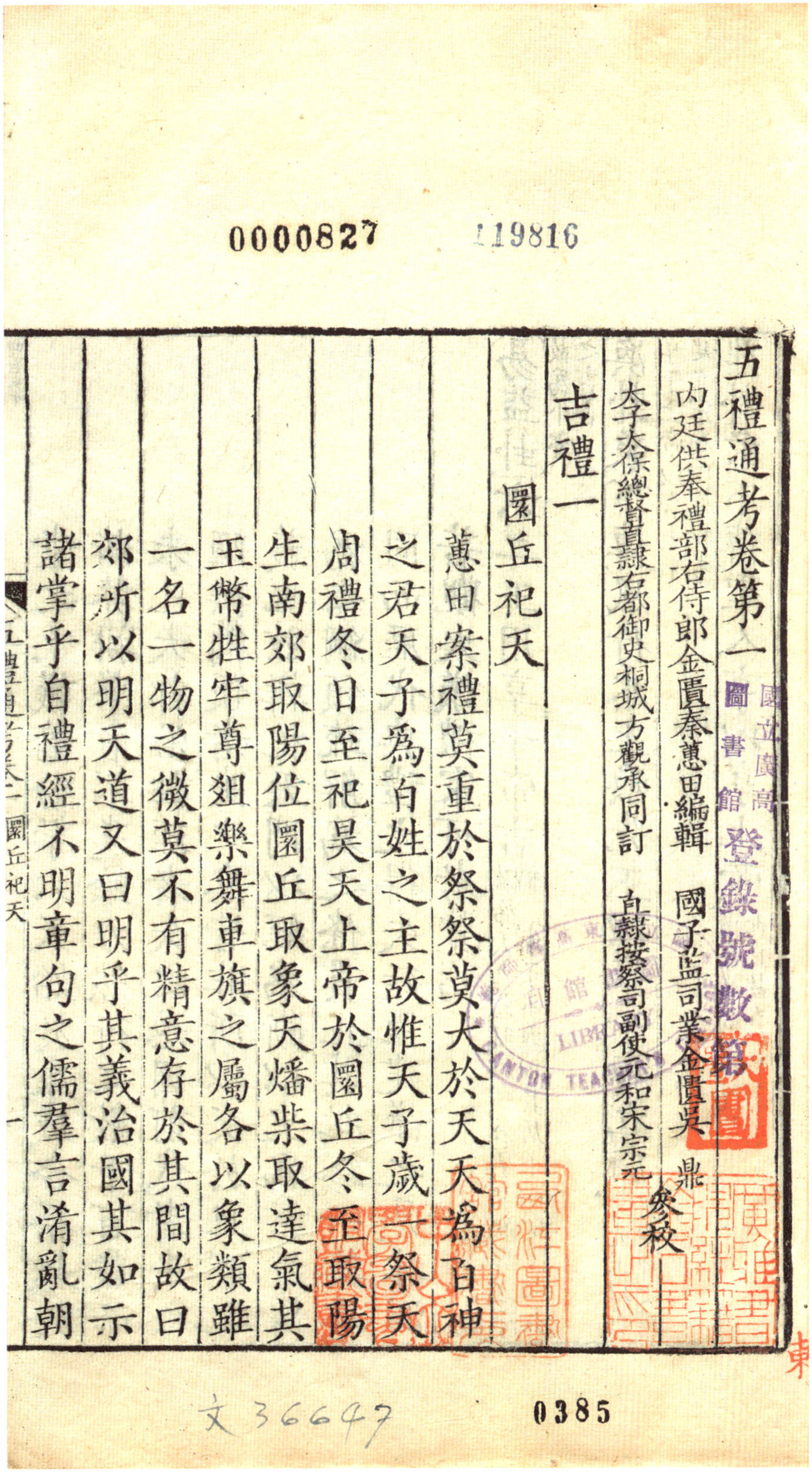

五禮通考卷第一

内廷供奉禮部右侍郎金匱秦蕙田編輯　國子監司業金匱吳鼎

太子太保總督直隸右都御史桐城方觀承同訂　直隸按察司副使元和宋宗元　參校

吉禮一

圜丘祀天

蕙田案禮莫重於祭祭莫大於天天爲百神之君天子爲百姓之主故惟天子歲一祭天周禮冬日至祀昊天上帝於圜丘冬至取陽生南郊取陽位圜丘取象天燔柴取達氣其玉幣牲牢尊俎樂舞車旗之屬各以象類雖一名一物之微莫不有精意存於其間故曰郊所以明天道又曰明乎其義治國其如示諸掌乎自禮經不明章句之儒羣言淆亂朝

五禮通考卷一　圜丘祀天　一

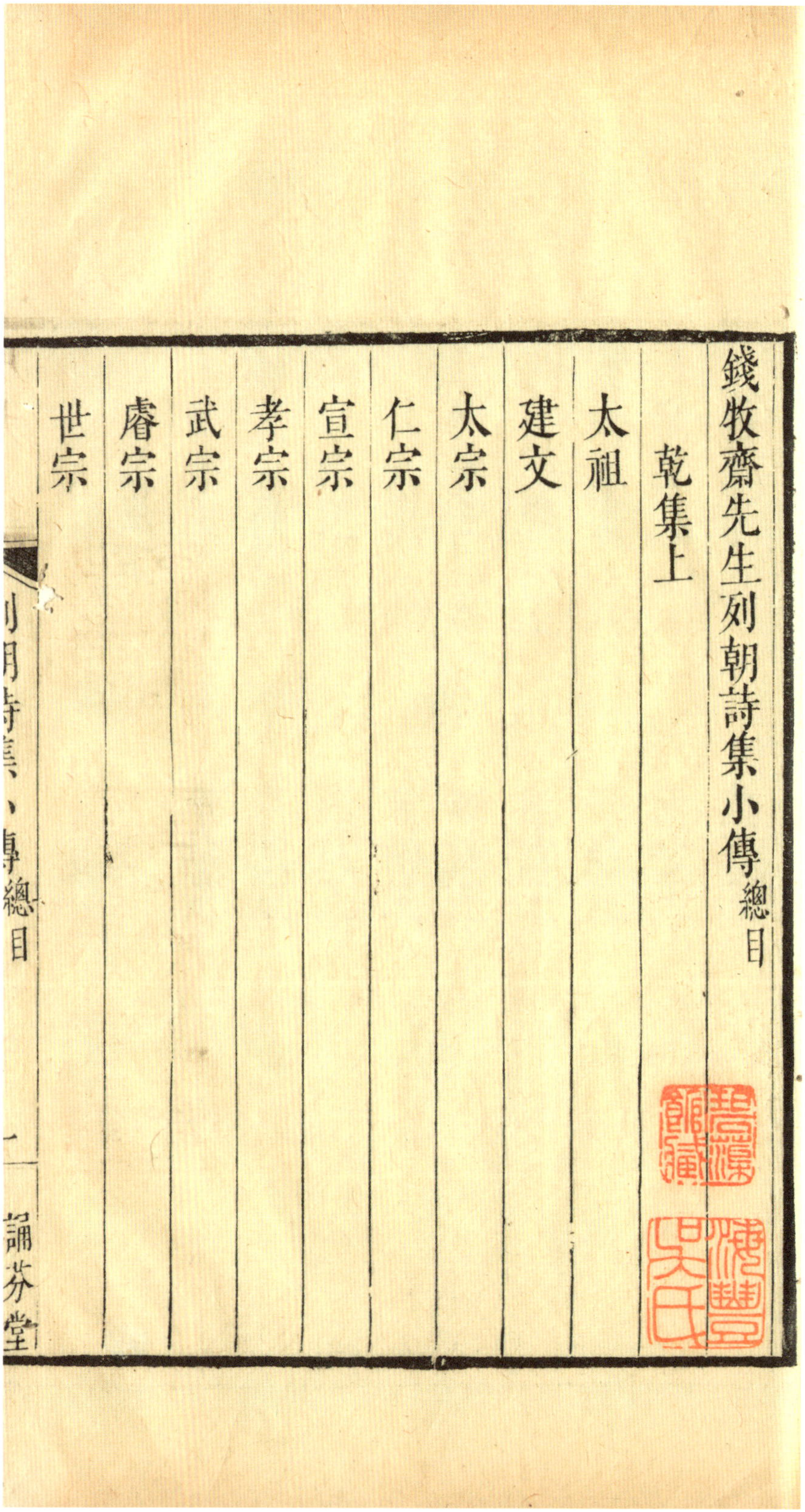

081. 錢牧齋先生列朝詩集小傳十卷 （清）錢謙益撰 （清）錢陸燦輯 清康熙三十七年（1698）誦芬堂刻本

開本高25.6厘米，寬16厘米。版框高17.6厘米，寬12.6厘米。十一行二十一字，小字雙行同，白口，單黑魚尾，左右雙邊。鈐有“海豐吴氏”“碧蕖館藏”等印。十六册。廣東省名録號226

神宗

太祖高皇帝

太祖高皇帝御製文集共五卷翰林學士樂韶鳳宋濂編錄濂之言曰臣侍帝前者十有五年帝爲文或不喜書詔臣濂坐榻下操觚受辭終日之間入經出史衮衮千餘言嘗爲濂賦醉學士歌二奉御捧黃綾以進揮翰如飛須臾成楚辭一章上聖神天縱形諸篇翰不待凝思而成自然度越今古誠所謂天之文哉解縉曰臣縉少侍高皇帝早暮載筆墨楮以俟聖情尤喜爲詩歌睿思英發雷轟電燭玉音沛然數千百言一息無滯臣輒草書連幅筆不及成點畫上進纔點定數韻而已或不

082. 羅浮山志會編二十二卷首一卷 （清）宋廣業撰 清康熙五十六年（1717）宋志益聚英堂刻本

開本高27.9厘米，寬16.5厘米。版框高18.7厘米，寬13.9厘米。九行二十字，小字雙行同，白口，單黑魚尾，左右雙邊。鈐有“陸祺瑞字石麟藏書之章”印。八册。廣東省名録號342

羅浮山志會編卷之一

長洲宋廣業澄溪纂輯

天文志

星野

天文牛女之次

廣東通志南越在揚州之域牛女分野牽牛六星天之關梁其北二星一曰道路二曰聚火又上一星主道路次二星主關梁三星主南越須女四宿天之少府也離珠在須女北須女之藏府也明一統志

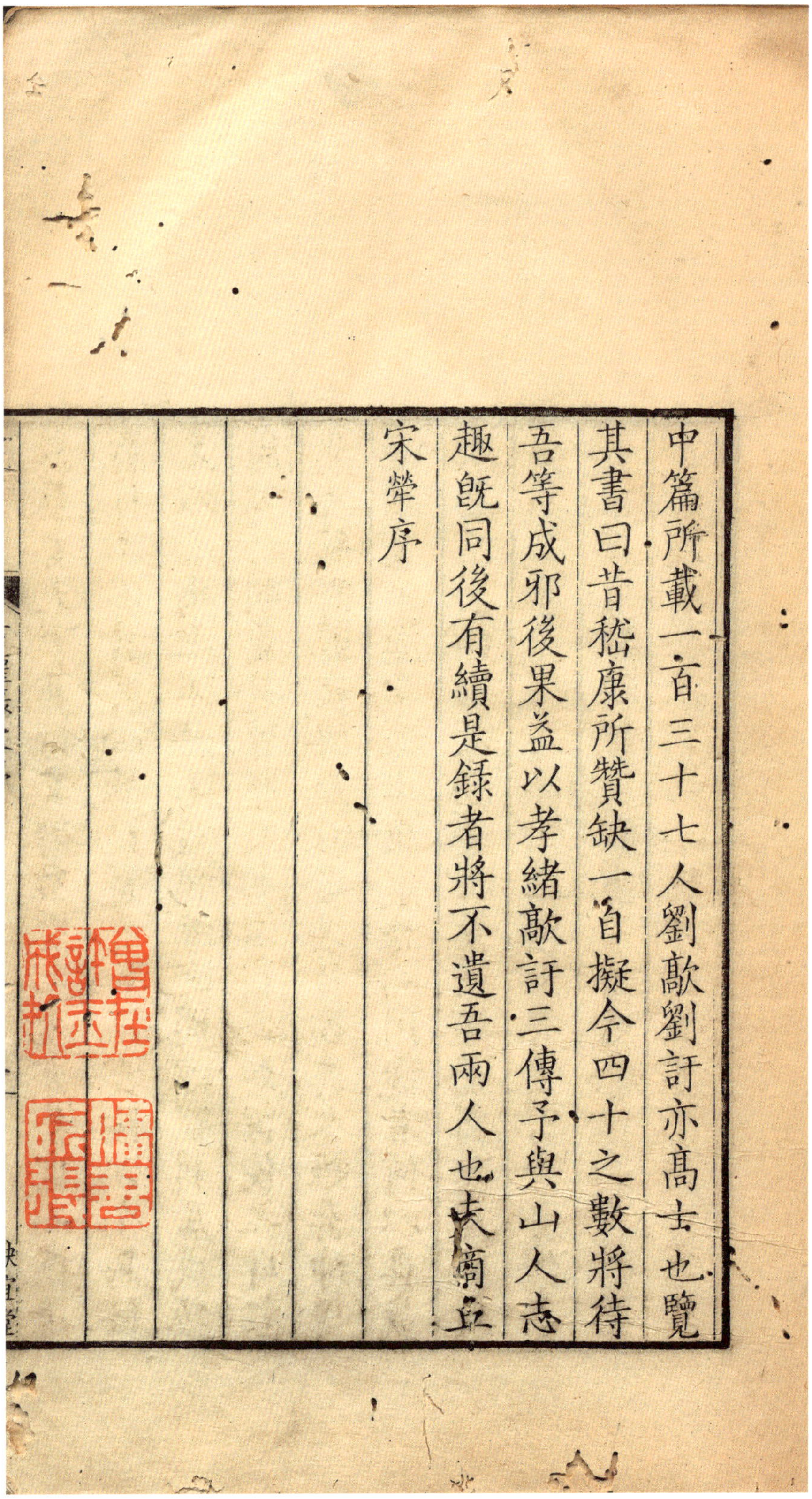
中篇所載一百三十七人劉歆劉訏亦高士也覽
其書曰昔嵇康所贊缺一自擬今四十之數將待
吾等成邪後果益以孝緒歆訏三傳予與山人志
趣既同後有續是録者將不遺吾兩人也夫商丘
宋犖序

083. 古懽録八卷 （清）王士禛撰 清康熙刻《王漁洋遺書》本

開本高26.3厘米，寬17.5厘米。版框高16.7厘米，寬13.3厘米。十行十九字，小字雙行同，白口，單黑魚尾，左右雙邊。鈐有“虞山許玉成印”“傭書所得”“曾在許玉成處”等印。二册。廣東省名録號219

古懽錄卷第一 古

濟南 王士禛 貽上 撰

新安 門人 朱從延 翠庭 校

被衣

齧缺問道乎被衣被衣曰正汝形一汝視天和將至攝汝知一汝度神將來舍德將爲汝美道將爲汝居汝瞳焉如新生之犢而無求其故言未卒齧缺睡寐被衣大說行歌而去之曰形若槁骸心若死灰眞其實知不以故自持媒媒晦晦無心而不可與謀彼何人哉 南華經

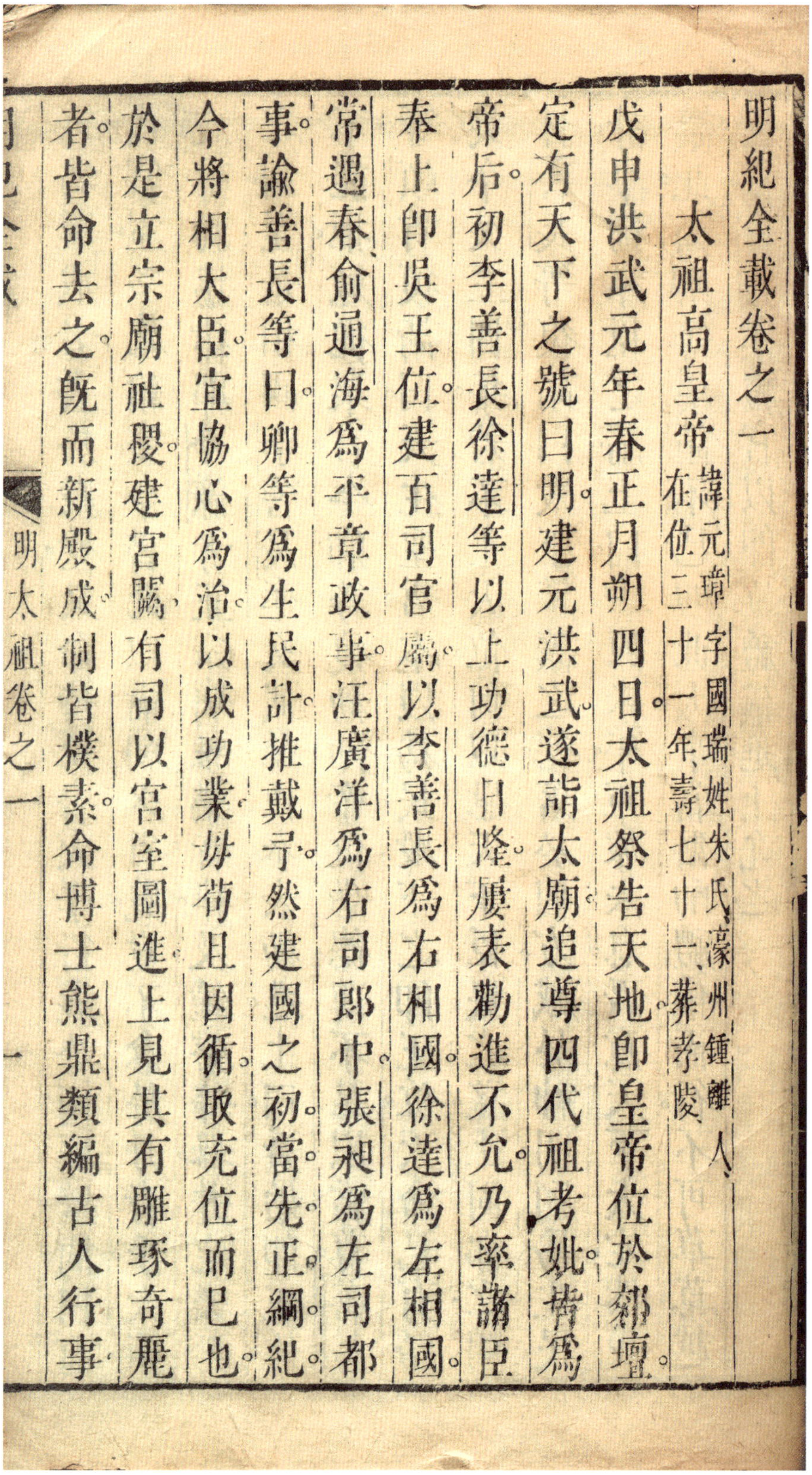

明紀全載卷之一

太祖高皇帝 諱元璋字國瑞姓朱氏濠州鍾離人在位三十一年壽七十一葬孝陵

戊申洪武元年春正月朔四日太祖祭告天地卽皇帝位於郊壇定有天下之號曰明建元洪武遂詣太廟追尊四代祖考妣皆爲帝后初李善長徐達等以上功德日隆屢表勸進不允乃率諸臣奉上卽吳王位建百司官屬以李善長爲右相國徐達爲左相國常遇春俞通海爲平章政事汪廣洋爲右司郎中張昶爲左司都事諭善長等曰卿等爲生民計推戴予然建國之初當先正綱紀令將相大臣宜協心爲治以成功業毋苟且因循取充位而已也於是立宗廟社稷建宮闕有司以宮室圖進上見其有雕琢奇麗者皆命去之旣而新殿成制皆樸素命博士熊鼎類編古人行事

明紀全載　明太祖卷之一　一

084. 明紀全載十六卷（清）朱璘撰 清康熙刻本

開本高25.6厘米，寬16.5厘米。版框高23厘米，寬14.7厘米。十一行二十五字，小字雙行同，白口，單黑魚尾，左右雙邊。八册。廣東省名録號160

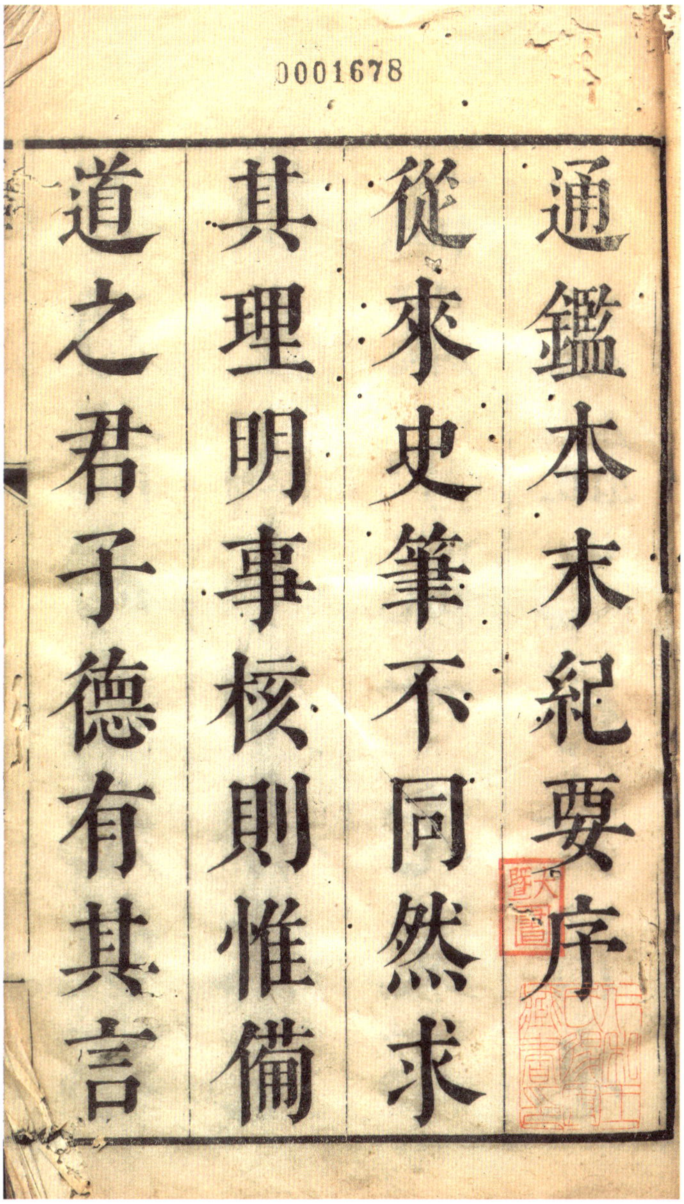

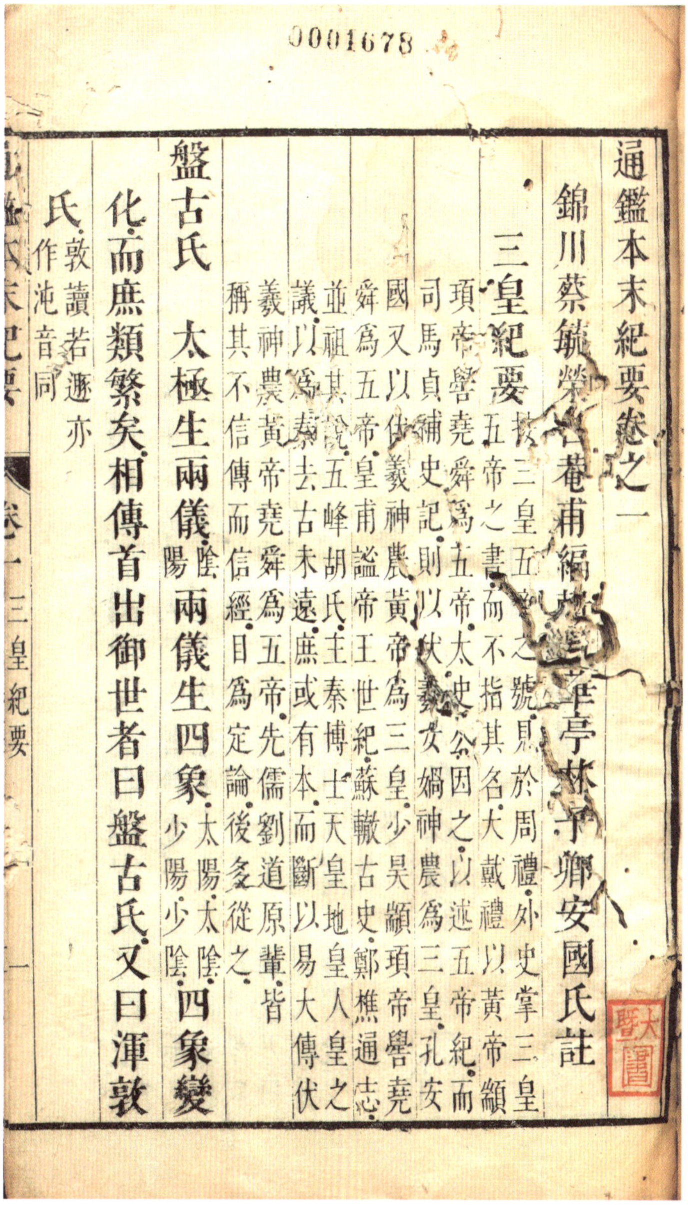

085. 通鑑本末紀要八十一卷首三卷 （清）蔡毓榮編輯 （清）林子卿注 清康熙刻本

開本高26厘米，寬17厘米。版框高21.3厘米，寬14.2厘米。十行二十二字，小字雙行同，白口，單黑魚尾，左右雙邊。鈐有“仁和王氏退圃藏書印”等印。八十册。廣東省名録號168

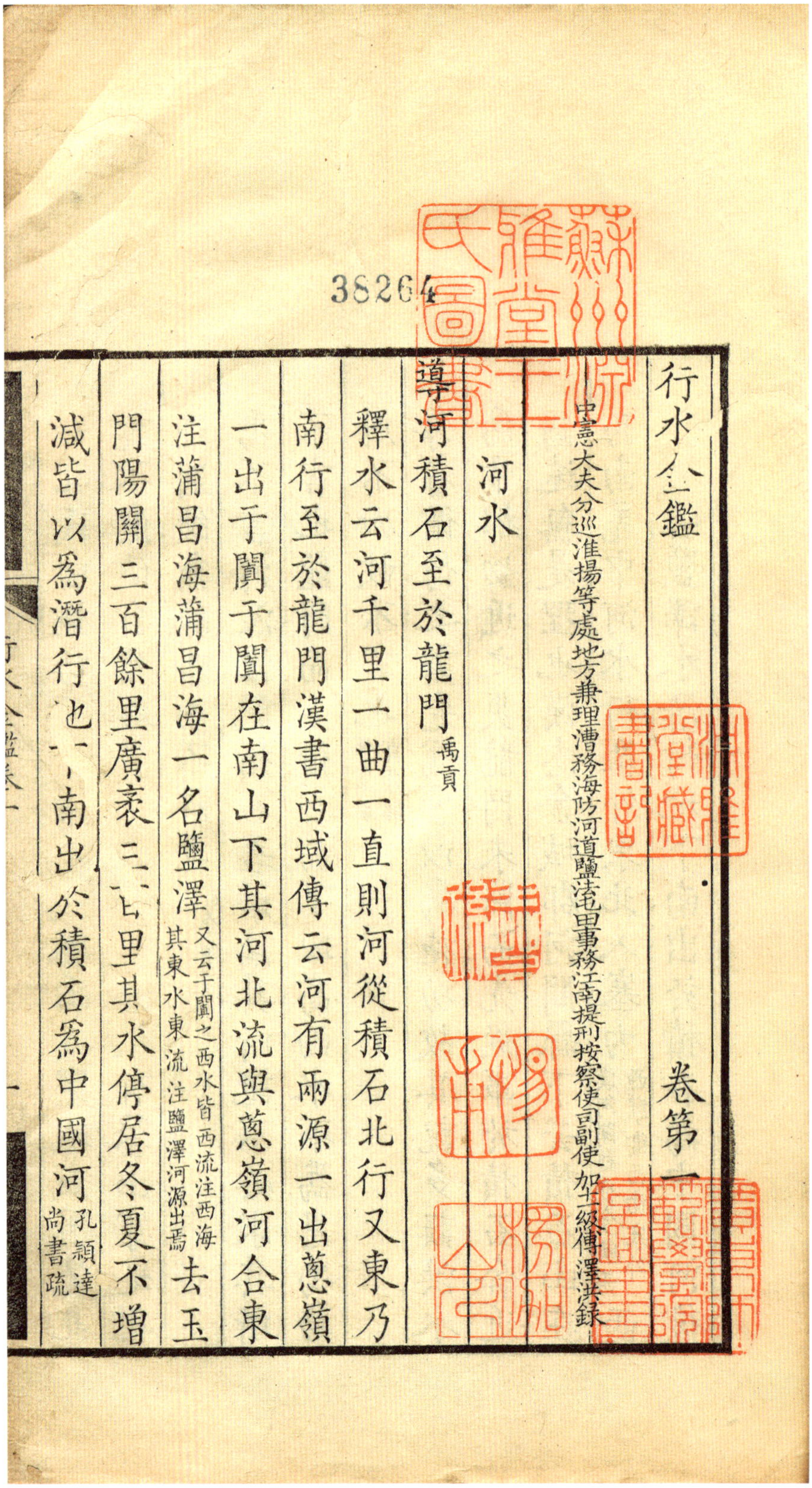
38264
行水金鑑　卷第一
中憲大夫分巡淮揚等處地方兼理漕務海防河道鹽法屯田事務江南提刑按察使司副使加二級傅澤洪錄
河水
導河積石至於龍門 禹貢
釋水云河千里一曲一直則河從積石北行又東乃
南行至於龍門漢書西域傳云河有兩源一出葱嶺
一出于闐于闐在南山下其河北流與葱嶺河合東
注蒲昌海蒲昌海一名鹽澤 又云于闐之西水皆西流注西海其東水東流注鹽澤河源出焉 去玉
門陽關三百餘里廣袤三四百里其水停居冬夏不增
減皆以爲潛行地下南出於積石爲中國河 孔穎達尚書疏

086. 行水金鑑一百七十五卷首一卷 （清）傅澤洪撰 清雍正三年（1725）淮揚官署刻本

開本高26.7厘米，寬17.9厘米。版框高18.3厘米，寬13.6厘米。十一行二十字，小字雙行字數不等，黑口，單黑魚尾，左右雙邊。王芑孫跋。鈐有“楞伽山人”“惕甫”“王芑孫”“淵雅堂藏書記”“蘇州淵雅堂王氏圖書”“漚波舫”等印。三十六册。國家名録號11683 廣東省名録號355

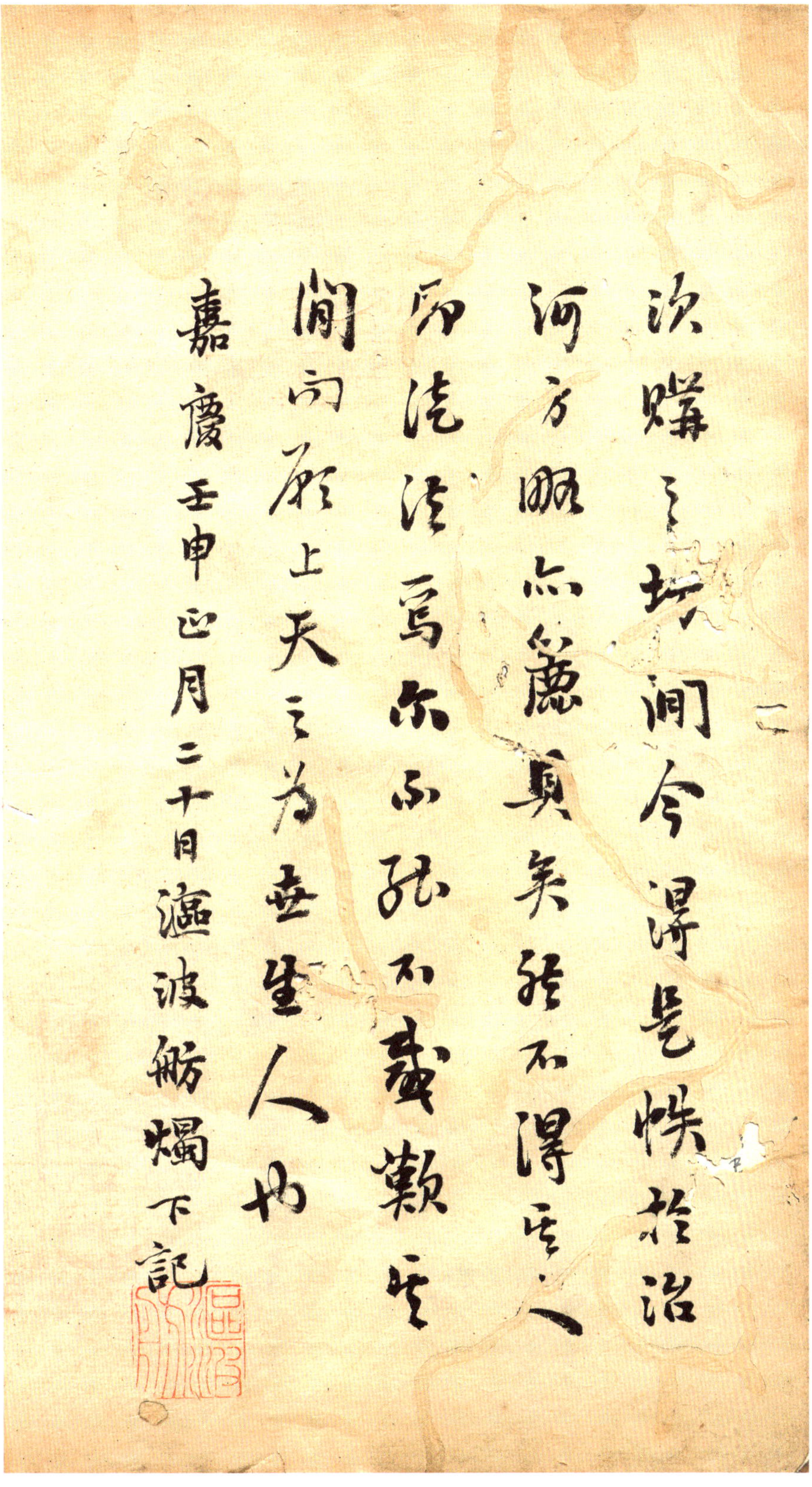
欲購之坊間今得是帙於治
河方略亦麗真矣猶不得其人
而洗注寫亦不能不藏歎其
間向歷上天之為豈生人也
嘉慶壬申正月二十日漚波舫燭下記

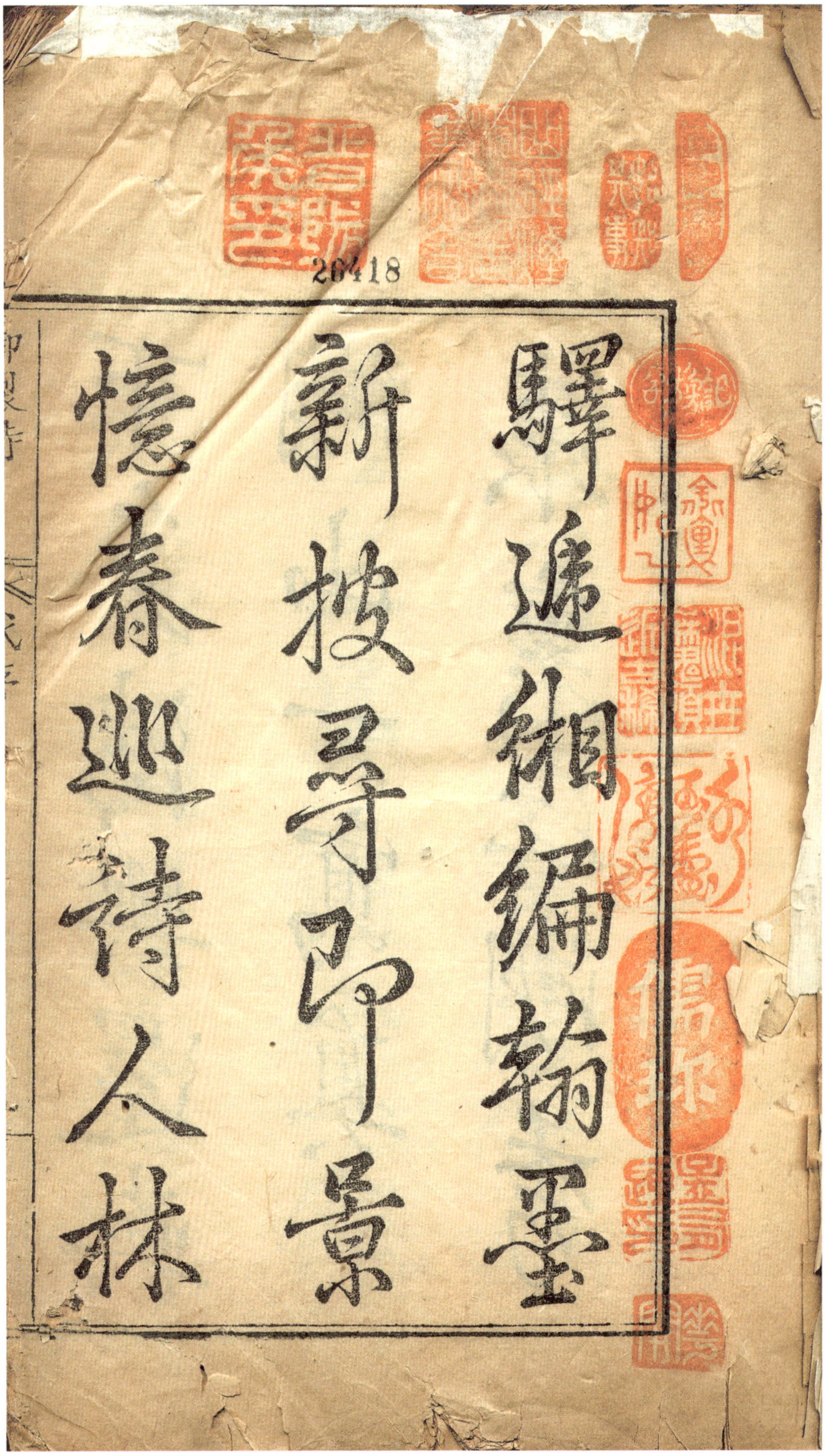
26418
驛遞緗編翰墨
新披尋即景
憶春巡詩人林

087. 西湖志纂十五卷首一卷 （清）沈德潛 （清）傅王露輯 清乾隆二十年（1755）刻二十七年（1762）增修本

開本高25.5厘米，寬16.5厘米。版框高17.9厘米，寬12厘米。九行二十一字，小字雙行同，白口，單白魚尾，四周雙邊。鈐有“晋陽侯印”“混世魔頭近古稀”“表裏如一”“清如玉壺水”等印。五册。廣東省名録號361

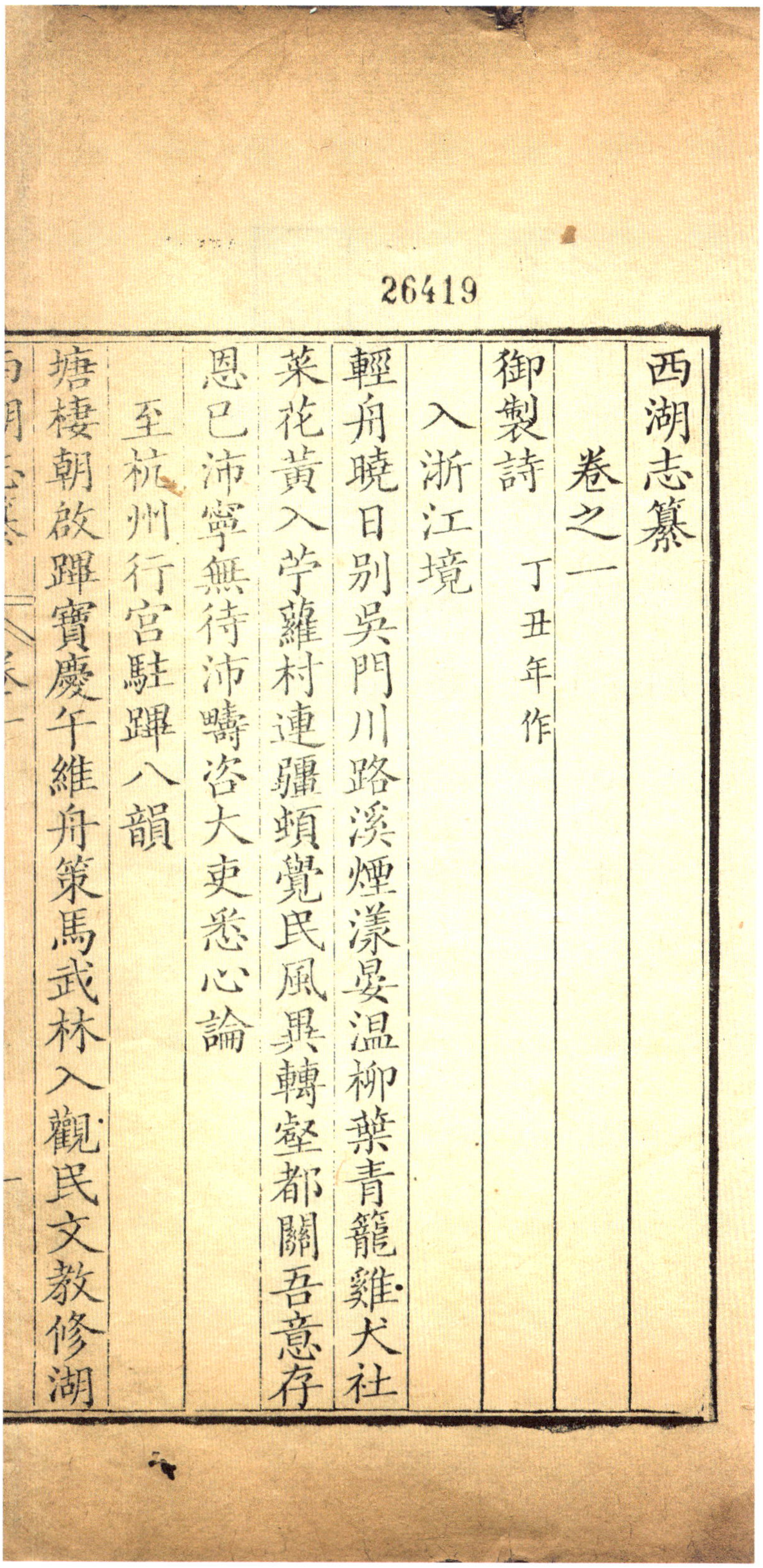

西湖志纂

卷之一

御製詩 丁丑年作

入浙江境

輕舟曉日別吳門川路溪煙漾晏溫柳葉青籠雞犬社
菜花黃入竹籬村連疆頓覺民風異轉壑都關吾意存
恩已沛寧無待沛疇咨大吏悉心論

至杭州行宮駐蹕八韻

塘棲朝啟蹕寶慶午維舟策馬武林入觀民文教修湖

西湖志纂 卷一 一

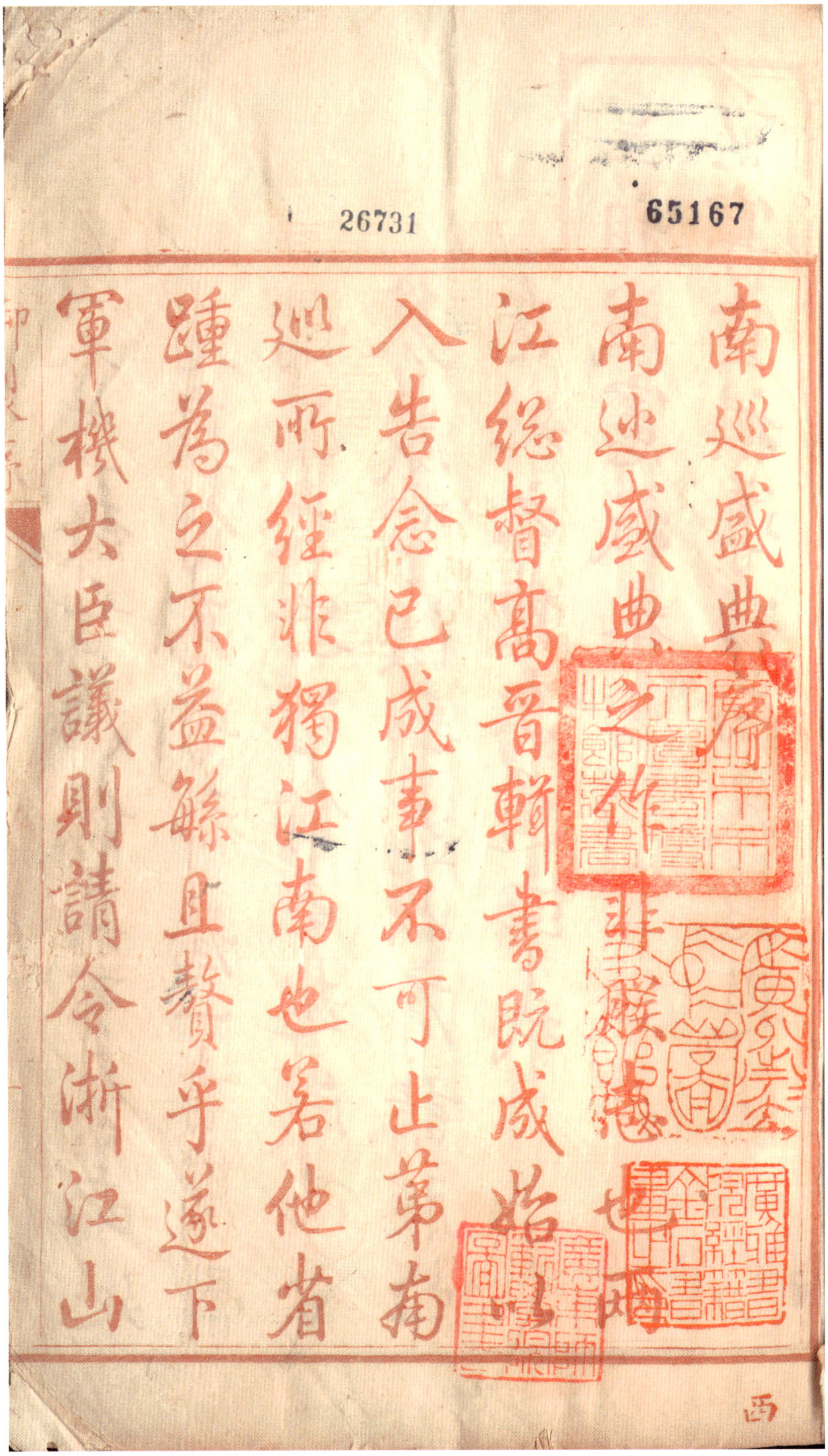
26731 65167

南巡盛典序
南巡盛典之作非[illegible]也兩
江總督高晉輯書既成將以
入告念已成事不可止第南
巡所經非獨江南也若他省
踵為之不益繁且贅乎遂下
軍機大臣議則請合浙江山

088. 南巡盛典一百二十卷 （清）高晉等撰 清乾隆三十六年（1771）内府刻本

開本高29.7厘米，寬18.4厘米。版框高21.7厘米，寬15.3厘米。九行十九字，白口，單黑魚尾，四周雙邊。鈐有"廣雅書院經籍金石書畫之印""廣東圖書館所藏圖籍之章""廣州市市立圖書博物館藏書"等印。三十六册。廣東省名録號377

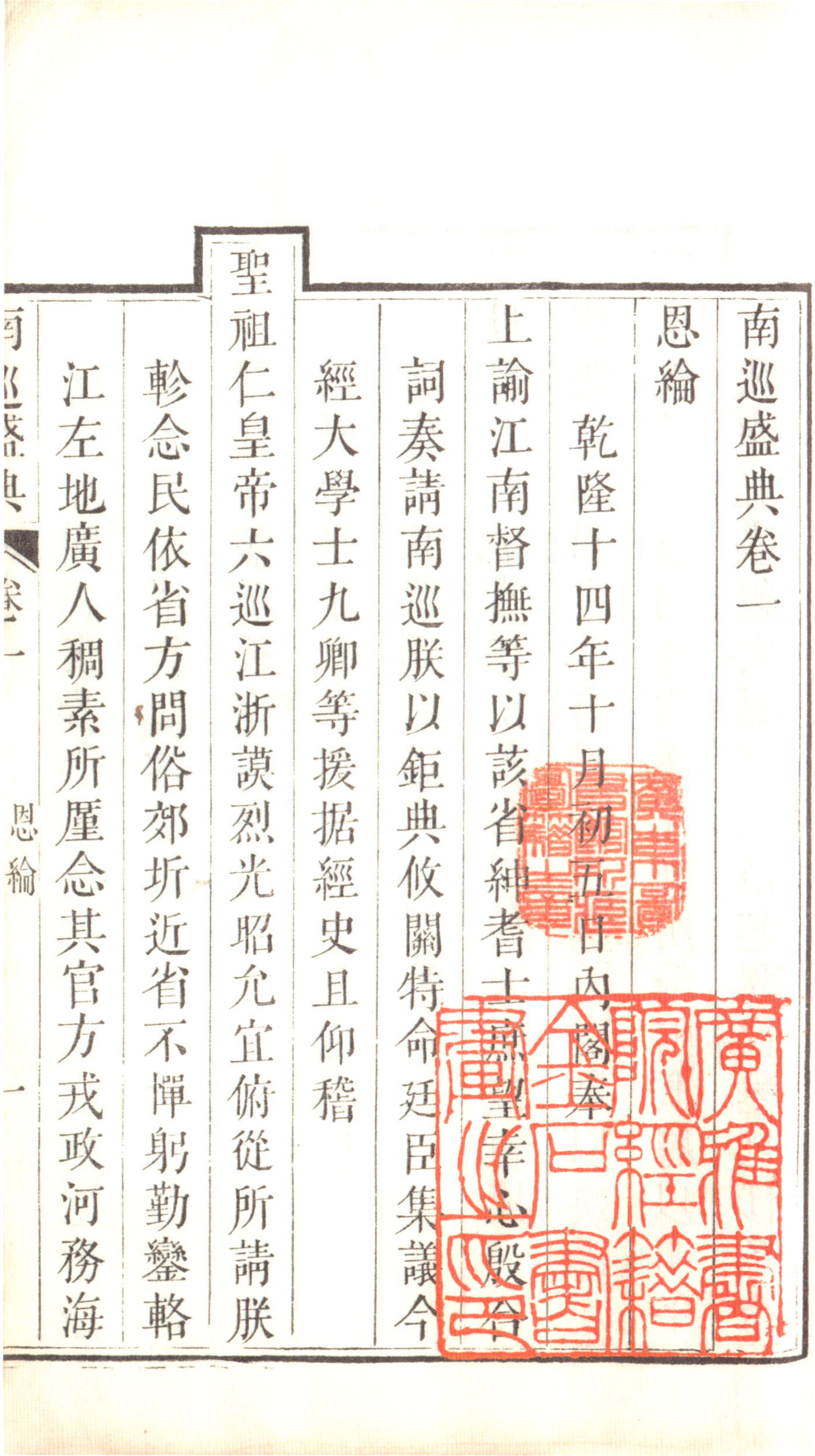

南巡盛典卷一

恩綸

乾隆十四年十月初五日内閣奉

上諭江南督撫等以該省紳耆士庶望幸心殷合

詞奏請南巡朕以鉅典攸關特命廷臣集議今

經大學士九卿等援据經史且仰稽

聖祖仁皇帝六巡江浙謨烈光昭允宜俯從所請朕

軫念民依省方問俗郊圻近省不憚躬勤鑾輅

江左地廣人稠素所厪念其官方戎政河務海

南巡盛典 卷一 恩綸 一

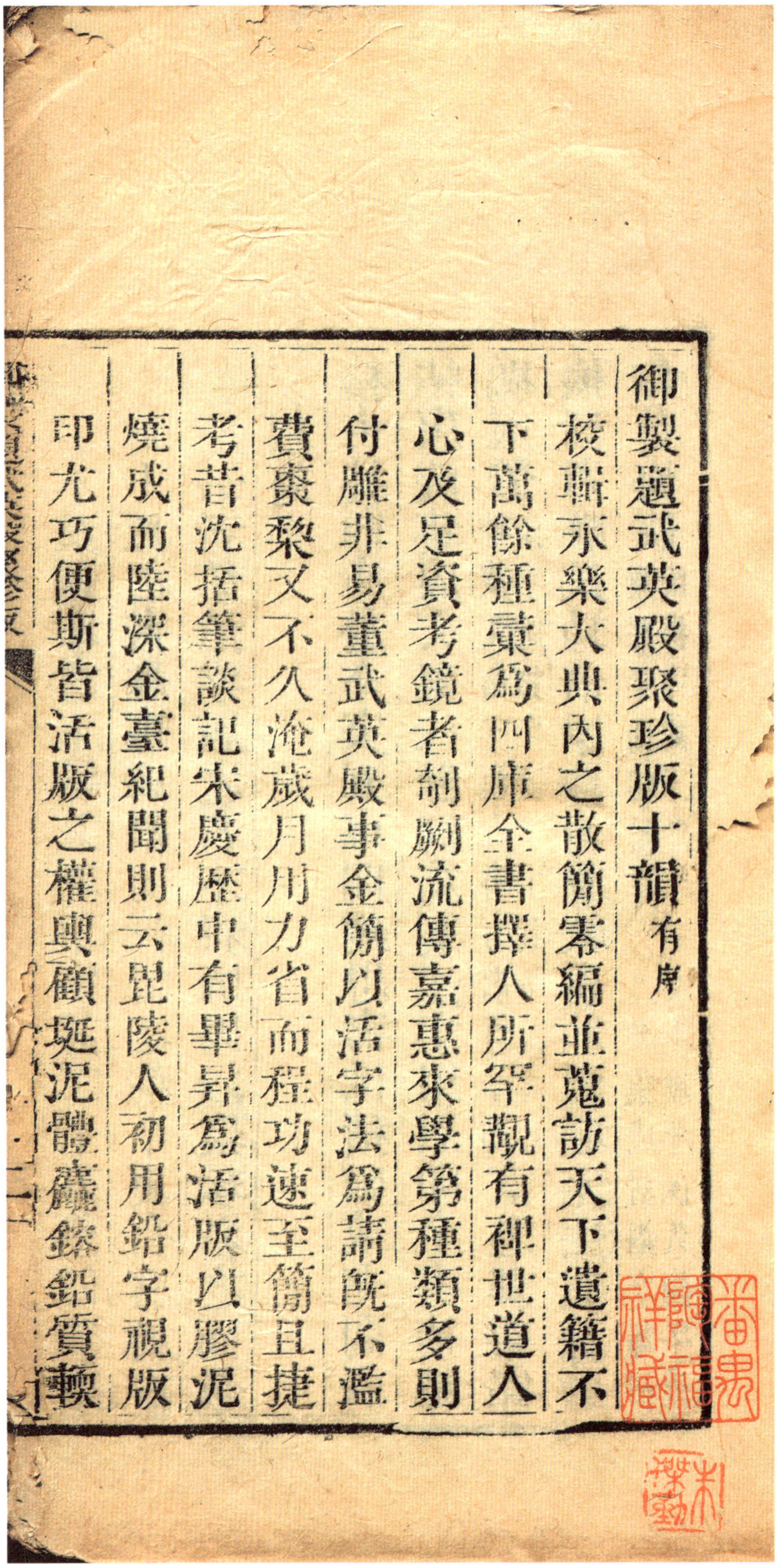
御製題武英殿聚珍版十韻 有序
校輯永樂大典內之散簡零編並蒐訪天下遺籍不
下萬餘種彙爲四庫全書擇人所罕覯有裨世道人
心及足資考鏡者剞劂流傳嘉惠來學第種類多則
付雕非易董武英殿事金簡以活字法爲請既不濫
費棗棃又不久淹歲月用力省而程功速至簡且捷
考昔沈括筆談記宋慶歷中有畢昇爲活版以膠泥
燒成而陸深金臺紀聞則云毘陵人初用鉛字視版
印尤巧便斯皆活版之權輿顧埏泥體麤鎔鉛質輭

089. 元豐九域志十卷 （宋）王存等撰 清乾隆武英殿活字印本

開本高27.2厘米，寬17.4厘米。版框高19.2厘米，寬12.6厘米。九行二十一字，小字雙行同，白口，單黑魚尾，四周雙邊。鈐有“番禺陶福祥藏”“朱傑勤”等印。六册。廣東省名録號264

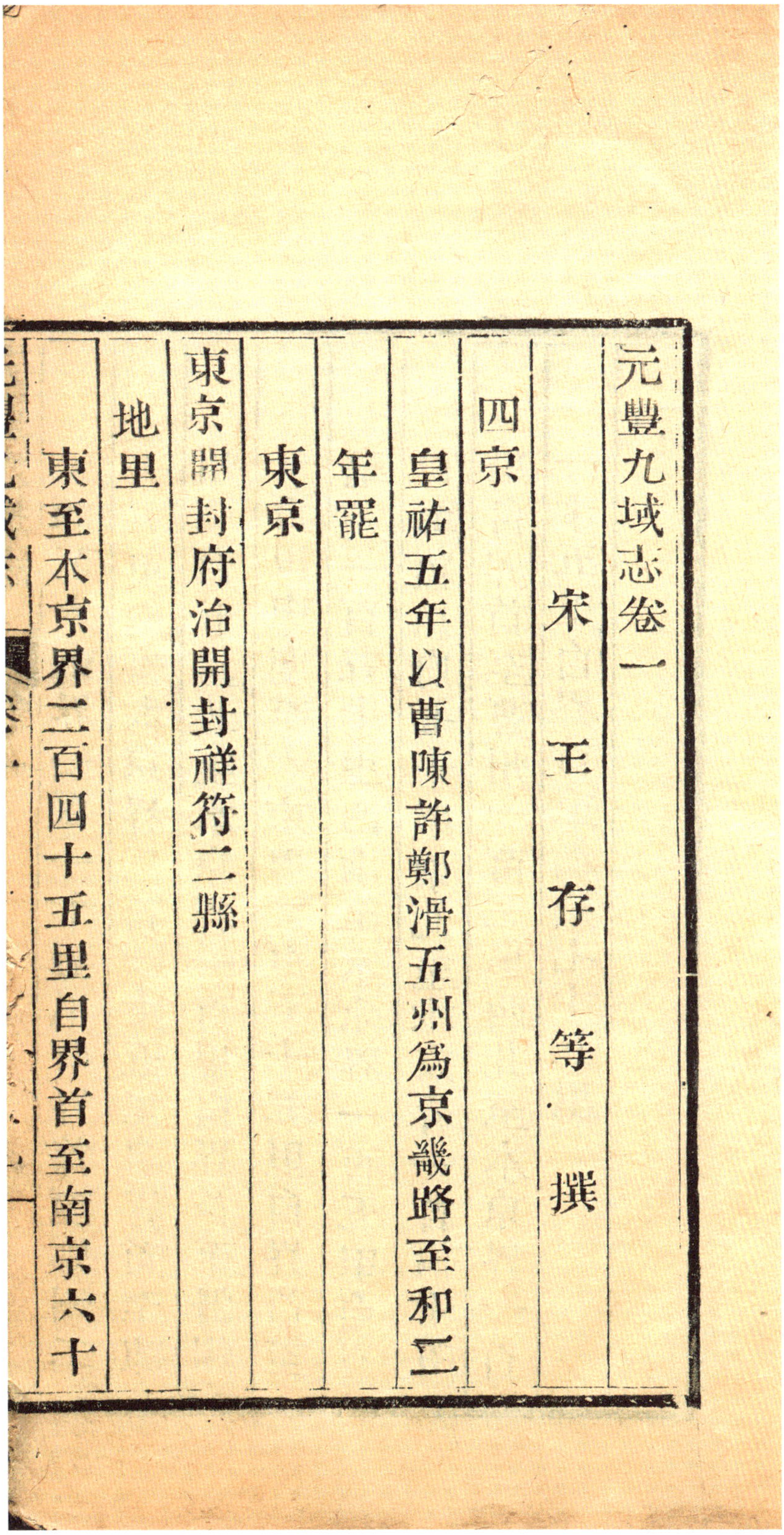

元豐九域志卷一

宋王存等撰

四京

皇祐五年以曹陳許鄭滑五州爲京畿路至和二

年罷

東京

東京開封府治開封祥符二縣

地里

東至本京界二百四十五里自界首至南京六十

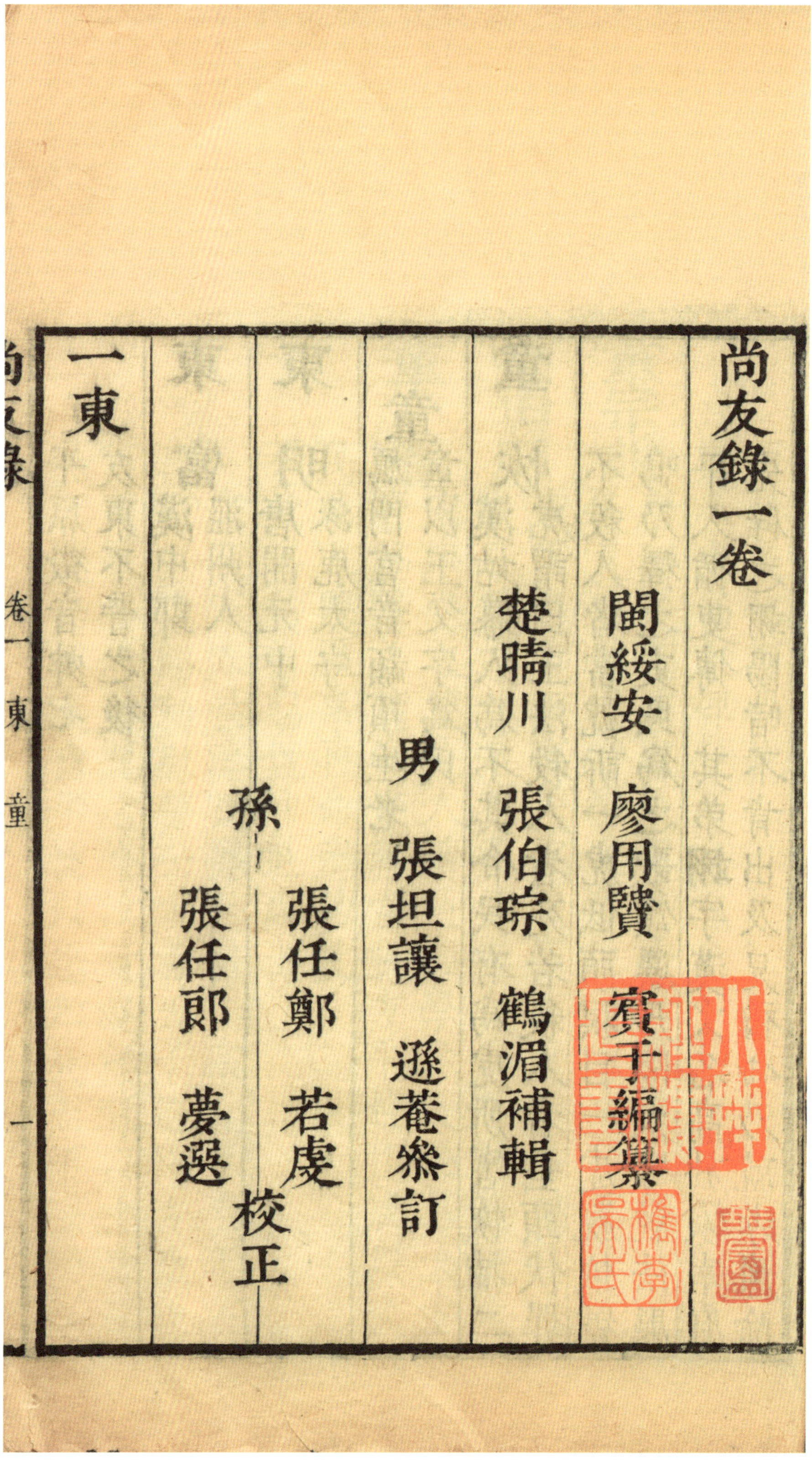

090. 尚友錄二十二卷（明）廖用賢輯 **補遺一卷**（清）張伯琮補輯 清乾隆正業堂刻本

開本高24.4厘米，寬15.5厘米。版框高17.3厘米，寬12.6厘米。七行二十字，小字雙行同，白口，四周單邊。鈐有“檇李吴氏”“小拜經樓藏書”“益盦”“勝”等印。十册。廣東省名録號564

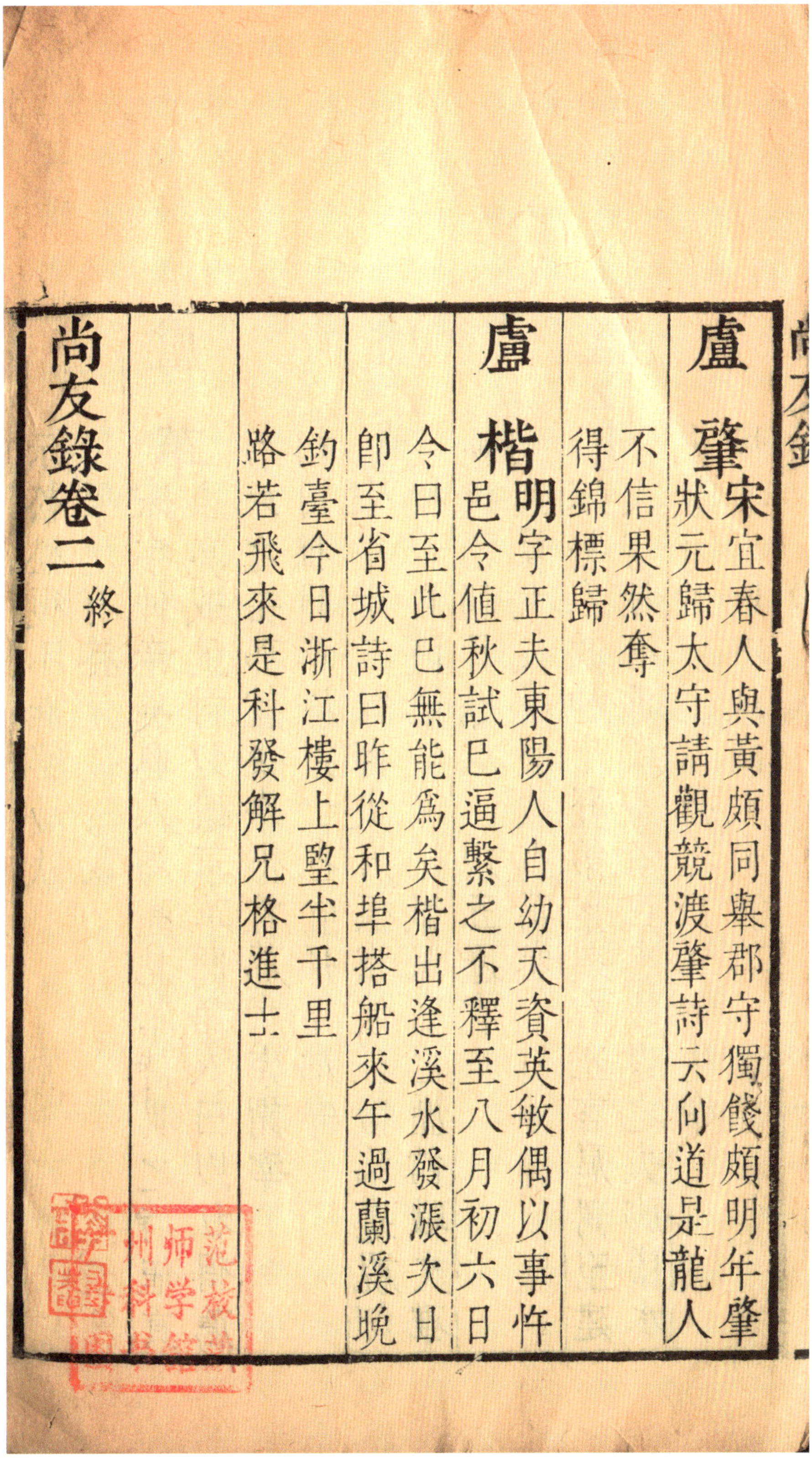

盧肇宋宜春人與黃頗同舉郡守獨餞頗明年肇狀元歸太守請觀競渡肇詩云向道是龍人不信果然奪得錦標歸

盧楷明字正夫東陽人自㓜天資英敏偶以事忤邑令值秋試已逼繫之不釋至八月初六日令日至此已無能爲矣楷出逢溪水發漲次日即至省城詩曰昨從和埠搭船來午過蘭溪晚釣臺今日浙江樓上望半千里路若飛來是科發解兄格進士

尚友錄卷二終

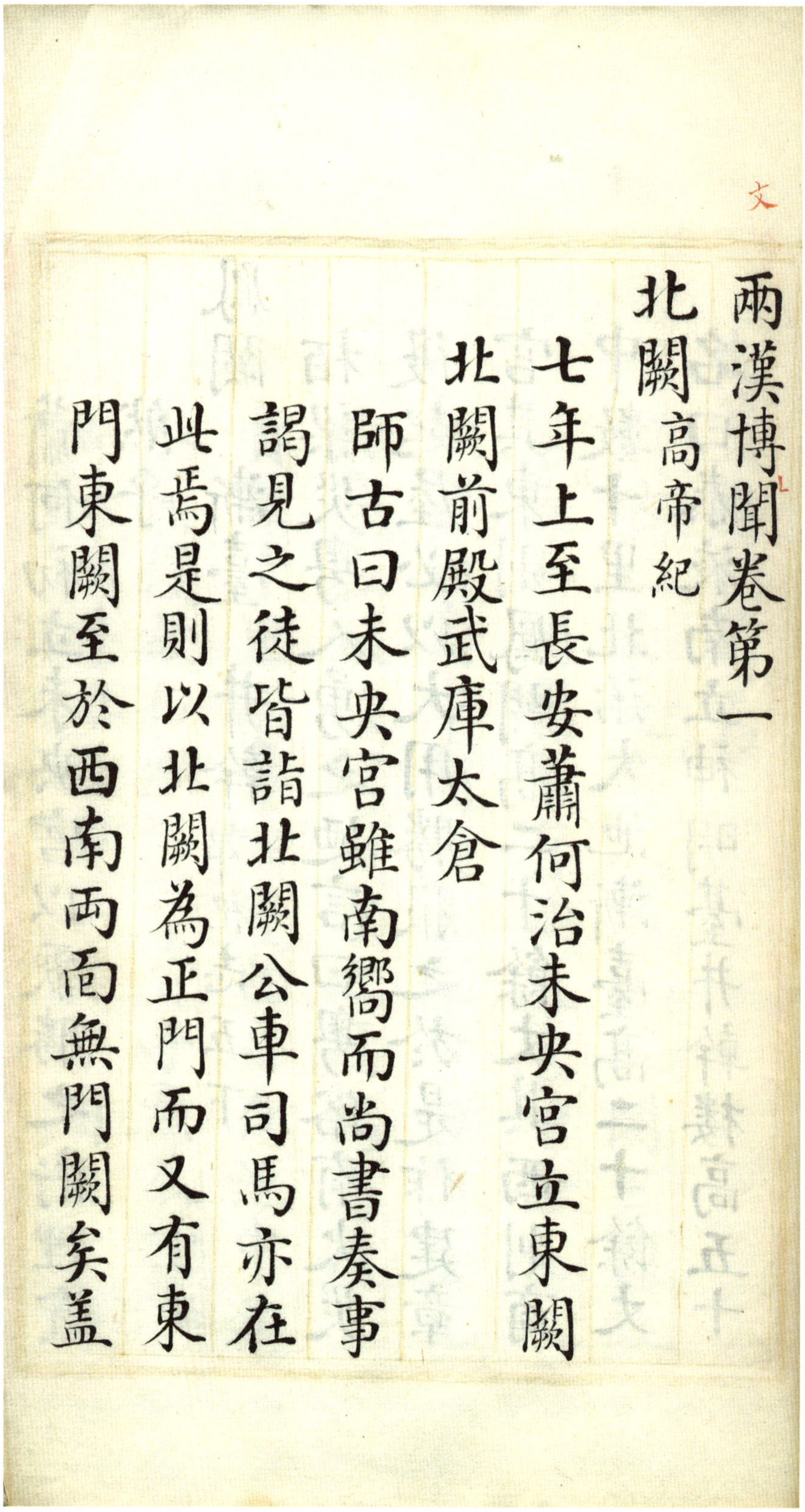
兩漢博聞卷第一
北闕 高帝紀
七年上至長安蕭何治未央宮立東闕
北闕前殿武庫太倉
師古曰未央宮雖南嚮而尚書奏事
謁見之徒皆詣北闕公車司馬亦在
此焉是則以北闕為正門而又有東
門東闕至於西南兩面無門闕矣蓋

091. 兩漢博聞十二卷 （宋）楊侃撰 清道光二十六年（1846）管慶祺抄本

開本高20.7厘米，寬13.2厘米。欄框高15.5厘米，寬10.4厘米。八行十五字，小字雙行同，朱絲欄，四周雙邊。管慶祺跋。十二册。

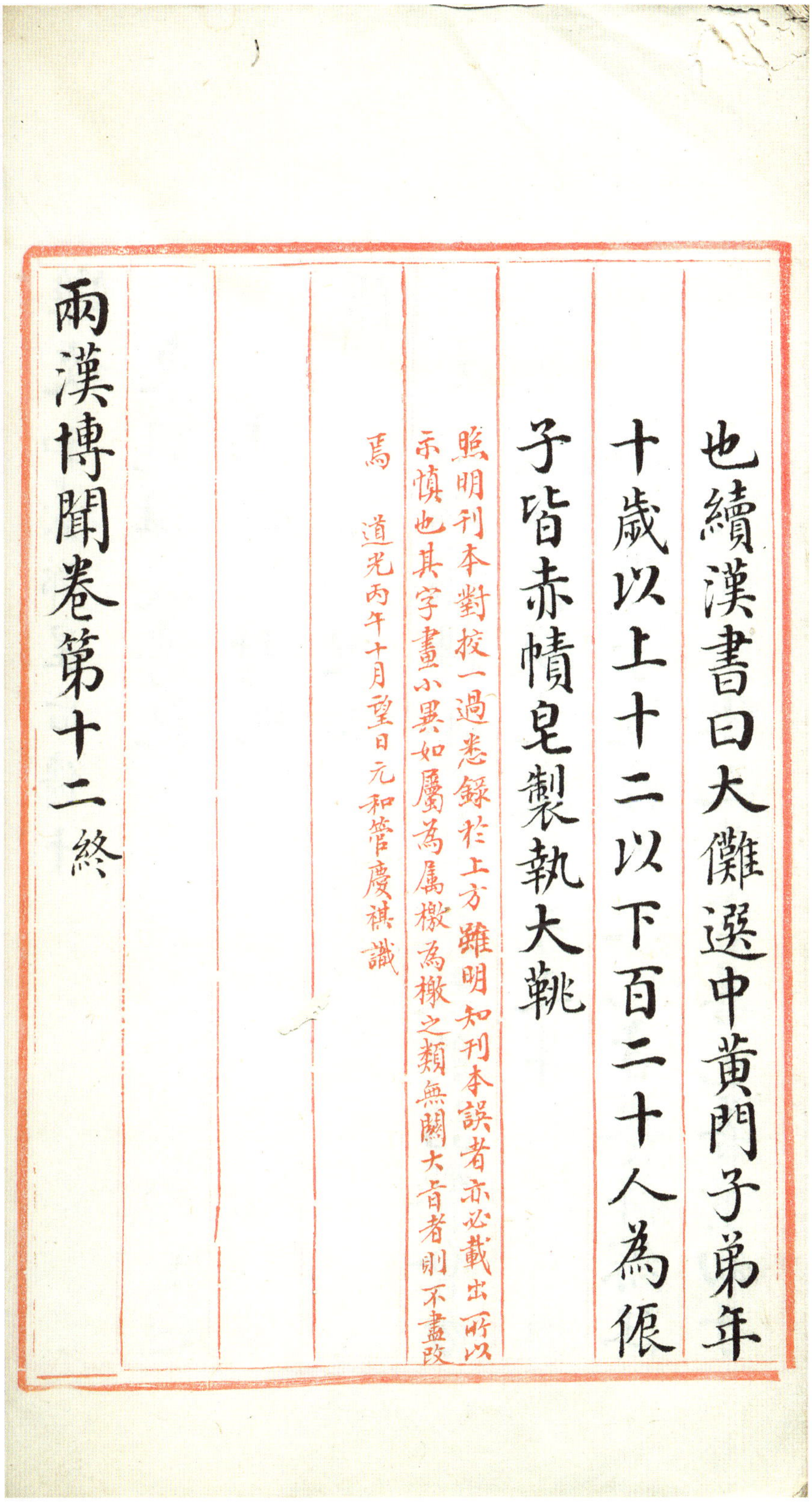
也續漢書曰大儺選中黄門子弟年
十歲以上十二以下百二十人為侲
子皆赤幘皂製執大鞉

照明刊本對挍一過悉録於上方雖明知刊本誤者亦必載出所以
示慎也其字畫小異如屬為屬擞為撽之類無關大旨者則不盡改
焉　道光丙午十月望日元和管慶祺識

兩漢博聞卷第十二終

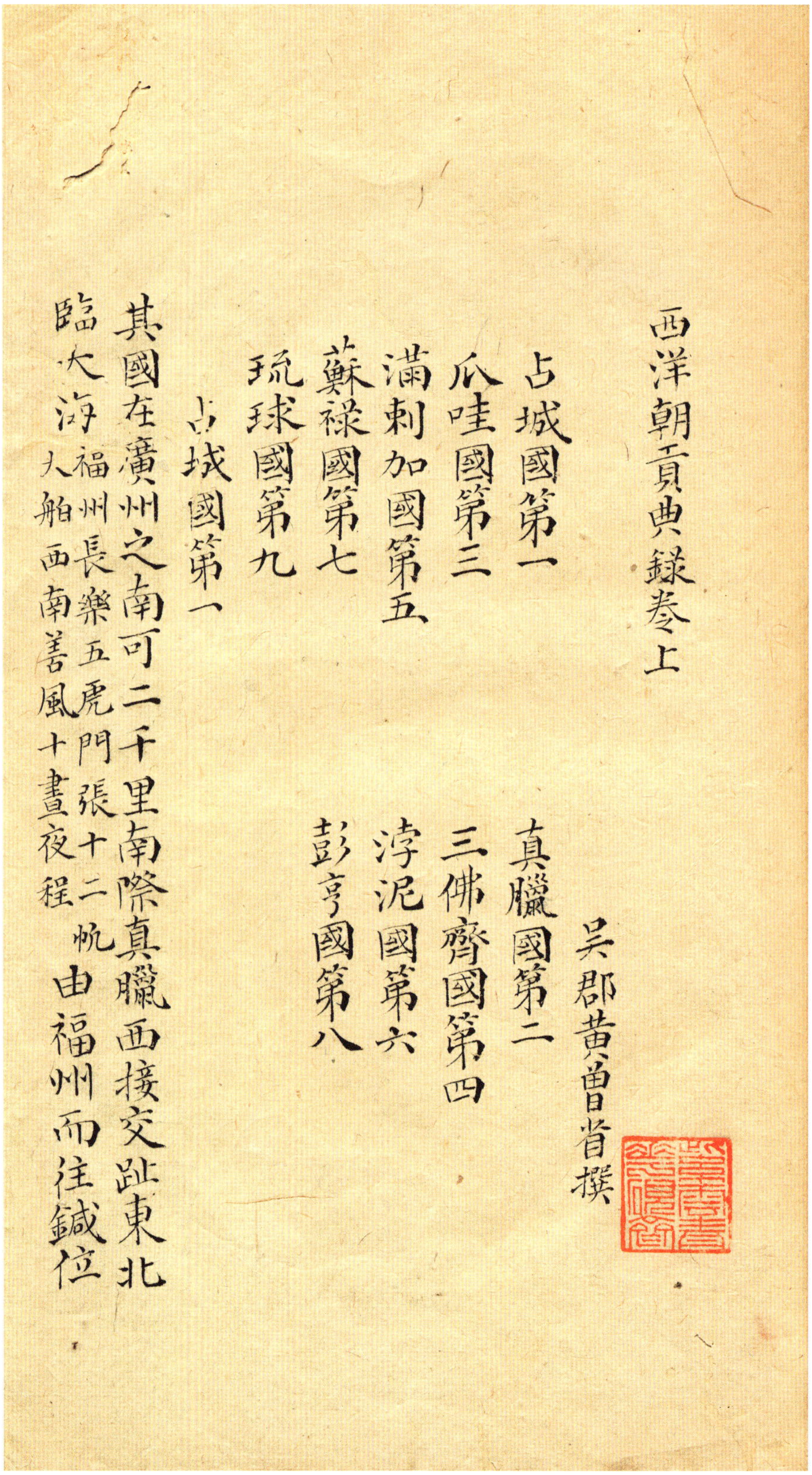
西洋朝貢典録卷上
吴郡黄曾省撰
占城國第一　真臘國第二
爪哇國第三　三佛齊國第四
滿剌加國第五　渤泥國第六
蘇禄國第七　彭亨國第八
琉球國第九
占城國第一
其國在廣州之南可二千里南際真臘西接交趾東北
臨大海福州長樂五虎門張十二帆大船西南善風十晝夜程由福州而往鍼位

092. 西洋朝貢典録三卷 （清）黄曾省撰 清道光抄本

開本高27.5厘米，寬17厘米。十行二十一字，小字雙行同，無格。曾釗跋。鈐有“紫雲青花硯齋”“面城樓藏書印”等印。一册。廣東省名録號0390

西洋朝貢典錄跋　曾釗勉士

西洋朝貢典錄三卷楊州阮氏文選樓所藏壬午余館廣州節署借錄之一皆依仿舊式間有闕字悉仿之雖爪哇國編行間滿者伯夷地名以下五十三字滿剌加篇行間永樂初詔以下二十七字余審知其為夾注也仍不輒改云乙酉夏勉士記

（錄自面城樓集鈔卷二）

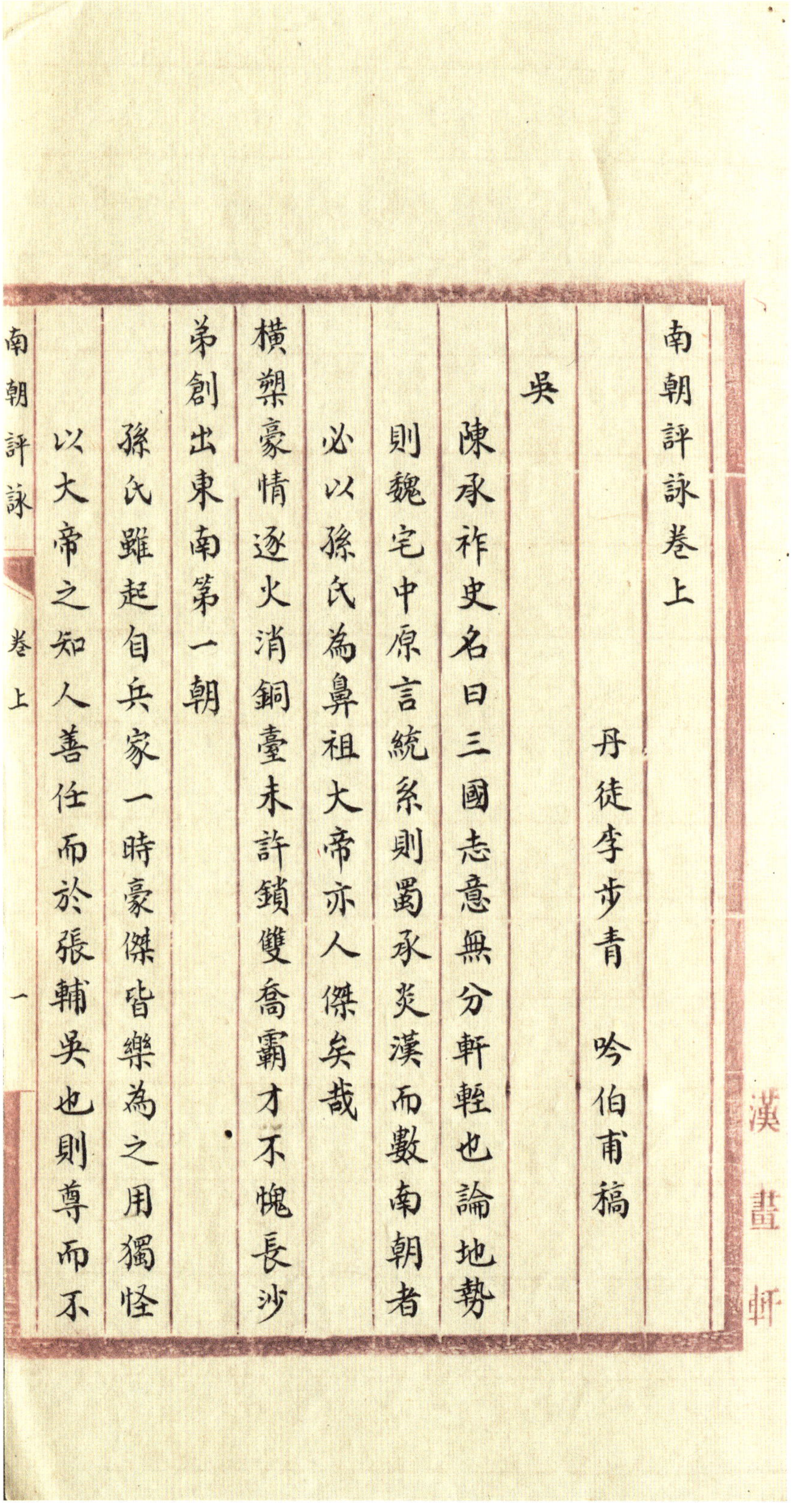

南朝評詠卷上

丹徒李步青　吟伯甫稿

吳

陳承祚史名曰三國志意無分軒輊也論地勢則魏宅中原言統系則蜀承炎漢而數南朝者必以孫氏爲鼻祖大帝亦人傑矣哉

橫槊豪情逐火消銅臺未許鎖雙喬霸才不愧長沙弟創出東南第一朝

孫氏雖起自兵家一時豪傑皆樂爲之用獨怪以大帝之知人善任而於張輔吳也則尊而不

南朝評詠　卷上　一

漢畫軒

093. 南朝評詠二卷 李步青稿 清光緒十八年（1892）丹徒李步青稿本

開本高23.8厘米，寬14.9厘米。版框高16.8厘米，寬12厘米。十行二十字，小字雙行同，朱絲欄，紅口，單黑魚尾，左右雙邊。二册。

龍驤用而孫皓歸命韓擒逼而叔寶乞降武惠來而
重光献籍自南并北在昔罕聞惟明孝陵獨變其局
天下既定議遷関中而不果永樂之季匆匆改轍福
王一載直兒嬉耳綜南朝之勢半壁為多雖曰偏王
頗推望國衣冠文物炳蔚一世重以仍代興亡之迹
累朝治亂之由有足資考鏡者用是繫之以評發之
於詠得二萬言既以紀事且以自娛云尒
光緒壬辰日至吟伯氏自記

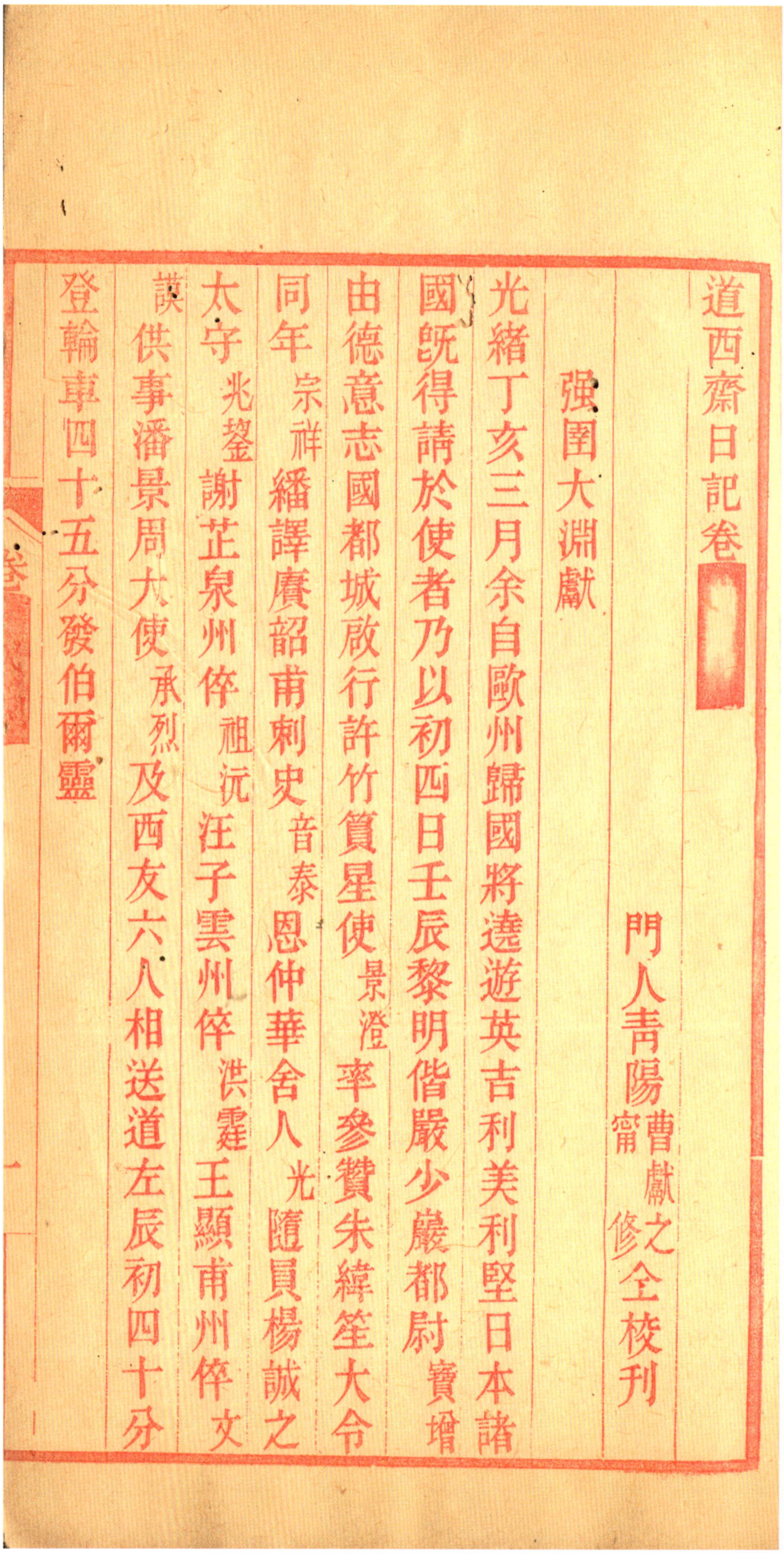
道西齋日記卷
門人青陽曹獻之 甯修全校刊
強圉大淵獻
光緒丁亥三月余自歐州歸國將遠遊英吉利美利堅日本諸
國旣得請於使者乃以初四日壬辰黎明偕嚴少巖都尉寶增
由德意志國都城啟行許竹篔星使景澄率參贊朱緯笙大令
同年宗祥繙譯賡韶甫刺史音泰恩仲華舍人光隨員楊誠之
太守光鋆謝芷泉州倅祖沅汪子雲州倅洪霆王顯甫州倅文
謨供事潘景周大使承烈及西友六八相送道左辰初四十分
登輪車四十五分發伯爾靈

094. 道西齋日記二卷 （清）王咏霓撰 清光緒徽休屯鎮同文堂刻朱印本

開本高27.2厘米，寬15.6厘米。版框高21.1厘米，寬13.8厘米。十行二十四字，小字雙行同，紅口，單黑魚尾，四周單邊。鈐有“節庵藏書”“梁鼎芬印”等印。一册。

徽休屯鎮同文堂鐫印

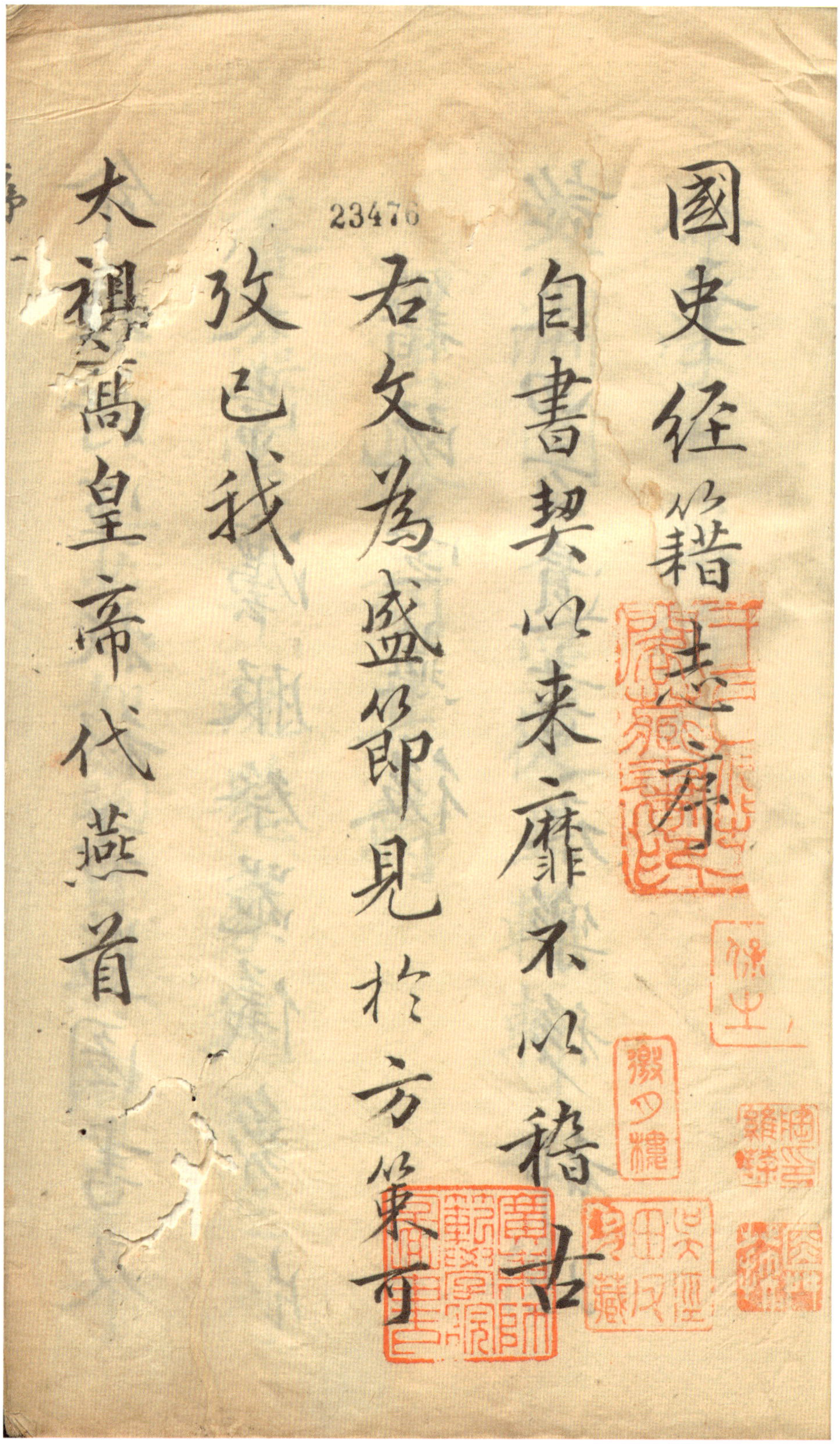
23476
國史經籍志序
自書契以來靡不以稽古
右文為盛節見於方策
玆已我
太祖高皇帝代燕首

095. 國史經籍志六卷（明）焦竑撰　清抄本

開本高25厘米，寬16.8厘米。十行二十字，小字雙行同，無格。鈐有“舜挼”“陶維蓀印”“吴涇田父珍藏”“邀月樓”等印。十二册。

國史經籍志卷一

史官瑯琊焦竑輯　錢塘徐象橒校刊

制書類 御製 勅修 中宮御製 記注時政

御製

高皇帝文集二十卷　又三十卷

又詩集五卷　皇明祖訓一卷

祖訓條章一卷　儲君昭鑒錄二卷

大明主婿一卷　昭鑒錄五卷 訓親藩

紀非錄一卷 諭周齊潭魯　永鑒錄一卷 訓親藩

資世通訓一卷　大誥一卷

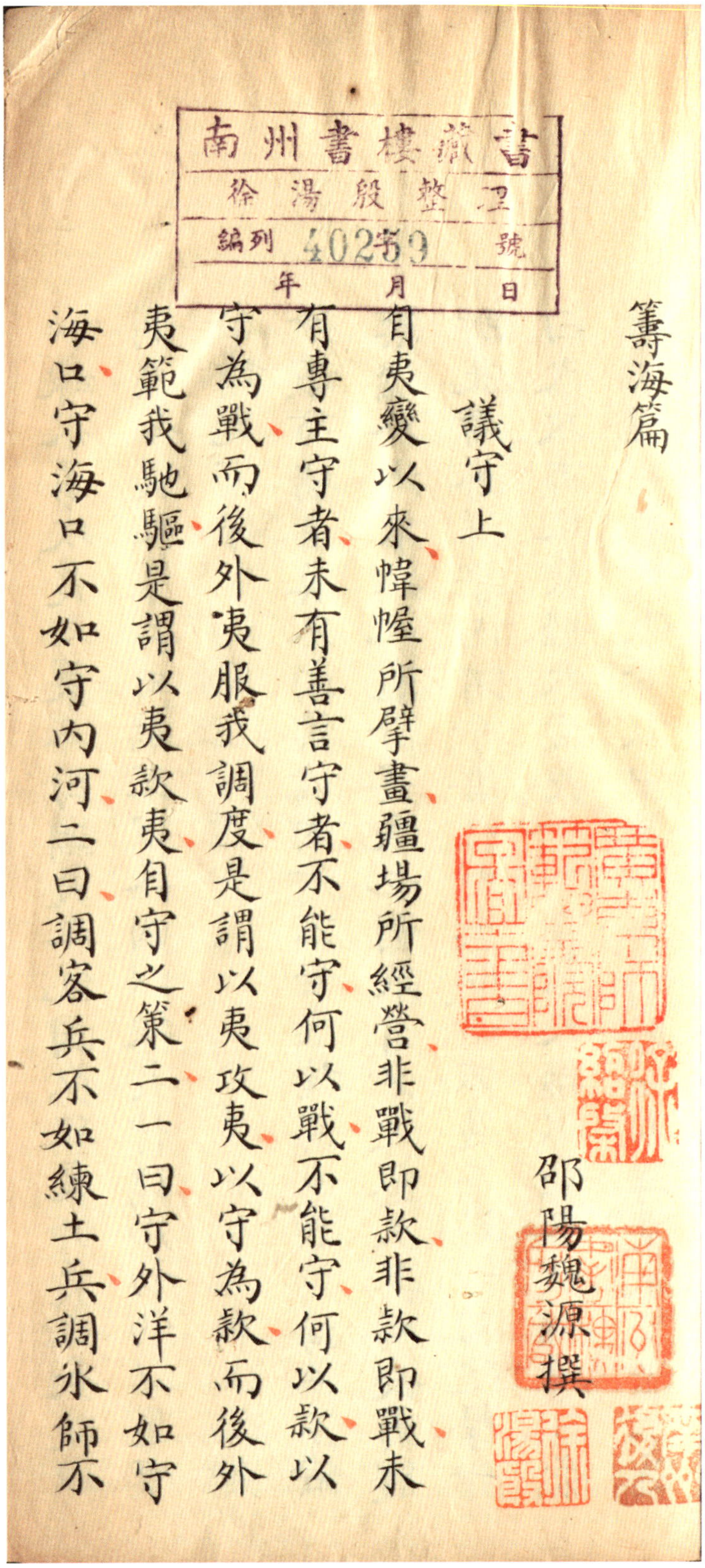

籌海篇

議守上

自夷變以來幃幄所擘畫疆場所經營非戰即款非款即戰未有專主守者未有善言守者不能守何以戰不能守何以款以守為戰而後外夷服我調度是謂以夷攻夷以守為款而後外夷範我馳驅是謂以夷款夷自守之策二一曰守外洋不如守海口守海口不如守內河二曰調客兵不如練土兵調水師不

邵陽魏源撰

096. 籌海篇三卷 （清）魏源撰 清抄本

開本高23.2厘米，寬12.3厘米。八行二十四字，小字雙行同，無格。鈐有“南州書樓所藏”“徐紹棨”“南州後人”“徐湯殷”等印。一册。廣東省名録號367

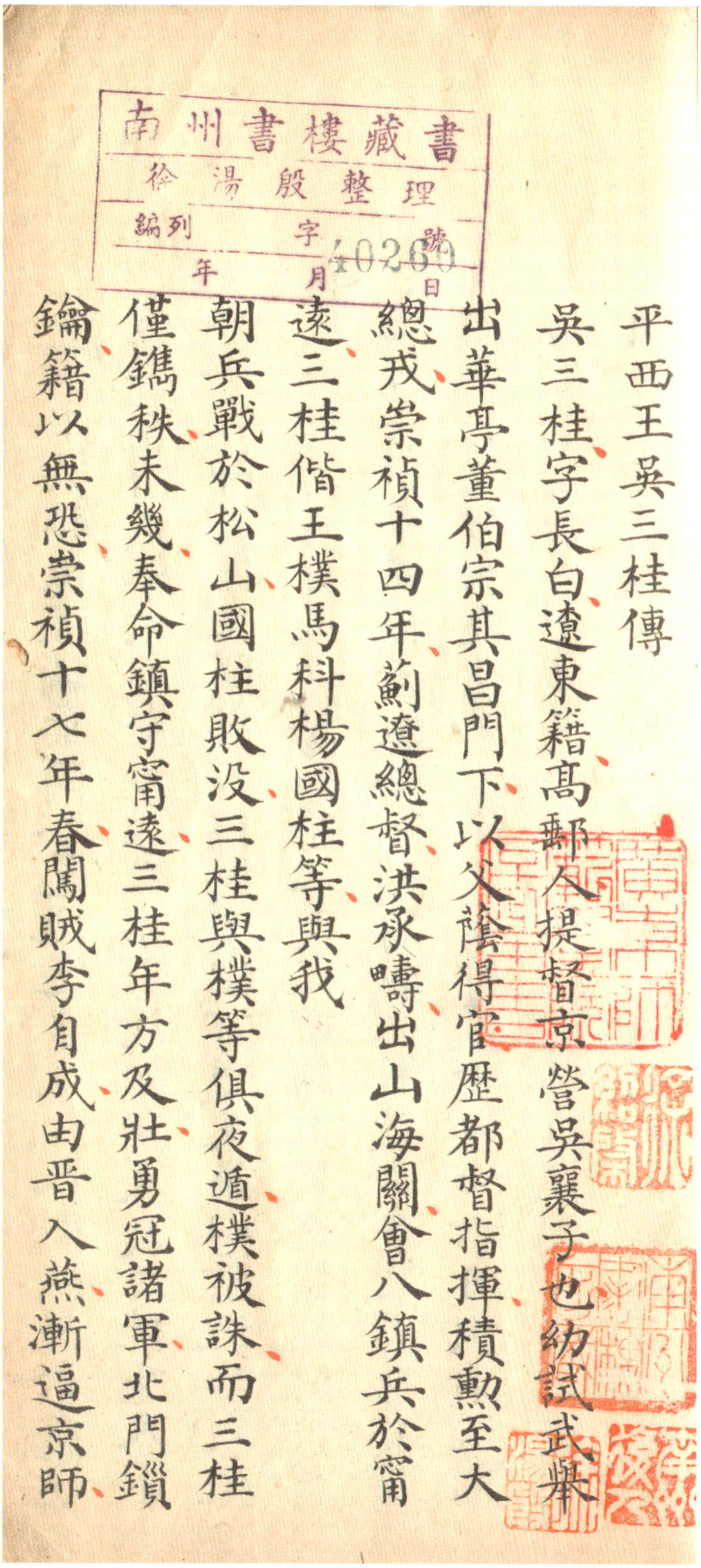

平西王吳三桂傳
吳三桂字長白遼東籍高郵人提督京營吳襄子也幼試武舉
出華亭董伯宗其昌門下以父蔭得官歷都督指揮積勳至大
總戎崇禎十四年薊遼總督洪承疇出山海關會八鎮兵於甯
遠三桂偕王樸馬科楊國柱等與我
朝兵戰於松山國柱敗没三桂與樸等俱夜遁樸被誅而三桂
僅鐫秩未幾奉命鎮守甯遠三桂年方及壯勇冠諸軍北門鎖
鑰籍以無恐崇禎十七年春闖賊李自成由晉入燕漸逼京師

097. 四王合傳四卷 （清）錢名世撰 清抄本

開本高23厘米，寬12.4厘米。八行二十四字，小字雙行同，無格。鈐有“南州書樓所藏”“徐紹棨”“南州後人”“徐湯殷”等印。一册。

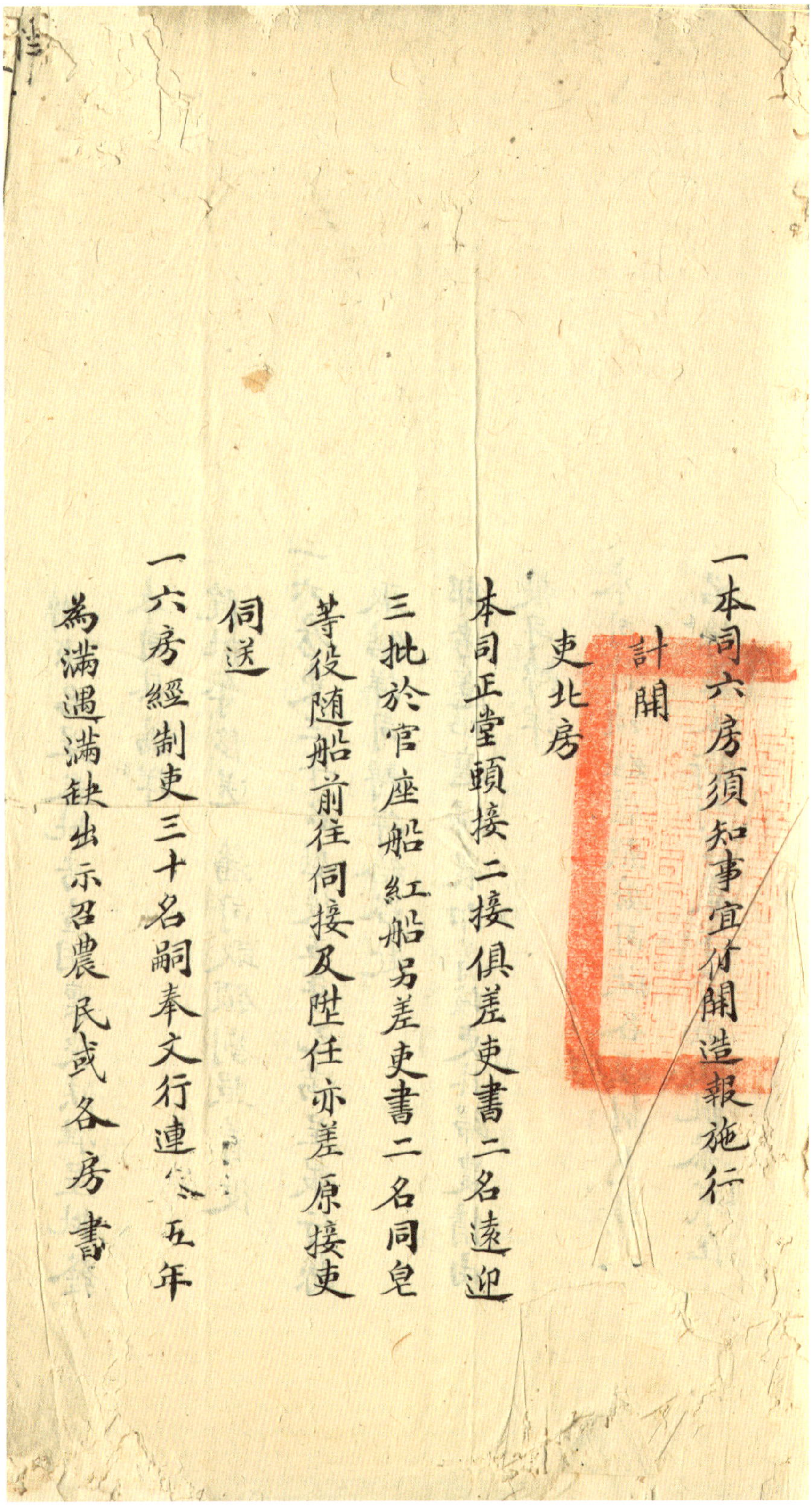

一本司六房須知事宜分開造報施行
計開
吏北房
本司正堂頓接二接俱差吏書二名遠迎
三批於官座船紅船另差吏書二名同皂
等役隨船前往伺接及陞任亦差原接吏
伺送
一六房經制吏三十名嗣奉文行連今五年
為滿過滿缺出示召農民或各房書

098. 六房須知册一卷　（清）廣東等處提刑按察使司兼管驛傳事編　清抄本

開本高29.3厘米，寬20.4厘米。九行字數不等，無格。一册。

撫憲革除雜派着于每縣撥送小書之
項暫為緩催書辦等凛遵不催各縣亦
為停辦迄今已越四年餘矣忖書辦等
每一班合算約費五百餘金俱是自行捐
應雖身為
朝廷赤子辦　朝廷公事捐金亦分所當然但
祖田無幾無米難炊况上自官兵下至獄
卒均為生民何以官有俸兵有糧　相公
有修金獄卒有工食獨書辦　等捐已囊

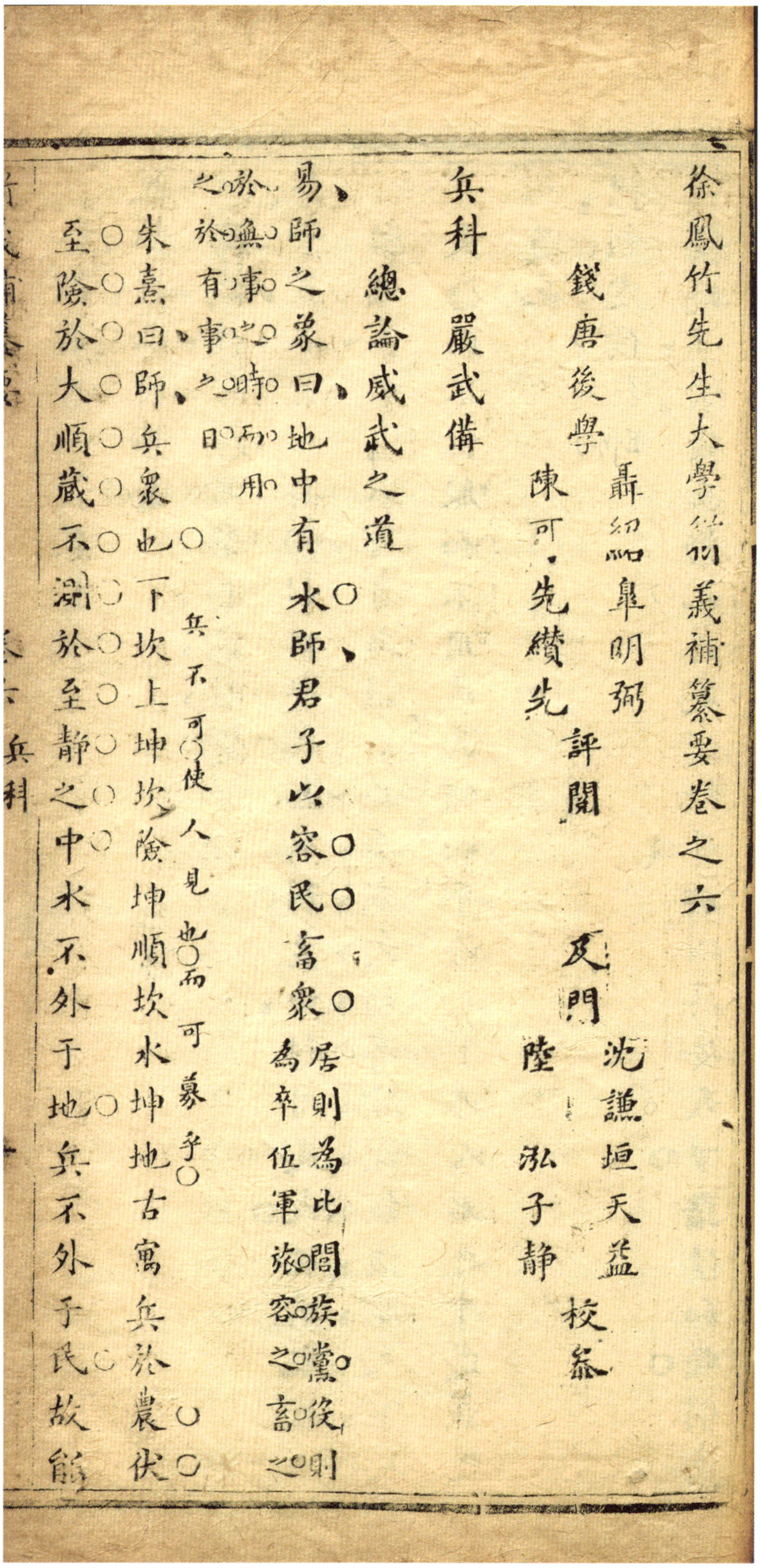
徐鳳竹先生大學衍義補纂要卷之六
錢唐後學 聶紹皐明弼 陳可先纘先 評閱
及門 沈讜垣天益 陸泓子靜 校錄
兵科 嚴武備
總論威武之道
易師之象曰地中有水師君子以容民畜衆居則為比閭族黨役則為卒伍軍旅容之畜之於無事之時而用之於有事之日
兵不可使人見也而可募乎
朱熹曰師兵衆也下坎上坤坎險坤順坎水坤地古寓兵於農伏至險於大順藏不測於至静之中水不外于地兵不外于民故能
衍義補纂要 卷六 兵科

099. 徐鳳竹先生大學衍義補纂要六卷（明）徐栻輯 清康熙二年（1663）陳可先刻本

開本高24.2厘米，寬13.6厘米。版框高20.9厘米，寬10.7厘米。九行二十六字，小字雙行同，白口，四周雙邊。三册。廣東省名録號404

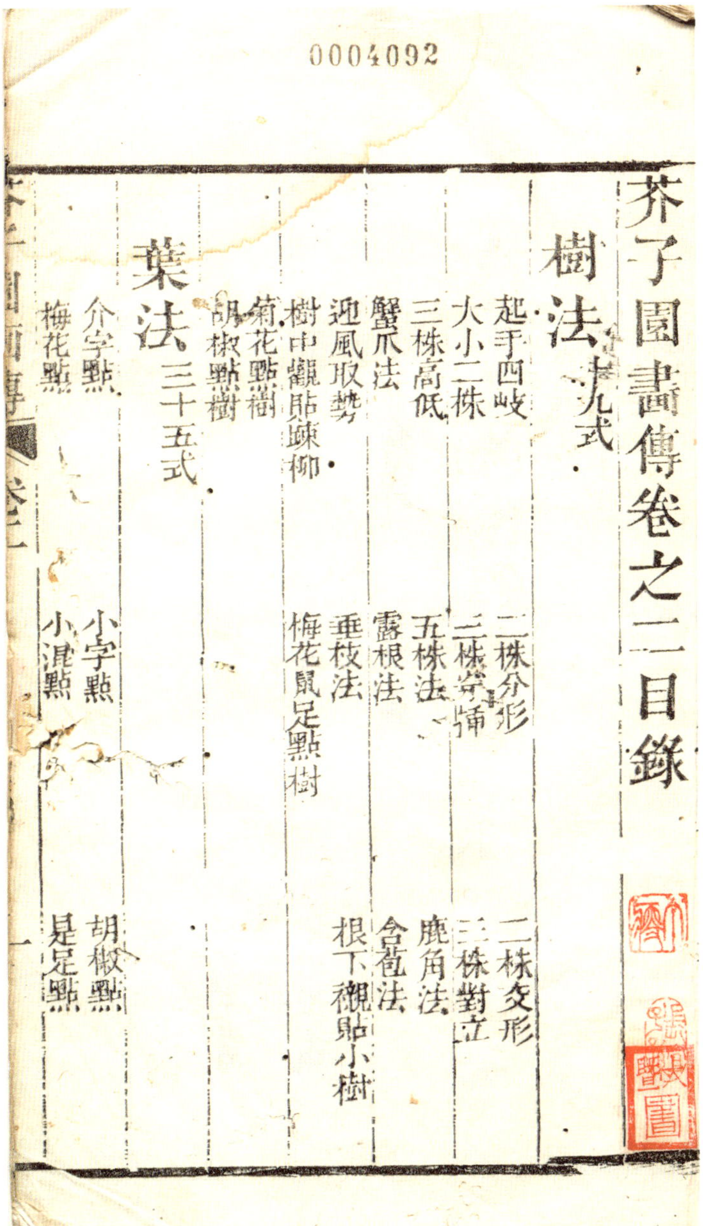

0004092

芥子園畫傳卷之二目錄

樹法 二十九式

起手四岐 二株分形 二株交形
大小二株 三株[illegible] 三株對立
三株高低 五株法 鹿角法
蟹爪法 露根法 含苞法
迎風取勢 垂枝法 根下襯貼小樹
樹中襯貼踈柳 梅花鼠足點樹
菊花點樹
胡椒點樹

葉法 三十五式

介字點 小字點 胡椒點
梅花點 小混點 是足點

100. 芥子園畫傳五卷 （清）王概等輯 清康熙十八年（1679）刻套印本

開本高27厘米，寬17厘米。版框高22.3厘米，寬14.8厘米。九行二十字，小字雙行三十二字，白口，單黑魚尾，四周單邊。五册。廣東省名録號0604

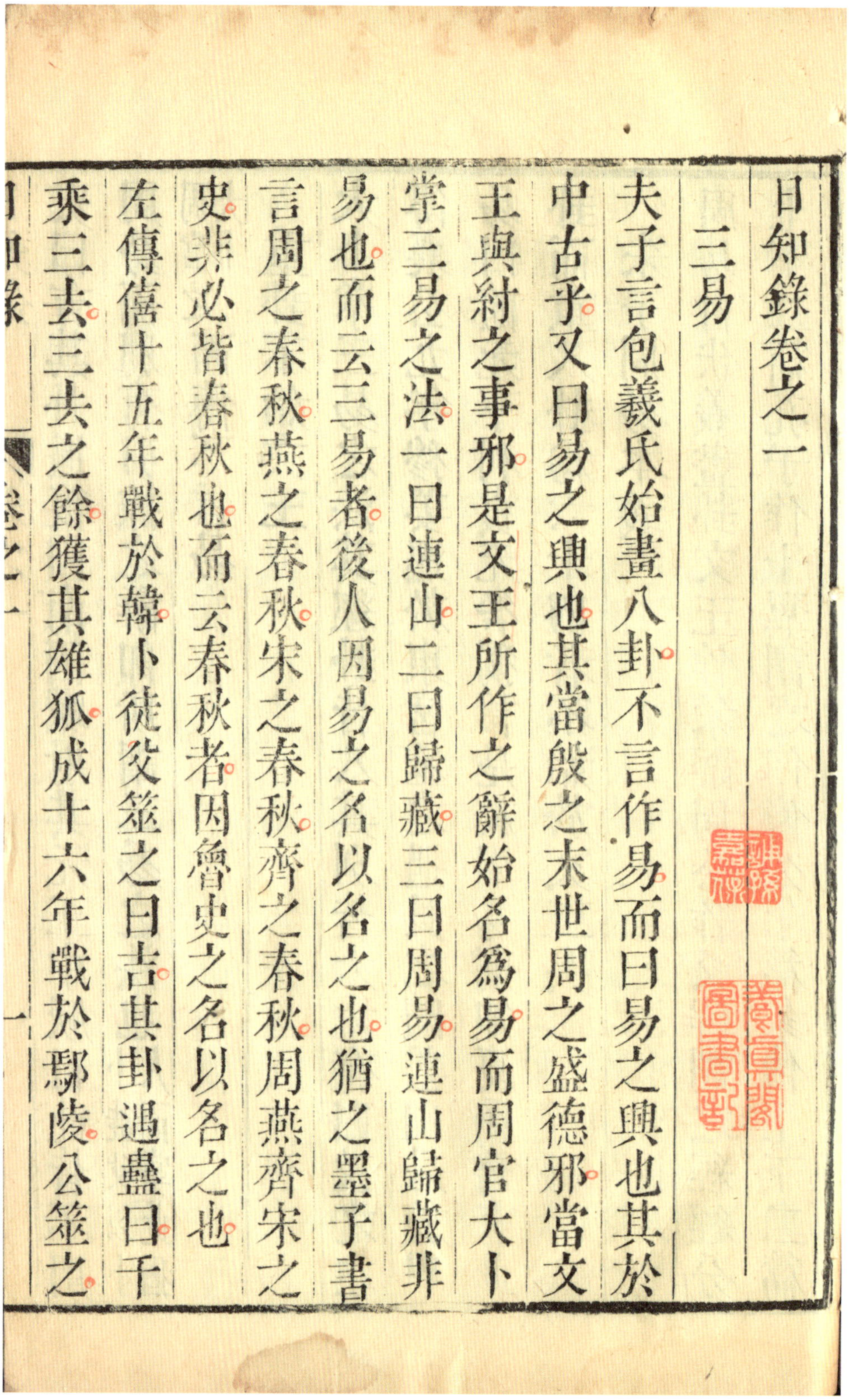

日知錄卷之一

三易

夫子言包羲氏始畫八卦不言作易而曰易之興也其於中古乎又曰易之興也其當殷之末世周之盛德邪當文王與紂之事邪是文王所作之辭始名爲易而周官大卜掌三易之法一曰連山二曰歸藏三曰周易連山歸藏非易也而云三易者後人因易之名以名之也猶之墨子書言周之春秋燕之春秋宋之春秋齊之春秋周燕齊宋之史非必皆春秋也而云春秋者因魯史之名以名之也

左傳僖十五年戰於韓卜徒父筮之曰吉其卦遇蠱曰千乘三去三去之餘獲其雄狐成十六年戰於鄢陵公筮之

日知錄　卷之一　一

101. 日知錄三十二卷（清）顧炎武撰 清康熙三十四年（1695）潘耒遂初堂刻本

開本高24.5厘米，寬16.2厘米。版框高20.1厘米，寬15.1厘米。十一行二十二字，小字雙行同，白口，單黑魚尾，左右雙邊。屠掄跋。鈐有“養真閣圖書記”“誦孫嘉葆”“元初圖書記”等印。十二册。廣東省名録號497

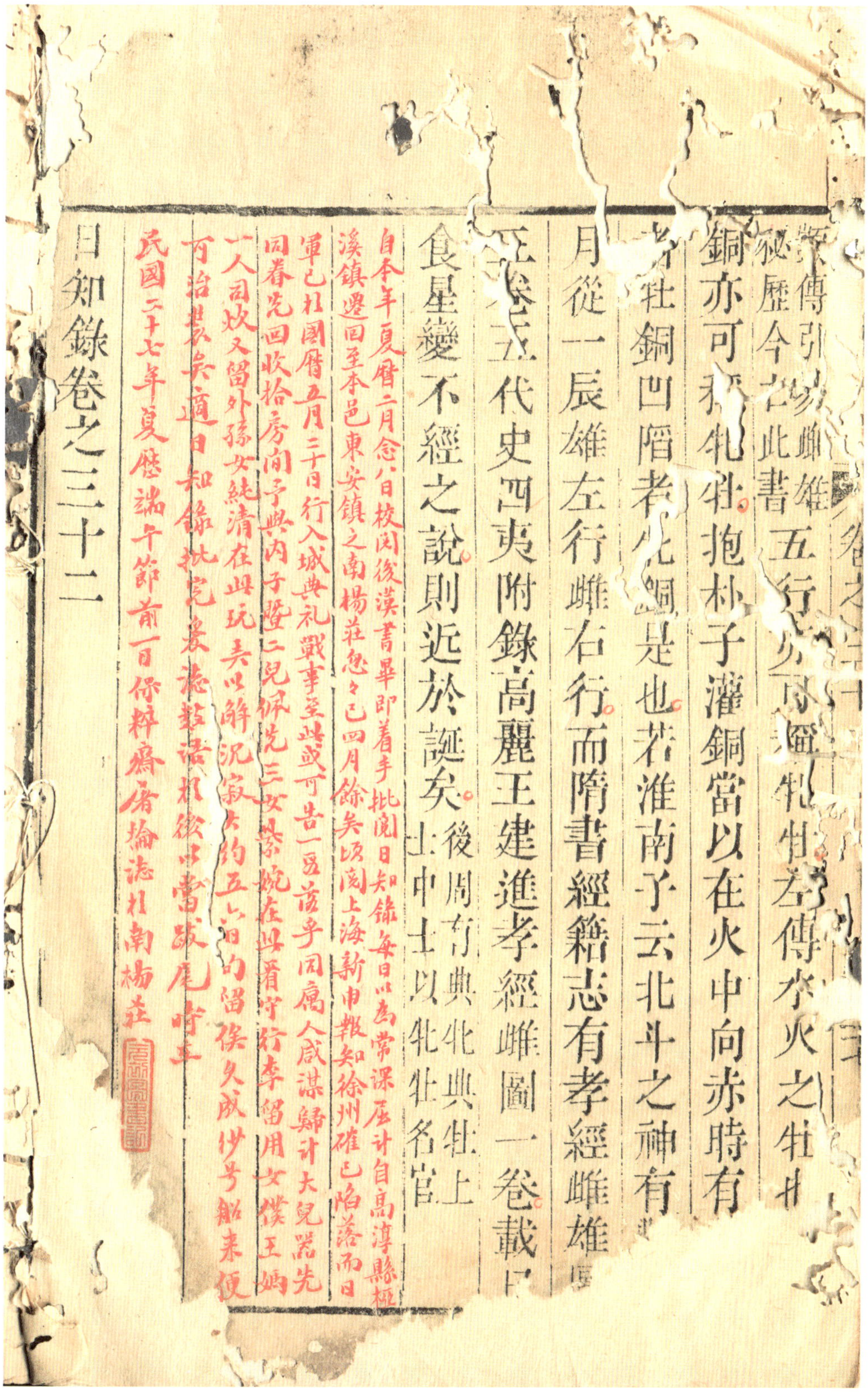

□傳引□□雄
秘歷今古此書五行[illegible]牝牡左傳亦火之牡□
銅亦可稱牝牡抱朴子灌銅當以在火中向赤時有
者牡銅凹陷者牝銅是也若淮南子云北斗之神有□
月從一辰雄左行雌右行而隋書經籍志有孝經雌雄□
又五代史四夷附錄高麗王建進孝經雌圖一卷載□
食星變不經之說則近於誕矣後周有典牝典牡上士中士以牝牡名官

自本年夏曆二月念八日校閱後漢書畢即着手批閱日知錄每日以為常課屈計自高淳縣桠溪鎮遷回至本邑東安鎮之南楊莊忽忽已四月餘矣頃閱上海新申報知徐州確已陷落而日軍已在國曆五月二十日行入城典禮戰事至此或可告一段落矣同居人咸謀歸計大兒器先同眷先回收拾房間予與內子暨二兒佩先三女紫婉在此看守行李留用女僕王媽一人司炊又留外孫女純清在此玩耍以解沉寂大約五六日內留候久成抄號船來便可治裝矣適日知錄批完爰誌數語于卷末當跋尾可也

民國二十七年夏歷端午節前一日仔粹爲屠瑜誌于南楊莊

日知錄卷之三十二

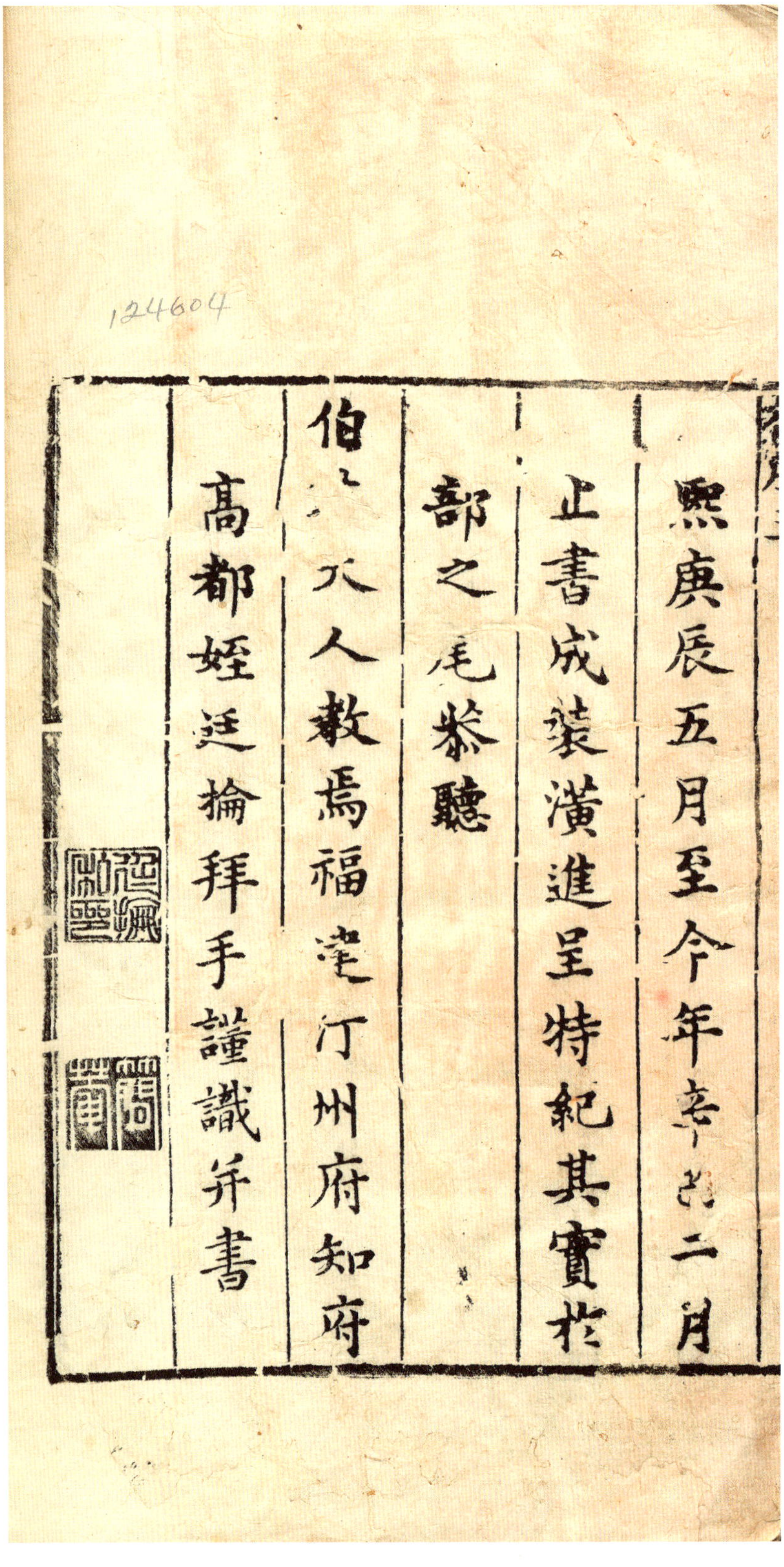
124604
熙庚辰五月至今年辛巳二月
止書成裝潢進呈特紀其實於
部之尾恭聽
伯〻大人教焉福建汀州府知府
高都姪廷掄拜手謹識并書

102. 池北偶談二十六卷 （清）王士禛撰 清康熙四十年（1701）王廷掄刻本

開本高29.9厘米，寬17.7厘米。版框高19.6厘米，寬14.7厘米。十一行二十三字，小字雙行同，黑口，單黑魚尾，左右雙邊。八册。廣東省名録號489

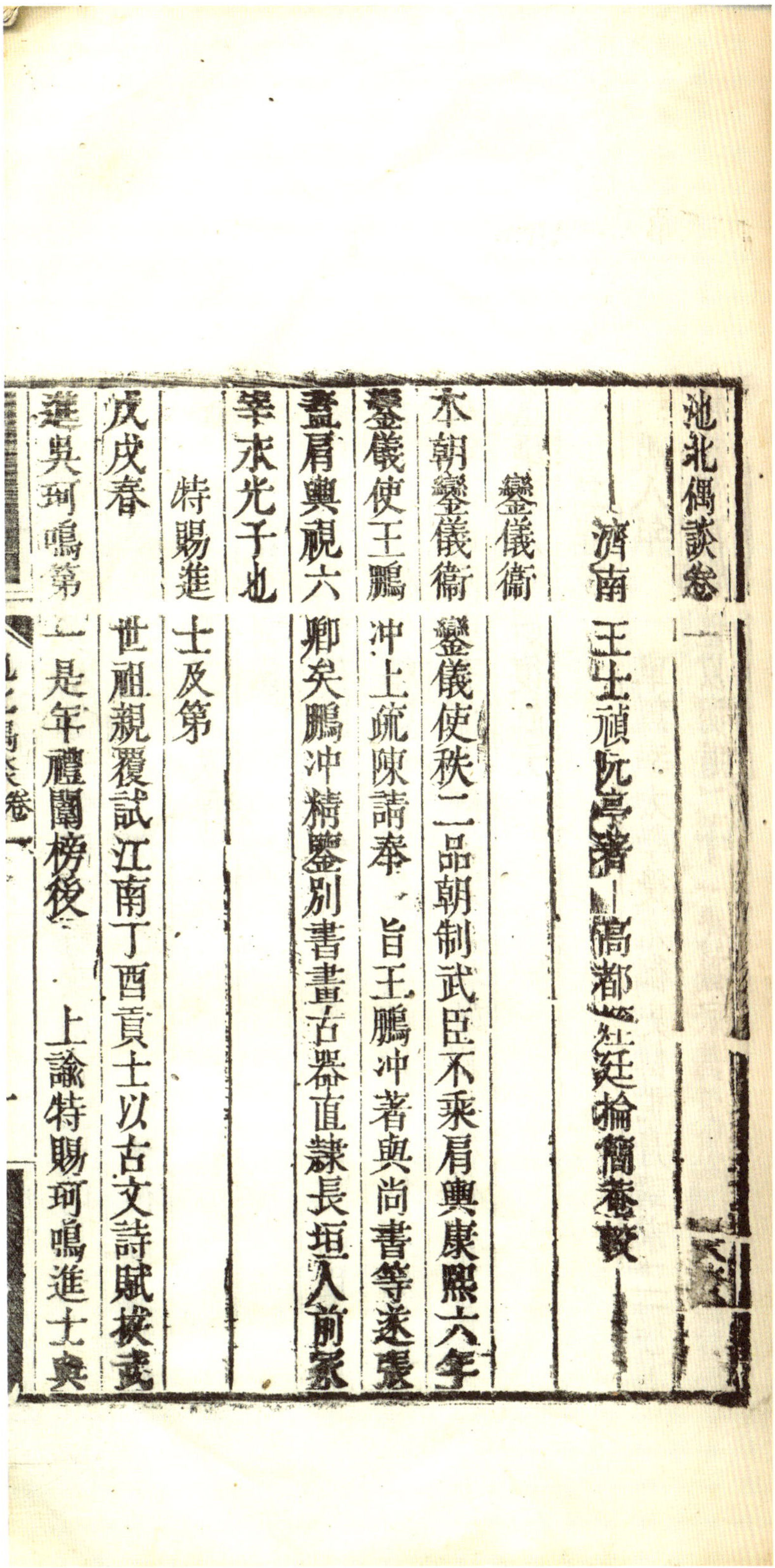
池北偶談卷一
濟南 王士禛阮亭著 高都[illegible]廷掄簡菴校
鑾儀衛
本朝鑾儀衛 鑾儀使秩二品朝制武臣不乘肩輿康熙六年
鑾儀使王鵬沖上疏陳請奉 旨王鵬沖著與尚書等遂[illegible]
盡肩輿視六卿矣鵬沖精鑒別書畫古器直隸長垣人前冢
宰永光子也
特賜進士及第
戊戌春 世祖親覆試江南丁酉貢士以古文詩賦拔武
進吳珂鳴第一是年禮闈榜後 上諭特賜珂鳴進士與

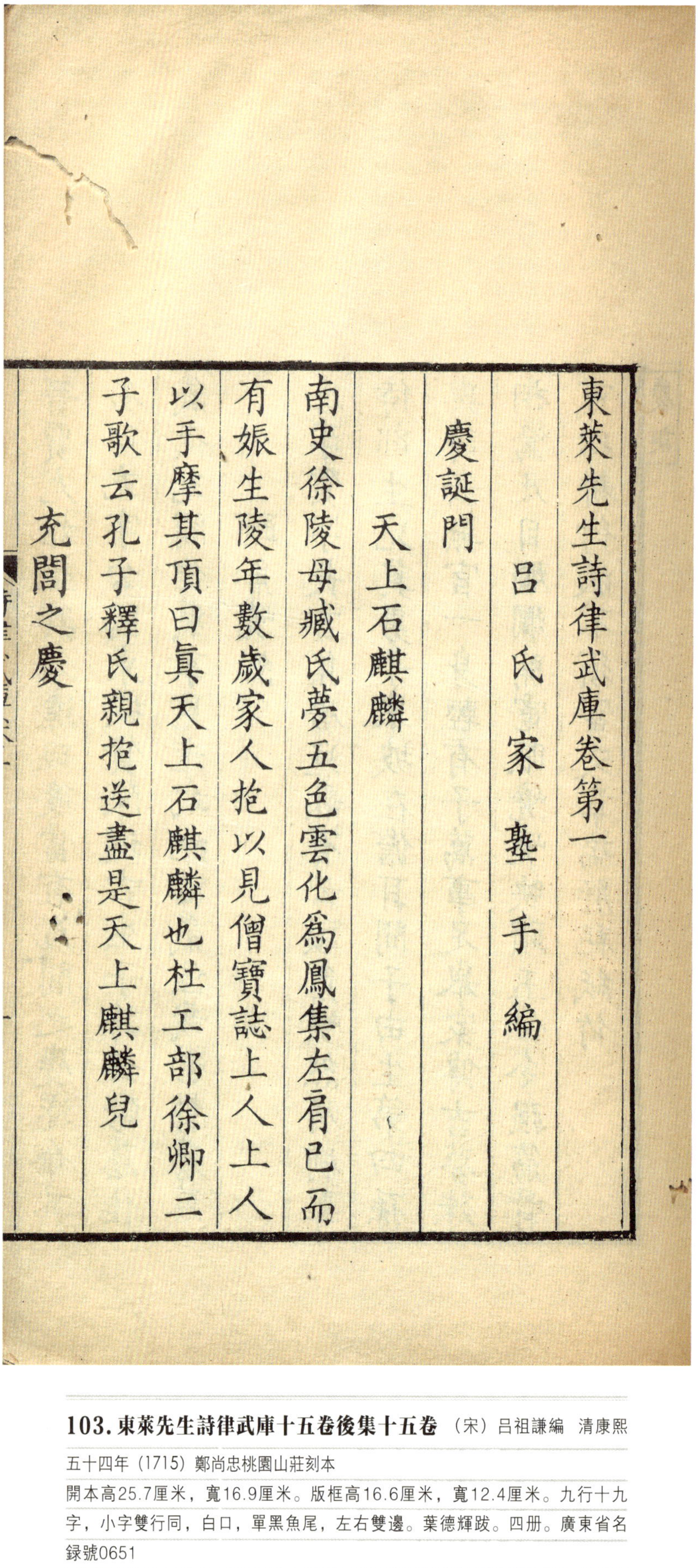

東萊先生詩律武庫卷第一

呂氏家塾手編

慶誕門

天上石麒麟

南史徐陵母臧氏夢五色雲化爲鳳集左肩已而有娠生陵年數歲家人抱以見僧寶誌上人上人以手摩其頂曰眞天上石麒麟也杜工部徐卿二子歌云孔子釋氏親抱送盡是天上麒麟兒

充閭之慶

103. 東萊先生詩律武庫十五卷後集十五卷 （宋）吕祖謙編　清康熙五十四年（1715）鄭尚忠桃園山莊刻本

開本高25.7厘米，寬16.9厘米。版框高16.6厘米，寬12.4厘米。九行十九字，小字雙行同，白口，單黑魚尾，左右雙邊。葉德輝跋。四册。廣東省名録號0651

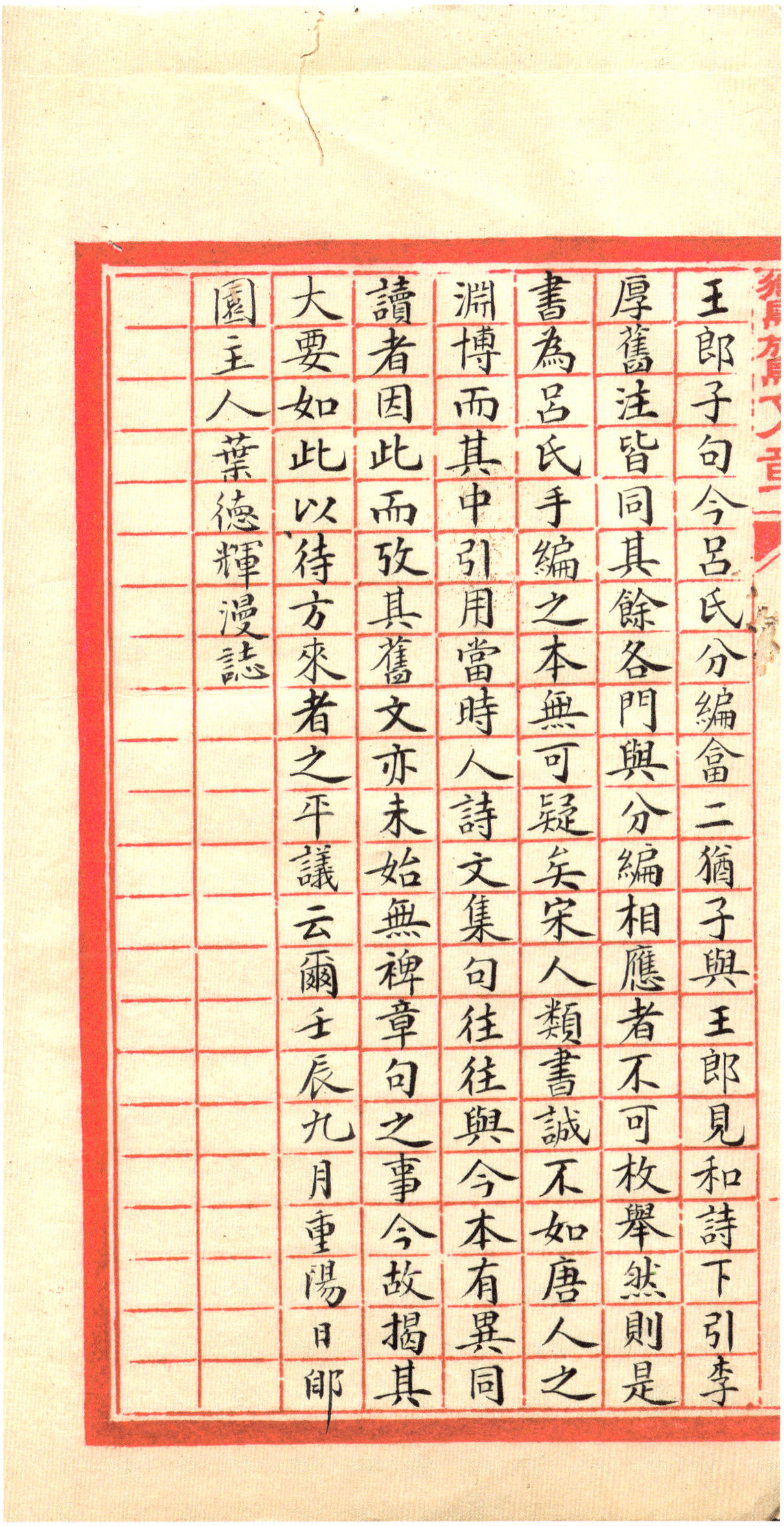

王郎子句今呂氏分編卷二猶子與王郎見和詩下引李厚舊注皆同其餘各門與分編相應者不可枚舉然則是書為呂氏手編之本無可疑矣宋人類書誠不如唐人之淵博而其中引用當時人詩文集句往往與今本有異同讀者因此而攷其舊文亦未始無裨章句之事今故揭其大要如此以待方來者之平議云爾壬辰九月重陽日郎園主人葉德輝漫誌

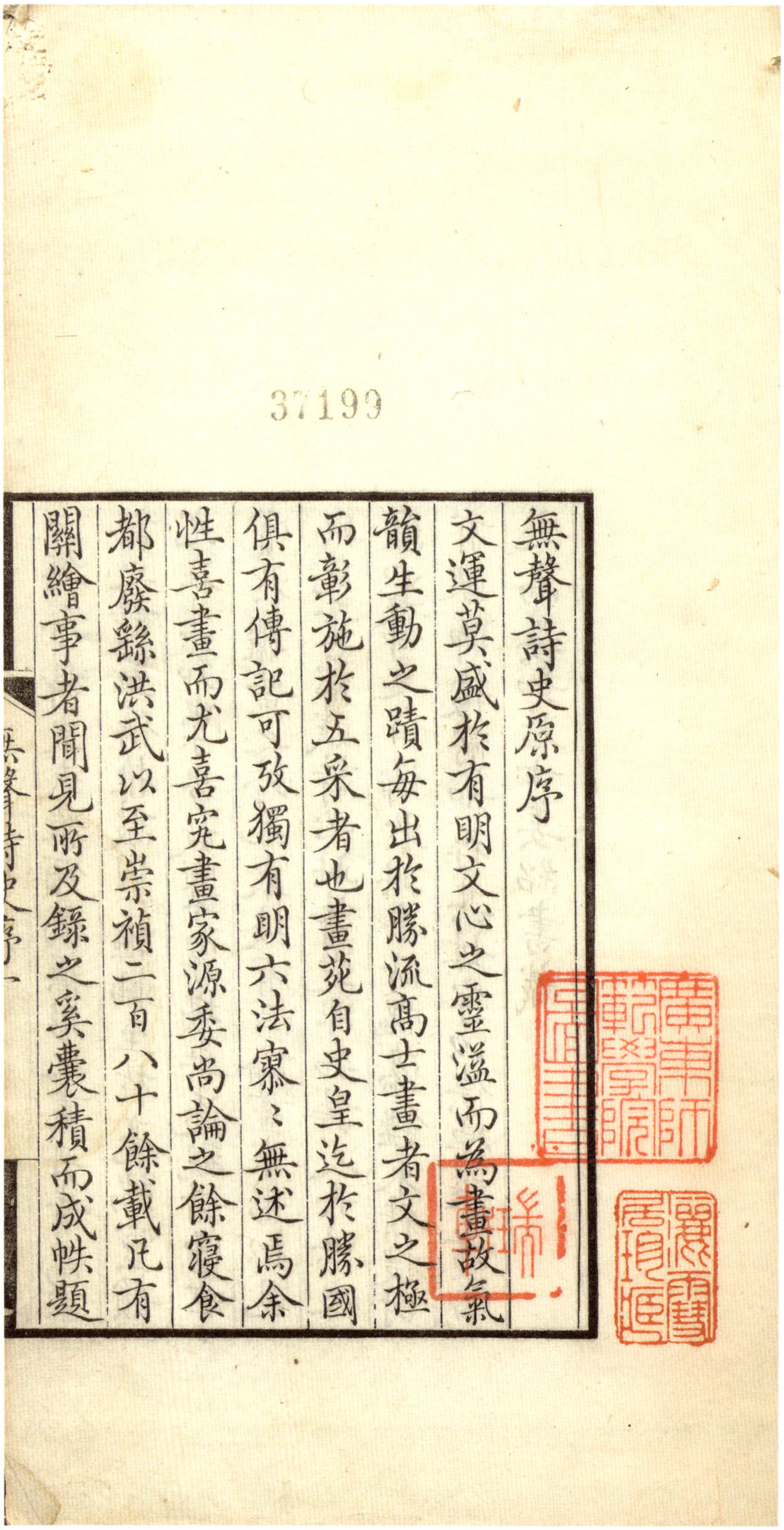

37199

無聲詩史原序

文運莫盛於有明文心之靈溢而為畫故氣韻生動之蹟每出於勝流高士畫者文之極而彰施於五采者也畫苑自史皇迄於勝國俱有傳記可攷獨有明六法寥寥無述焉余性喜畫而尤喜究畫家源委尚論之餘寢食都廢緜洪武以至崇禎二百八十餘載凡有關繪事者聞見所及錄之奚囊積而成帙題

無聲詩史序 一

104. 無聲詩史七卷 （清）姜紹書輯 清康熙五十九年（1720）李光暎觀妙齋刻本

開本高25.7厘米，寬15.3厘米。版框高13.9厘米，寬10.3厘米。八行十七字，黑口，單黑魚尾，左右雙邊。鈐有“瑞軒”“灑雪居珍藏”等印。二册。廣東省名録號459

無聲詩史卷五

扶輿清淑之氣不鍾於男子而鍾於婦人醴泉紫芝之鮮於江河蔓草者無所因也丹青出於粉黛非天授夙慧誰驅而習之余每覩彤管繪事其丰神思致往往出人意表不惟婉而秀蓋由静而專也名媛可無紀乎

盧允貞

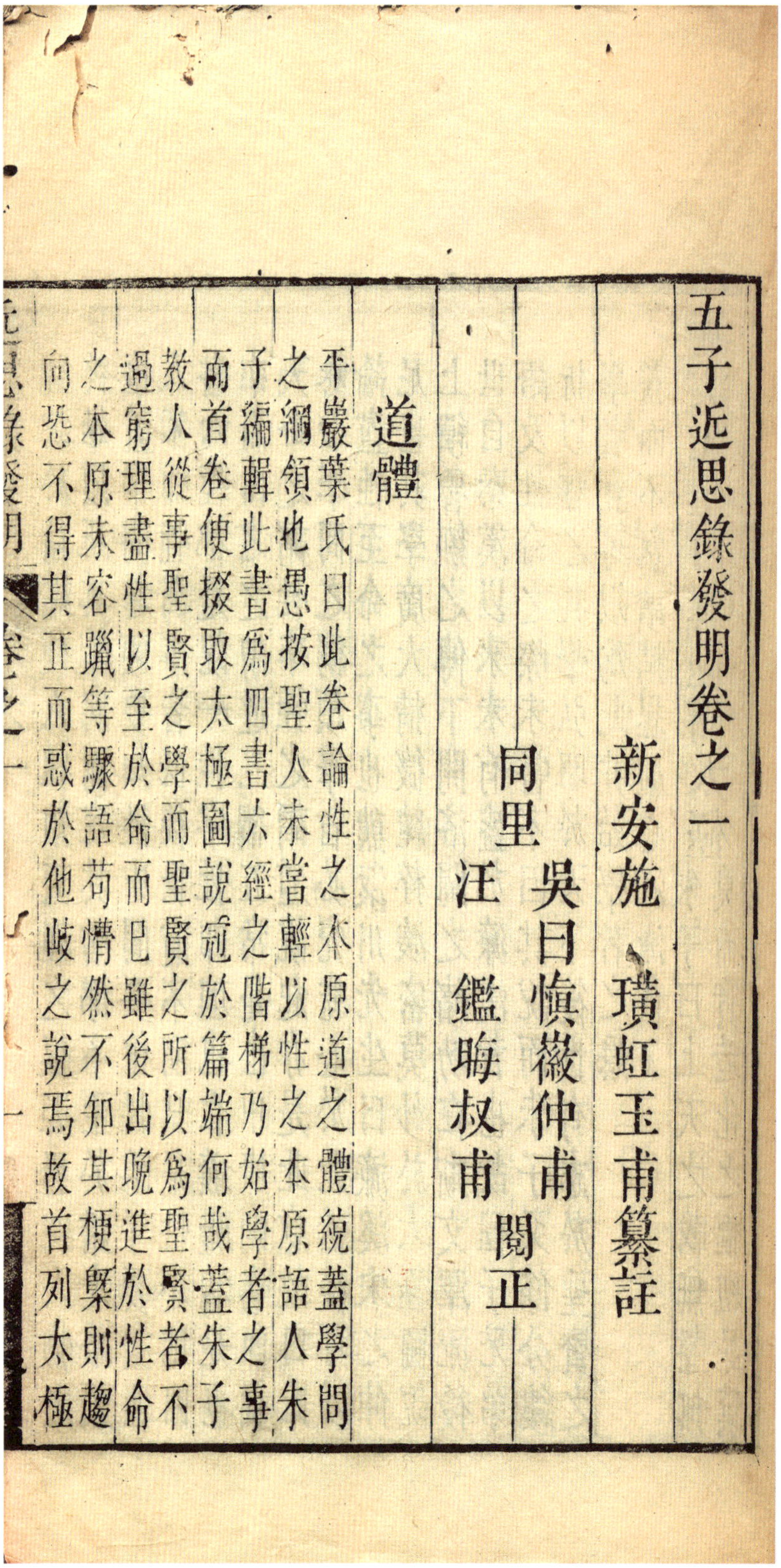

五子近思錄發明卷之一

新安施　璜虹玉甫纂註

同里　吳曰愼徽仲甫
　　　汪　鑑晦叔甫　閱正

道體

平巖葉氏曰此卷論性之本原道之體統蓋學問之綱領也愚按聖人未嘗輕以性之本原語人朱子編輯此書爲四書六經之階梯乃始學者之事而首卷便掇取太極圖說冠於篇端何哉蓋朱子教人從事聖賢之學而聖賢之所以爲聖賢者不過窮理盡性以至於命而已雖後出晚進於性命之本原未容躐等驟語苟懵然不知其梗槩則趨向恐不得其正而惑於他岐之說焉故首列太極

近思錄發明　卷之一　一

105. 五子近思錄發明十四卷（清）施璜纂注 清康熙還古書院刻本

開本高27厘米，寬16.7厘米。版框高20.5厘米，寬13.9厘米。九行二十字，小字雙行同，黑口，單黑魚尾，左右雙邊。八册。廣東省名録號400

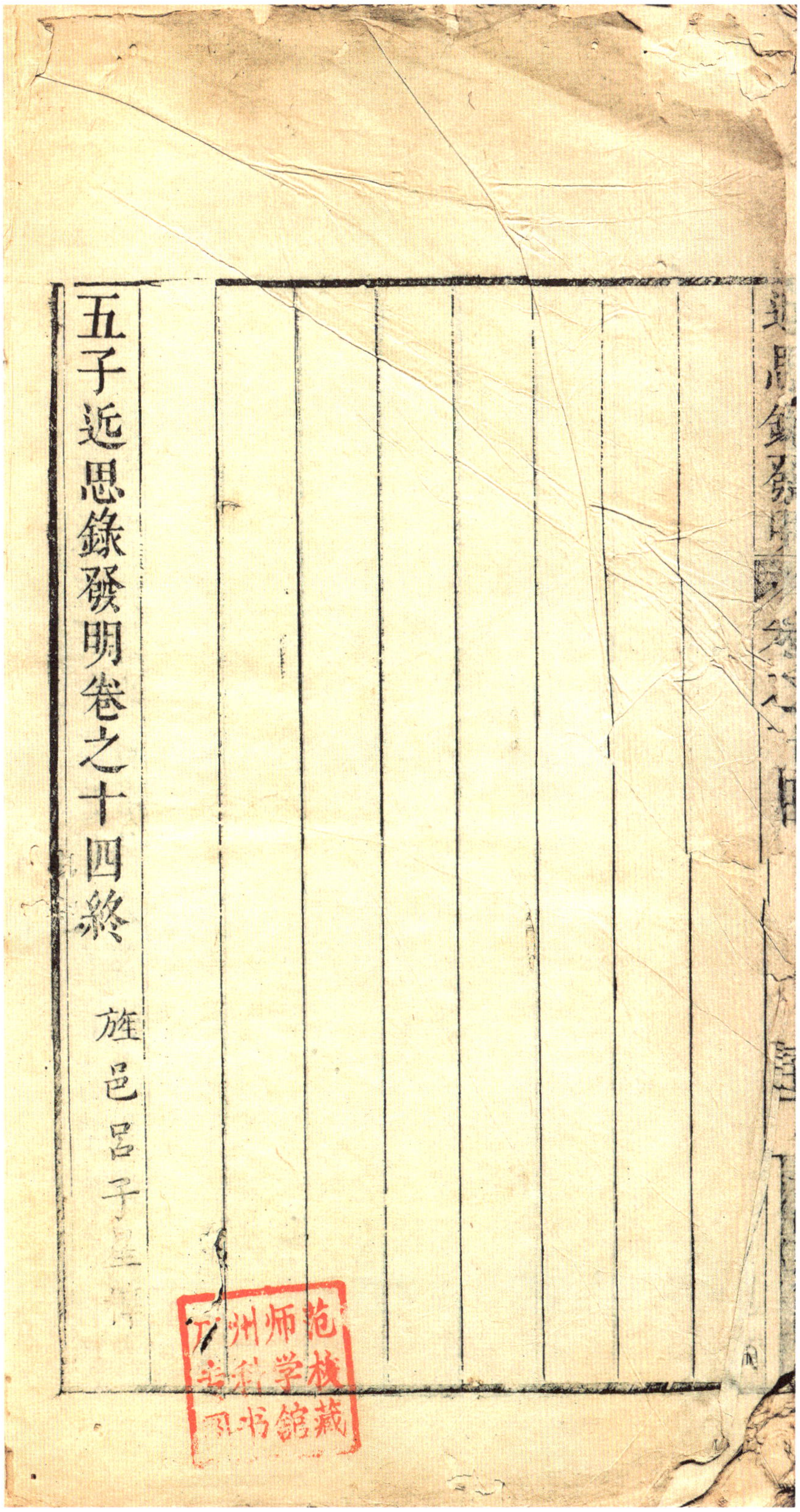
五子近思錄發明卷之十四終

旌邑呂子星[illegible]

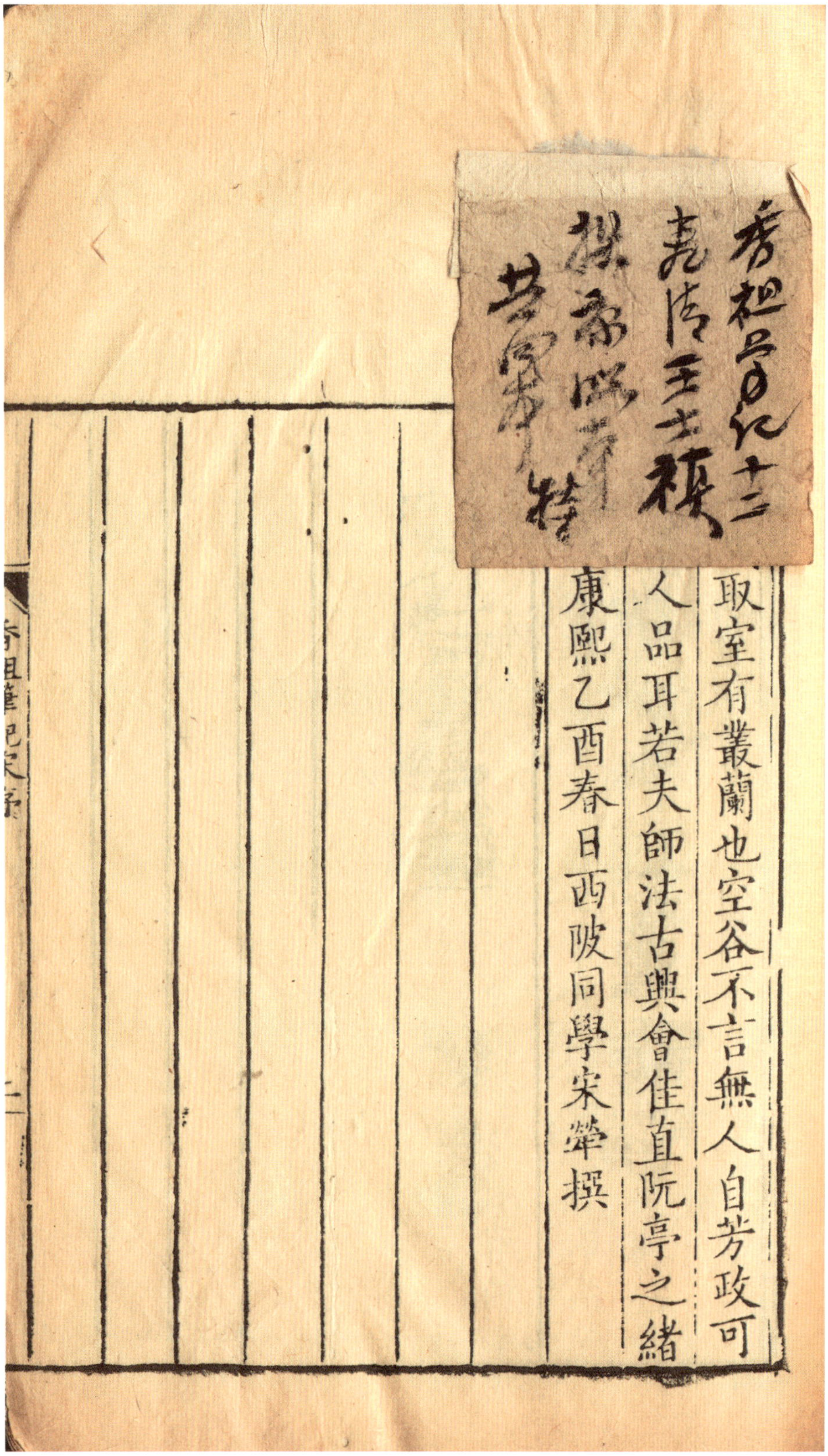

取室有叢蘭也空谷不言無人自芳政可
人品耳若夫師法古與會佳直阮亭之緒
康熙乙酉春日西陂同學宋犖撰

106. 香祖筆記十二卷 （清）王士禛撰 清康熙刻《王漁洋遺書》本

開本高24.5厘米，寬15.5厘米。版框高16.2厘米，寬13.3厘米。十行十九字，小字雙行二十八字，白口，單黑魚尾，左右雙邊。四册。廣東省名録號490

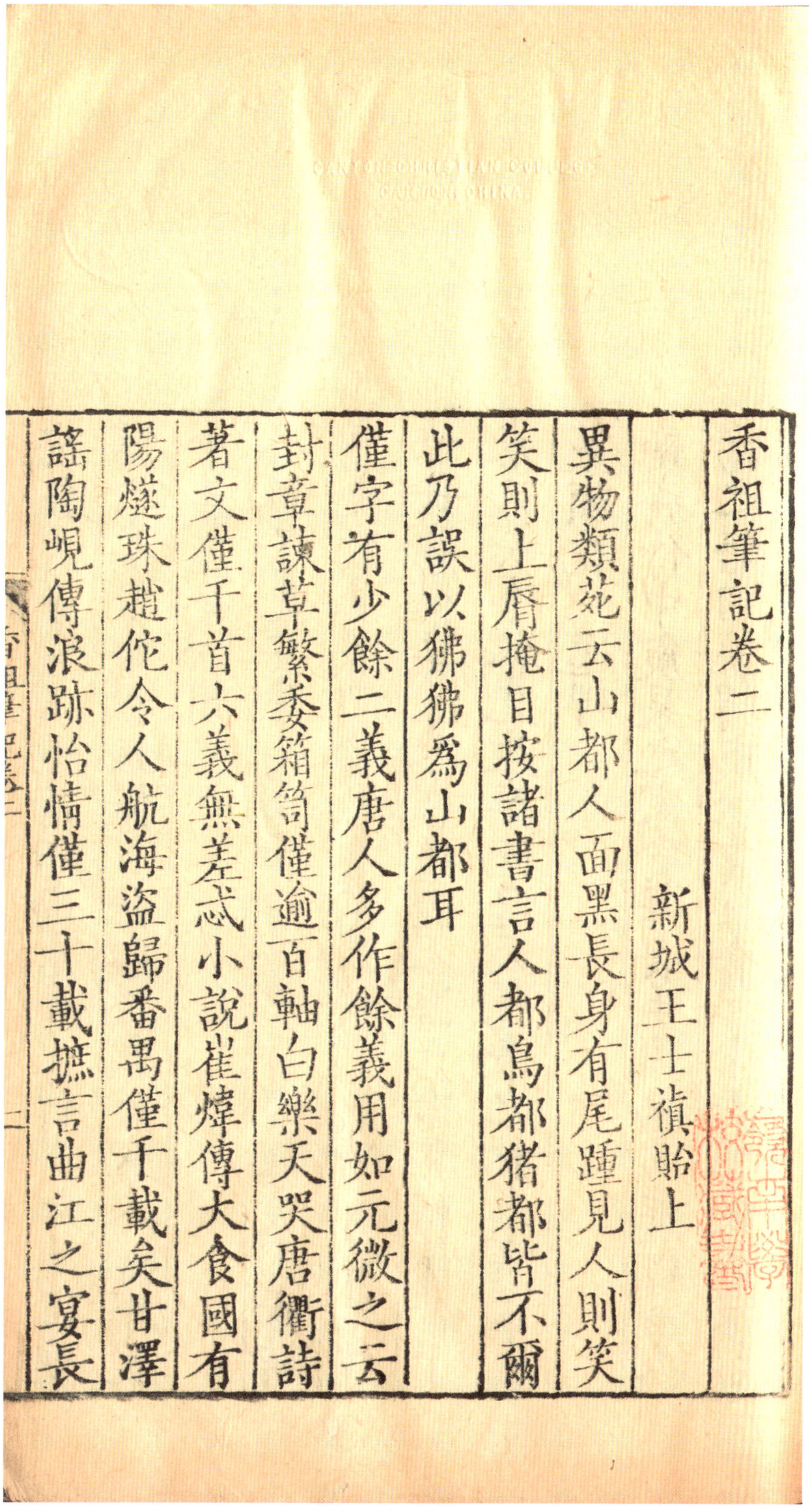

香祖筆記卷二

新城王士禛貽上

異物類苑云山都人面黑長身有尾踵見人則笑笑則上脣掩目按諸書言人都鳥都豬都皆不爾此乃誤以狒狒爲山都耳

僅字有少餘二義唐人多作餘義用如元微之云封章諫草繁委箱笥僅逾百軸白樂天哭唐衢詩著文僅千首六義無差忒小說崔煒傳大食國有陽燧珠趙佗令人航海盜歸番禺僅千載矣甘澤謠陶峴傳浪跡怡情僅三十載撫言曲江之宴長

香祖筆記卷二 二

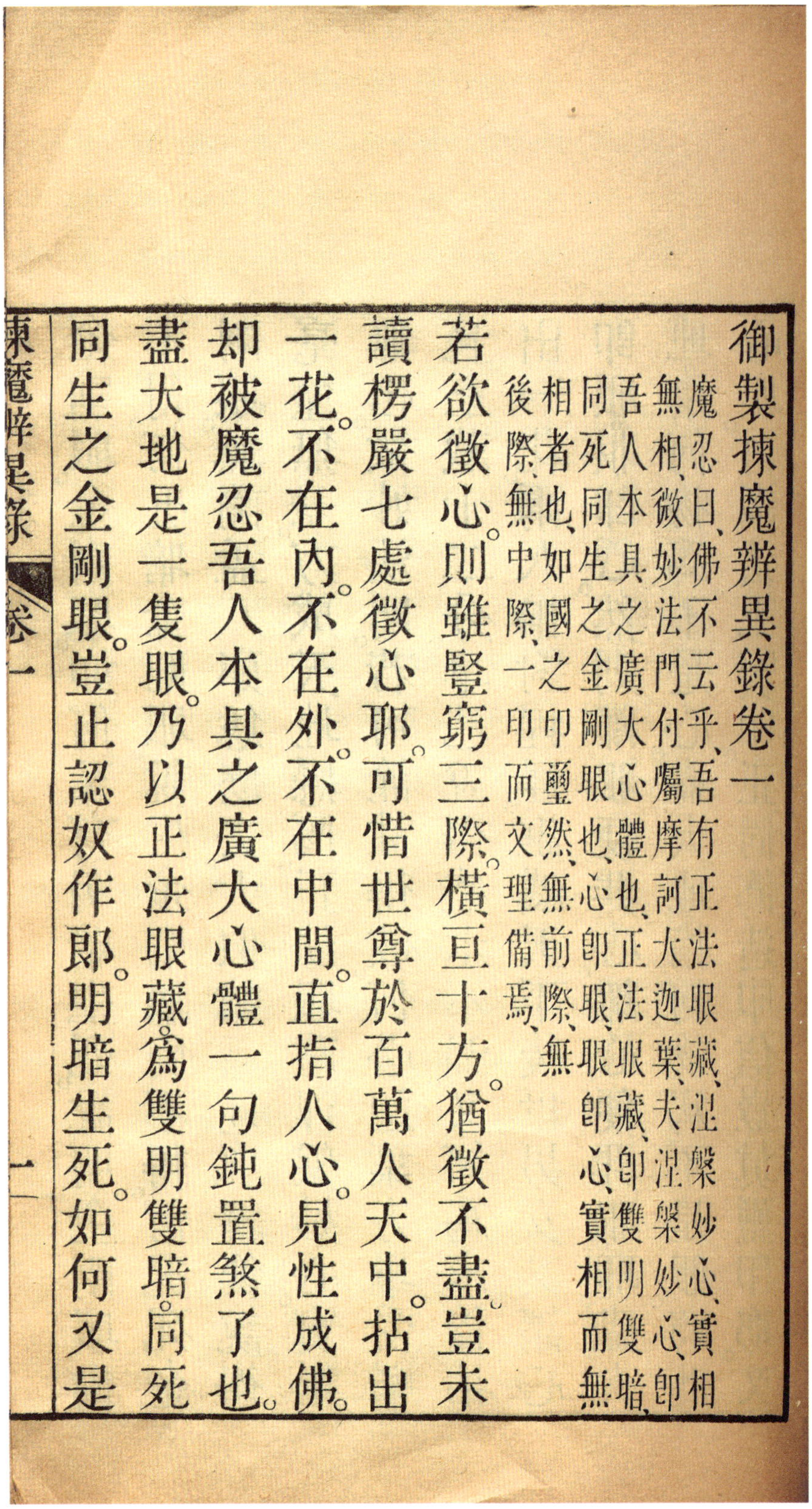
御製揀魔辨異錄卷一

魔忍曰、佛不云乎、吾有正法眼藏、涅槃妙心、實相無相、微妙法門、付囑摩訶大迦葉、夫涅槃妙心、卽吾人本具之廣大心體也、正法眼藏、卽雙明雙暗、同死同生之金剛眼也、心卽眼、眼卽心、實相而無相者也、如國之印璽然、無前際、無後際、無中際、一印而文理備焉、

若欲徵心。則雖豎窮三際。橫亘十方。猶徵不盡。豈未讀楞嚴七處徵心耶。可惜世尊於百萬人天中。拈出一花。不在內。不在外。不在中間。直指人心。見性成佛。却被魔忍吾人本具之廣大心體一句鈍置煞了也。盡大地是一隻眼。乃以正法眼藏爲雙明雙暗同死同生之金剛眼。豈止認奴作郎。明暗生死。如何又是

揀魔辨異錄 卷一 一

107. 御製揀魔辨異錄八卷 （清）胤禛撰 清雍正十一年（1733）內府刻本

開本高23.8厘米，寬15.5厘米。版框高17.5厘米，寬13厘米。十行二十字，小字雙行同，白口，單黑魚尾，四周單邊。四册。廣東省名録號0713

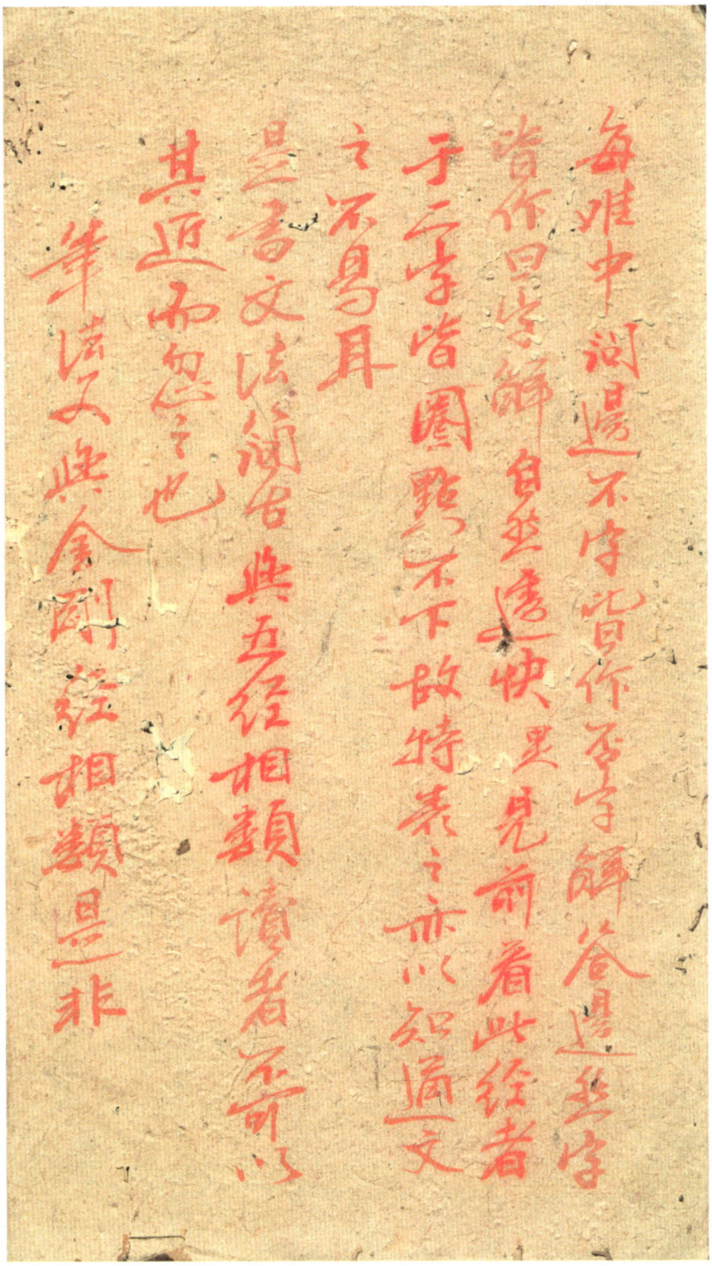

每难中詞邊不字皆作否字解答邊無字
皆作曰字解自無遺快是見前看此经者
于二字皆圈點不下故特表之亦以知過文
之不易耳
是書文法頗古與五经相類讀者不可以
其近而忽之也
筆法又與金剛经相類是非

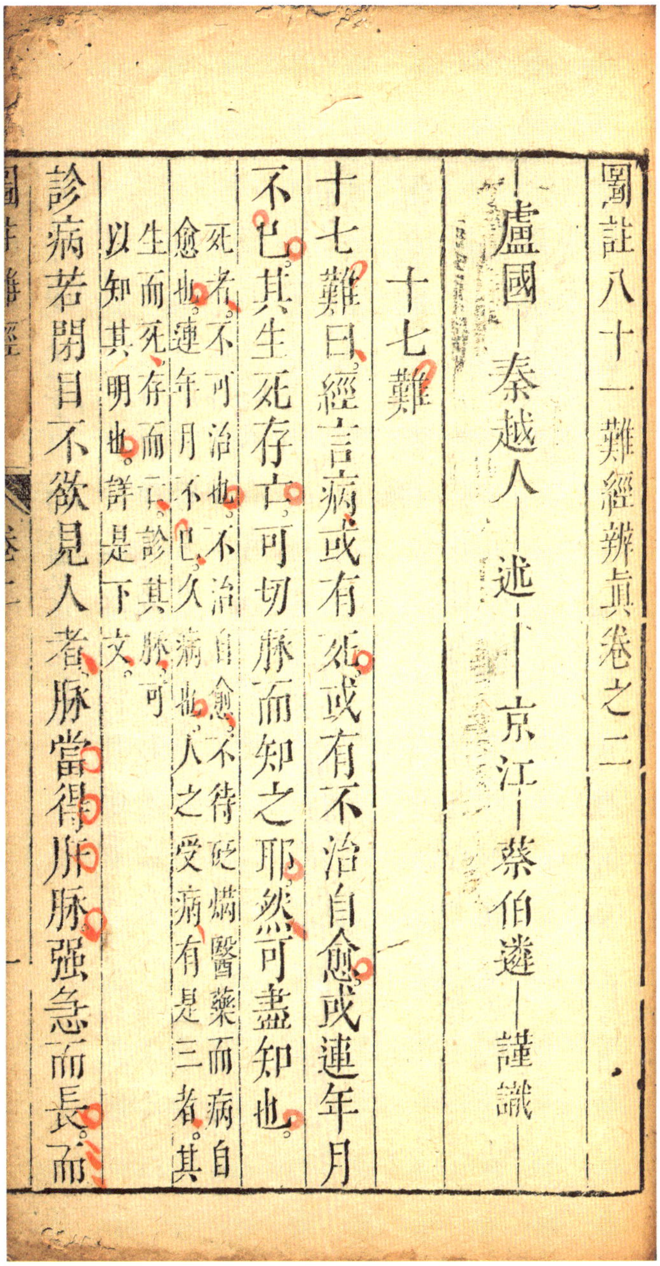

圖註八十一難經辨眞卷之二
盧國　秦越人　述　京江　蔡伯遜　謹識
十七難
十七難曰經言病或有死或有不治自愈或連年月
不已其生死存亡可切脉而知之耶然可盡知也
死者不可治也不治自愈不待砭焫醫藥而病自愈也連年月不已久病也人之受病有是三者其生而死存而亡診其脉可以知其明也詳是下文
診病若閉目不欲見人者脉當得肝脉强急而長而

108. 圖註八十一難經辨眞四卷 （明）張世賢撰　清乾隆十六年（1751）西山堂刻本

開本高25.4厘米，寬15.8厘米。版框高21.2厘米，寬13.5厘米。九行二十字，小字雙行同，白口，單黑魚尾，四周單邊。王漢廷跋。一册。廣東省名録號425

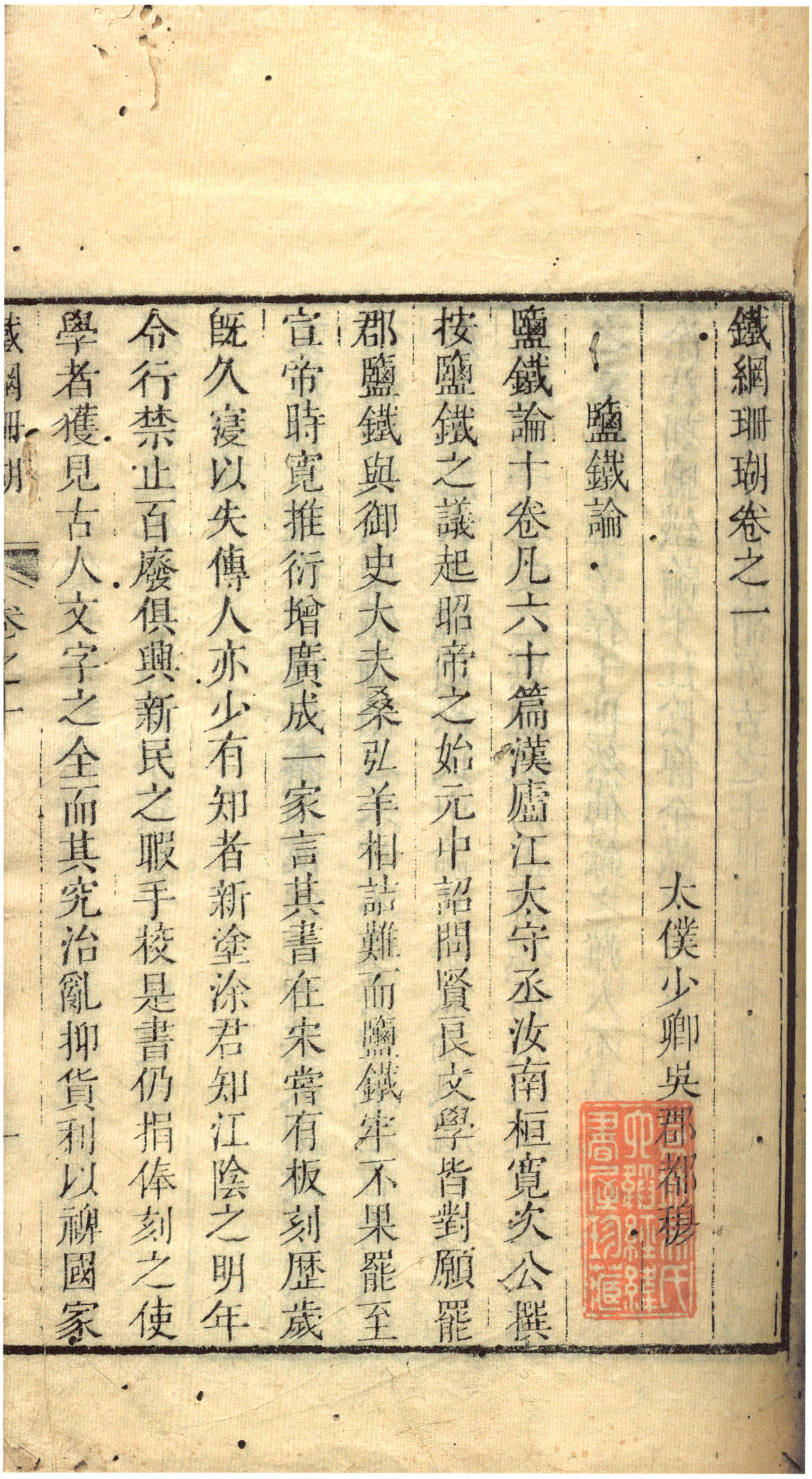

鐵網珊瑚卷之一

太僕少卿吳郡都穆撰

鹽鐵論

鹽鐵論十卷凡六十篇漢廬江太守丞汝南桓寬次公撰

按鹽鐵之議起昭帝之始元中詔問賢良文學皆對願罷郡鹽鐵與御史大夫桑弘羊相詰難而鹽鐵卒不果罷至宣帝時寬推衍增廣成一家言其書在宋嘗有板刻歷歲既久寖以失傳人亦少有知者新淦涂君知江陰之明年令行禁止百廢俱興新民之暇手校是書仍捐俸刻之使學者獲見古人文字之全而其究治亂抑貨利以裨國家

109. 鐵網珊瑚二十卷（明）都穆撰 清乾隆二十三年（1758）都肇斌刻本

開本高23.7厘米，寬15.1厘米。版框高17厘米，寬13.3厘米。十行二十二字，小字雙行同，白口，單黑魚尾，左右雙邊。鈐有“鳳城吳氏六韜經緯書屋珍藏”“勤石”等印。四册。廣東省名録號451

唐趙謨集晉字千文　褚河南書文皇哀冊硬黃紙米友
仁鑒定　歐陽率更夢奠帖行書疑是臨本　元郭畀天
錫藏後入楊東里家郭楊皆有跋　陸滉聃君圖
僧巨然山水大幅　韓熙載夜宴圖
宋蔡端明八帖洪與祖范大年跋胡程等題名
宋賢諸帖一卷李西臺周益公胡邦衡文文山而下凡十
八人　李龍眠九歌圖一卷　正伕老二帖大行字
宋人畫文姬[redacted]朱文公與六十郎帖行書
貢尚書楊鐵崖跋　宋孝宗賜虞丞相手詔
趙千里福祿壽三星大長幅　千里春江待渡圖小幅

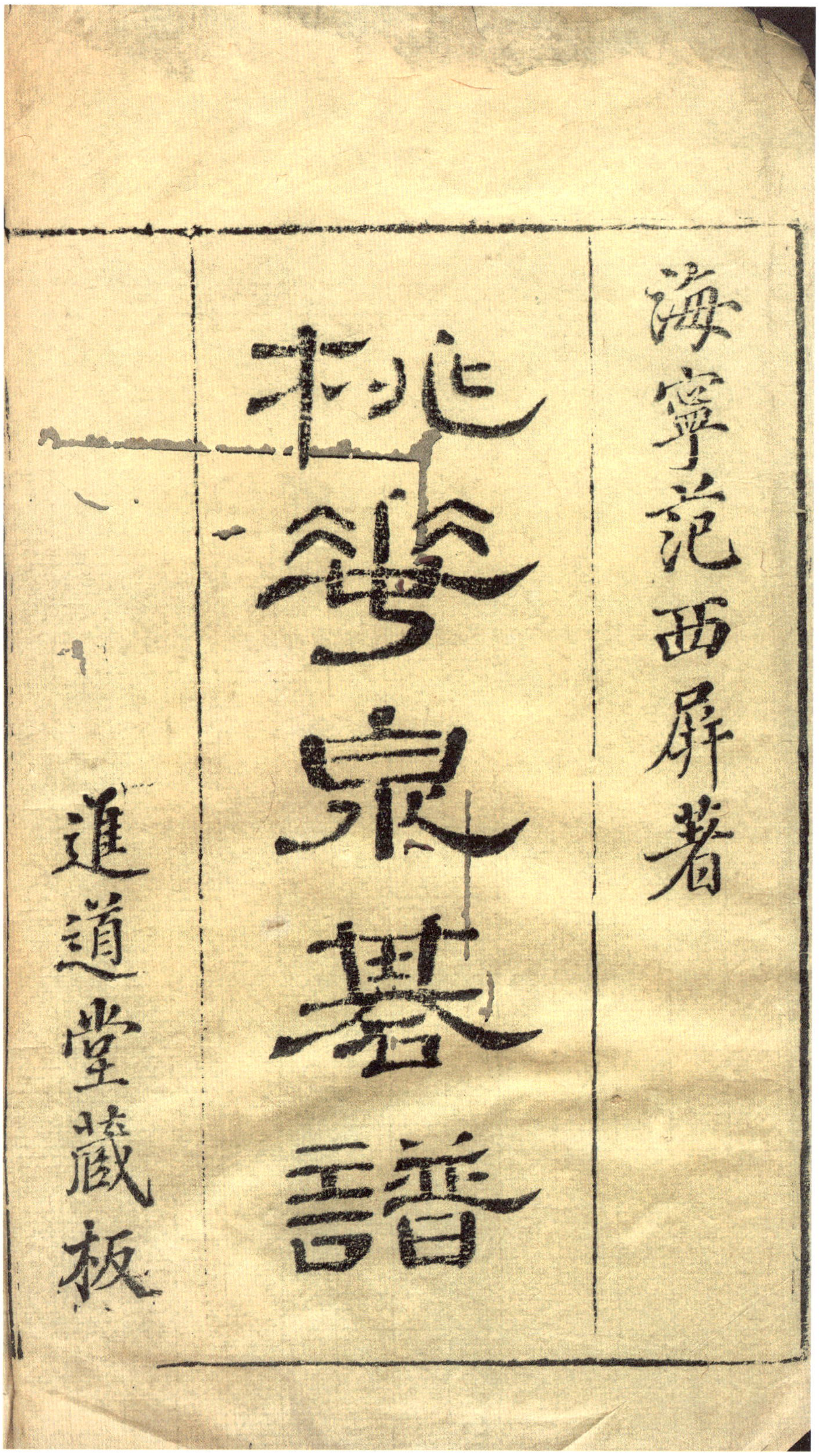
海寧范西屏著
桃花泉棊譜
進道堂藏板

110. 桃花泉奕譜二卷（清）范世勳撰 清乾隆三十年（1765）刻本

開本高29.5厘米，寬18.8厘米。版框高22.9厘米，寬16.4厘米。上欄十五行八字，下欄圖，白口，單黑魚尾，四周雙邊。二册。廣東省名録號463

九五鎮

此勢白處鎮得神黑尖出則受白籠逼矣二當於二十位拆二爲正五長是七立老成十三至二十一是二十四托求活二十九粗不如三十位扳得實地三十二斷細白得便宜

八長勝上變平十六頂十八冲好四十一粗當四二位先立

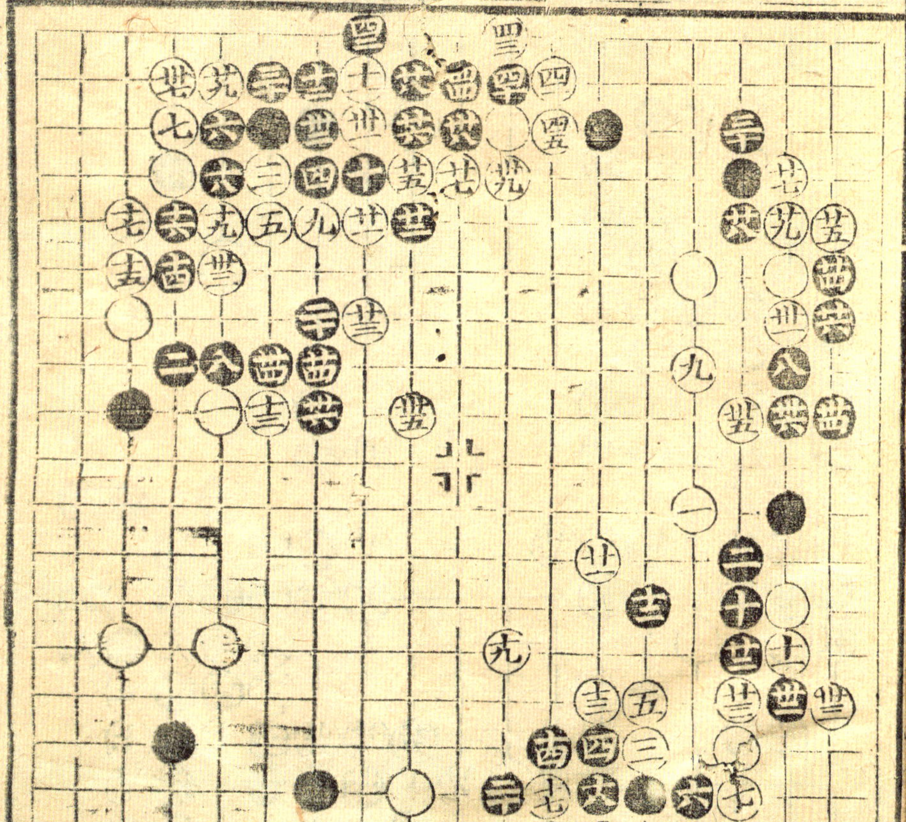

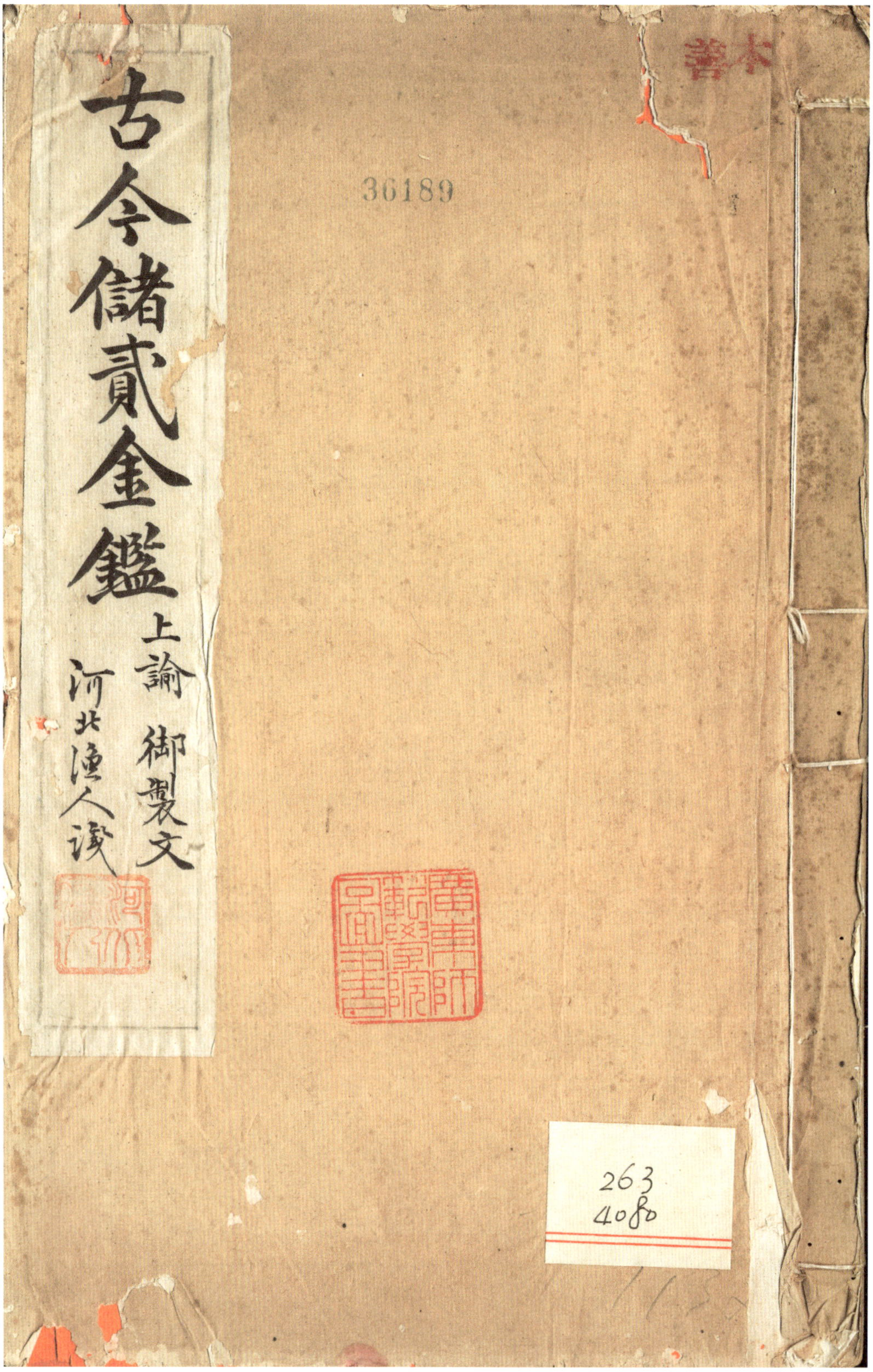

111. 欽定古今儲貳金鑑六卷 （清）高宗弘曆撰 清乾隆五十一年（1786）武英殿刻本

開本高28.8厘米，寬18.9厘米。版框高20.7厘米，寬15.5厘米。八行二十一字，白口，單黑魚尾，四周雙邊。鈐有“河北漁人”印。四册。廣東省名録號0438

欽定古今儲貳金鑑卷一

周

平王

周幽王元年。立子宜臼爲太子。宜臼母申后姜氏。三年。納褒姒。初宣王之時。童謡曰。檿弧箕服。實亡周國。於是王聞之。有夫婦鬻是器者。王使執而戮之。府之小妾生女。而非王子也。懼而棄之。爲弧服者方逃於道。收之以奔於褒。後褒姒有獄。請入此女於王以贖罪。是爲褒姒。

欽定古今儲貳金鑑　卷一

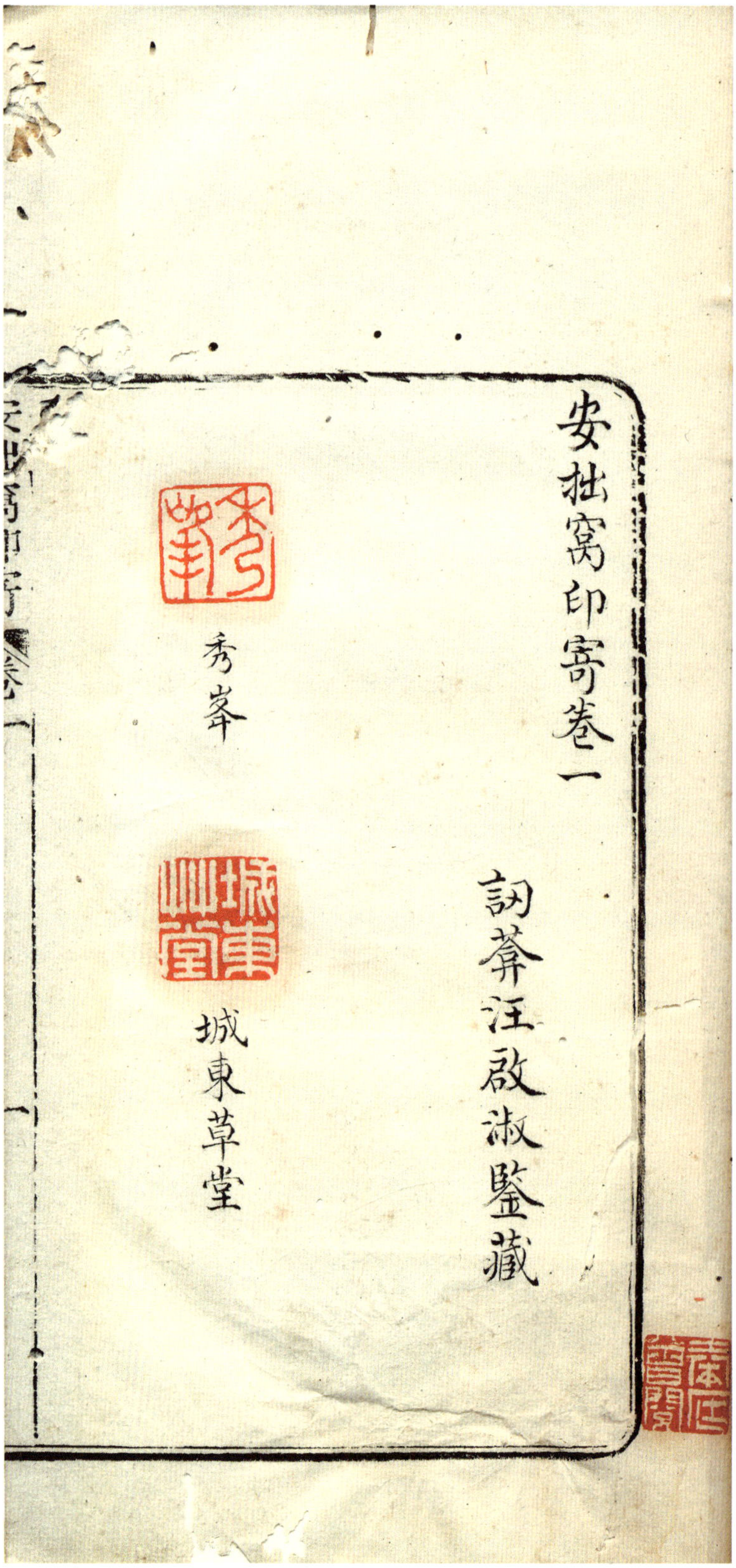

112. 安拙窩印寄八卷 （清）汪啓淑鑒藏 清乾隆五十四年（1789）刻鈐印本

開本高24.3厘米，寬13.5厘米。版框高16.8厘米，寬10.3厘米。行款不一，白口，單黑魚尾，四周雙邊。鈐有“奏廷曾閲”“友鶴金石”“眉伯過眼”等印。四册。

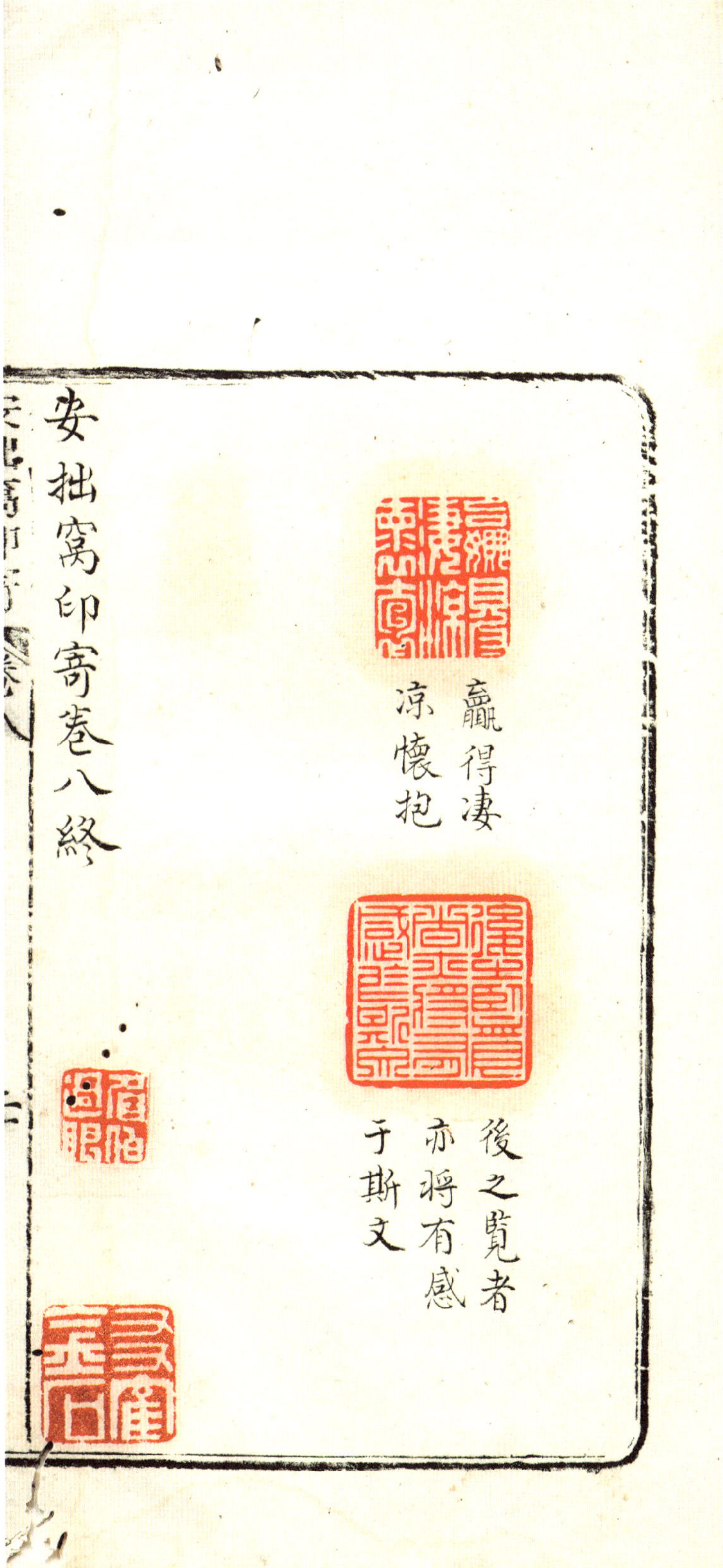

贏得淒涼懷抱

後之覽者亦將有感于斯文

安拙窩印寄卷八終

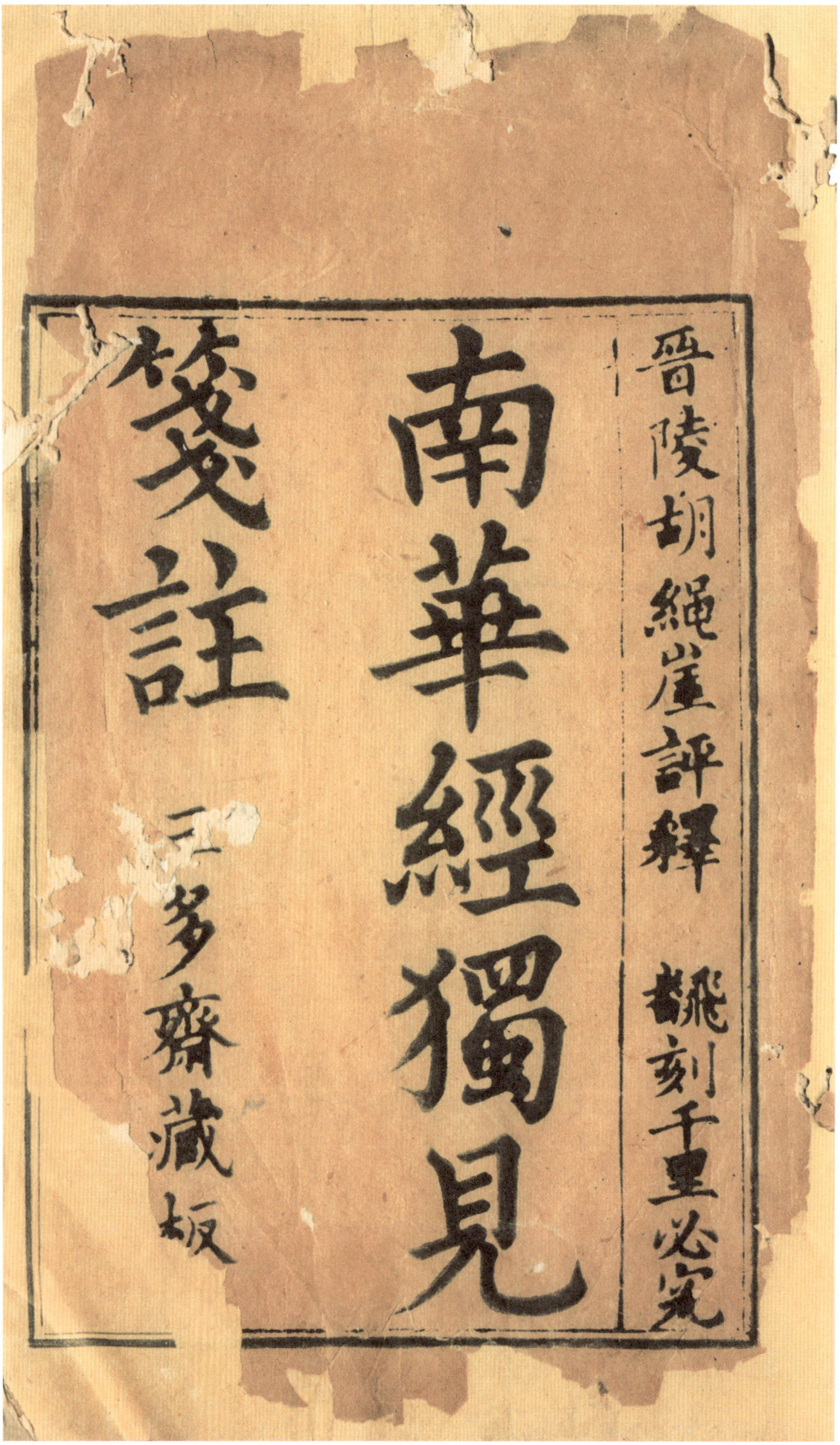

113. 莊子獨見三十三卷 （清）胡文英撰 清乾隆三多齋刻本

開本高23.3厘米，寬15.8厘米。版框高16.7厘米，寬13.6厘米。十行十九字，小字雙行同，白口，單黑魚尾，左右雙邊。六册。廣東省名録號588

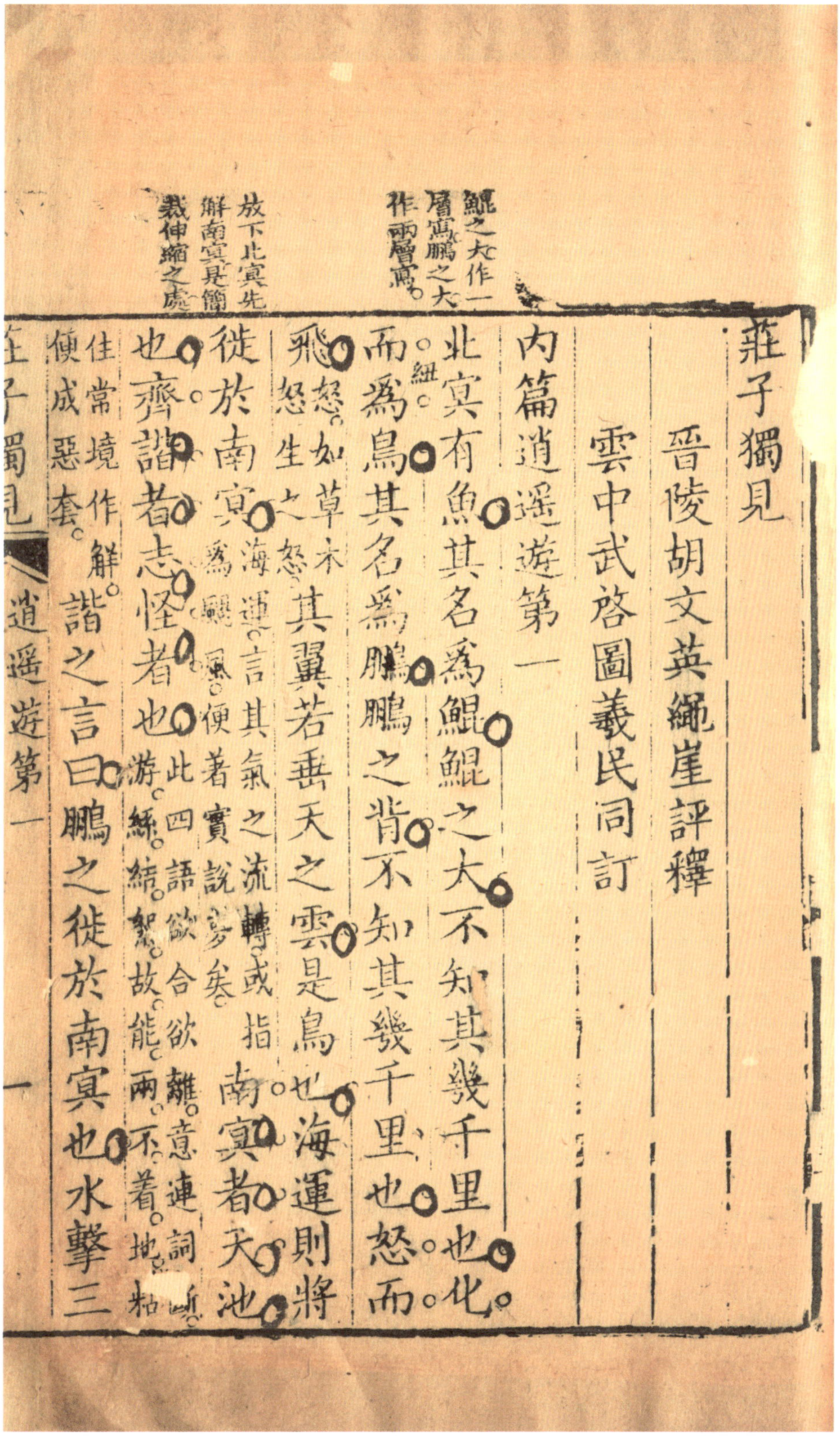

鯤之大作一層寫鵬之大作兩層寫

放下北冥先解南冥是簡栽伸縮之處

莊子獨見

晉陵胡文英繩崖評釋

雲中武啓圖羲民同訂

内篇逍遥遊第一

北冥有魚其名爲鯤鯤之大不知其幾千里也化而爲鳥其名爲鵬鵬之背不知其幾千里也怒而飛怒如草木怒生之怒其翼若垂天之雲是鳥也海運則將徙於南冥海運言其氣之流轉或指爲鵬風便著實說多矣南冥者天池也齊諧者志怪者也此四語欲合欲離意連詞斷住常境作解游絲結絮故能兩不著地點粘便成惡套諧之言曰鵬之徙於南冥也水擊三

莊子獨見　逍遥遊第一　一

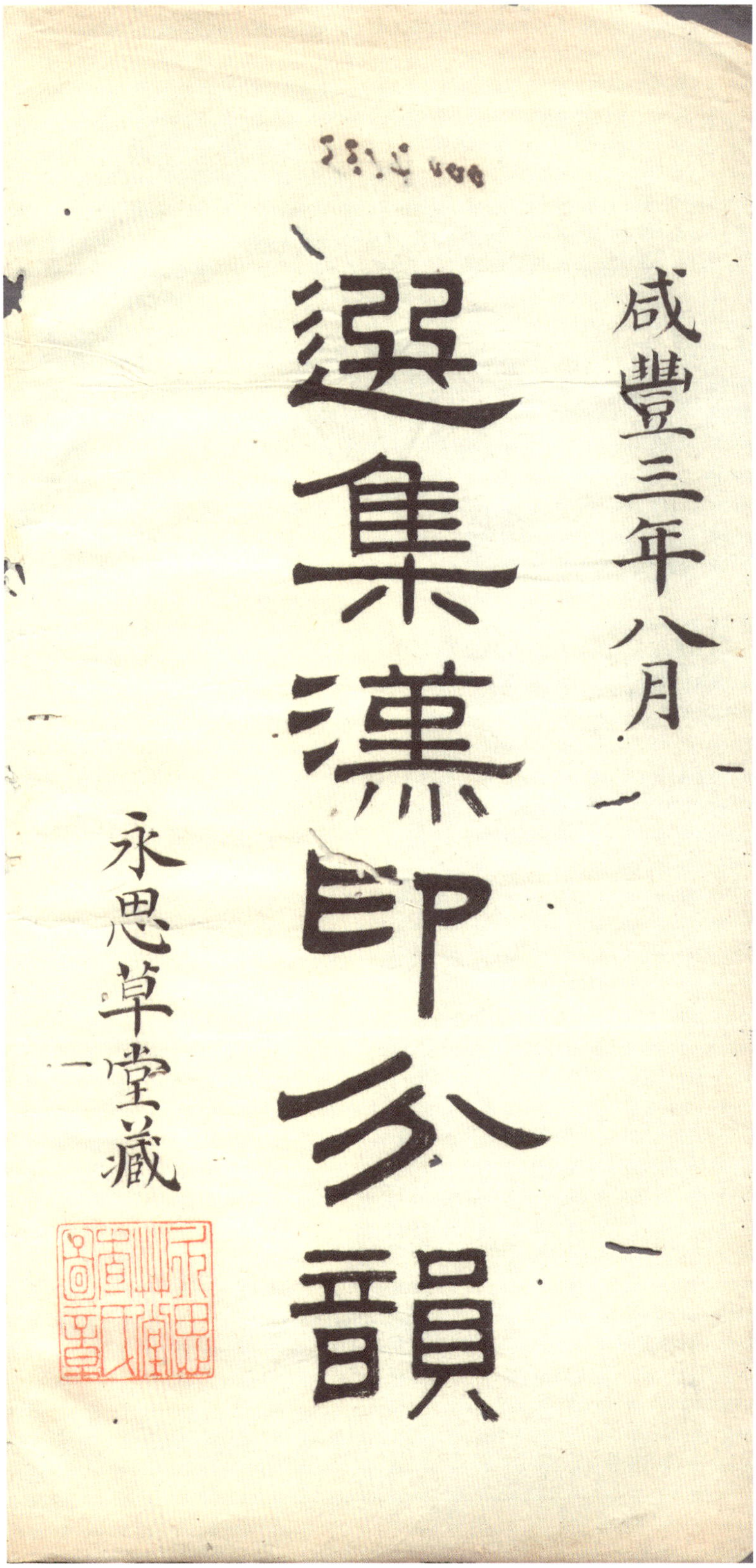

114. 選集漢印分韻二卷 （清）袁日省原本 （清）查墉摹録 **續集漢印分韻二卷** （清）謝景卿纂 （清）查墉摹録 清咸豐三年（1853）華亭查墉抄本

開本高27.4厘米，寬15.3厘米。六行大小字數不等，無格。鈐有“永思草堂查氏圖章”等印。三册。

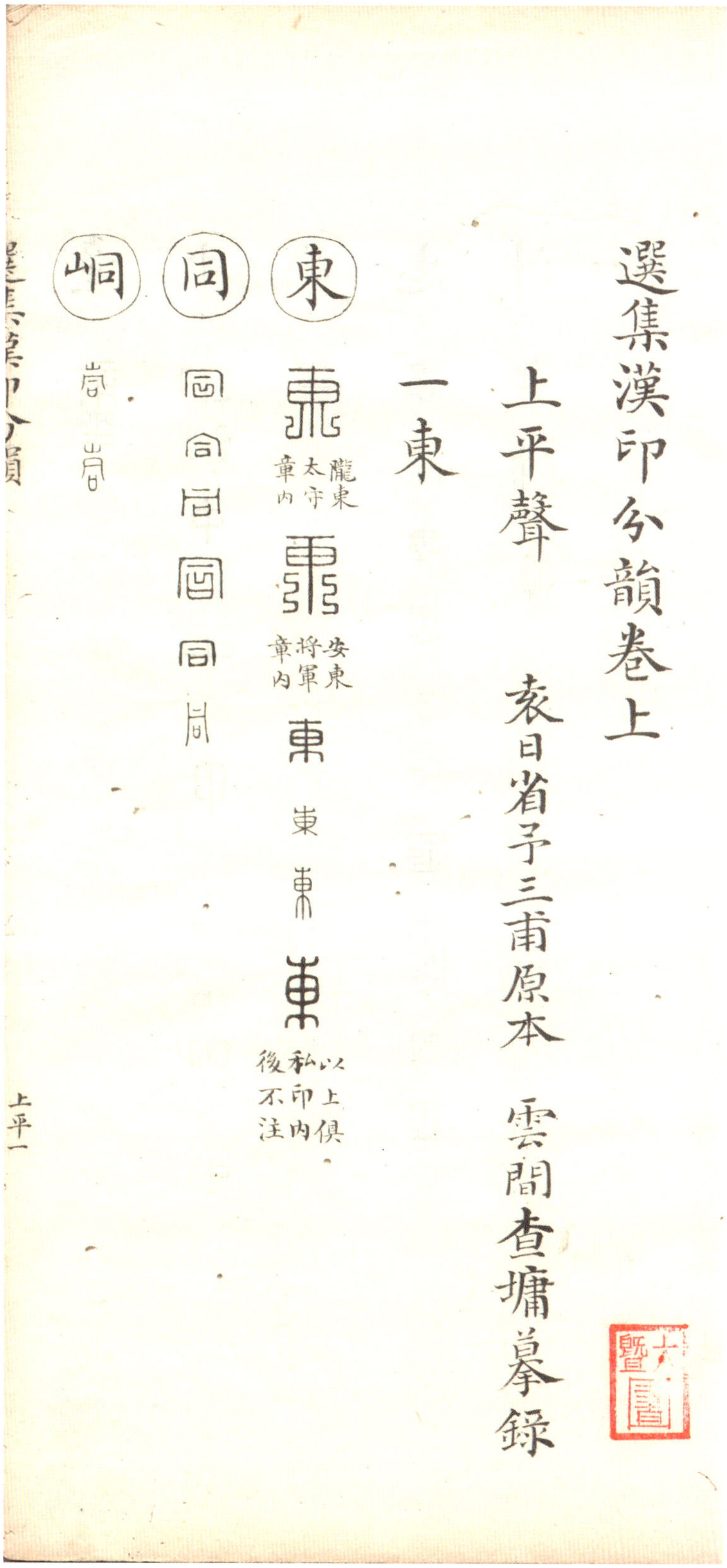

選集漢印分韻卷上

上平聲　袁日省子三甫原本　雲間查墉摹録

一東

東　龍東太守章內

東　安東將軍章內

東

以上俱私印內後不注

同

峒

選集漢印分韻　上平一

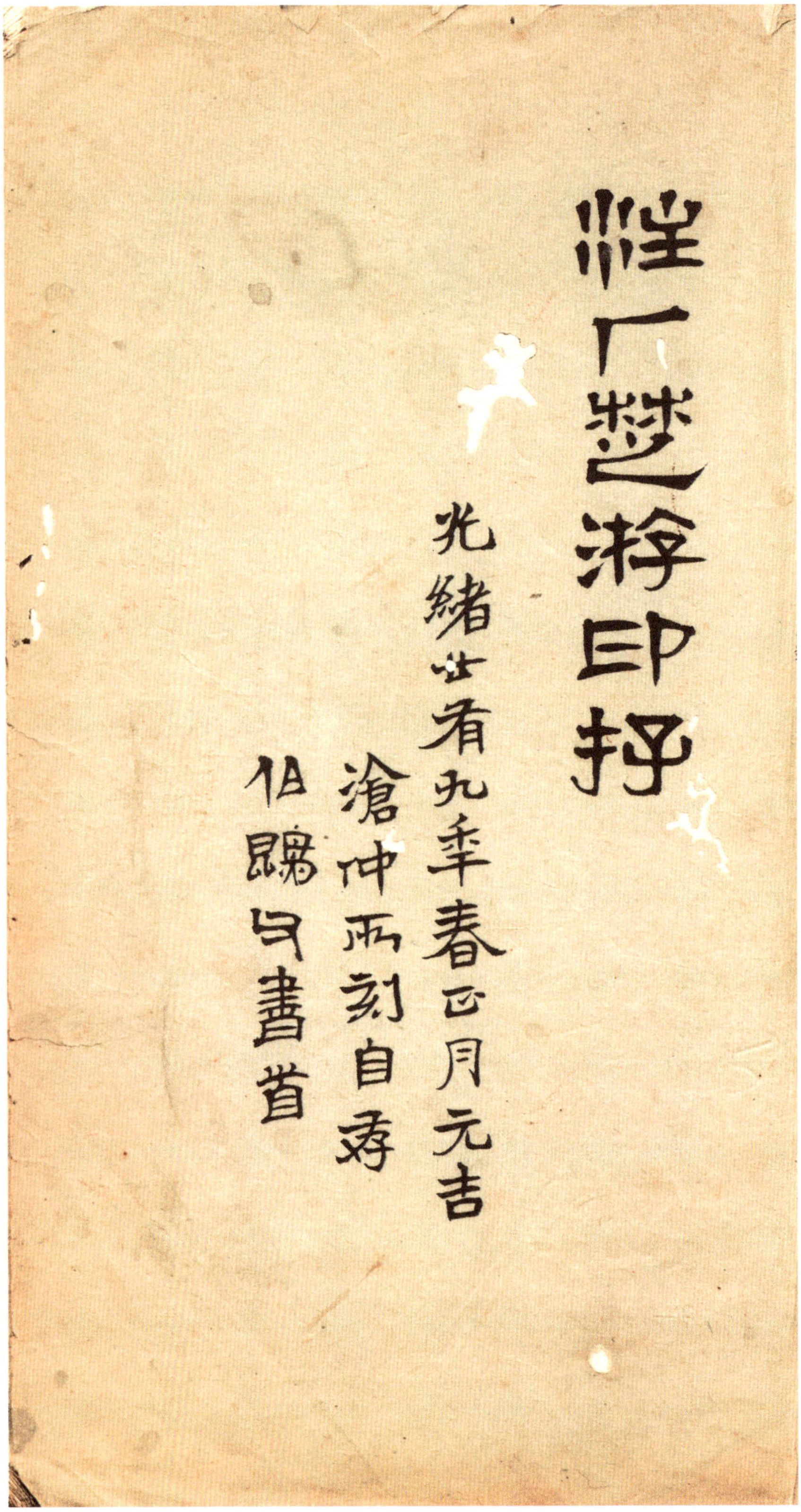

115. 楚游印存一卷 （清）賈蒼注篆 清光緒二十八年（1902）鈐印本

開本高21厘米，寬13.1厘米。無格。一册。

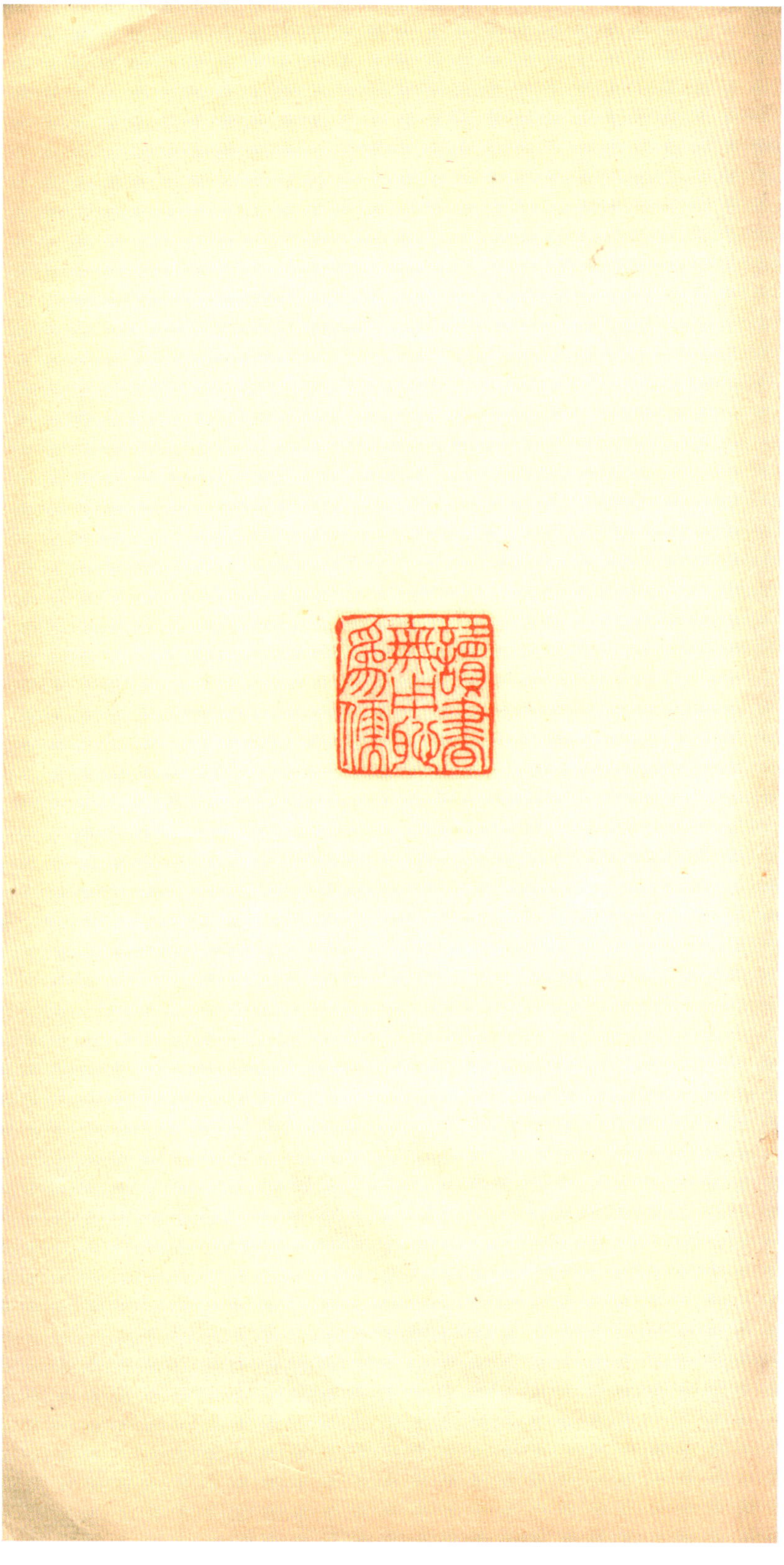

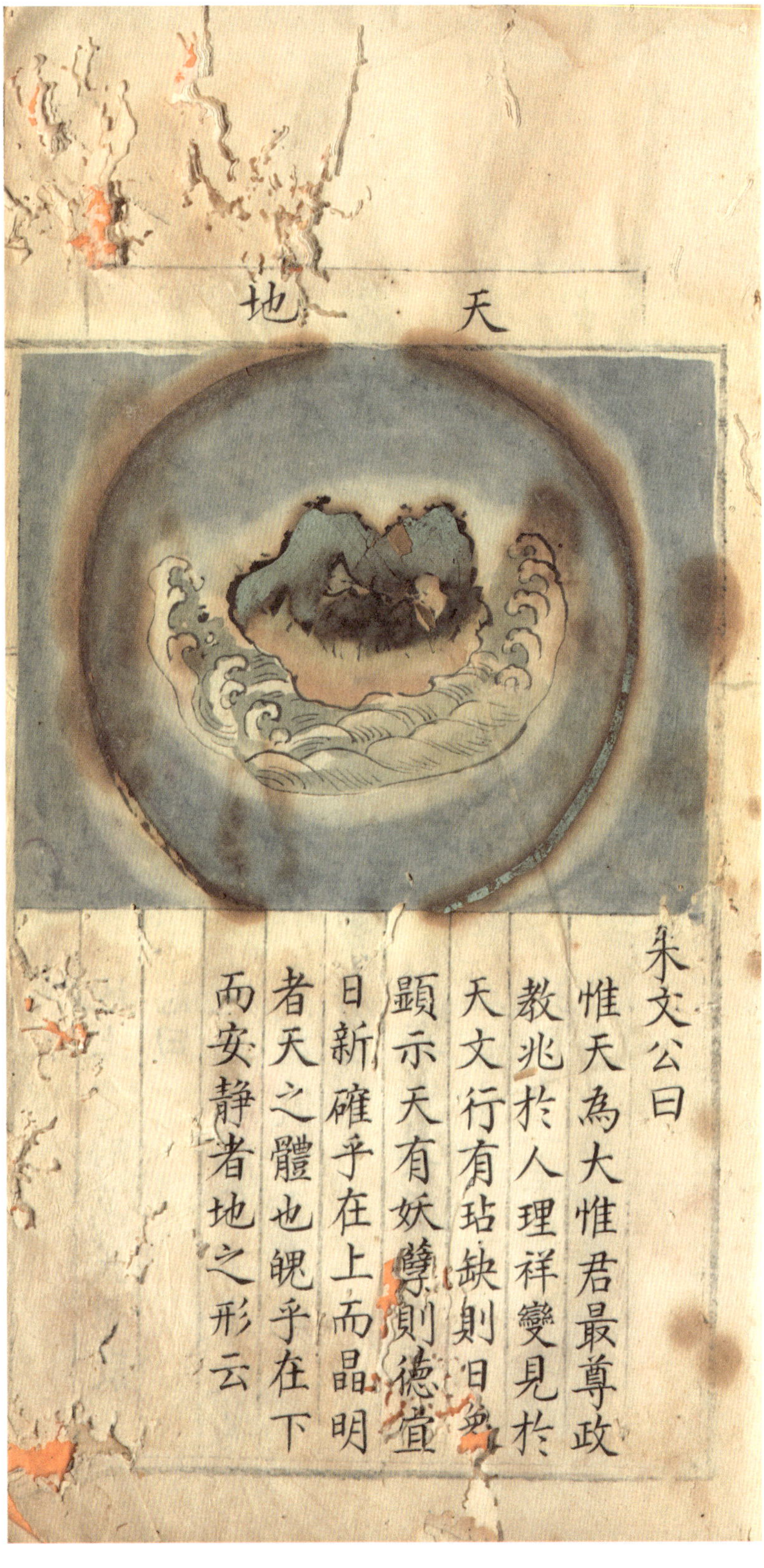

朱文公曰
惟天為大惟君最尊政
教兆於人理祥變見於
天文行有玷缺則日象
顯示天有妖孽則德宣
日新確乎在上而晶明
者天之體也隗乎在下
而安靜者地之形云

116. 天元玉曆祥異賦六卷 □□撰 清彩繪本

開本高27.2厘米，寬16.2厘米。版框高20厘米，寬13.2厘米。十行字數不等，上下兩欄，上欄彩繪圖，下欄十一行字數不等，白口，單白魚尾，四周雙邊。六册。

地震於屋占

班固漢書曰
地震於屋則瓦落
劉向曰
臣下强盛将動而爲害

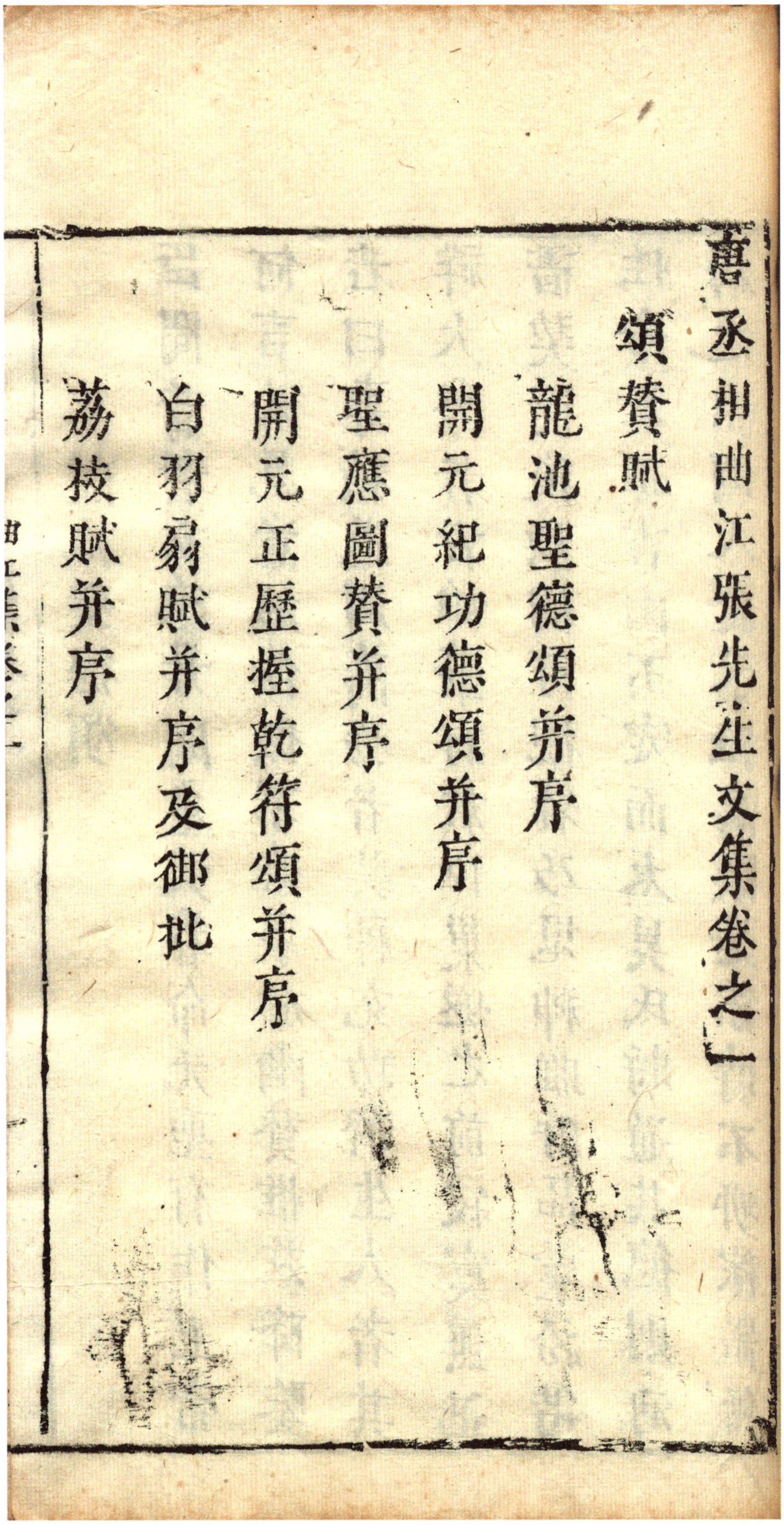
唐丞相曲江張先生文集卷之一
頌賛賦
龍池聖德頌并序
開元紀功德頌并序
聖應圖賛并序
開元正歷握乾符頌并序
白羽扇賦并序及御批
荔枝賦并序

117. 唐丞相曲江張先生文集十二卷附録一卷 （唐）張九齡撰 清順治十四年（1657）曾弘、周日燦刻本

開本高25.4厘米，寬15.4厘米。版框高20.4厘米，寬13.6厘米。八行十八字，小字雙行同，白口，四周單邊。六册。廣東省名録號618

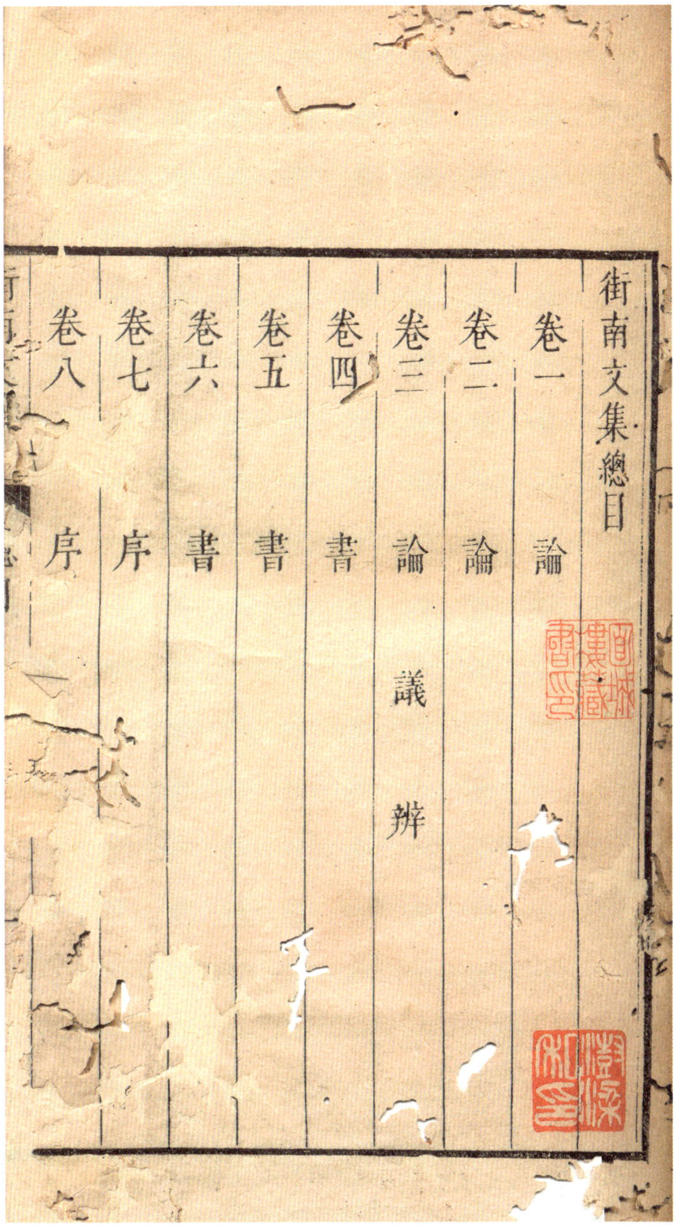

街南文集總目

卷一 論
卷二 論
卷三 論 議 辨
卷四 書
卷五 書
卷六 書
卷七 序
卷八 序

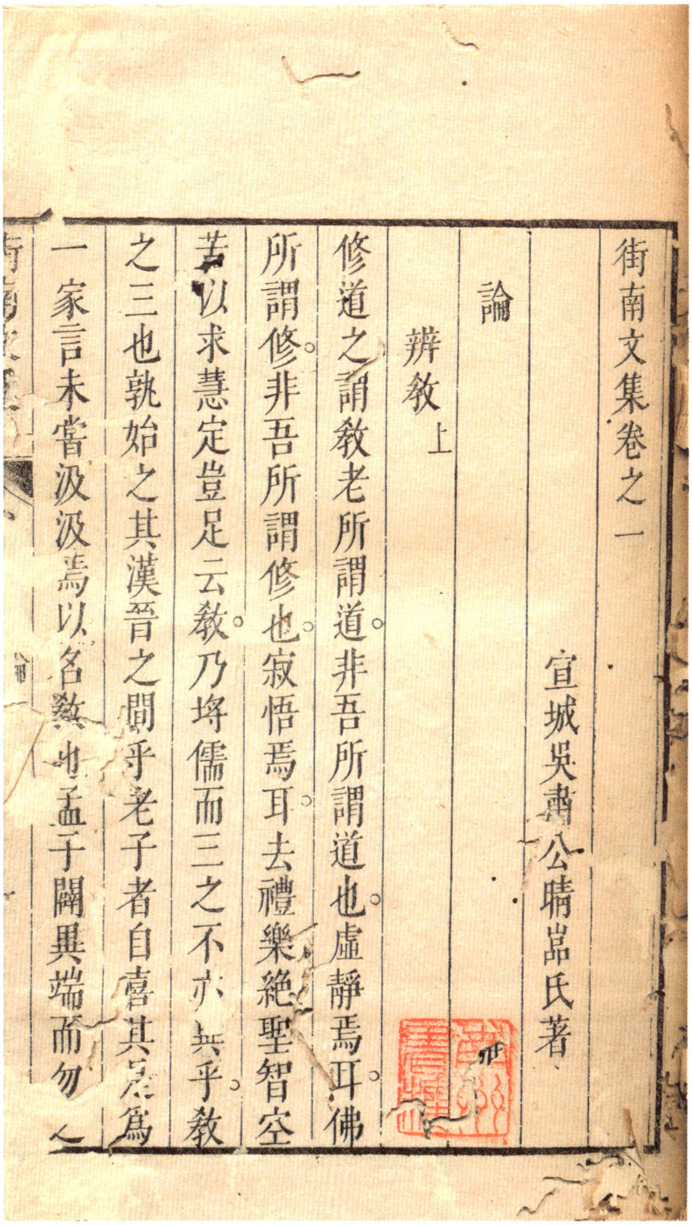

街南文集卷之一

宣城吳肅公晴嵒氏著

論

辨教上

修道之謂教老所謂道非吾所謂道也虛靜焉耳佛所謂修非吾所謂修也寂悟焉耳去禮樂絕聖智空苦以求慧定豈足云教乃垮儒而三之不亦[illegible]乎教之三也孰始之其漢晉之閒乎老子者自喜其[illegible]為一家言未嘗汲汲焉以名數也孟子闢異端而勿

118. 街南文集二十卷續集七卷 （清）吴肅公撰 清康熙二十八年（1689）吴承勵刻本

開本高25.7厘米，寬16.8厘米。版框高18.4厘米，寬14.1厘米。九行二十字，小字雙行同，白口，單黑魚尾，左右雙邊。鈐有“周淑文印”“順德温氏六篆樓藏本”“澍梁私印”“面城樓藏書印”“南州書樓”等印。十册。

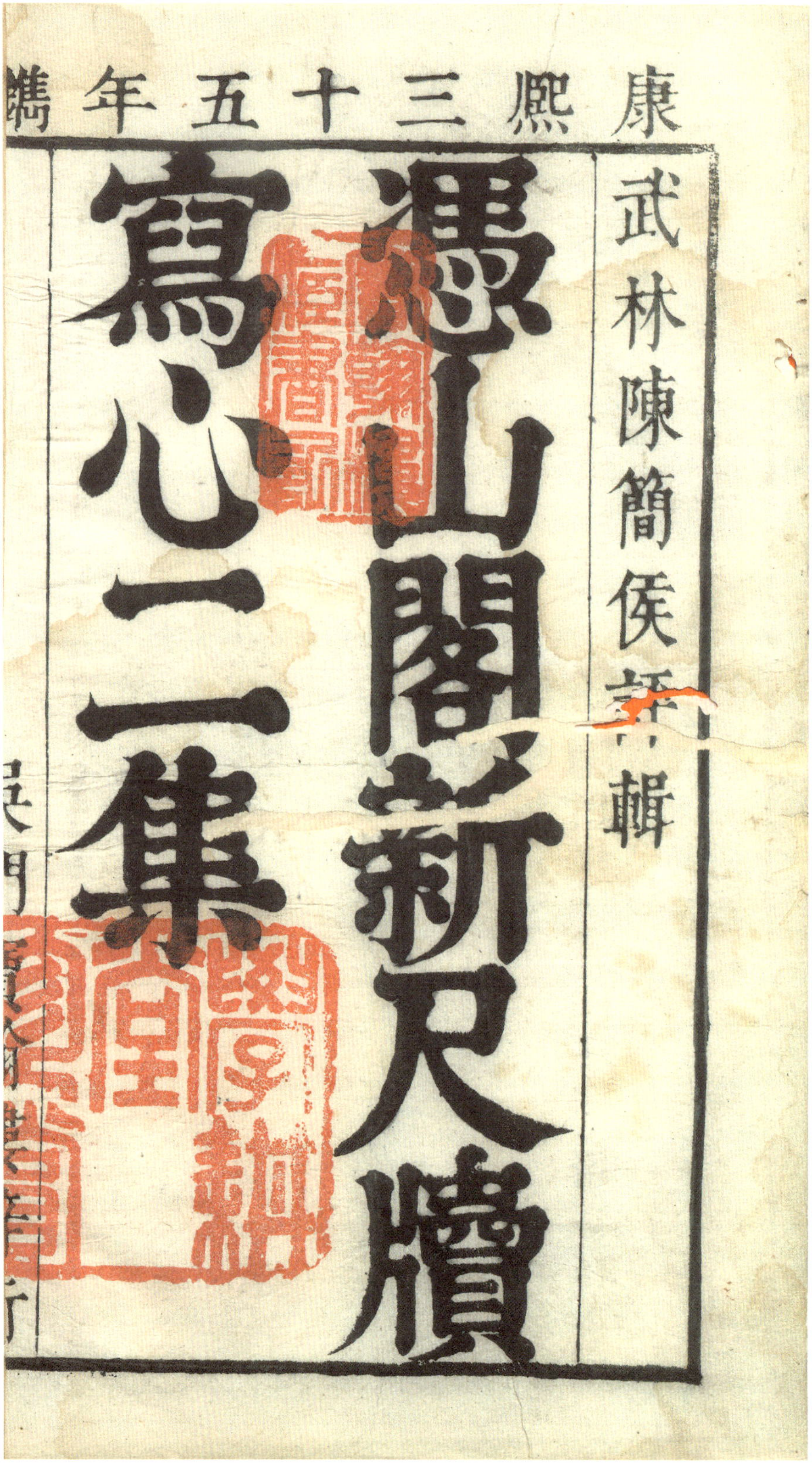

119. 憑山閣新輯尺牘寫心二集六卷 （清）陳枚輯　清康熙三十五年（1696）吴門寶翰樓刻本

開本高23.8厘米，寬15.1厘米。版框高19.2厘米，寬12.7厘米。九行二十四字，小字雙行同，白口，四周單邊。鈐有“汶鷗一字適庵”“如觀秋水”“學耕堂珍賞”“寶翰樓藏書記”等印。四册。廣東省名録號749

憑山閣新輯尺牘寫心二集卷之一

武林陳 枚簡侯選輯

吳江黃 容敘九仝訂

男陳德裕子厚校

仕途類

○復羅隨園叅軍　林雲銘西仲

來扎以量遷粵西寒員且居僻地似有不能釋然者僕竊謂古今世界絕似一副大棋局多少英雄豪傑止向全局中爭一個刼惟聖賢方能和盤打算故素位而行無入而不自得謂之國手若二氏方外者流則所謂棋以不著爲高者也吾輩既挿身

（爭刼二字就如棋中之眼）

寫心二集　卷之一　仕途　一

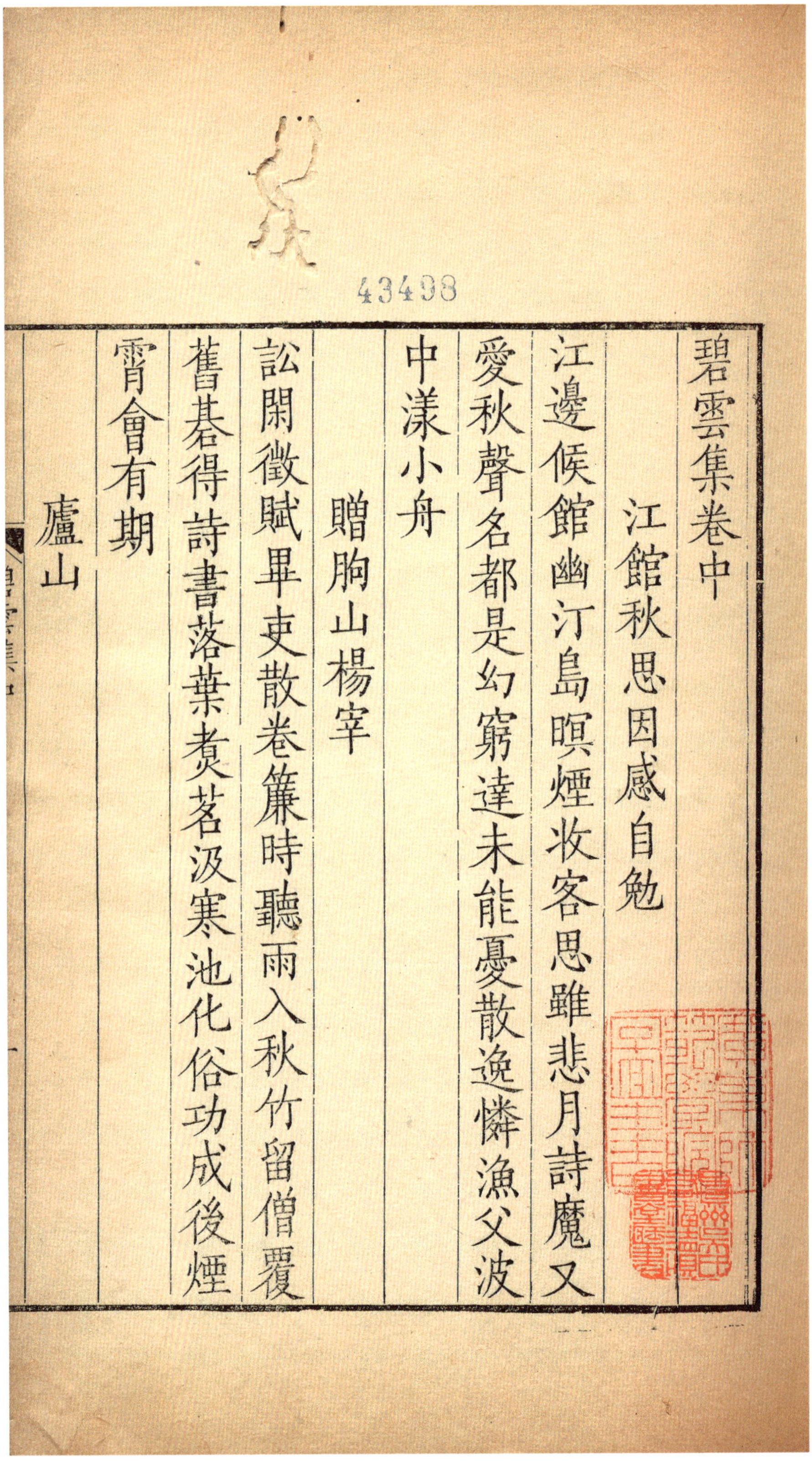

碧雲集卷中
江館秋思因感自勉
江邊候館幽汀島暝煙收客思雖悲月詩魔又
愛秋聲名都是幻窮達未能憂散逸憐漁父波
中漾小舟
贈朐山楊宰
訟閑徵賦畢吏散卷簾時聽雨入秋竹留僧覆
舊碁得詩書落葉煑茗汲寒池化俗功成後煙
霄會有期
廬山

120. 碧雲集三卷（五代）李中撰 清康熙四十一年（1702）席氏琴川書屋刻《唐詩百名家全集》本

開本高25厘米，寬17.2厘米。版框高16.7厘米，寬13.6厘米。十行十八字，小字雙行三十六字，白口，單黑魚尾，左右雙邊。鈐有“真州吴氏有福讀書堂藏書”印。二册。廣東省名録號651

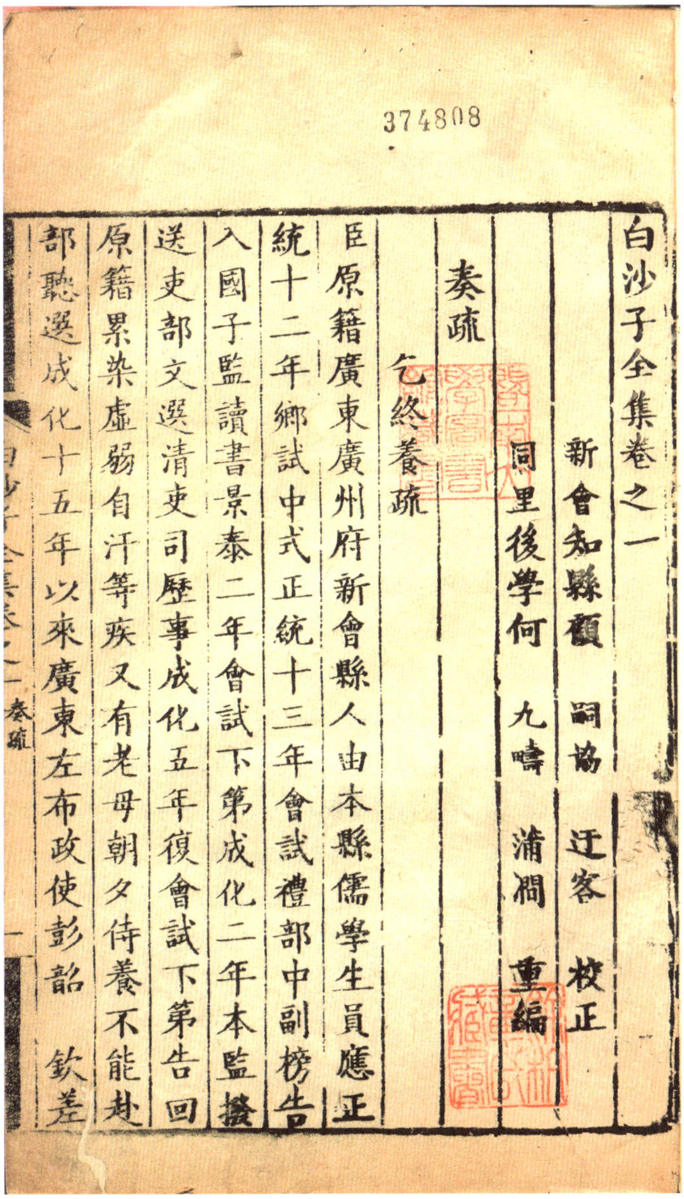

白沙子全集卷之一

新會知縣顧　嗣協　迂客　校正

同里後學何　九疇　浦澗　重編

奏疏

乞終養疏

臣原籍廣東廣州府新會縣人由本縣儒學生員應正統十二年鄉試中式正統十三年會試禮部中副榜告入國子監讀書景泰二年會試下第成化二年本監撥送吏部文選清吏司歷事成化五年復會試下第告回原籍累染虛弱自汗等疾又有老母朝夕侍養不能赴部聽選成化十五年以來廣東左布政使彭韶　欽差

白沙子全集卷之一　奏疏　一

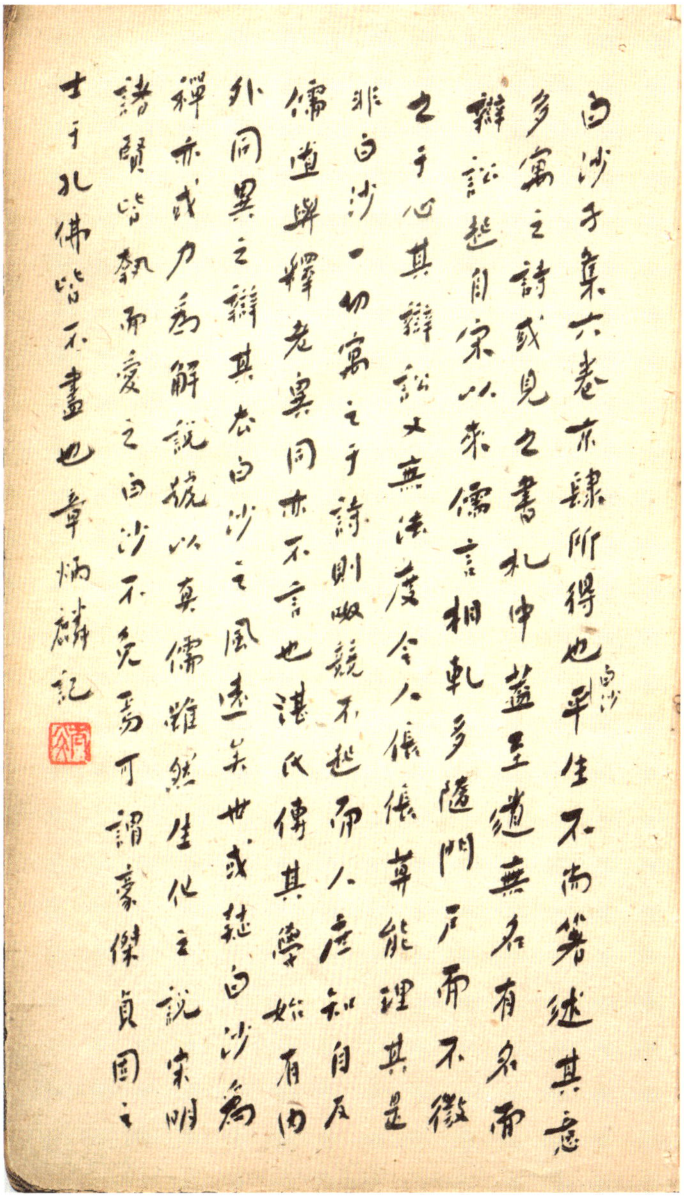

白沙子集六卷亦隸所得也平生不尚箸述其意多寓之詩或見之書札中蓋至道無名有名而辯訟起自宋以來儒言相軋多隨門戶而不徵之于心其辯訟又無法度令人倀倀莫能理其是非白沙一切寓之于詩則呶競不起而人自知自反儒道與釋老異同亦不言也湛氏傳其學始有内外同異之辯其去白沙之風遠矣世或疑白沙爲禪亦或力爲解説號以真儒雖然生化之説宋明諸賢皆執而受之白沙不免焉可謂豪傑負固之士于孔佛皆不盡也　章炳麟記

121. 白沙子全集六卷首一卷附録一卷　（明）陳獻章撰　清康熙四十九年（1710）何九疇刻本

開本高25.2厘米，寬16厘米。版框高19.7厘米，寬14.8厘米。十一行二十一字，黑口，單黑魚尾，左右雙邊。章炳麟題記。鈐有“餘杭章氏藏書”“太炎”等印。九册。國家名録號05881　廣東省名録號0858

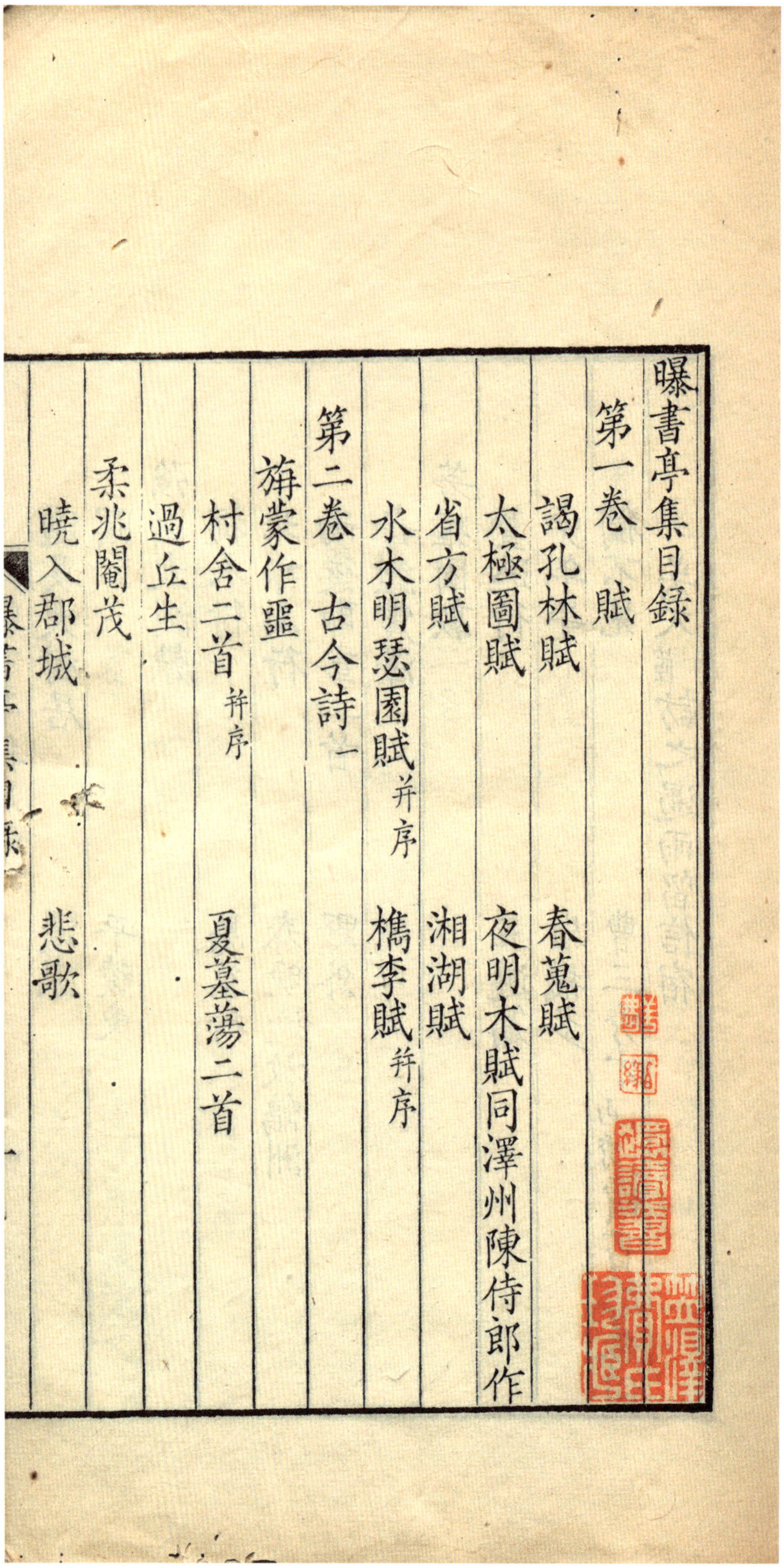

122. 曝書亭集八十卷附録一卷 （清）朱彝尊撰 清康熙五十三年（1714）朱稻孫刻本

開本高28.2厘米，寬18厘米。版框高19.5厘米，寬13.3厘米。十二行二十三字，小字雙行同，白口，單黑魚尾，左右雙邊。鈐有“笠澤費氏珍藏”“還讀我書”“伯緣”“善慶”等印。十冊。廣東省名録號723

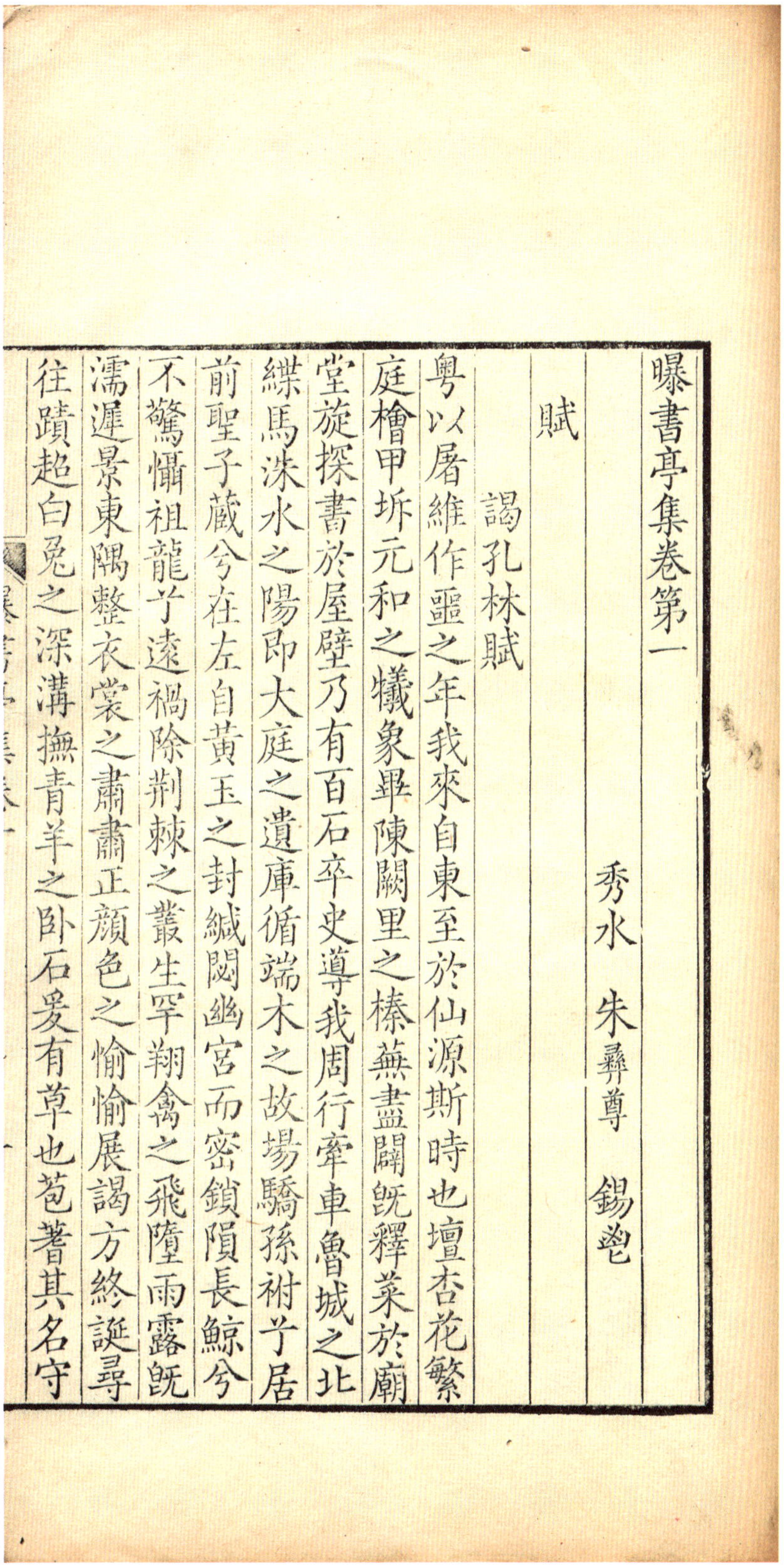

曝書亭集卷第一

秀水 朱彝尊 錫鬯

賦

謁孔林賦

粤以屠維作噩之年我來自東至於仙源斯時也壇杏花繁庭檜甲坼元和之犧象畢陳闕里之榛蕪盡闢既釋菜於廟堂旋探書於屋壁乃有百石卒史導我周行牽車魯城之北緤馬洙水之陽即大庭之遺庫循端木之故場驕孫祔兮居前聖子藏兮在左自黄玉之封緘閟幽宫而窒鎖隕長鯨兮不驚儼祖龍兮遠禍除荆棘之叢生罕翔禽之飛墮雨露既濡遲景東隅整衣裳之肅肅正顏色之愉愉展謁方終誕尋往蹟超白兎之深溝撫青羊之卧石爰有草也苞著其名守

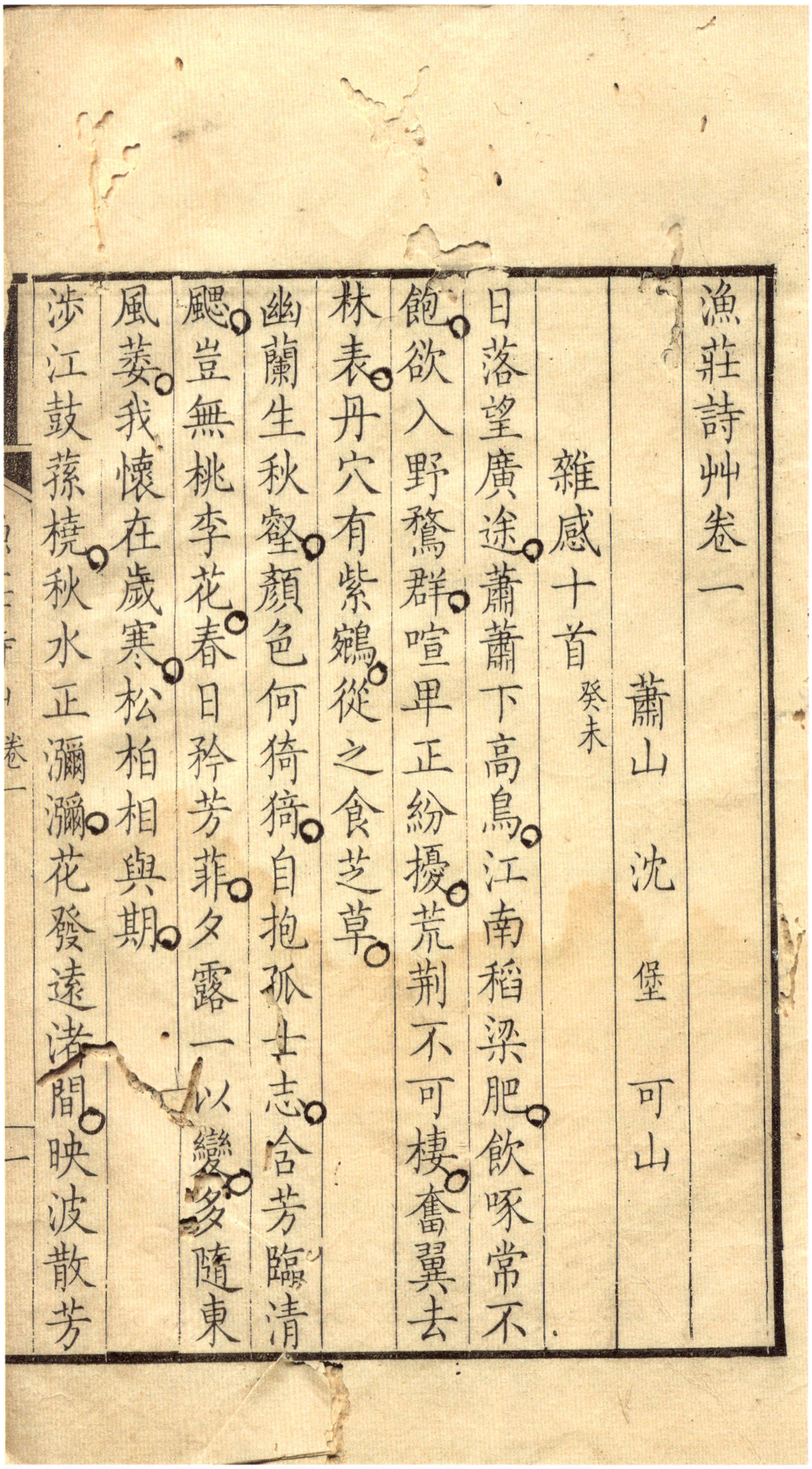

漁莊詩艸卷一
蕭山 沈 堡 可山
雜感十首 癸未
日落望廣途。蕭蕭下高鳥。江南稻粱肥。飲啄常不
飽。欲入野鶩群。喧卑正紛擾。荒荊不可棲。奮翼去
林表。丹穴有紫鵷。從之食芝草。
幽蘭生秋壑。顏色何猗猗。自抱孤士志。含芳臨清
颸。豈無桃李花。春日矜芳菲。夕露一以變。多隨東
風萎。我懷在歲寒。松柏相與期。
涉江鼓蕬橈。秋水正瀰瀰。花發遠渚間。映波散芳

123. 漁莊詩艸六卷 （清）沈堡撰 清康熙刻本

開本高22.9厘米，寬14.8厘米。版框高17厘米，寬12.6厘米。十行十九字，小字雙行同，黑口，單黑魚尾，左右雙邊。三册。廣東省名録號727

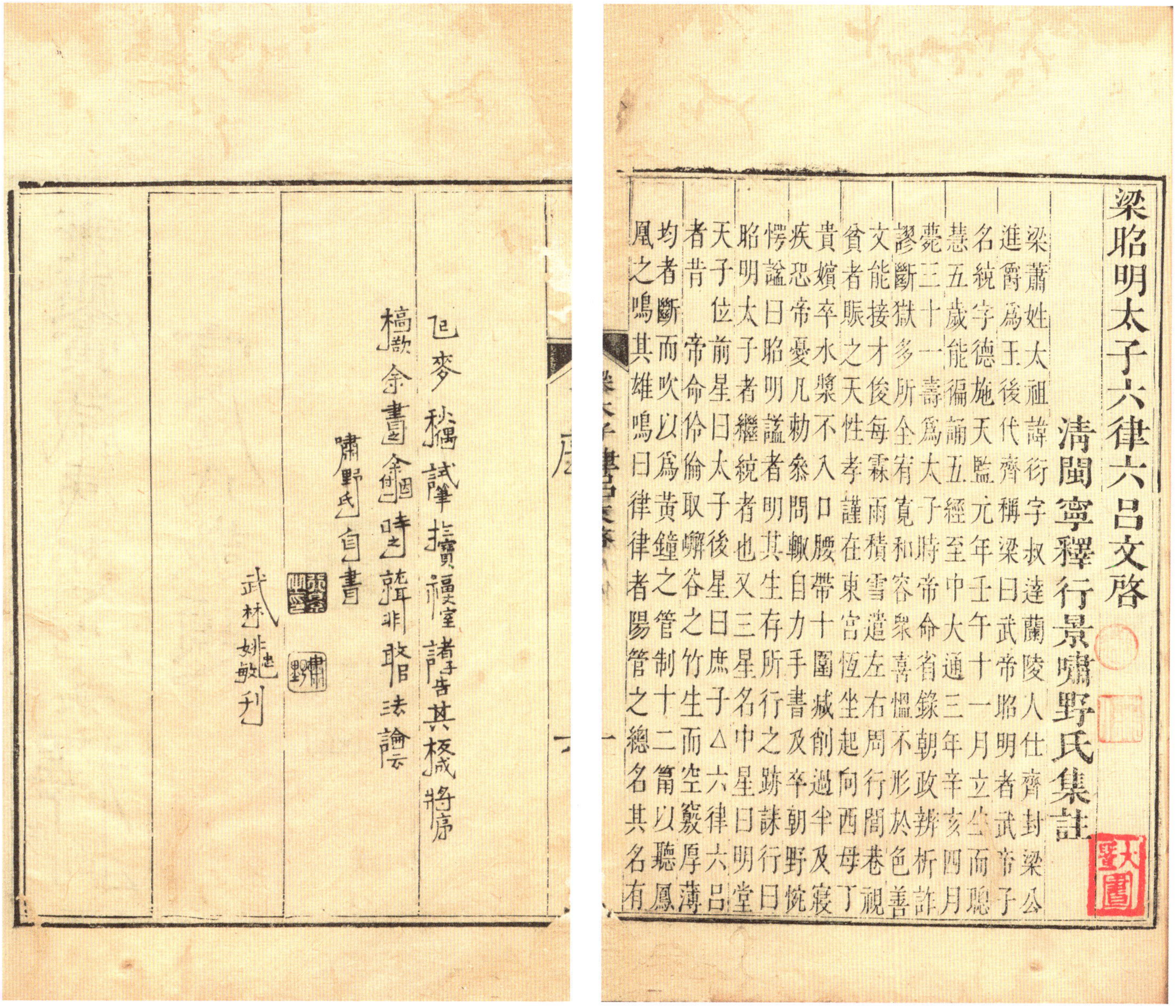
梁昭明太子六律六呂文啓

清閩寧釋行景嘯野氏集註

梁蕭姓太祖諱衍字叔達蘭陵人仕齊封梁公
進爵爲王後代齊稱梁曰武帝昭明者武帝子
名統字德施天監元年壬午十一月立△而聰
慧五歲能徧誦五經至中大通三年辛亥四月
薨三十一壽爲太子時帝命省錄朝政辨析詐
謬斷獄多所全宥寬和容衆喜愠不形於色善
文能接才俊每霖雨積雪遣左右周行閭巷視
貧者賑之天性孝謹在東宮恆坐起向西母丁
貴嬪卒水漿不入口腰帶十圍減削過半及寢
疾恐帝憂凡勑參問輙自力手書及卒朝野惋
愕謚曰昭明謚者明其生存所行之跡誄行曰
昭明太子者繼統者也又三星名中星曰明堂
天子位前星曰太子後星曰庶子△六律六呂
者昔　帝命伶倫取嶰谷之竹生而空竅厚薄
均者斷而吹以爲黃鐘之管制十二箇以聽鳳
凰之鳴其雄鳴曰律律者陽管之總名其名有

124. 梁昭明太子六律六呂文啓一卷 （南朝梁）蕭統等撰 清康熙刻本

開本高26.3厘米，寬17厘米。版框高19.8厘米，寬15.2厘米。十行十九字，小字雙行同，白口，單黑魚尾，四周雙邊。鈐有“上道人”“唯吾知足”等印。一册。

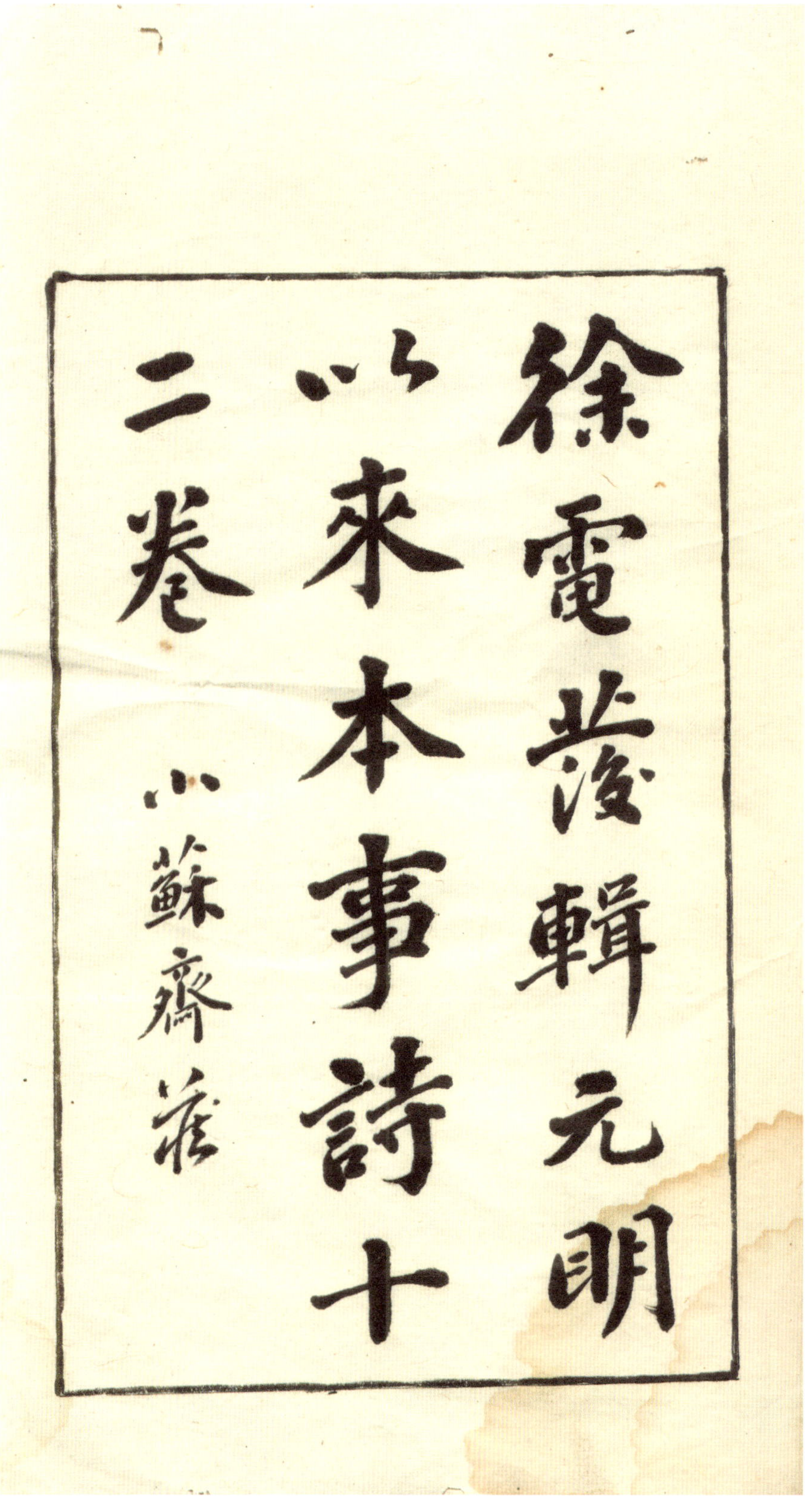
徐電發輯元明
以來本事詩十
二卷
小蘇齋簽

125. 本事詩十二卷（清）徐釚編輯 清康熙刻乾隆二十二年（1757）修補本

開本高24.3厘米，寬15.4厘米。版框高18.7厘米，寬13.5厘米。十一行二十一字，小字雙行三十一至三十二字，白口，單黑魚尾，左右雙邊。劉熽芬題簽。鈐有“小衡補讀”等印。四册。廣東省名録號759

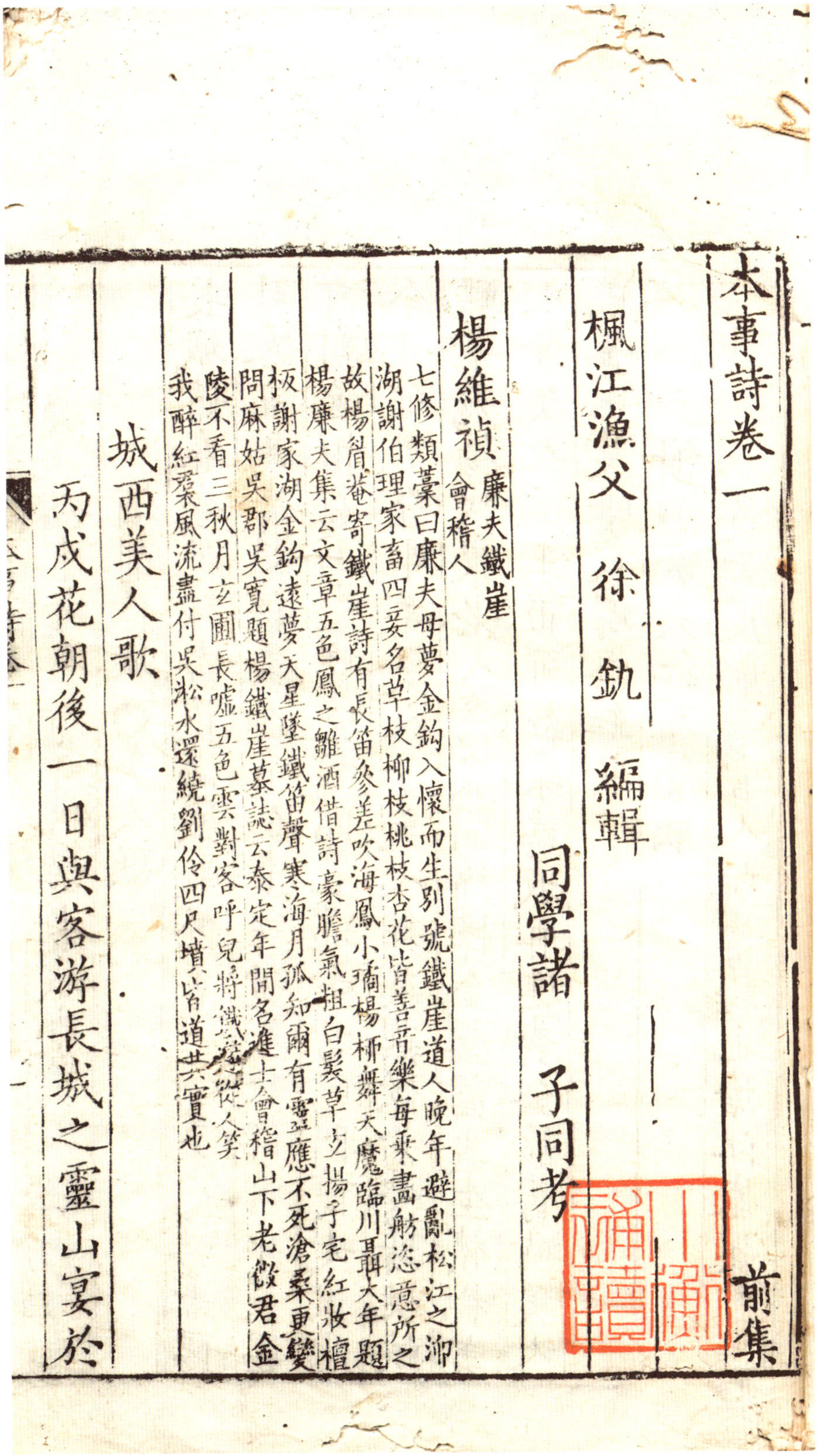

本事詩卷一　　前集

楓江漁父　徐釚　編輯

同學諸　子同考

楊維禎　廉夫鐵崖　會稽人

七修類藁曰廉夫母夢金鉤入懷而生別號鐵崖道人晚年避亂松江之泖湖謝伯理家畜四妾名草枝柳枝桃枝杏花皆善音樂每乘畫舫恣意所之故楊眉菴寄鐵崖詩有長笛參差吹海鳳小瑀楊柳舞天魔臨川聶大年題楊廉夫集云文章五色鳳之雛酒借詩豪膽氣粗白髮草玄揚子宅紅妝檀板謝家湖金鉤遠夢天星墜鐵笛聲寒海月孤知爾有靈應不死滄桑更變問麻姑吳郡吳寬題楊鐵崖墓誌云泰定年間名進士會稽山下老徵君金陵不看三秋月玄圃長嘯五色雲對客呼兒將鐵笛從人笑我醉紅裙風流盡付吳淞水環繞劉伶四尺墳皆道其實也

城西美人歌

丙戌花朝後一日與客游長城之靈山宴於

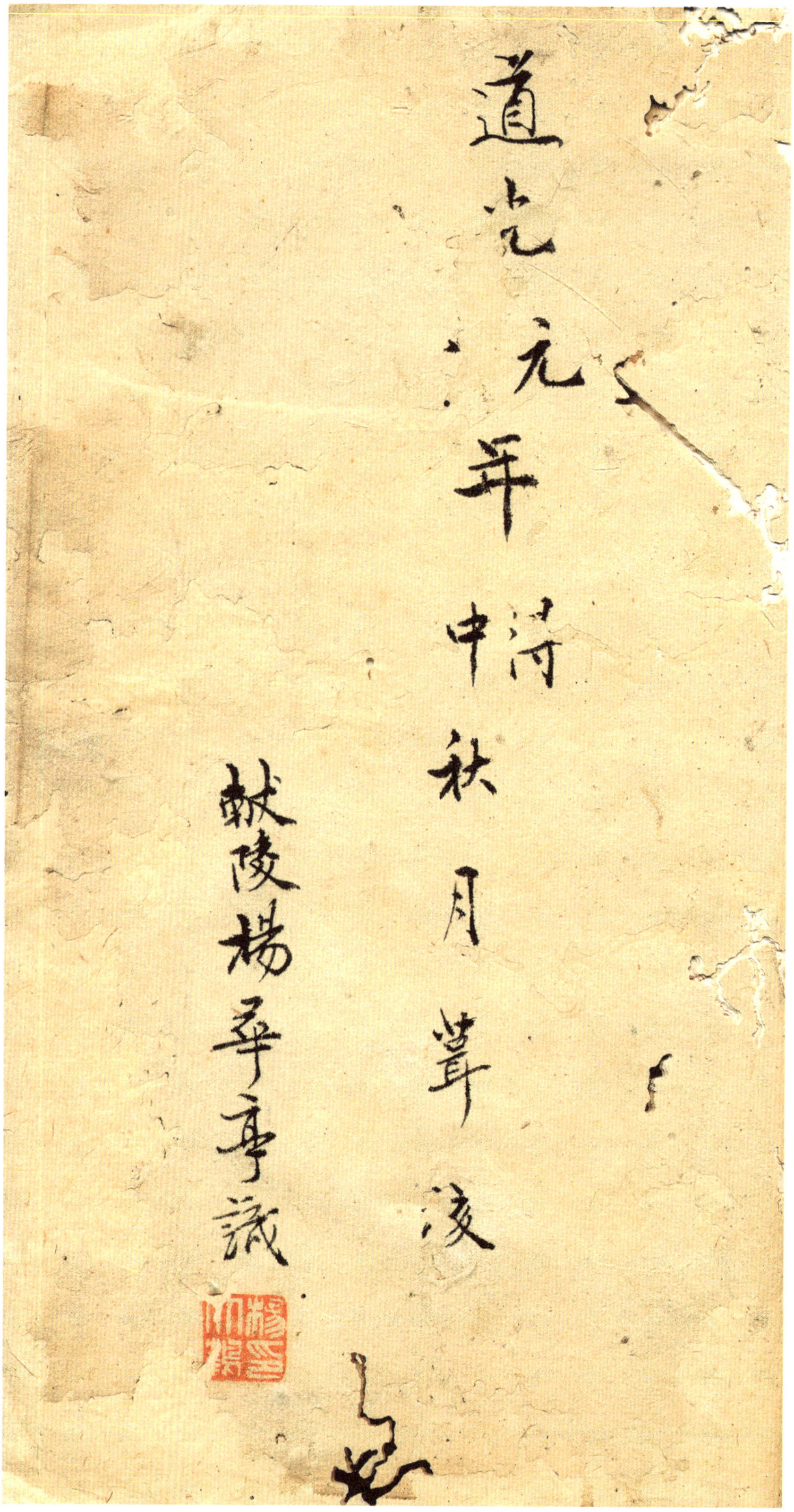

126. 詩櫱六卷 （清）陳毅撰 清乾隆二十五年（1760）眠雲草堂刻本

開本高23.9厘米，寬15.3厘米。版框高17.4厘米，寬12.8厘米。九行十九字，小字雙行同，白口，單黑魚尾，四周單邊。楊大鶴題。鈐有“華亭楊氏大鶴”“楊大鶴印”等印。二册。

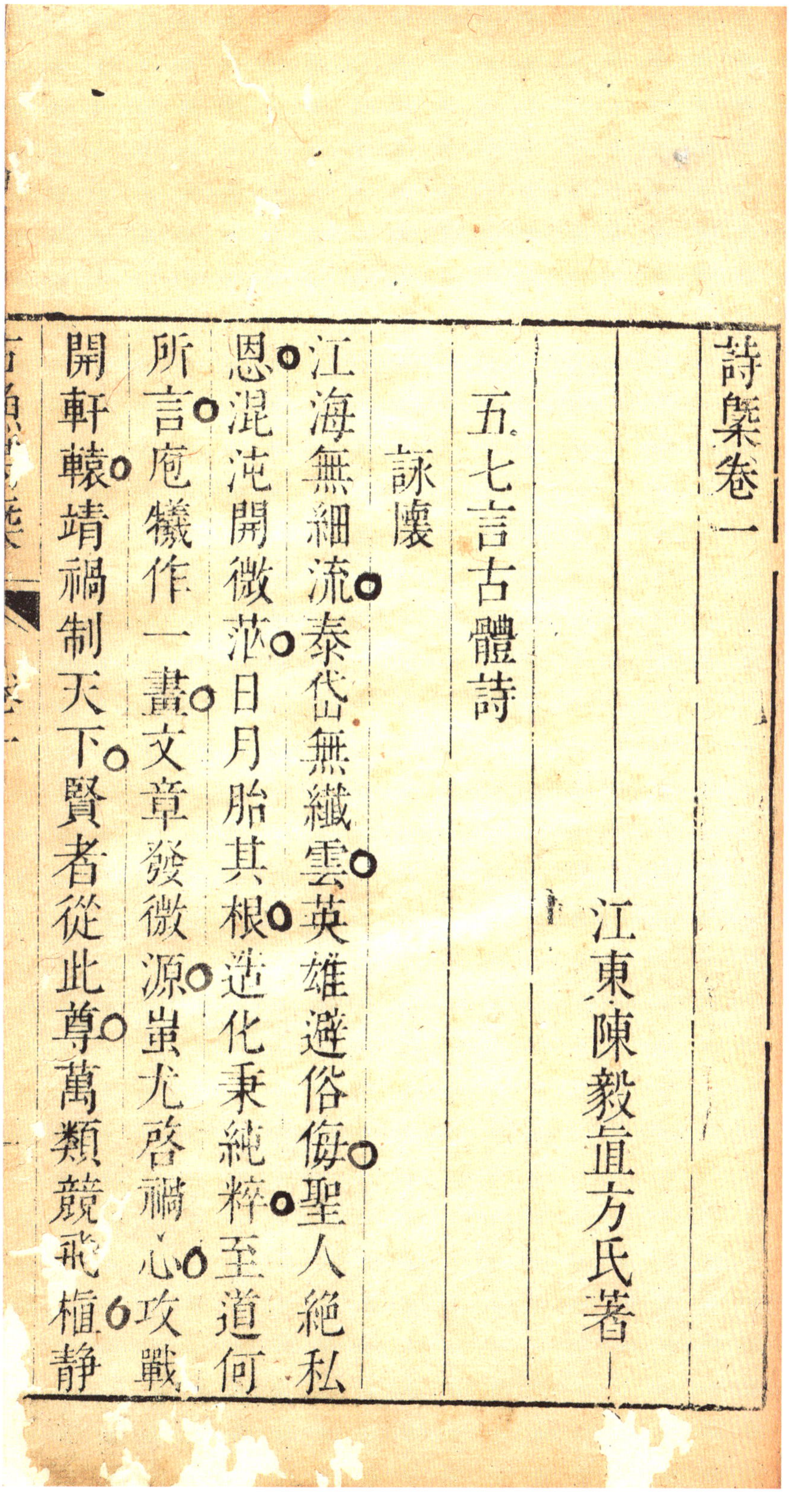
詩槩卷一

江東陳毅亶方氏著

五七言古體詩

詠懷

江海無細流。泰岱無纖雲。英雄避俗侮。聖人絕私恩。混沌開微茫。日月胎其根。造化秉純粹。至道何所言。庖犧作一畫。文章發微源。蚩尤啓禍心。攻戰開軒轅。靖禍制天下。賢者從此尊。萬類競飛植。静

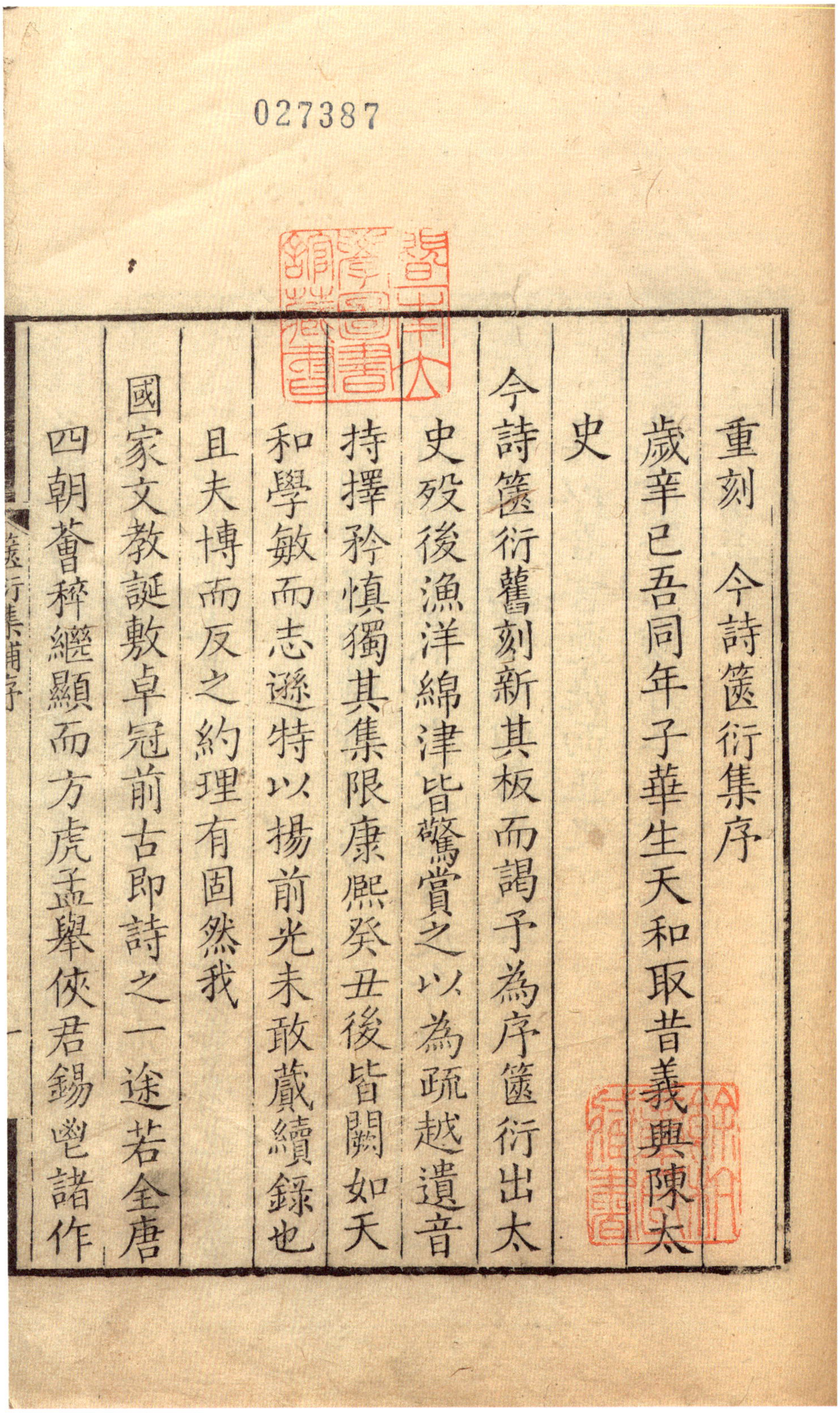
027387

重刻 今詩篋衍集序

歲辛巳吾同年子華生天和取昔義興陳太
史
今詩篋衍舊刻新其板而謁予為序篋衍出太
史歿後漁洋綿津皆驚賞之以為疏越遺音
持擇矜慎獨其集限康熙癸丑後皆闕如天
和學敏而志遜特以揚前光未敢蒧續錄也
且夫博而反之約理有固然我
國家文教誕敷卓冠前古即詩之一途若全唐
四朝薈稡纚顯而方虎孟舉俠君錫鬯諸作

篋衍集補序 一

127. 篋衍集十二卷 （清）陳維崧輯 清乾隆二十六年（1761）華綺刻本

開本高23.4厘米，寬16.3厘米。版框高15.9厘米，寬13.2厘米。十行十九字，小字雙行二十八至二十九字，黑口，單黑魚尾，左右雙邊。鈐有“華鼎私印”“子宜欣賞”“餘杭章氏藏書”等印。四册。廣東省名録號754

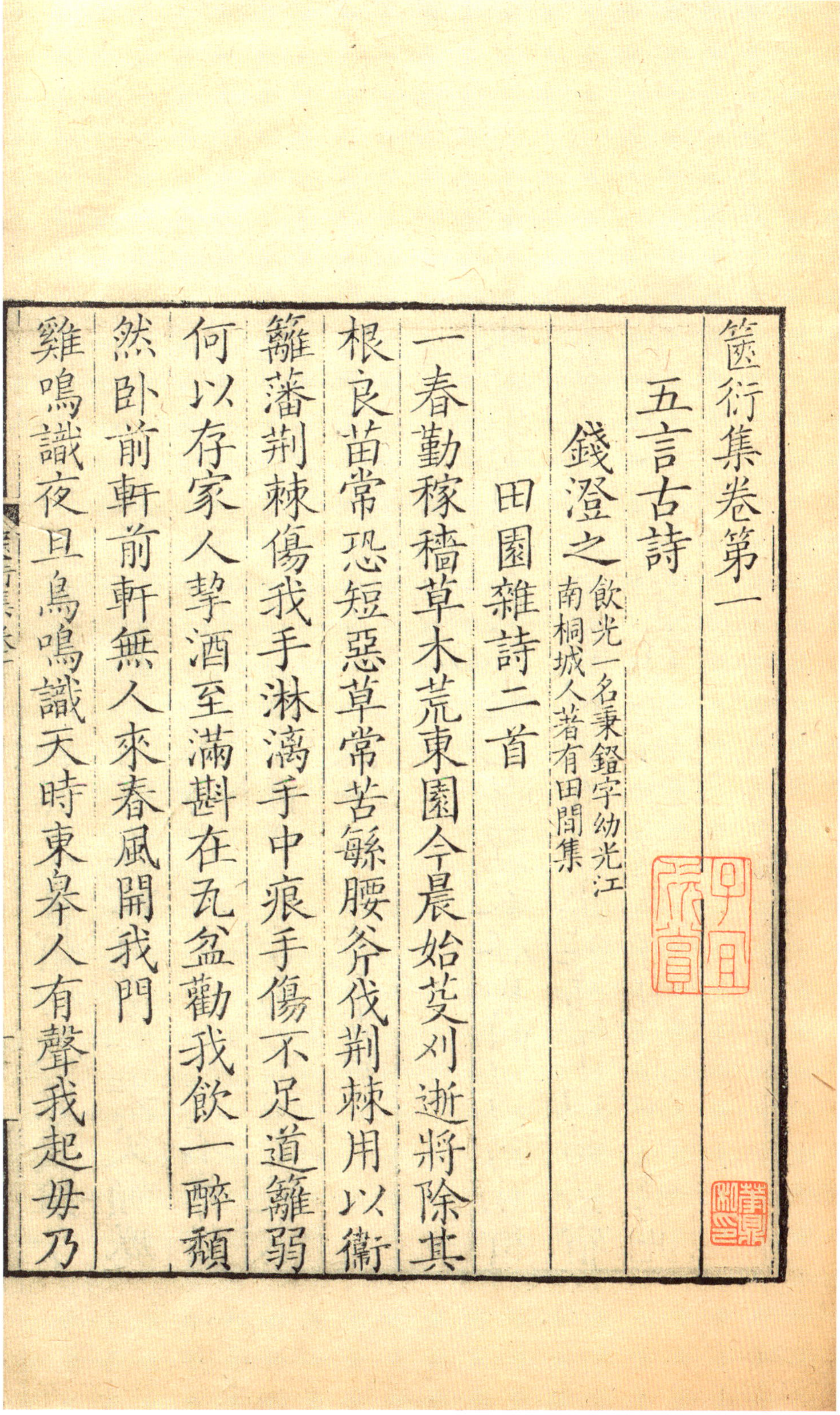

篋衍集卷第一

五言古詩

錢澄之 飲光一名秉鐙字幼光江南桐城人著有田間集

田園雜詩二首

一春勤稼穡草木荒東園今晨始芟刈逝將除其根良苗常恐短惡草常苦緐腰斧伐荊棘用以衛籬藩荊棘傷我手淋漓手中痕手傷不足道籬弱何以存家人挈酒至滿斟在瓦盆勸我飲一醉頽然卧前軒前軒無人來春風開我門

雞鳴識夜旦烏鳴識天時東皋人有聲我起毋乃

128. 白沙子全集十卷首一卷末一卷附録一卷白沙子古詩教解二卷

（明）陳獻章撰 （明）湛若水注 清乾隆三十六年（1771）刻本

開本高31厘米，寬15.2厘米。版框高19.1厘米，寬13.4厘米。十行二十一字，小字雙行同，白口，單黑魚尾，四周雙邊。鈐有“張氏藏書”印。十册。廣東省名録號693

白沙子全集卷之一

奏疏

乞終養疏

臣原籍廣東廣州府新會縣人由本縣儒學生員應正統十二年鄉試中式正統十三年會試禮部中副榜告入國子監讀書景泰二年會試下第成化二年本監撥送吏部文選清吏司歷事成化五年復會試下第告回原籍累染虛弱自汗等疾又有老母朝夕侍養不能赴部聽選成化十五年以來廣東左布政使彭韶欽差總督兩廣軍務兼理巡撫右都御史朱英前後具本薦臣

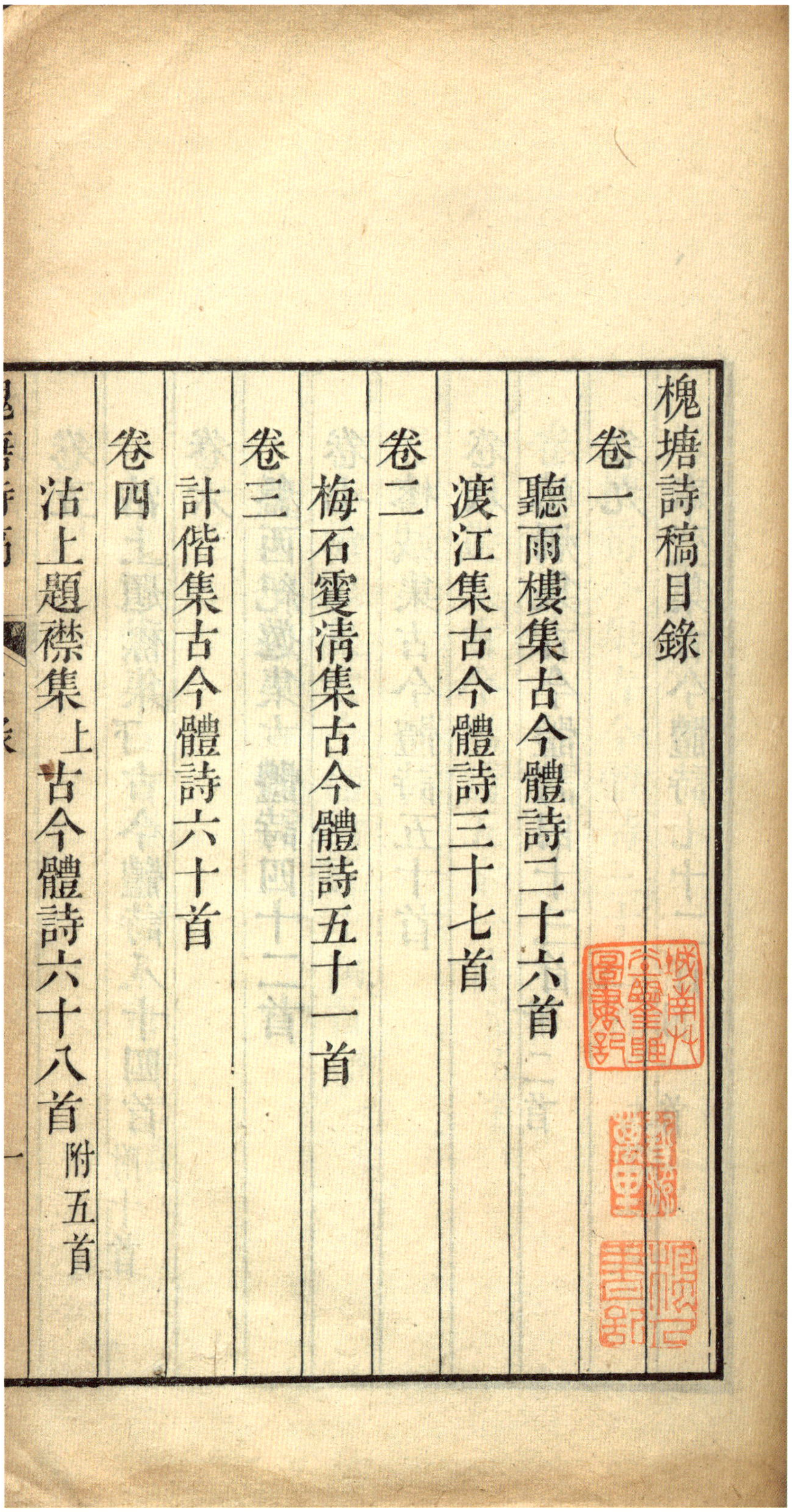
槐塘詩稿目錄
卷一
聽雨樓集古今體詩二十六首
渡江集古今體詩三十七首
卷二
梅石霎清集古今體詩五十一首
卷三
計偕集古今體詩六十首
卷四
沽上題襟集上古今體詩六十八首附五首

129.槐塘詩稿十六卷槐塘文稿四卷 （清）汪沆撰 清乾隆五十一年（1786）刻本

開本高27.8厘米，寬17.8厘米。版框高18.7厘米，寬13.9厘米。十行二十一字，小字雙行同，白口，單黑魚尾，左右雙邊。鈐有“秦曼青”“秦更年印”“楓人書記”“暫游萬里”“城南草堂鑒藏圖書記”等印。三册。廣東省名録號731

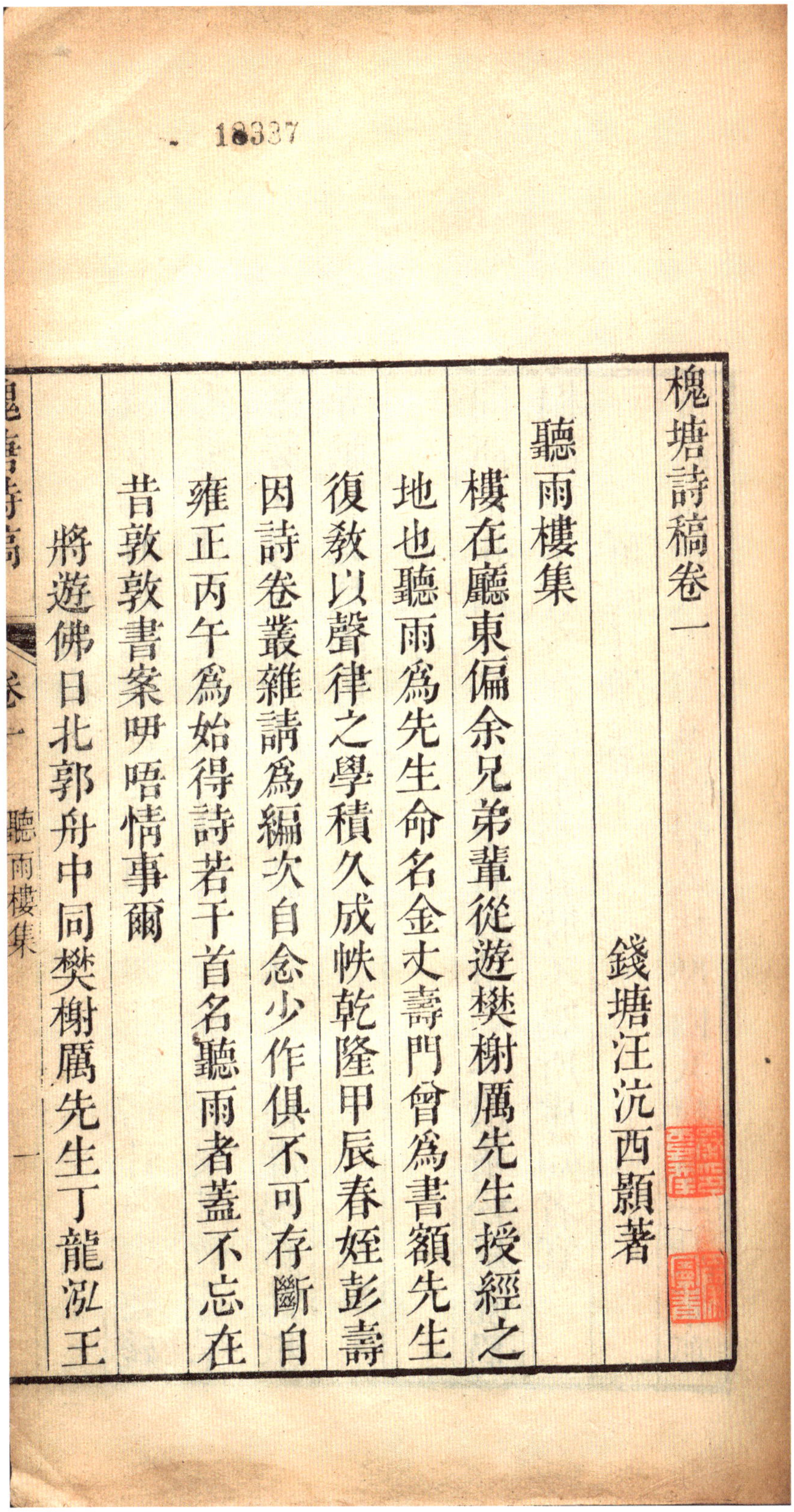

槐塘詩稿卷一

錢塘汪沆西顥著

聽雨樓集

樓在廳東偏余兄弟輩從遊樊榭厲先生授經之地也聽雨爲先生命名金丈壽門曾爲書額先生復教以聲律之學積久成帙乾隆甲辰春姪彭壽因詩卷叢雜請爲編次自念少作俱不可存斷自雍正丙午爲始得詩若干首名聽雨者蓋不忘在昔敦敦書案吚唔情事爾

將遊佛日北郭舟中同樊榭厲先生丁龍泓王

槐塘詩稿　卷一　聽雨樓集　一

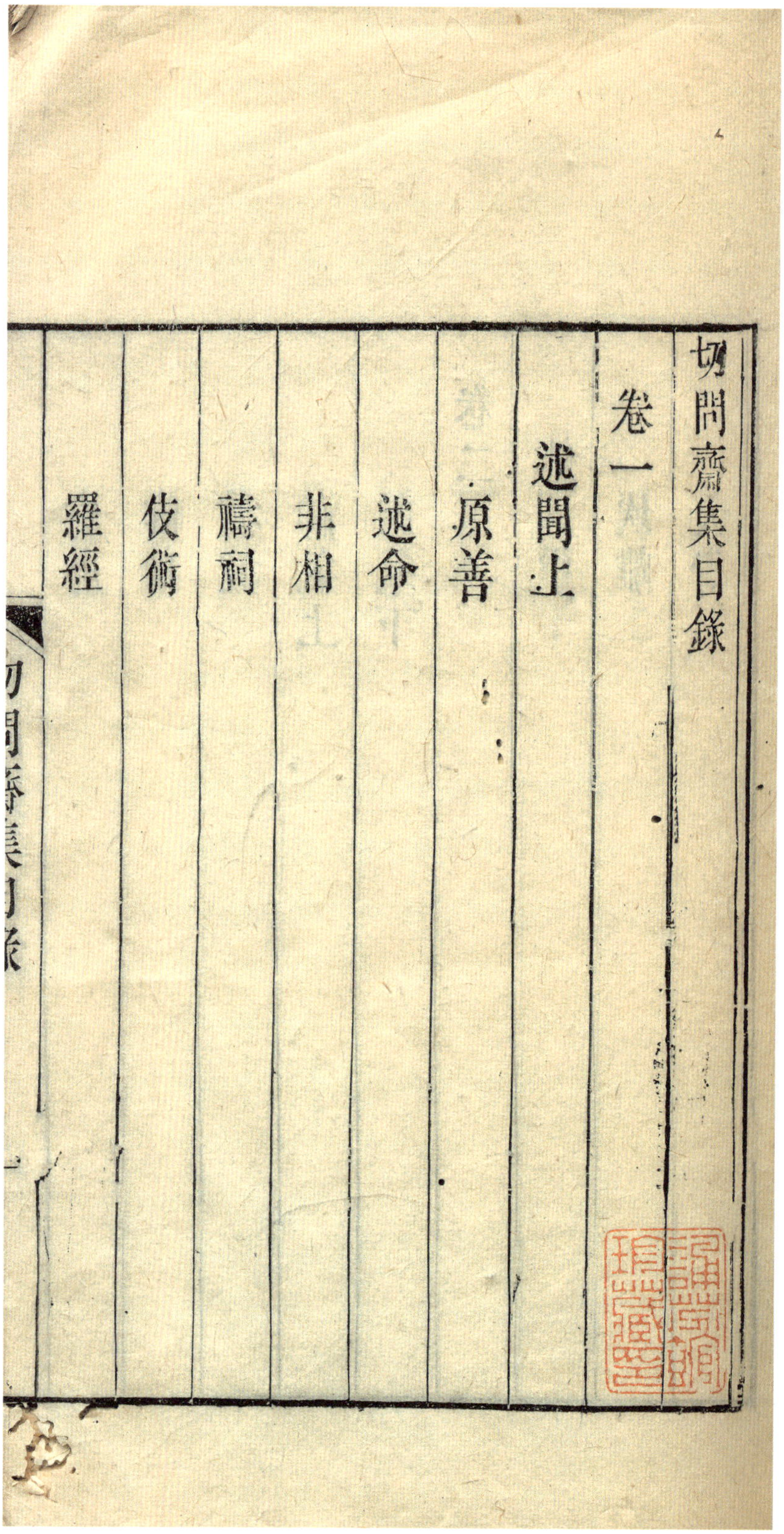
切問齋集目錄
卷一
述聞上
原善
述命
非相
禱祠
伎術
羅經

130. 切問齋集十六卷 （清）陸燿撰 清乾隆五十七年（1792）暉吉堂刻本

開本高27.7厘米，寬17.8厘米。版框高19.4厘米，寬14.1厘米。九行二十字，小字雙行同，白口，單黑魚尾，左右雙邊。鈐有“松陵枏父陸樟珍藏印”“培元長壽”“誦芬館珍藏印”等印。八册。廣東省名録號733

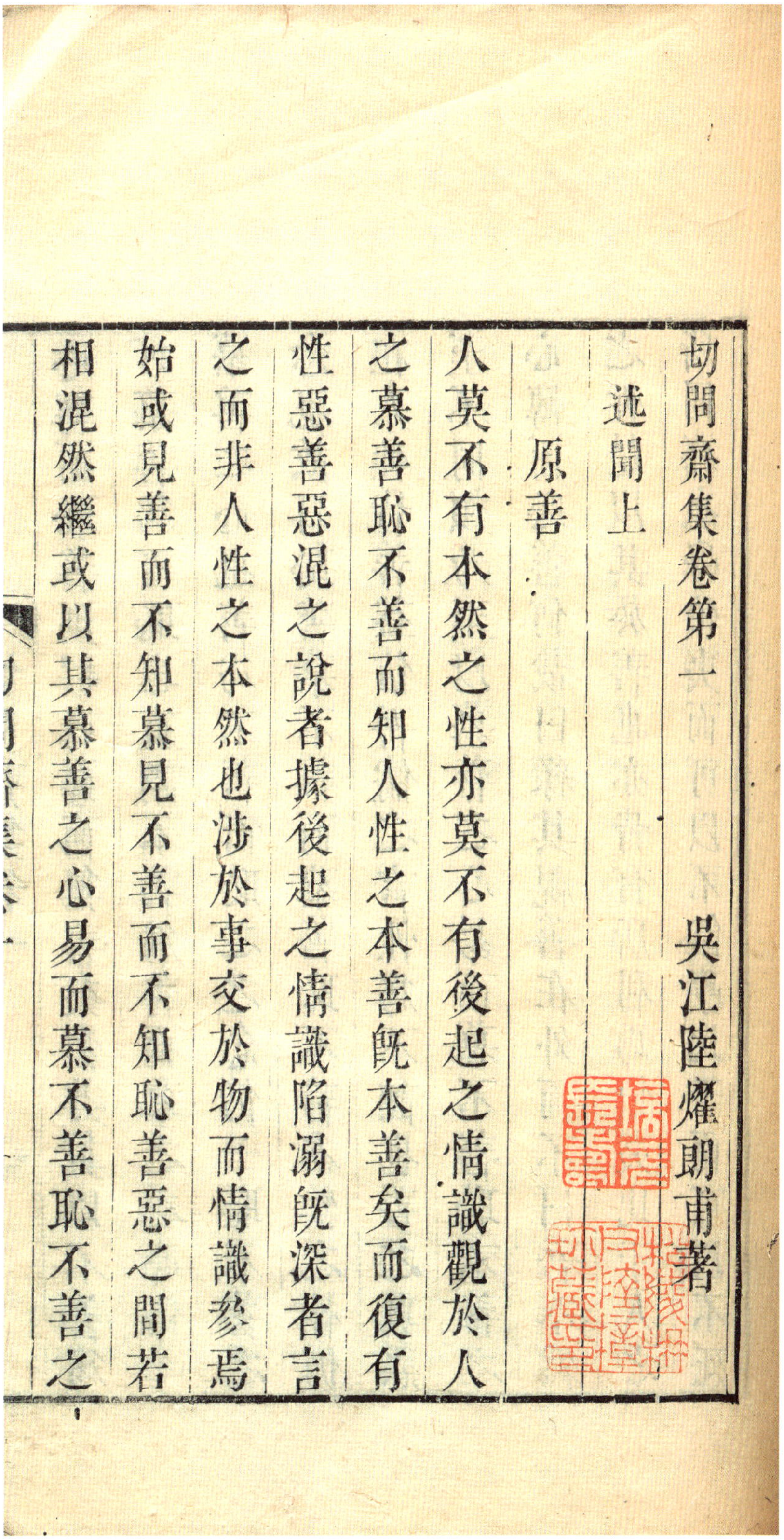

切問齋集卷第一　　吳江陸燿朗甫著

述聞上

原善

人莫不有本然之性亦莫不有後起之情識觀於人之慕善恥不善而知人性之本善旣本善矣而復有性惡善惡混之說者據後起之情識陷溺旣深者言之而非人性之本然也涉於事交於物而情識參焉始或見善而不知慕見不善而不知恥善惡之間若相混然繼或以其慕善之心易而慕不善恥不善之

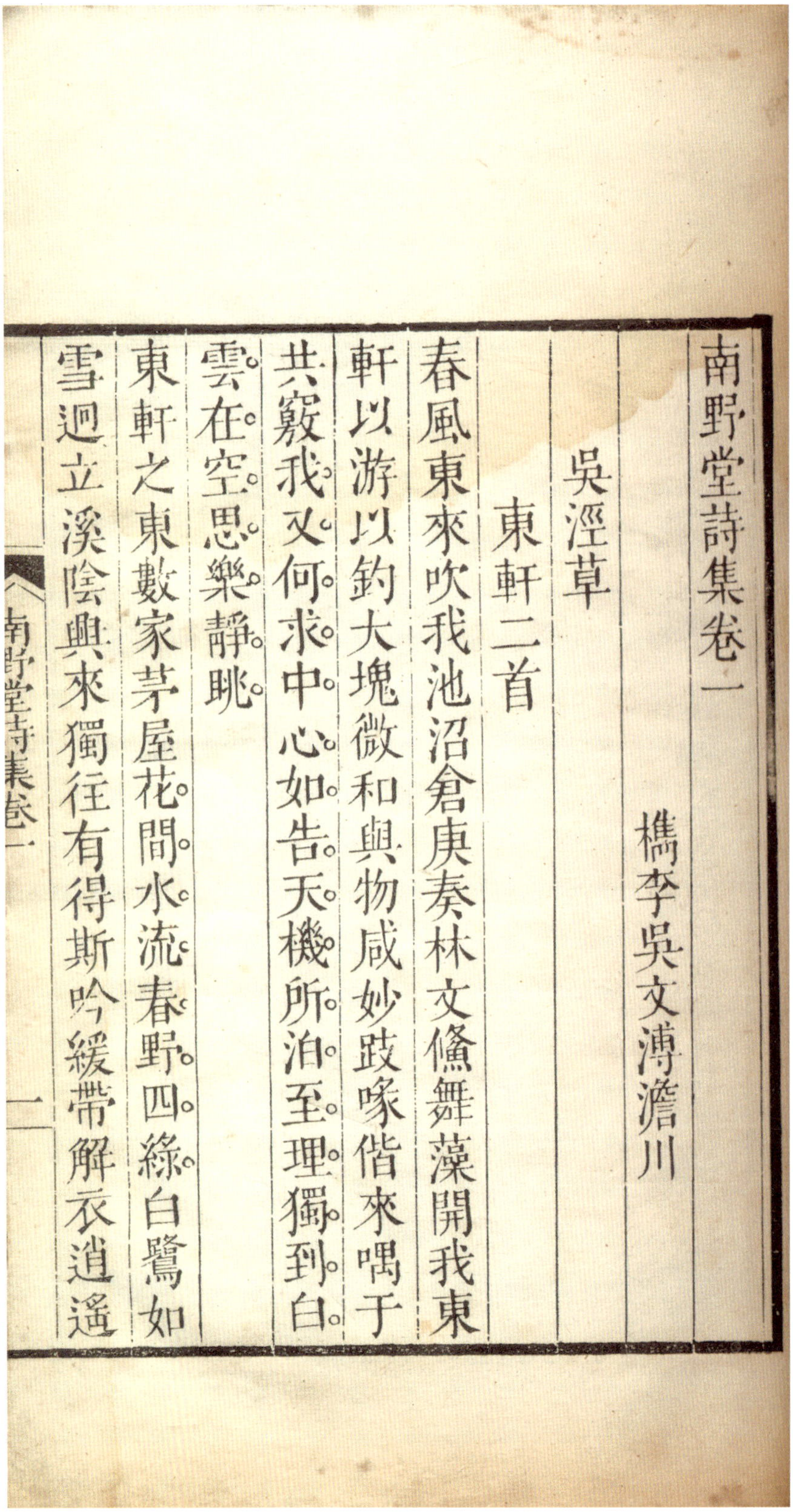

南野堂詩集卷一

檇李吳文溥澹川

吳涇草

東軒二首

春風東來吹我池沼倉庚奏林文鯈舞藻開我東軒以游以釣大塊微和與物咸妙跂喙偕來喁于共鷇我又何求中心如告天機所泊至理獨到白雲在空思樂静眺

東軒之東數家茅屋花間水流春野四綠白鷺如雪迴立溪陰與來獨往有得斯吟緩帶解衣逍遥

南野堂詩集卷一　一

131. 南野堂詩集六卷首一卷 （清）吴文溥撰 清乾隆五十九年（1794）刻本

開本高19.3厘米，寬12.7厘米。版框高13.2厘米，寬9.8厘米。十行十九字，白口，單黑魚尾，左右雙邊。四册。廣東省名録號735

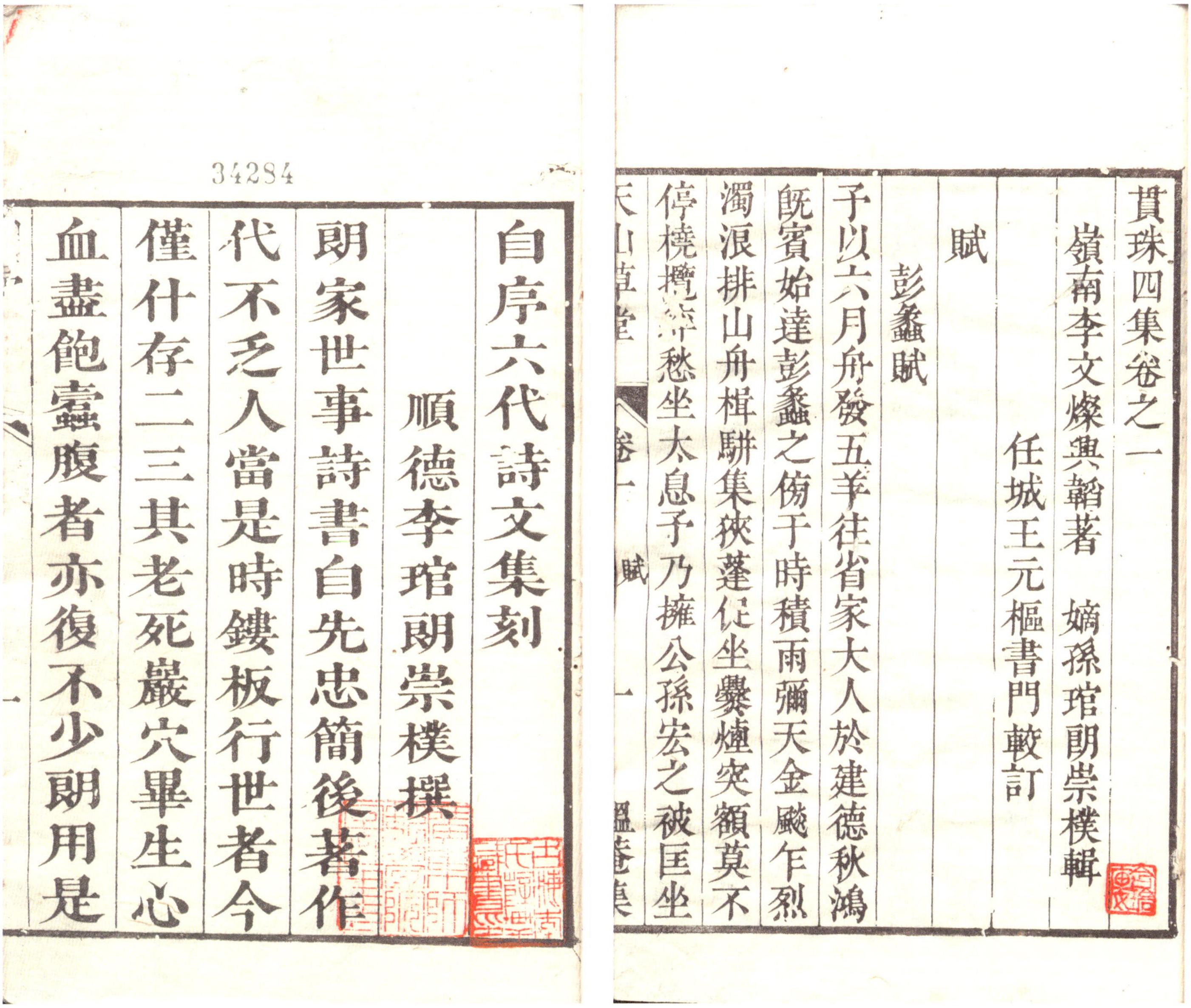

自序六代詩文集刻
順德李琯朗崇樸撰
朗家世事詩書自先忠簡後著作
代不乏人當是時鏤板行世者今
僅什存二三其老死巖穴畢生心
血盡飽蠹腹者亦復不少朗用是

貫珠四集卷之一
嶺南李文燦輿韶著　嫡孫琯朗崇樸輯
任城王元樞書門較訂
賦
彭蠡賦
予以六月舟發五羊往省家大人於建德秋鴻
旣賓始達彭蠡之傍于時積雨彌天金飈乍烈
濁浪排山舟楫駢集狹蓬促坐爨爐突額莫不
停橈攬涕愁坐太息予乃擁公孫宏之被匡坐

132. 貫珠四集二十二卷首一卷（清）李文燦撰 清乾隆李琯朗刻本

開本高23.4厘米，寬14.8厘米。版框高17.9厘米，寬13.6厘米。九行十八字，小字雙行同，白口，單黑魚尾，四周單邊。鈐有“古梅李氏薜軒藏書印”等印。四册。

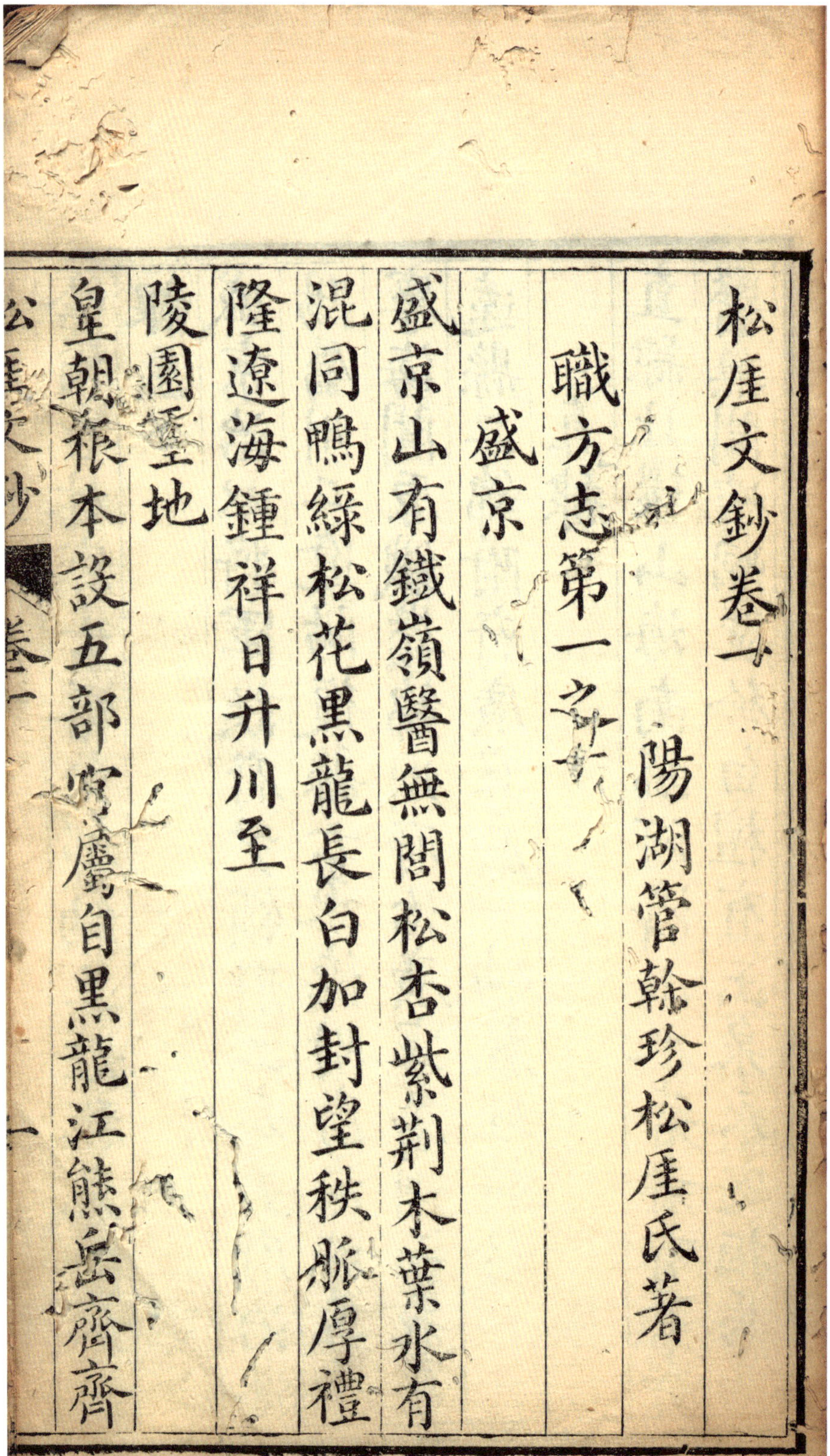

松厓文鈔卷一

陽湖管榦珍松厓氏著

職方志第一之十

盛京

盛京山有鐵嶺醫無閭松杏紫荊木葉水有混同鴨綠松花黑龍長白加封望秩脈厚禮隆遼海鍾祥日升川至

陵園聖地

皇朝根本設五部官屬自黑龍江熊岳齊齊

松厓文鈔　卷一　一

133. 松厓文鈔六卷首一卷 （清）管榦珍撰 清乾隆刻本

開本高25.4厘米，寬16厘米。版框高20.4厘米，寬14.2厘米。九行十七字，小字雙行同，白口，單黑魚尾，四周雙邊。黄佛頤跋。一册。廣東省名録號734

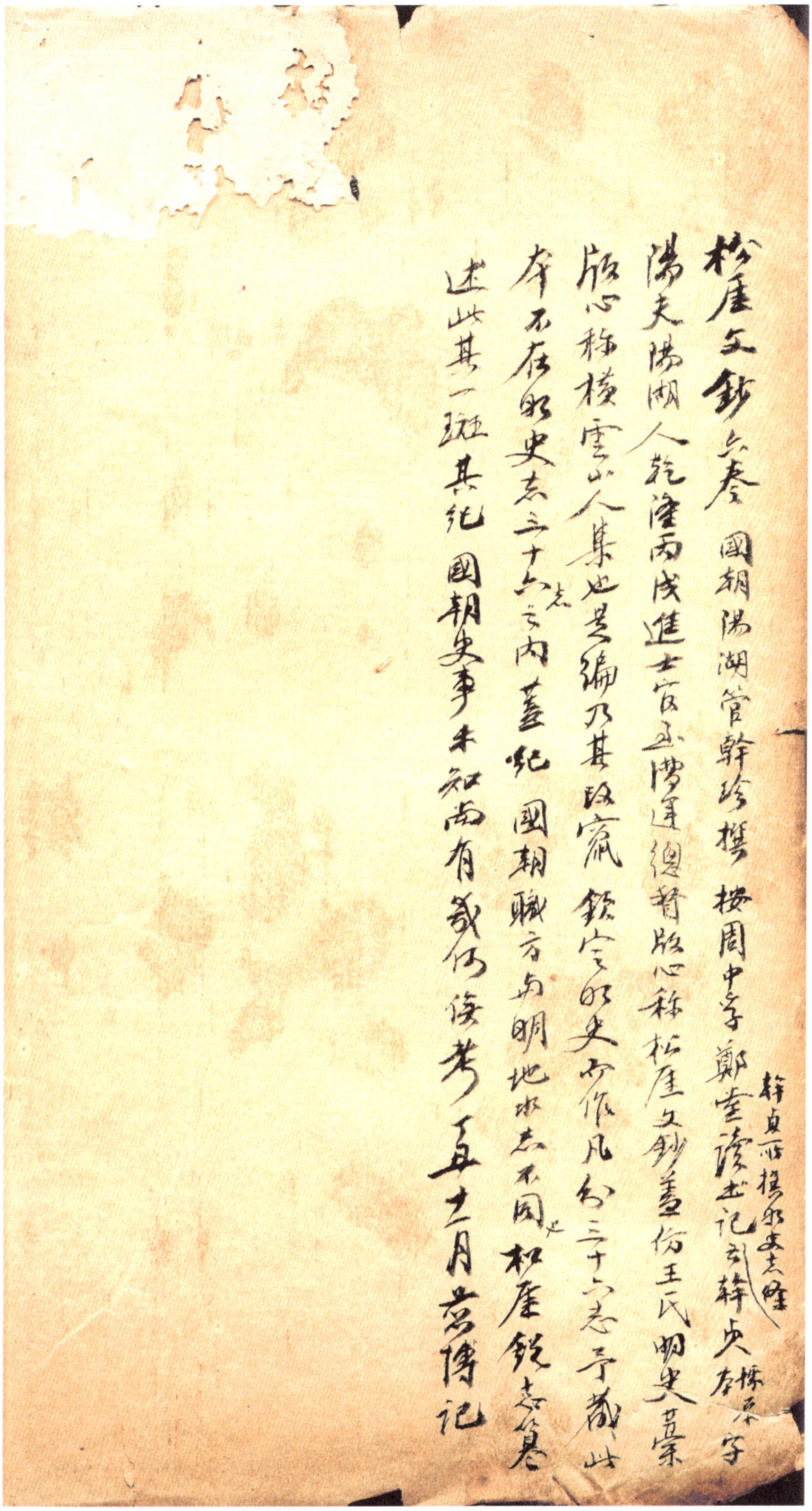

松厓文鈔六卷　國朝陽湖管幹珍撰　按周中孚鄭堂讀書記云幹貞本名幹珍字
幹貞所撰明史志略
陽夫陽湖人乾隆丙戌進士官至漕運總督版心稱松厓文鈔蓋仿王氏明史藁
版心稱橫雲山人集也是編乃其所撰欽定明史分作凡分三十六志予藏此
本不存明史志三十六志之内蓋紀國朝職方與明地理志不同之松厓鈔志八卷
述此其一斑其紀國朝史事未知尚有幾何俟考丁丑十一月博記

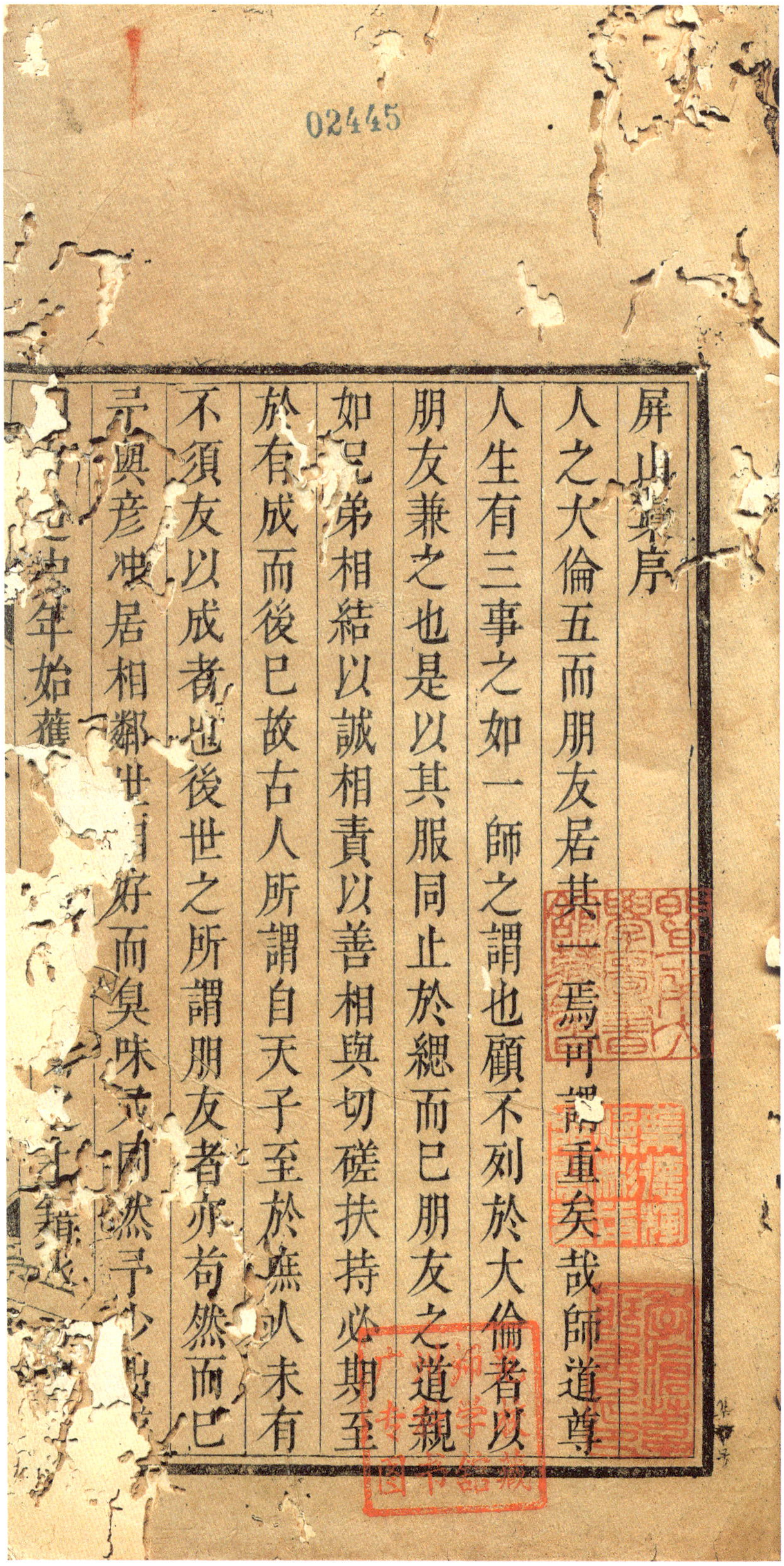

134. 屏山先生文集二十卷首一卷 （宋）劉子翬撰 （宋）朱熹校正 （宋）胡憲參閲 （宋）劉玶編次 （明）劉日旭等重訂 清初刻本

開本高26厘米，寬15.3厘米。版框高18.6厘米，寬12.3厘米。九行二十字，黑口，雙對黑魚尾，四周雙邊。鈐有“季滄葦藏書印”“葉氏德輝鑒藏”“葉德輝焕彬甫藏閲書”等印。六册。

屏山先生文集卷第一

宋文靖公劉子翬著

門人朱　熹　校正

籍溪胡　憲　參閱

嗣子劉　玶　編次

晉陵新安裔孫日旭　肇漢

肇輌　宏模　重訂

肇轍　震士

論

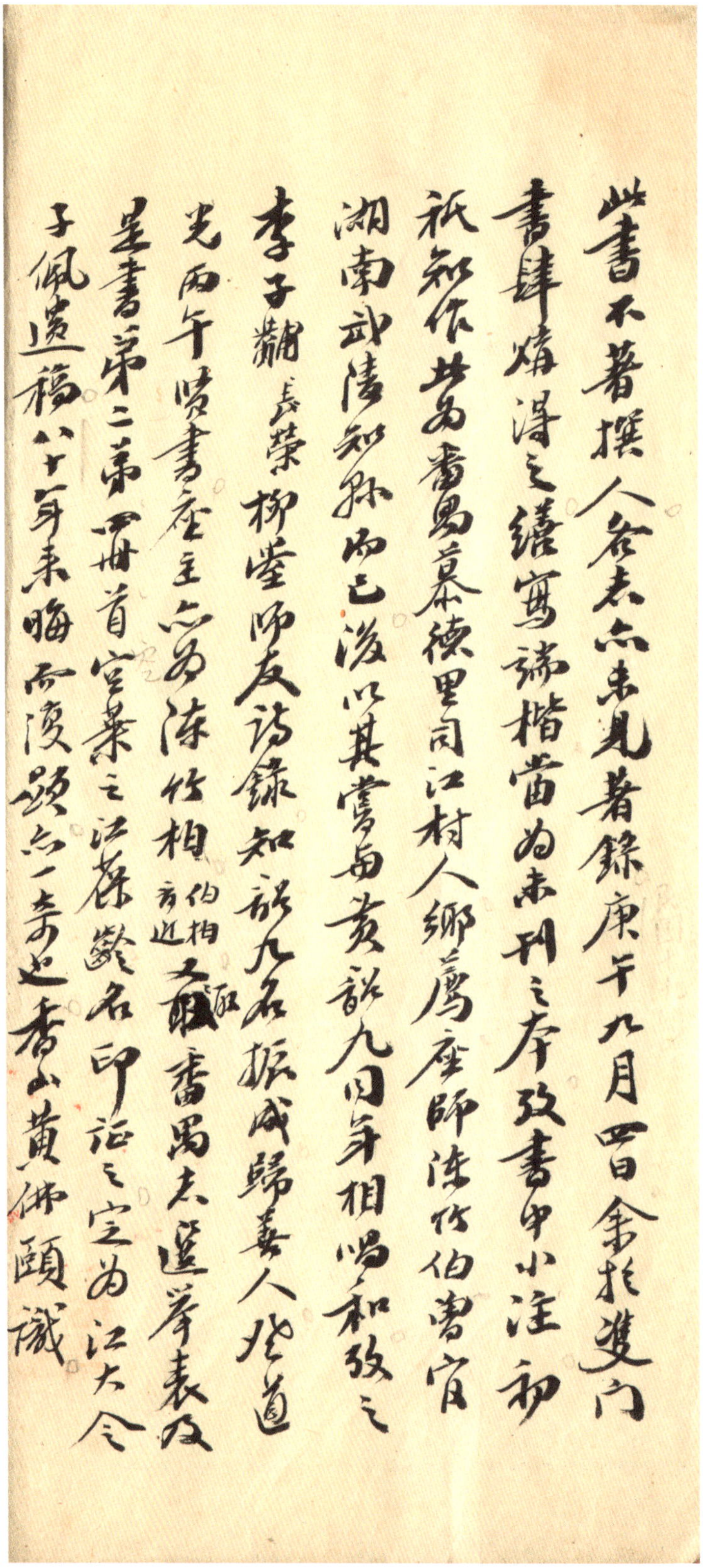

135.擲餘堂吟草不分卷（清）江仲瑜撰 清咸豐稿本

開本高23.8厘米，寬12.7厘米。六行十二字，小字雙行同，無格。黃佛頤跋。鈐有"黃軼球印""子佩""江葆齡印"等印。四册。

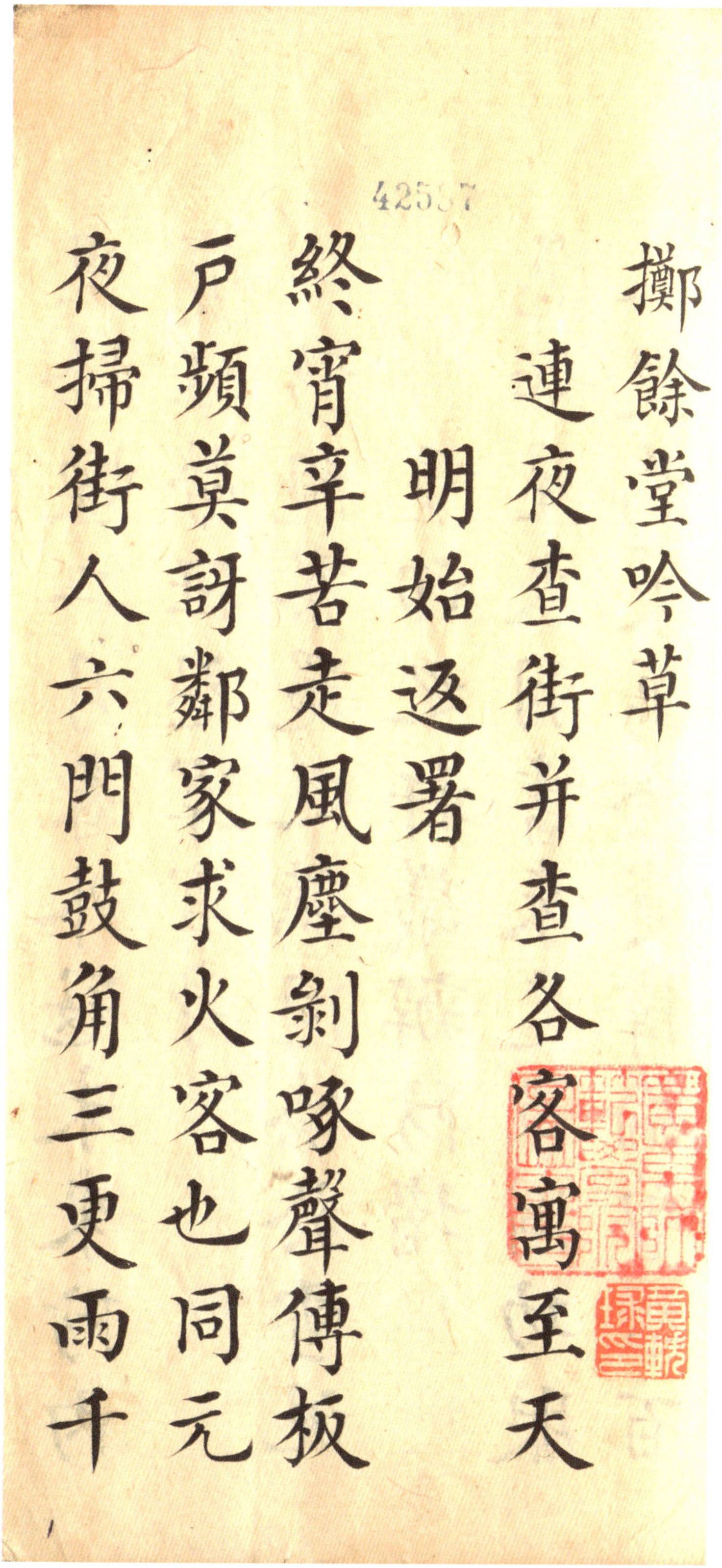

擲餘堂吟草

連夜查街并查各客寓至天
明始返署
終宵辛苦走風塵剝啄聲傳柝
戶頻莫訝鄰家求火客也同元
夜掃街人六門鼓角三更雨千

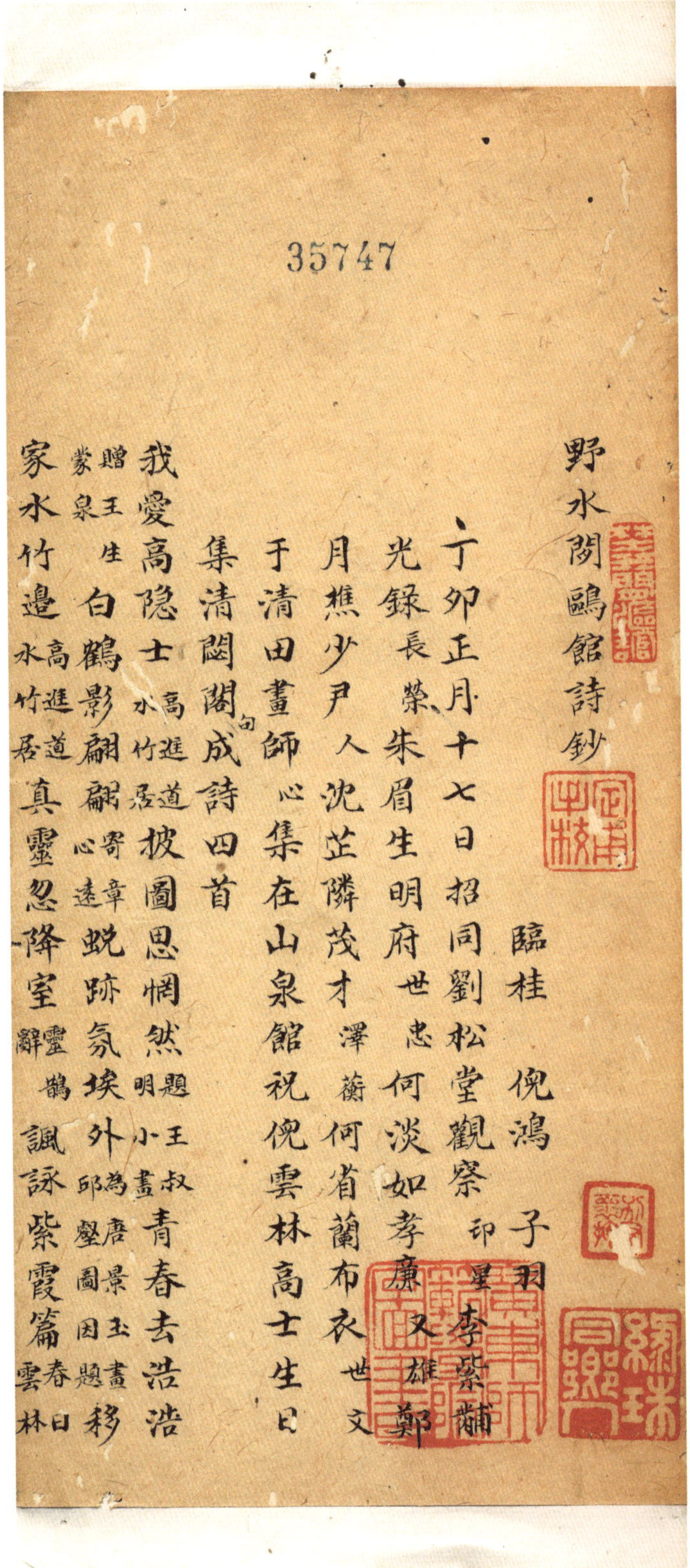
35747
野水閒鷗館詩鈔
臨桂　倪鴻　子羽
丁卯正月十七日招同劉松堂觀察印星李崇黼
光錄長榮朱眉生明府世忠何淡如孝廉又雄鄭
月樵少尹人沈芷隣茂才澤蘅何省蘭布衣世文
于清田畫師心集在山泉館祝倪雲林高士生日
集清閟閣句成詩四首
我愛高隱士高進道水竹居披圖思惘然題王叔明小畫青春去浩浩
贈王生蒙泉白鶴影翩翩寄章心遠蛻跡氛埃外為唐景玉畫邱壑圖因題移
家水竹邊高進道水竹居真靈忽降室靈鶴辭飄詠紫霞篇春日雲林

136. 野水閒鷗館詩鈔一卷（清）倪鴻撰 清同治十年（1871）稿本

開本高27.3厘米，寬15.1厘米。十行二十一字，小字雙行同，無格。王拯校并跋。鈐有“緑珠同鄉人”“别有懷抱”“野水閑漚館”“定甫手校”“王拯定甫”“定甫”“盧氏三子珍藏字畫圖書之印”等印。一册。

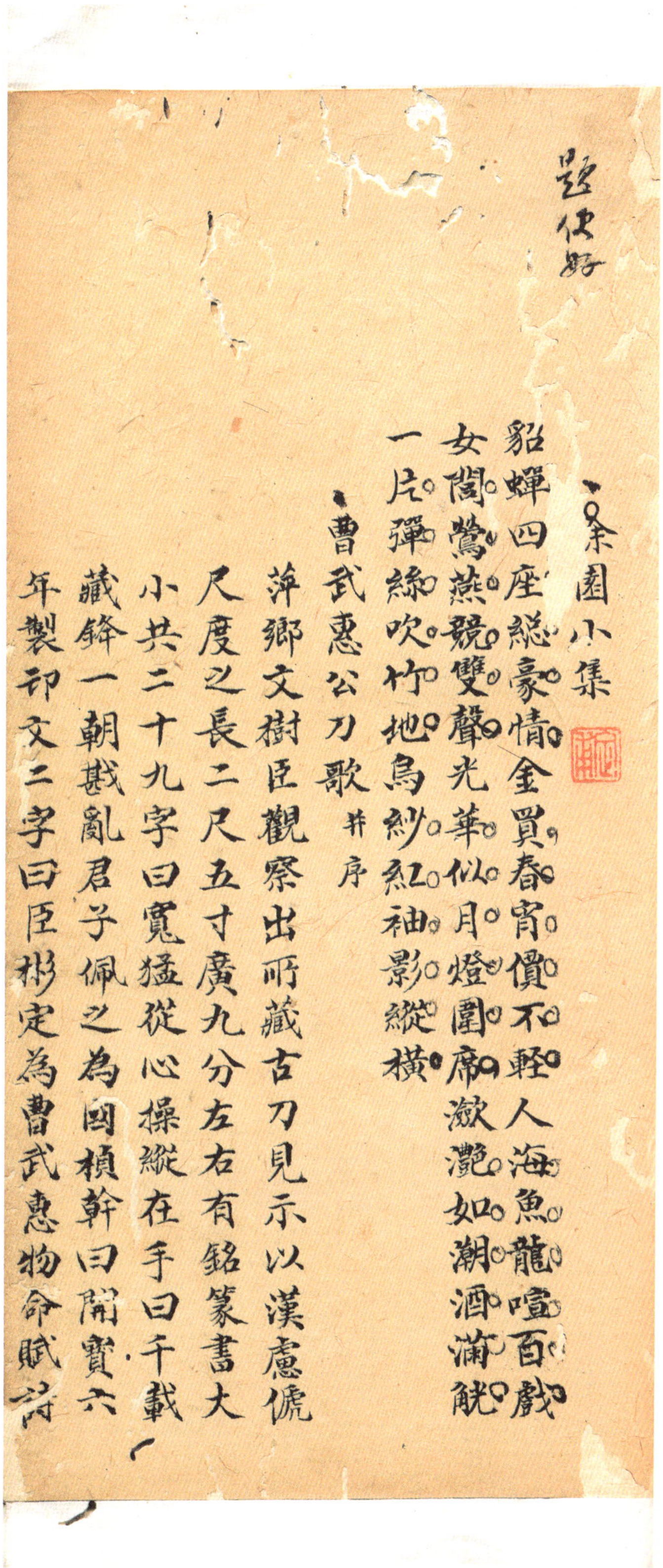
題仗好

余園小集

貂蟬四座總豪情金買春宵價不輕人海魚龍喧百戲
女閭鶯燕競雙聲光華似月燈圍席瀲灩如潮酒滿觥
一片彈絲吹竹地烏紗紅袖影縱横

曹武惠公刀歌 并序

萍鄉文樹臣觀察出所藏古刀見示以漢慮俿
尺度之長二尺五寸廣九分左右有銘篆書大
小共二十九字曰寬猛從心操縱在手曰千載
藏鋒一朝戡亂君子佩之為國楨幹曰開寶六
年製印文二字曰臣彬定為曹武惠物命賦詩

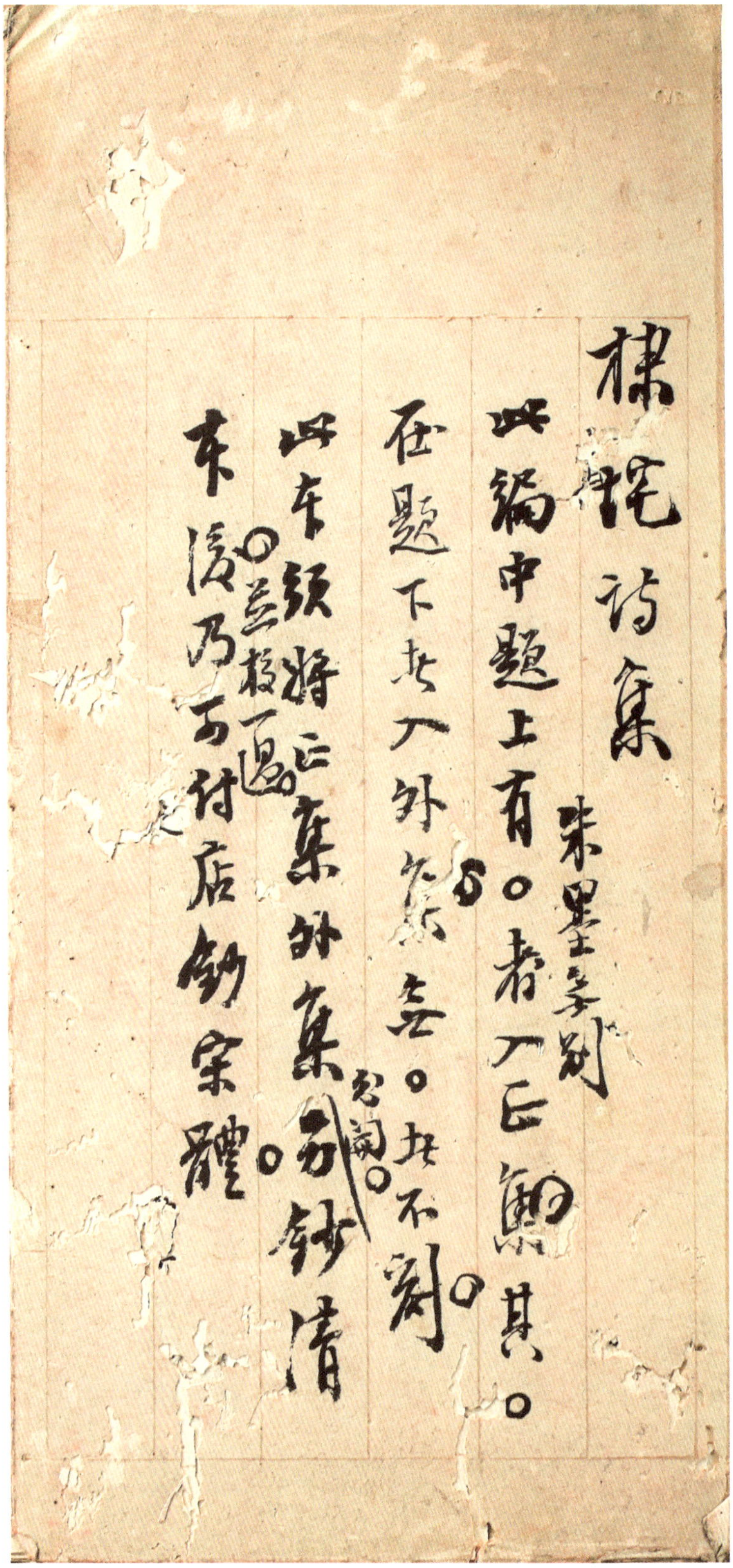

137. 棣垞集四卷外集三卷 （清）朱啓連撰 清光緒稿本

開本高27.5厘米，寬16厘米。六行字數不等，白口，單黑魚尾，四周單邊。無格。六册。

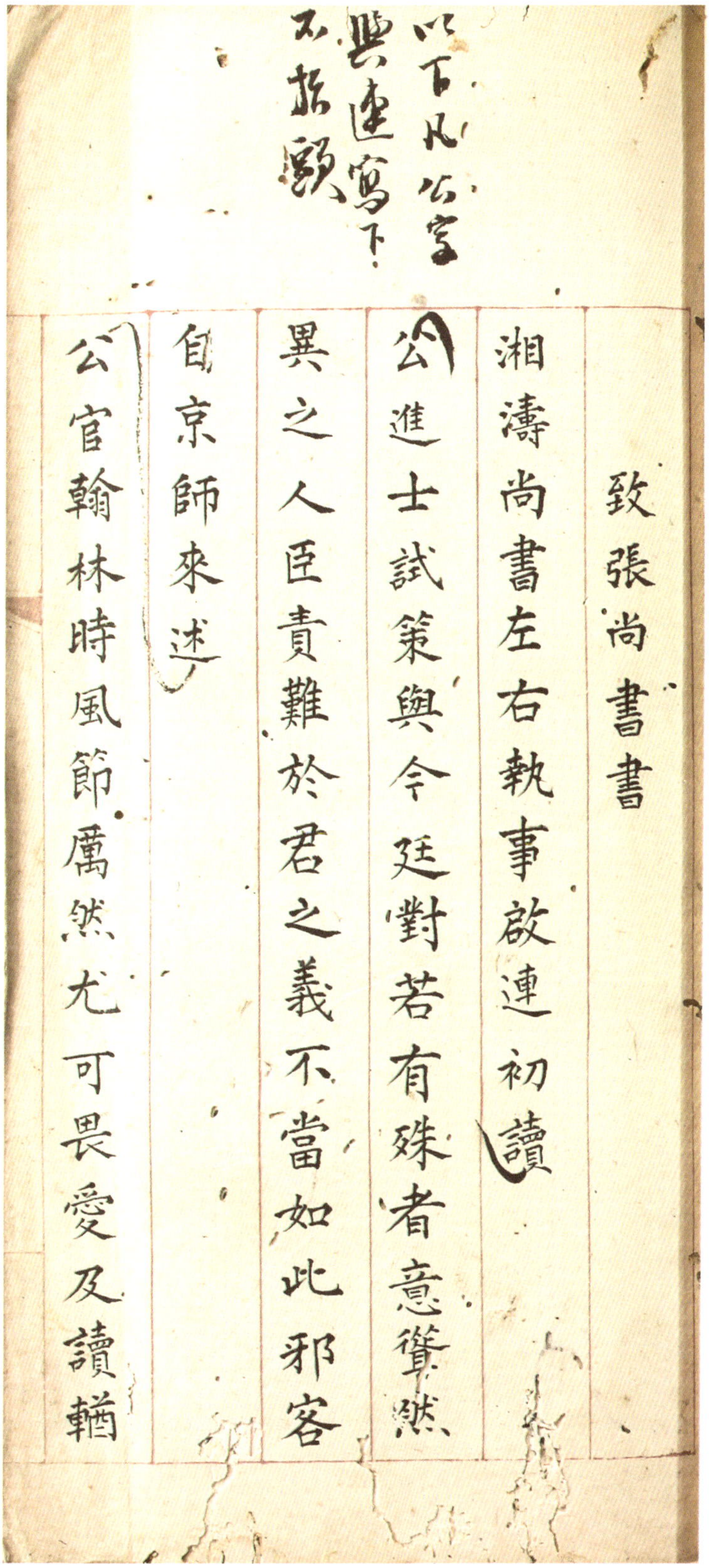
以下凡公字與連寫下不抬頭

致張尚書書

湘濤尚書左右執事啟連初讀

公進士試策與今廷對若有殊者意聳然

異之人臣責難於君之義不當如此邪客

自京師來述

公官翰林時風節厲然尤可畏愛及讀輶

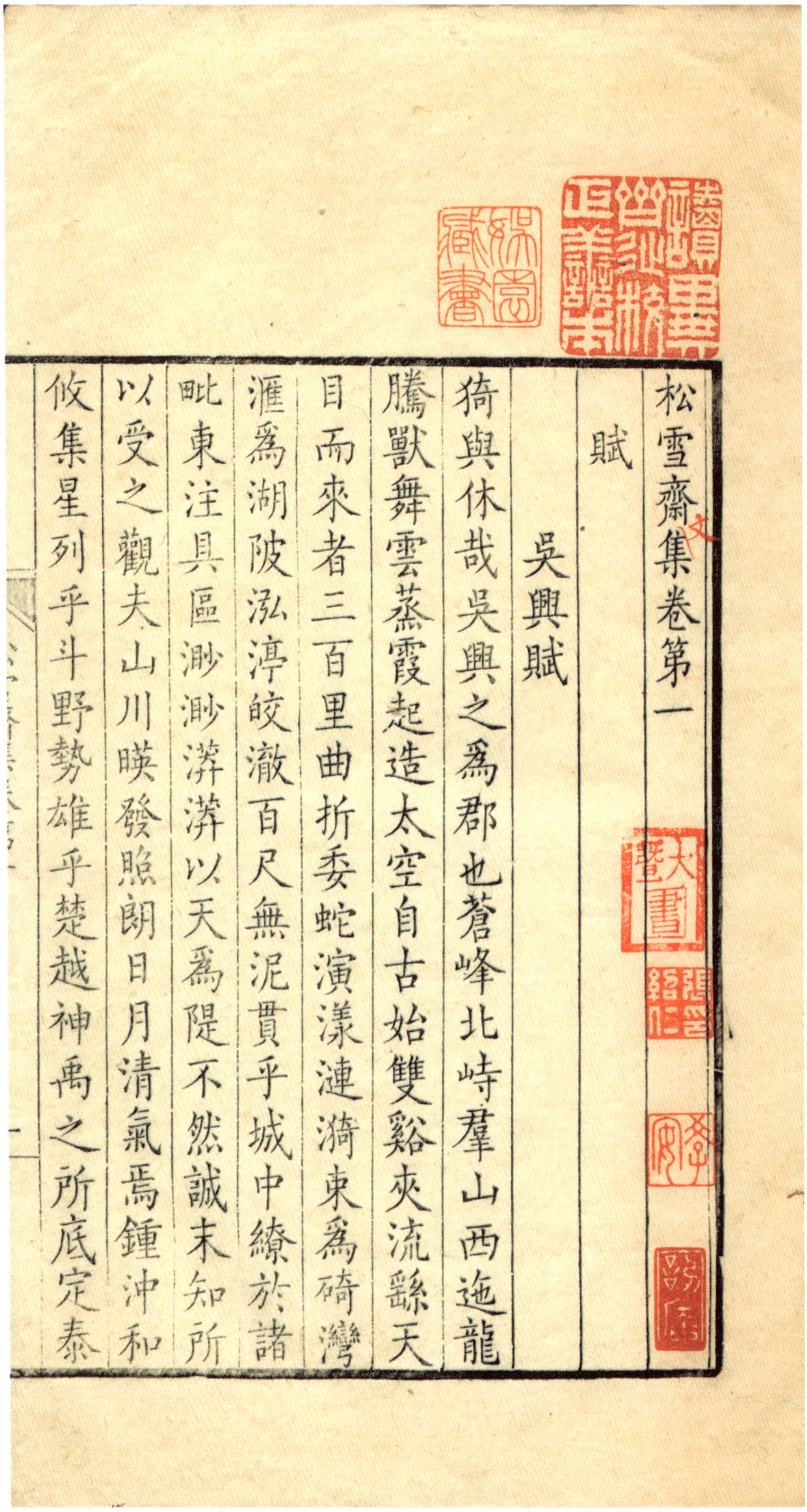
松雪齋集卷第一
賦
吳興賦
猗與休哉吳興之爲郡也蒼峰北峙羣山西迤龍
騰獸舞雲蒸霞起造太空自古始雙谿夾流縣天
目而來者三百里曲折委蛇演漾漣漪東爲碕灣
滙爲湖陂泓渟皎澈百尺無泥貫乎城中繚於諸
毗東注具區渺渺漭漭以天爲隄不然誠未知所
以受之觀夫山川暎發照朗日月清氣焉鍾沖和
攸集星列乎斗野勢雄乎楚越神禹之所底定泰

138. 松雪齋集十卷外集一卷 （元）趙孟頫撰 清清德堂刻本

開本高25.5厘米，寬16.4厘米。版框高17.3厘米，寬12.7厘米。十行十九字，小字雙行同，黑口，單黑魚尾，左右雙邊。張紹仁批校。鈐有“訒庵”“學安”“張紹仁印”“讀異齋校正善本”“娛園藏書”“長洲張氏藏弆”“吴郡張紹仁校”等印。八册。國家名録號05744　廣東省名録號0840

結尾在後半葉第三行

法者未容俗子議其間
古來名刻世可數餘者未精心不降欲使清風傳
萬古須如明月印千江

松雪齋文集卷第五

元本廿三葉

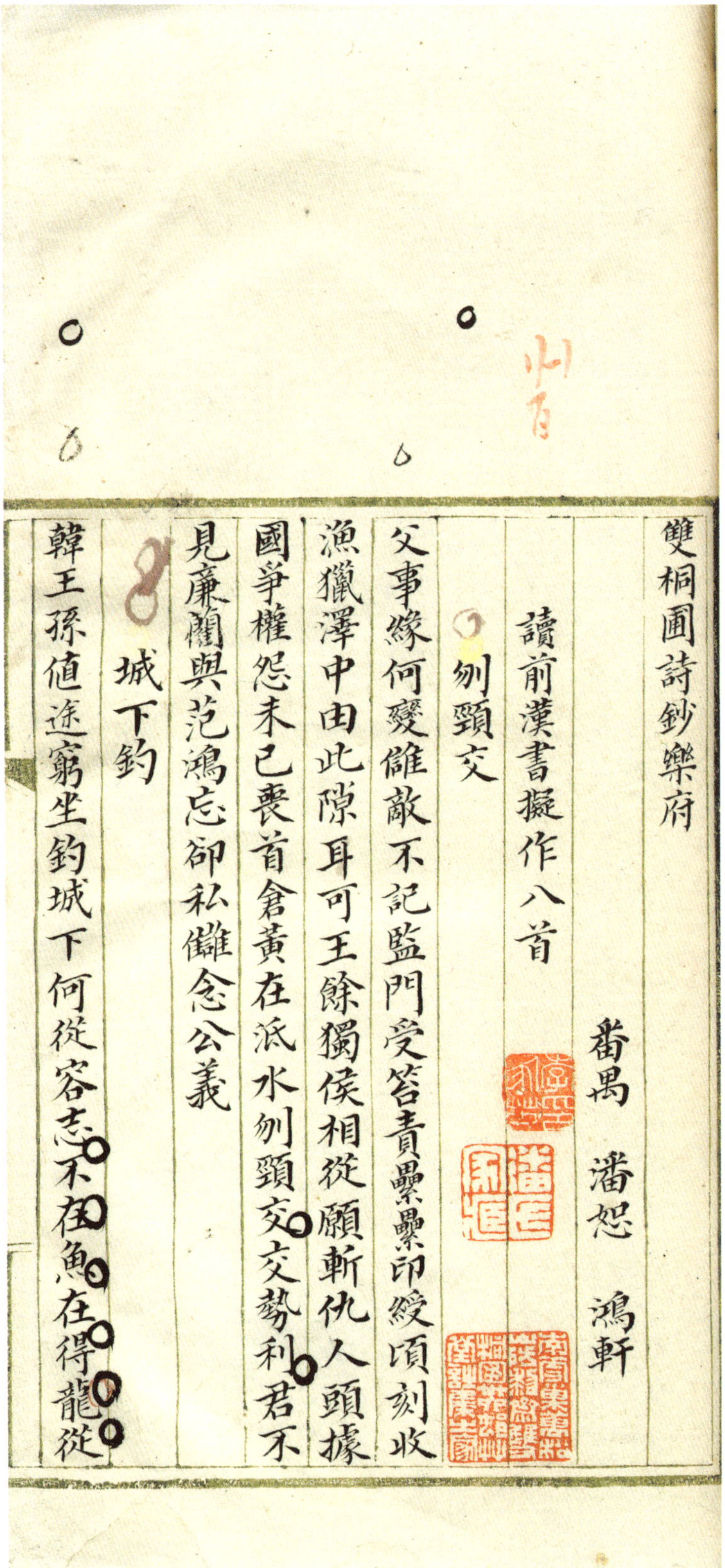
雙桐圃詩鈔樂府

讀前漢書擬作八首

番禺 潘恕 鴻軒

刎頸交

父事緣何變讎敵不記監門受笞責纍纍印綬頃刻收漁獵澤中由此隙耳可王餘獨侯相從願斬仇人頭據國爭權怨未已喪首倉黃在泜水刎頸交交勢利君不見廉藺與范鴻忘卻私讎念公義

城下釣

韓王孫值途窮坐釣城下何從容志不在魚在得龍從

139. 雙桐圃詩鈔不分卷（清）潘恕撰 清稿本

開本高27.4厘米，寬15.1厘米。版框高17.2厘米，寬13.1厘米。十行二十一字，小字雙行同，黑口，單黑魚尾，四周雙邊。鈐有“南雪巢萬松山房黎齋雙桐圃卅六邨草堂詩集之家”“潘氏家藏”“李家英”“硃砚眼福”等印。三册。廣東省名録號737

來亦有不睡龍警枕之設將無同
萬里長城誰敢犯穀可燒糧不滅嗟爾降魏人徒供敵

夜量沙

軍斬人心恟惶公心嚴肅夜中唱籌斛中滿粟誰識有
餘仍不足君不見龍驤將軍亦可嘉硤石糧盡曾揚沙

十六國春秋擬作

前趙

漢耶趙耶聰耶曜耶兄弟紹耶中山兆耶君不見男戎
女戎禍相間淫亂豈能無後患

後趙

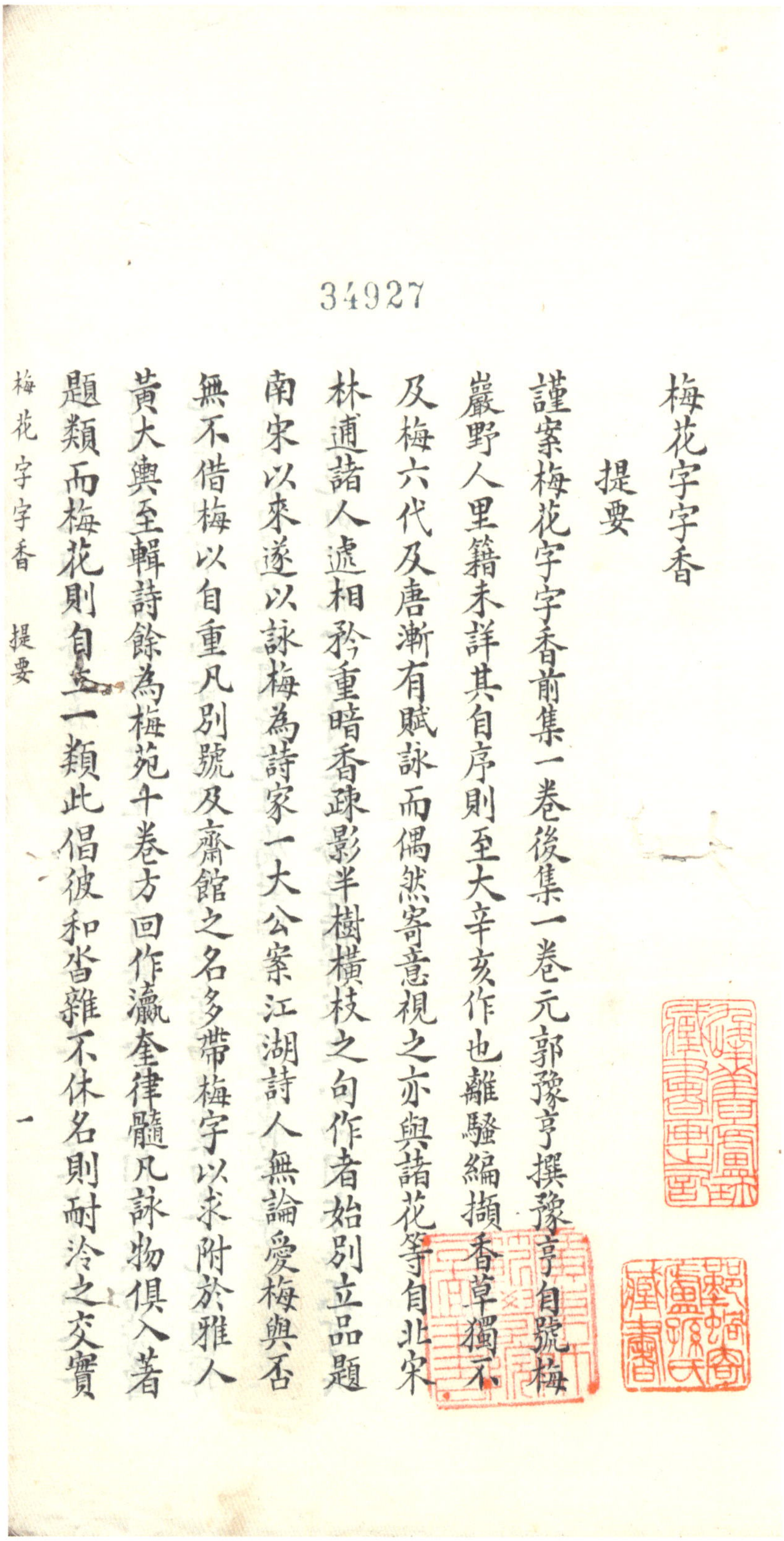

34927

梅花字字香

提要

謹案梅花字字香前集一卷後集一卷元郭豫亨撰豫亨自號梅
巖野人里籍未詳其自序則至大辛亥作也離騷編擷香草獨不
及梅六代及唐漸有賦詠而偶然寄意視之亦與諸花等自北宋
林逋諸人遞相矜重暗香疎影半樹横枝之句作者始别立品題
南宋以來遂以詠梅為詩家一大公案江湖詩人無論愛梅與否
無不借梅以自重凡别號及齋館之名多帶梅字以求附於雅人
黄大輿至輯詩餘為梅苑十卷方回作瀛奎律髓凡詠物俱入著
題類而梅花則自立一類此倡彼和沓雜不休名則耐冷之交實

梅花字字香　提要　一

140. 梅花字字香二卷 （元）郭豫亨撰 清抄本

開本高28厘米，寬17厘米。十行二十五字，小字雙行同，無格。鈐有"鄞蝸寄廬孫氏藏書""九峰舊廬珍藏書畫之印""曾在孫翔熊處""劍膽琴心"等印。一册。

梅花字字香前集

元　郭豫亨　撰

詩爲吟梅字字香騷人閣筆費評章近來行輩無和靖誰道花中有孟嘗氷玉精神霜雪操珍珠樓閣水晶鄉東君見借陽和力合有春風到草堂

圓悟　盧錢　高菊磵　白玉蟾
翁元廣　誠齋　康節　戴石屏

左手支頤引白雲梅邊日日課新吟孫高真是難諧俗盧白本來生自心應厭壽陽多俗態何如宋璟獨知音要知妙境尋詩處花有清香月有陰

嚴樵溪　李炎子　潘庭堅　竹溪
楊飛卿　曹晟　徐榮　東坡

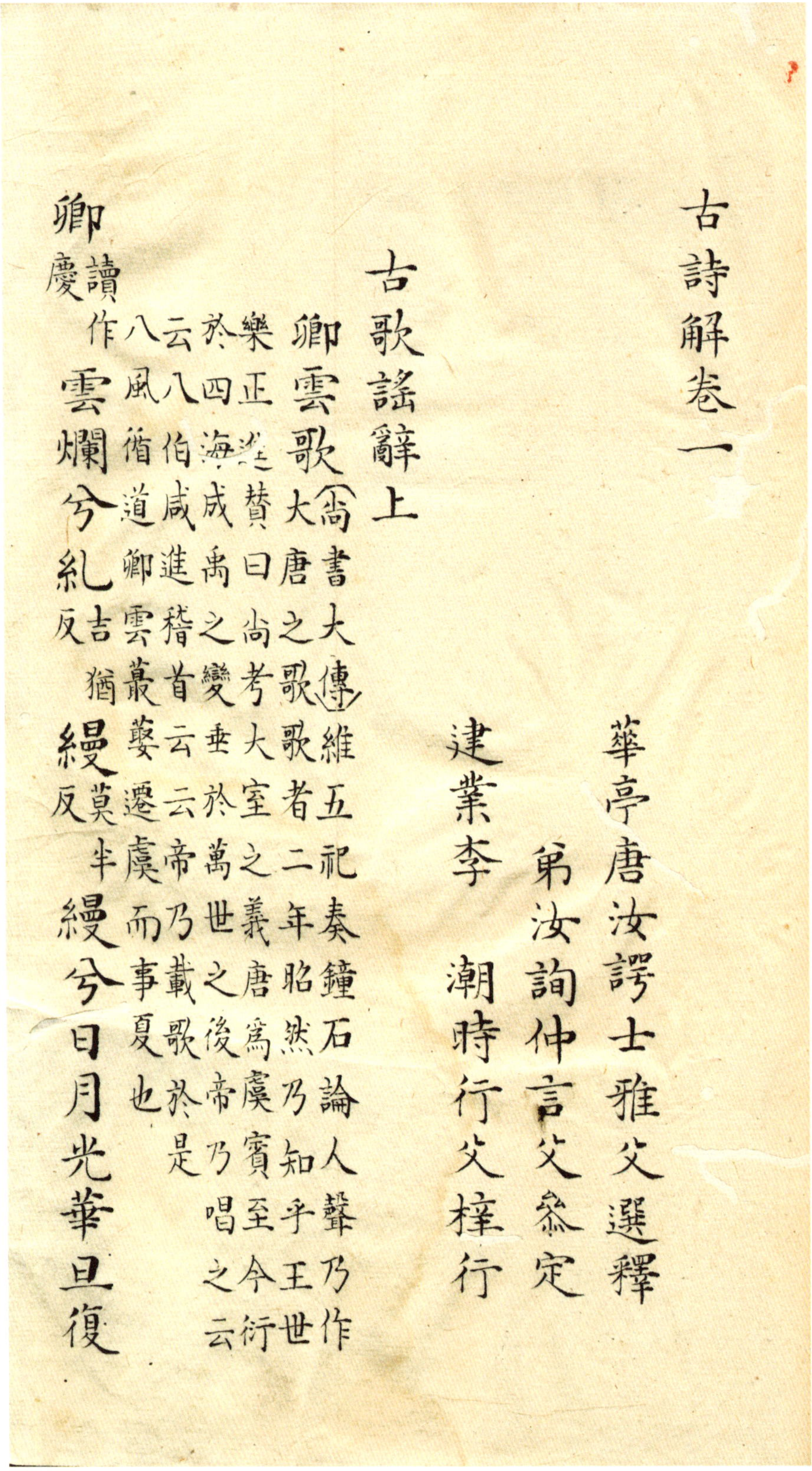
古詩解卷一
華亭唐汝諤士雅父選釋
弟汝詢仲言父參定
建業李潮時行父梓行
古歌謠辭上
卿雲歌尚書大傳維五祀奏鐘石論人聲乃作大唐之歌歌者二年昭然乃知乎王世樂正進贊曰尚考大室之義唐爲虞賓至今衍於四海成禹之變垂於萬世之後帝乃唱之云云八伯咸進稽首云云帝乃載歌於是八風循道卿雲蕞蔞遷虞而事夏也
卿讀作慶雲爛兮糺吉猶反縵莫半反縵兮日月光華旦復

141. 古詩解二十四卷（明）唐汝諤選釋 清抄本

開本高26.5厘米，寬18厘米。九行二十字，小字雙行同，無格。十六册。

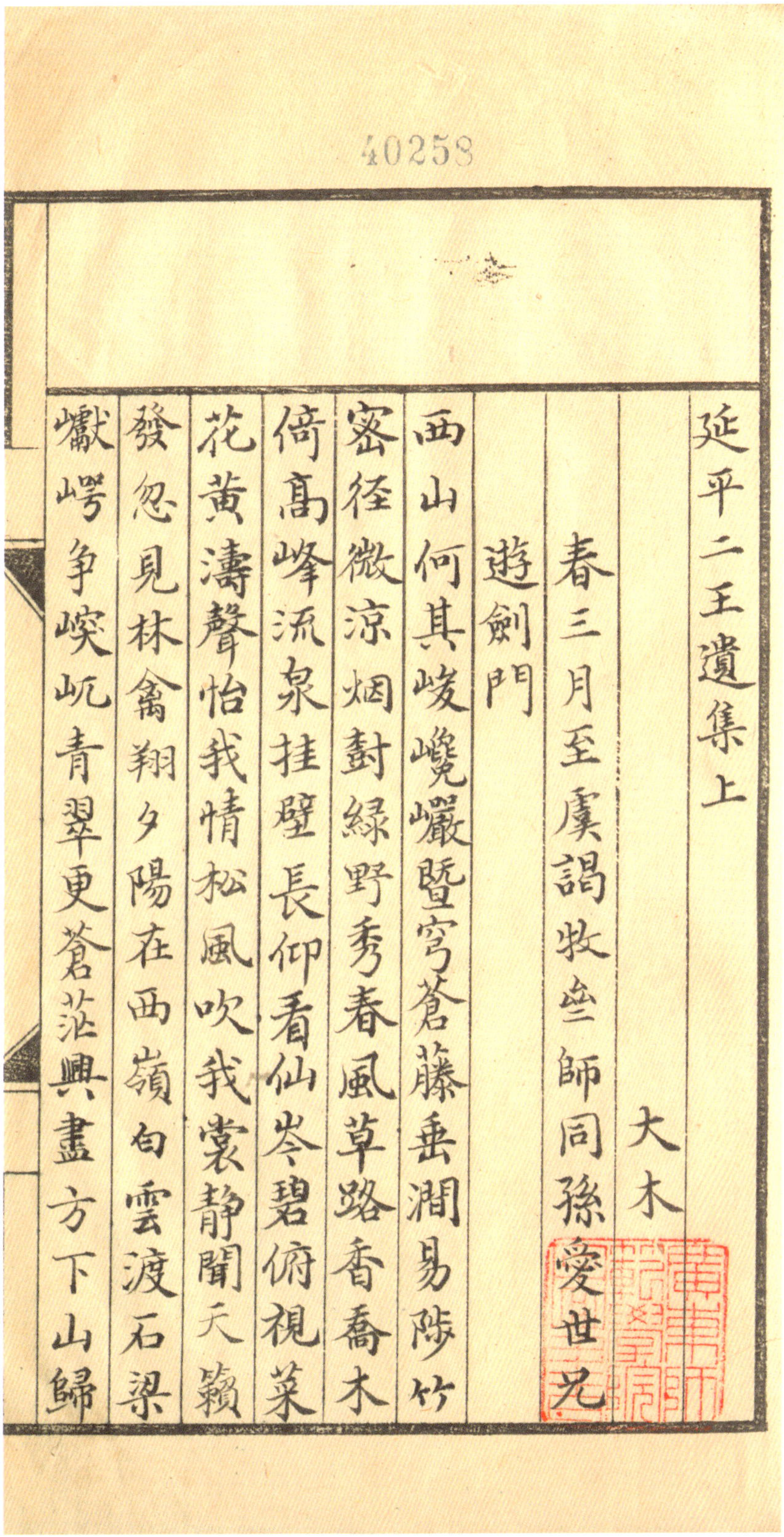

延平二王遺集上

大木

春三月至虞謁牧斋師同孫愛世兄

遊劍門

西山何其峻巉巖暨穹蒼藤垂澗易陟竹
密徑微涼烟封綠野秀春風草路香喬木
倚高峰流泉挂壁長仰看仙岑碧俯視菜
花黃濤聲怡我情松風吹我裳靜聞天籟
發忽見林禽翔夕陽在西嶺白雲渡石梁
巘崿爭崪屼青翠更蒼茫興盡方下山歸

142. 延平二王遺集二卷 （明）鄭成功 （明）鄭經撰 清抄本

開本高25.5厘米，寬15.1厘米。版框高20.7厘米，寬13.2厘米。十行十六字，上下兩欄，黑口，雙對黑魚尾，四周單邊。一册。

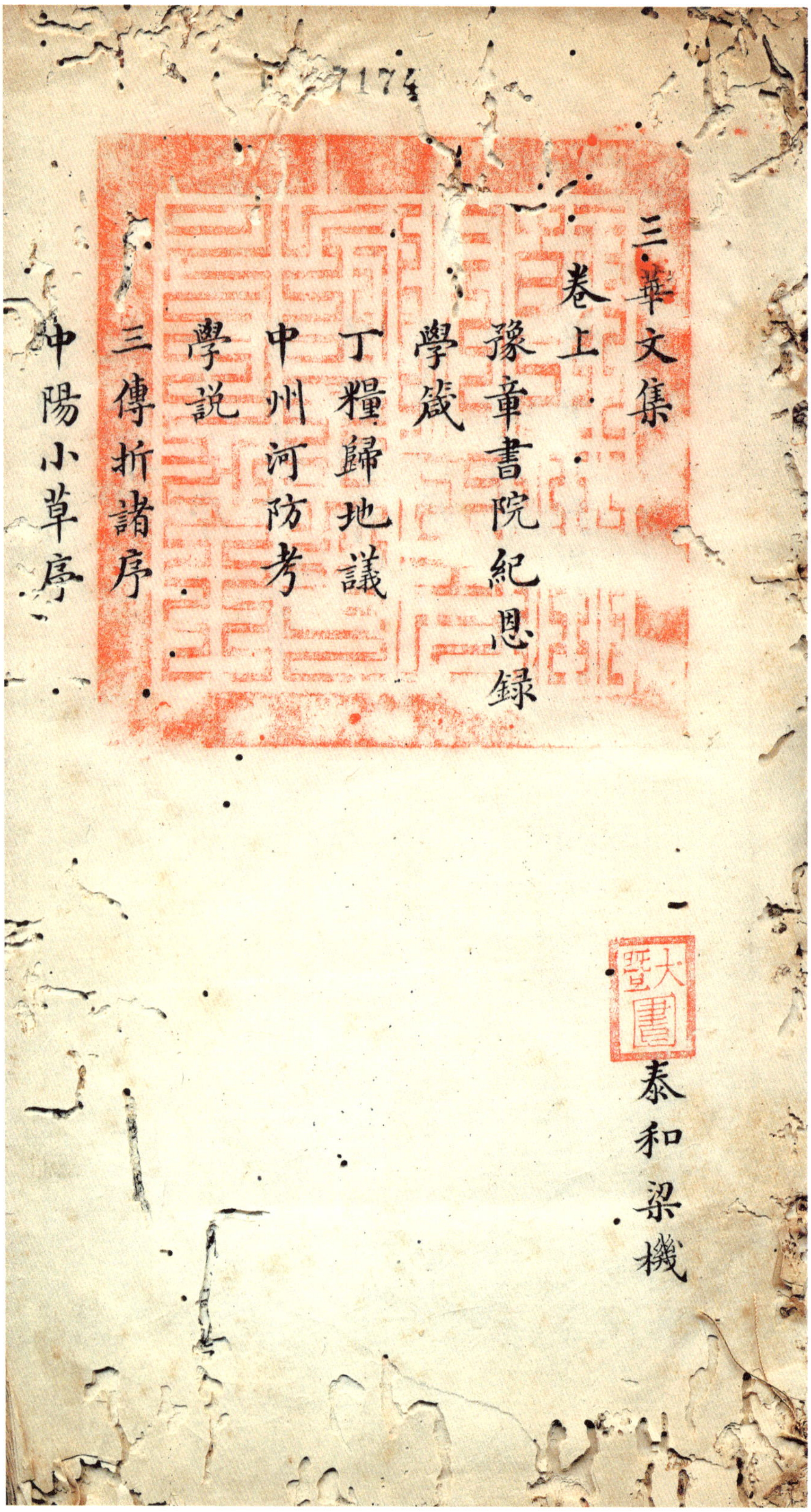
三華文集
卷上
豫章書院紀恩録
學箴
丁糧歸地議
中州河防考
學説
三傳折諸序
中陽小草序

泰和梁機

143. 三華文集二卷（清）梁機撰 清抄本

開本高25.8厘米，寬15.5厘米。九行二十一字，無格。鈐有滿漢朱文印“翰林院印”“懶生閣”。二册。國家名録號02458　廣東省名録號0974

豫章書院紀恩録

今

皇上聖學淵微教澤淪浹天下士風為之一變頃歲直省各

賜千金建立書院命封疆大臣遴師教育之余以甲寅

秋應大中丞常公之聘謬主豫章書院講席其明年乙

卯來學者幾二百餘人凡學使試之首雋中丞方伯外

臺採風所録拔及附卷中余所品騭而列薦剡與夫副

拔願慕而來者乃入焉蓋彬彬極一時之選也秪訓迪

修罔自暇逸而唱予將伯古處尤敦焉是歲之秋相與

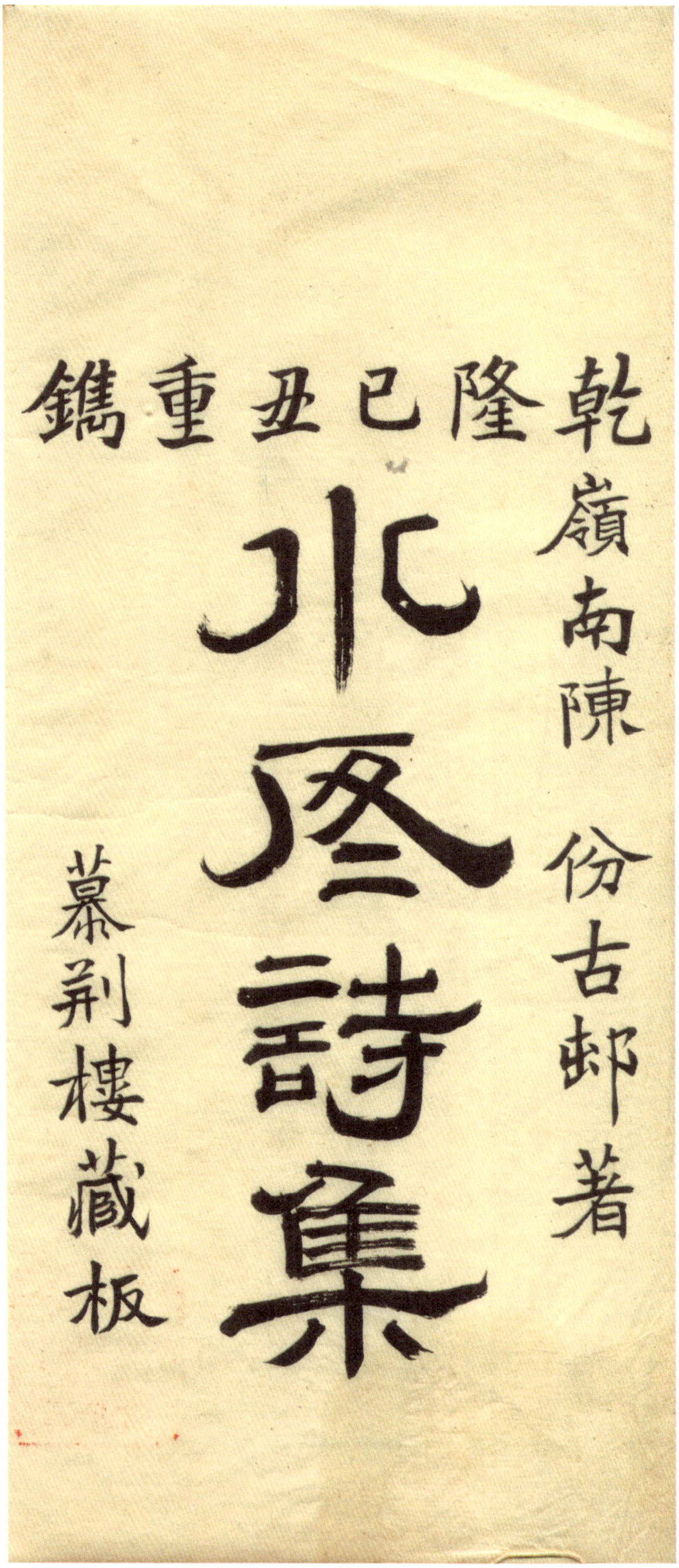

144. 水⿸尸冬集二卷 （清）陳份撰 清抄本

開本高27.3厘米，寬15.2厘米。版框高17.3厘米，寬12厘米。八行十八字，小字雙行同，白口，四周單邊。鈐有“古梅李氏薛軒藏書印”“桐盦鈔本”“春花盦”等印。二册。

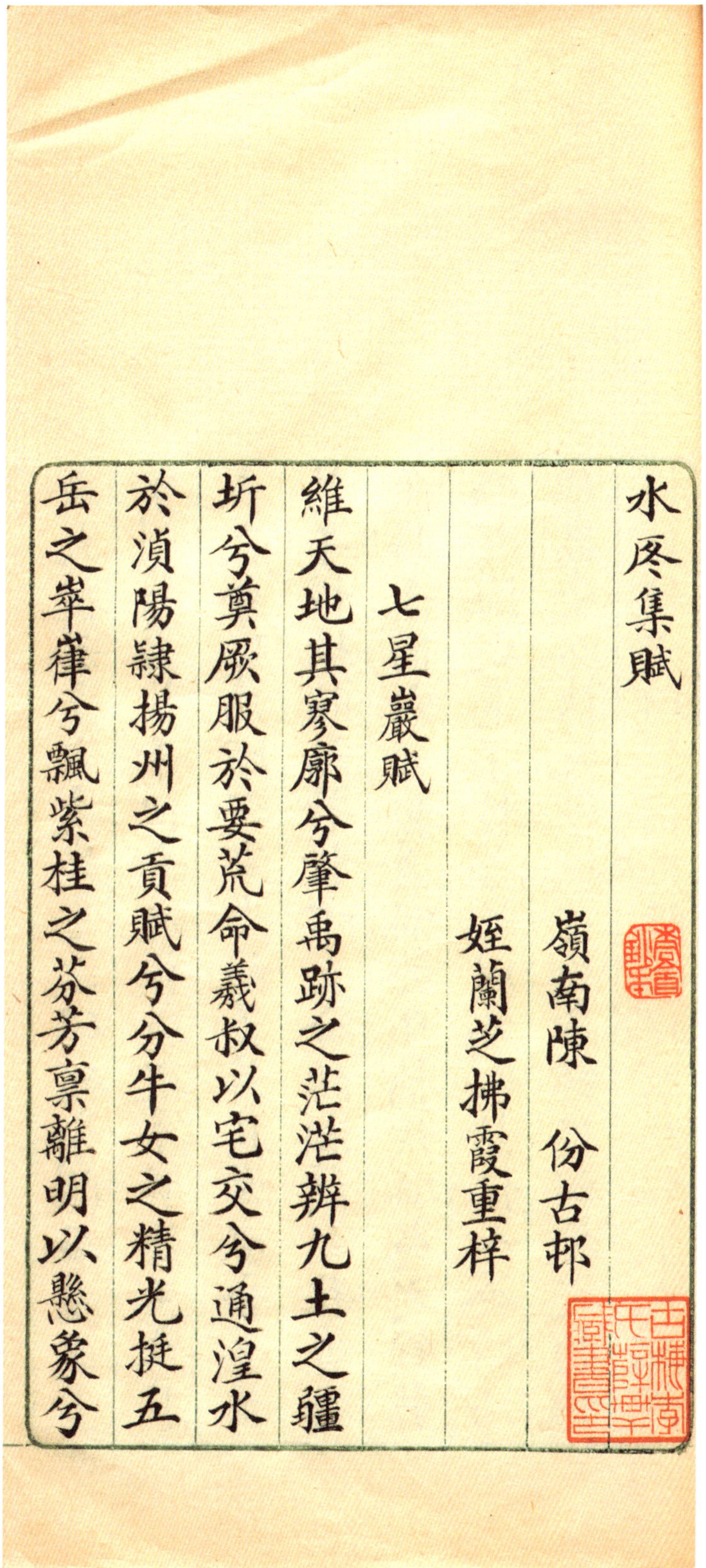

水𠩄集賦

嶺南陳　份古邨

姪蘭芝拂霞重梓

七星巖賦

維天地其寥廓兮肇禹跡之茫茫辨九土之疆圻兮奠厥服於要荒命羲叔以宅交兮通湟水於湞陽隸揚州之貢賦兮分牛女之精光挺五岳之崒嵂兮飄紫桂之芬芳稟離明以懸象兮

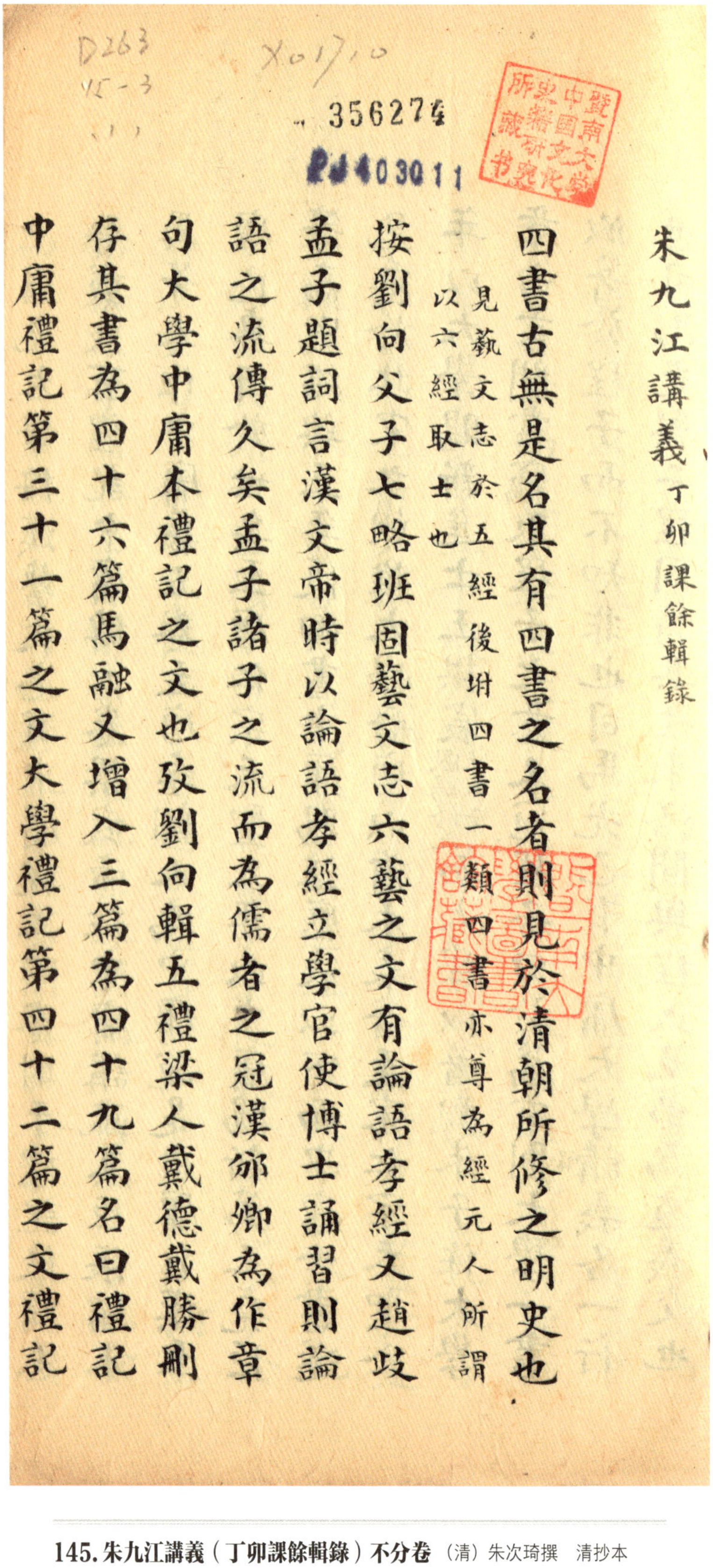
朱九江講義 丁卯課餘輯錄

四書古無是名其有四書之名者則見於清朝所修之明史也見藝文志於五經後坿四書一類四書亦尊為經元人所謂以六經取士也

按劉向父子七略班固藝文志六藝之文有論語孝經又趙岐孟子題詞言漢文帝時以論語孝經立學官使博士誦習則論語之流傳久矣孟子諸子之流而為儒者之冠漢邠卿為作章句大學中庸本禮記之文也攷劉向輯五禮梁人戴德戴勝刪存其書為四十六篇馬融又增入三篇為四十九篇名曰禮記中庸禮記第三十一篇之文大學禮記第四十二篇之文禮記

145. 朱九江講義（丁卯課餘輯錄）不分卷 （清）朱次琦撰　清抄本

開本高24.8厘米，寬14.8厘米。十行二十四字，小字雙行字數不等，無格。三册。